D1688872

Alb-Donau-Kreis
Geschichte und Kultur

ALB-DONAU-KREIS
GESCHICHTE UND KULTUR

Herausgegeben vom Alb-Donau-Kreis

Texte Gertrud Beck, Kurt Füller
Fotos Wolfgang Adler u. a.
Übersetzung ins Englische Regine Rosenthal

Bildnachweis

Adler	59 102 115 158 167
	(freigegeben vom Reg.-Präsidium Tübingen
	Nr. 7523 vom 10. 12. 79, 10741 vom 9. 9. 80, 10738 vom 9. 9. 80,
	10739 vom 9. 9. 80, 10737 vom 9. 9. 80)
Brugger	1 57 128 136 207 217
	(freigegeben vom Reg.-Präsidium Stuttgart
	Nr. 2/37917 c, 39969 c, 33580 c, 38940 c, 43520 c, 43522 c)
Hinz	Übersichtskarte 310
Kath. Pfarramt Dietenheim	37
Kegler	72
Kneer	67 68 69 70
Nabjinsky (Foto Werner)	63 64
Sauter	147
Stadtarchiv Ulm	Karte (Vorspann) 155 162
Urban (Foto Frenzel)	27
Alle übrigen Aufnahmen:	Wolfgang Adler

1981 © Landratsamt Alb-Donau-Kreis, 2. Auflage
Gesamtherstellung Süddeutsche Verlagsgesellschaft mbH, Ulm
Gestaltung + Fotosatz typofilm ulm, rudi rampf
Vertriebs-Verlag Süddeutsche Verlagsgesellschaft mbH, Ulm
ISBN 3-88 294-038-7

Inhalt

Geleitwort	
Landrat Dr. Bühler	9
Einleitung	10
Verwaltungsraum Blaubeuren	12
Blaubeuren	13
Asch	15
Beiningen	16
Pappelau	16
Seißen	16
Sonderbeitrag	
„Kennen Sie schon das Backhäusle?"	17
Sonderbuch	17
Weiler	18
Berghülen	19
Bühlenhausen	19
Bildteil	20
Verwaltungsraum Blaustein	32
Blaustein	33
Ehrenstein	34
Klingenstein	34
Arnegg	35
Dietingen	35
Markbronn	35
Bermaringen	35
Herrlingen	36
Oberherrlingen	37
Wippingen	37
Lautern	38
Bildteil	39
Verwaltungsraum Dietenheim	48
Dietenheim	49
Sonderbeitrag	
„Dominikus Hermenegild Herberger"	51
Regglisweiler	52
Balzheim	52
Oberbalzheim	52
Unterbalzheim	53
Illerrieden	53
Dorndorf	54
Wangen	54
Bildteil	55
Verwaltungsraum Dornstadt	70
Dornstadt	72
Bollingen	72
Böttingen	72
Scharenstetten	72
Temmenhausen	73
Tomerdingen	73
Beimerstetten	74
Westerstetten	75
Sonderbeitrag	
„Die Flora der Schwäbischen Alb und ihres Vorlandes"	75
Bildteil	78
Verwaltungsraum Ehingen	86
Ehingen	87
Altbierlingen	91
Altsteußlingen	92
Berg	92
Dächingen	92
Erbstetten	93
Ruine Wartstein	93
Frankenhofen	93
Gamerschwang	93
Granheim	94
Herbertshofen	94
Dintenhofen	94
Heufelden	94
Blienshofen	95
Kirchbierlingen	95
Kirchen	95
Deppenhausen	96
Mühlen	96
Schlechtenfeld	96
Stetten	96
Mochental	96

Mundingen	97
Nasgenstadt	97
Rißtissen	98
Schaiblishausen	98
Volkersheim	99
Allmendingen	99
Hausen	100
Ennahofen	100
Grötzingen	100
Niederhofen	100
Pfraunstetten	101
Schwörzkirch	101
Weilersteußlingen	101
Altheim	101
Griesingen	101
Oberdischingen	102
Öpfingen	103
Sonderbeitrag „Der alte schwäbische Schultheiß, welcher heute Bürgermeister oder Ortsvorsteher heißt."	103
Bildteil	106

Verwaltungsraum Erbach — 130

Erbach	132
Bach	133
Dellmensingen	133
Donaurieden	134
Ersingen	134
Ringingen	135
Sonderbeitrag „Natur- und Landschaftsschutz im Alb-Donau-Kreis"	135
Bildteil	138

Verwaltungsraum Kirchberg-Weihungstal — 146

Hüttisheim	147
Illerkirchberg	148
Oberkirchberg	148
Unterkirchberg	148
Sonderbeitrag „Die Illerflößerei"	149
Schnürpflingen	150
Staig	151
Altheim ob Weihung	151
Steinberg	151
Weinstetten	152
Bildteil	153

Verwaltungsraum Laichingen — 164

Laichingen	166
Feldstetten	168
Machtolsheim	168
Suppingen	169
Sonderbeitrag „Volkslied, Schnitz, Anbinder und Tanzverse"	170
Heroldstatt	172
Ennabeuren	172
Sontheim	172
Merklingen	173
Nellingen	173
Oppingen	174
Westerheim	175
Bildteil	176

Verwaltungsraum Langenau — 194

Langenau	195
Albeck	198
Göttingen	199
Hörvelsingen	199
Altheim/Alb	199
Asselfingen	200
Ballendorf	201
Bernstadt	201
Börslingen	202
Breitingen	202
Holzkirch	202
Neenstetten	203
Nerenstetten	204
Öllingen	204
Rammingen	204
Setzingen	205
Weidenstetten	205

Sonderbeitrag „Schafschur"		206	Rechtenstein	250
			Rottenacker	251
Bildteil		208	Untermarchtal	251
			Unterstadion	252
			Unterwachingen	252
			Sonderbeitrag „Drei Mundartdichter: Sebastian Sailer, Carl Borromäus Weitzmann, Michel Buck"	253
Verwaltungsraum Lonsee		224		
Amstetten		226	Bildteil	257
Bräunisheim		226		
Hofstett-Emerbuch		226		
Reutti		227		
Schalkstetten		227	**Verwaltungsraum Schelklingen**	288
Stubersheim		227		
Lonsee		227	Schelklingen	289
Ettlenschieß		228	Lützelberg	291
Halzhausen		228	Urspring	291
Sinabronn		229	Gundershofen	291
Luizhausen		229	Hausen ob Urspring	291
Radelstetten		229	Muschenwang	291
Urspring		229	Hütten	292
Sonderbeitrag „Wasser in jedwedes Bürgers Haus – Die Wasserversorgung auf der Alb"		230	Ingstetten	292
			Justingen	292
			Schmiechen	293
Bildteil		232	Sonderbeitrag „Der Schmiechener See"	293
			Sondernach	294
			Bildteil	295
Verwaltungsraum Munderkingen		240		
Emeringen		241		
Emerkingen		242	Übersichtskarte	310
Grundsheim		242		
Hausen am Bussen		243		
Lauterach		243	Ortsregister	311
Neuburg		244		
Reichenstein		244		
Munderkingen		244	Register der Familien- und Herrschaftsnamen	314
Obermarchtal		245		
Datthausen		248		
Soldatenfriedhof Gütelhofen		248		
Reutlingendorf		248		
Oberstadion		249	Quellen- und Literaturverzeichnis	318
Hundersingen		249		
Moosbeuren		250		
Mundeldingen		250		

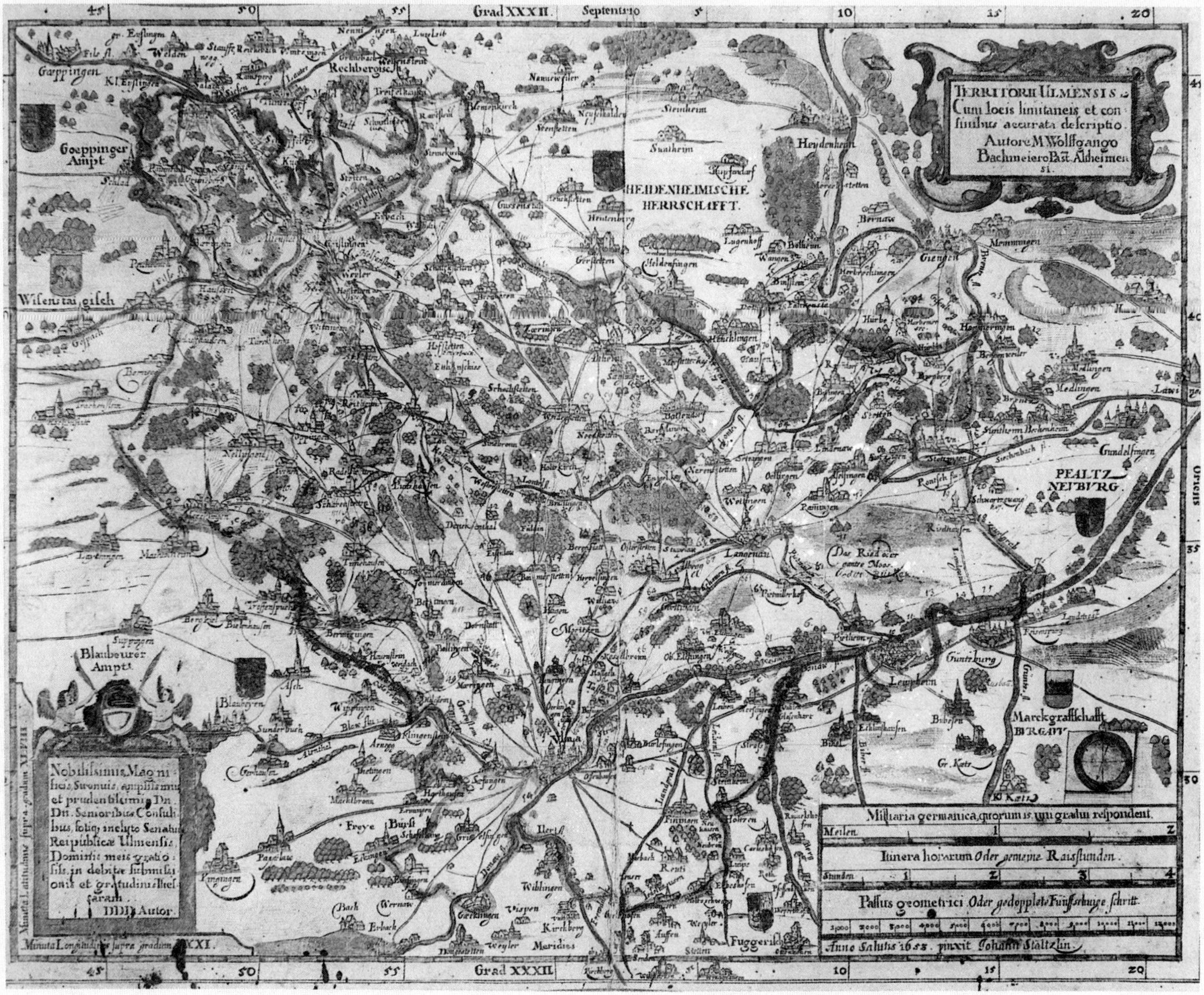

Grad XXXII
Septentrio
TERRITORII ULMENSIS
Cum locis limitaneis et confinibus accurata descriptio.
Autore M. Wolffgango Bachmeiero Past. Altheimensi.
HEIDENHEIMISCHE HERRSCHAFFT
Goeppinger Ampt
Blaubeurer Ampt
PFALTZ NEWBURG
Marckgraffschafft BURGAW
Nobilissimis, Magnificis, Strenuis, amplissimis et prudentissimis Dn. Dn. Senioribus Consulibus, totiq; inclyto Senatui Reipublicae Ulmensis, Dominis meis gratiosissimis, in debitae submissionis et gratitudinis tesseram.
DDD. Autor.
Minuta Longitudinis supra gradum XXXI.
Minuta Latitudinis supra gradum XLVIII
Milliaria germanica, quorum 15 uni gradui respondent.
Itinera horarum Oder gemeine Raisstunden.
Passus geometrici Oder gedopplete Fünffschuige schritt.
Anno Salutis 1653. pinxit Johann Staltzlin.
Grad XXXII

Geleitwort

Der zweite Band über den Alb-Donau-Kreis trägt den Untertitel „Geschichte und Kultur". Damit sind Inhalt, Grenzen und Zielsetzung schon angedeutet. Einmal war es unsere Absicht, in einer möglichst umfassenden, die geschichtliche Entwicklung unserer Städte und Gemeinden beschreibenden Darstellung sichtbare Gemeinsamkeiten und Gegensätze herauszuarbeiten und aufzuzeigen. Zum anderen sollte die daran anknüpfende kunstgeschichtliche Betrachtung verdeutlichen, wie augenscheinlich, wie vielfältig und doch unterschiedlich künstlerisches Schaffen seine Spuren in Bauwerken, Kirchen und Denkmälern hinterlassen hat. Diesen Spuren, den beredten Zeugen ihrer Zeit, sind wir nachgegangen. Was den Menschen bewegte, der in dieser so reizvollen Landschaft zwischen Donau und Alb eine Heimat gefunden hat, wird spürbar in überlieferten Bräuchen, in Gedichten und Sprüchen des Volksmunds, welche die Tradition wieder lebendig werden lassen.

So ist gleichsam eine Chronik über den Landkreis entstanden. Nicht nur in Worten. In vielen Bildern wurde gleichzeitig festgehalten und sichtbar gemacht, was uns wertvoll und erhaltenswert sein sollte.

Die Geschichte hat uns eine Fülle unersetzbarer Kostbarkeiten hinterlassen. Unsere Landschaft hat durch die Jahrhunderte hindurch ein unverwechselbares Gesicht erhalten. Dieses reiche Erbe zu pflegen und zu schützen, muß uns auch weiterhin Verpflichtung sein.

In diesem Sinne hoffen wir, mit dem vorliegenden Buch, das unseren Bildband „Alb-Donau-Kreis – Kunst und Landschaft" ergänzen soll, einen guten Beitrag geleistet zu haben.

Landrat Dr. Bühler

Einleitung

Dieses Buch hat seine Wurzeln im vorausgegangenen Band I mit dem Titel „Kunst und Landschaft" und hat mit diesem einiges gemeinsam. In gestraffter Form wurde das Kennzeichnende einer Landschaft, eines Bau- oder Kunstwerks hervorgehoben und im Bild dargestellt. Die im I. Band getroffene Auswahl wird ergänzt, bringt Vertrautes in Erinnerung und setzt neue Akzente durch die Aufnahmen aus Archivbeständen, sowie von Bildwerken, die durch Neubau oder Restaurierung von Kirchen bedingt, den bisherigen Standort wechseln mußten und einstweilen gesichert deponiert sind. Manche Werke von Rang, welche im Band I dargestellt sind, finden im vorliegenden nur noch im Text ihre Würdigung oder erscheinen im Teilausschnitt.

Dieser Band II ist eine Gemeinschaftsarbeit, die Einfühlungsvermögen und solide Grundkenntnisse auf dem jeweiligen Spezialgebiet voraussetzt: Hier verkörpert durch Kurt Füller, dem die Ordnung der Zahlen und der geschichtlichen Entwicklung bis zu den Strukturen der Gegenwart anvertraut war. Festzuhalten ist allerdings, daß die Zahlen, welche die Struktur des Alb-Donau-Kreises verdeutlichen sollen, zum großen Teil auf der Volkszählung von 1970 aufgebaut sein mußten; die nächste Volkszählung wird erst 1981 oder, 1982 sein. Lediglich bei der Zahl der Einwohner und der Konfession konnte teilweise der Stand Januar 1980 berücksichtigt werden; jüngeren Datums sind auch die Zahlen aus der Wirtschaft.

Wolfgang Adler hat mit sensiblem Gespür für die Schattierungen einer Landschaft im Wechsel der Jahreszeiten die Motive im Foto erfaßt und im Bild meine Gedankengänge nachvollzogen. Um den besten Blickwinkel zu erwischen, ist er auf Fels und Kirchenbänke gestiegen. Er wurde fündig in Heimatmuseen, den Schatzkammern der kleinen Leut', er ließ sich begeistern von einem alten Wasserrad wie von einer Feuerwehrspritze. Auf diese Weise erhalten die jedem Verwaltungsraum zugeordneten Sonderbeiträge eine anschauliche Untermalung, denn dieses Wasserrad samt der Feuerspritze tauchen beim Sonderbeitrag „Albwasserversorgung" (Lonsee) auf. Die landschaftliche Vielfalt wird durch drei Artikel „Albflora" (Dornstadt), „Natur- und Landschaftsschutz" (Erbach) und den „Schmiechener Seespaziergang" (Schelklingen) ergänzt, und auch der Schäfer mit seiner Herde findet seine Entsprechung bei der „Schafschur" (Langenau). Wenn auch das Innere der Kirchen leer erscheint — denn wo gebetet wird, stört das gleichzeitige Fotografieren — so erscheinen in diesen Sonderbeiträgen auch die Leut', welche diese Kirchen besuchen: Der alte Bürgermeister (Ehingen), die Bäuerinnen vom Backhäusle (Blaubeuren), die Jugend bei Volkslied und Tanzversen (Laichingen) und endlich alle zusammen in der Mundartdichtung. Wer Dialekt spricht, fühlt sich mit der Gemeinschaft verbunden, denn Dialekt ist auch Ausdruck der Landschaft und hat feine Nuancen, die im Schatten des Hochdeutschen bald verkümmern würden, wenn wir der Muttersprache nicht verstärkte Aufmerksamkeit widmeten. Die ausgewählten Gedichte sind eng mit diesem Raum verbunden, mit dem Wort „Heimat" zu umschreiben, dem sie entsprossen, wie die Werke der Künstler in Kirchen, Kapellen, Wallfahrts- und Klosterkirchen, den vielen Wehrkirchen auf der Alb. Die Freude am Erkennen von volkstümlichen Heiligen wird dadurch geweckt, daß sie sich über das ganze Buch verteilen, einmal der hohen Kunst, das andere Mal der soliden Werkstattarbeit zugeschrieben. Da steht St. Nepomuk auf der Bruck, dessen Verehrung im Barock durch das Prämonstratenserkloster Obermarchtal verbreitet wurde. Dort grüßt aus einer Nische über dem Stall der heilige Hirte Wendelin. Der Mauritius-Kult wurde neubelebt nach dem dreißigjährigen Krieg, als in die durch Pest und Krieg ausgestorbenen Dörfer Siedler aus den Alpenländern (St. Moritz) ansässig wurden. Bildstock und Kapelle ziert öfters der Kerkerchristus, und hier ist er mit einer prachtvollen Skulptur des Anton Sturm vertreten, der auch die grandiosen abendländischen Kirchenväter der Wieskirche geschaffen hat. Die sanften Madonnen auf Altären, die ergreifenden Bildwerke der trauernden Maria mit dem toten Sohn im Halbdunkel einer Nische sind Zeugnisse der Volksfrömmigkeit, die in überraschend hoher Zahl vorhanden sind. So wie die Ulmer Kunst der Gotik den I. Band begleitete, so durchzieht der Aufschwung der Kunst in der Gegenreformation diesen Band II.

Dieses Buch erscheint in einer Zeit, da sich tiefgreifende Veränderungen vollziehen und ein Wandlungsprozeß die Landschaft erfaßt hat. Wenn unsere Umwelt als liebenswerte Heimat erhaltenbleiben soll, so wird es darauf ankommen, das naturhaft Gegebene und das historisch Gewachsene nicht bedingungslos aufzugeben, sondern mit dem Neuen sinnvoll zu verbinden.

Gertrud Beck

Anfang 1973 trat in Baden-Württemberg die Kreisreform in Kraft, deren Hauptziel es war, nach Größe und Leistungskraft ausgewogenere Kreise zu schaffen. Von den bestehenden 63 Landkreisen wurden 60 aufgelöst, darunter auch die Landkreise Ulm und Ehingen mit 840 und 508 qkm Fläche. Große Teile davon gingen in den neuen Alb-Donau-Kreis ein, der 1363 qkm groß ist. Einige Gemeinden kamen zum Stadtkreis Ulm; Waldhausen wechselte zum Kreis Göppingen. Der südliche Teil des Kreises Ehingen wurde dem Kreis Biberach zugeordnet. Andererseits erhielt der Alb-Donau-Kreis vom Kreis Biberach die Gemeinden Ober- und Unterbalzheim und vom aufgelösten Kreis Münsingen kamen zehn Gemeinden, darunter Laichingen, zum Alb-Donau-Kreis.

Der Alb-Donau-Kreis bedeckt ein weites Gebiet der Schwäbischen Alb und der Donaulandschaft. Im Süden reicht er bis ins Hügelland der unteren Riß und in die Holzstöcke hinein. Abwechslungsreich und reizvoll sind große Teile des Kreises, der an die Kreise Biberach, Reutlingen, Göppingen und Heidenheim grenzt. Die Iller ist im Südosten Kreis- und Landesgrenze zu Bayern. Im Osten ragt der Stadtkreis Ulm als Verkehrsknotenpunkt in den Alb-Donau-Kreis hinein.

Wichtigster Strom im Alb-Donau-Kreis ist die Donau, die ihn von Obermarchtal in östlicher Richtung durchfließt. Blau, Lauter, Schmiech und Lone haben ihre Ursprünge am Fuß oder auf der Alb innerhalb des Alb-Donau-Kreises. Der höchste Geländepunkt (844 m NN) befindet sich auf der Albhochfläche bei Westerheim. Der tiefste Punkt (450 m NN) ist im Donaumoos bei Langenau.

In Baden-Württemberg zählt der Alb-Donau-Kreis zu den aufgelockert besiedelten Kreisen. Die Siedlungsflächen machen nur 7,5 Prozent der Gesamtfläche aus. Dagegen finden 61,4 Prozent landwirtschaftliche und 28,3 Prozent forstwirtschaftliche Nutzung. Anfangs 1975 zählte der Alb-Donau-Kreis 155 694 Bewohner. Das sind 114,5 Personen je qkm gegenüber 256 Personen im ganzen Land. Doch während die Bevölkerungszahl im Kreis zwischen 1871 und 1900 unverändert blieb, stieg sie von der Jahrhundertwende bis 1950 von 75 841 auf 114 905 und zwischen 1950 und 1975 kamen weitere 40 000 Bewohner hinzu. Einzelne Verwaltungsräume und Gemeinden sind heute noch fast einheitlich evangelisch oder katholisch. Insgesamt aber ist die Bevölkerung des Kreises konfessionell stark vermischt. Von je 100 Bewohnern sind 54,3 katholisch, 39,6 evangelisch. 6,1 Prozent gehören anderen Glaubensgemeinschaften an oder sind bekenntnislos. Ende 1975 zählte der Kreis 12 093 Ausländer, vor allem Türken (30,1 Prozent), Jugoslawen (29,9 Prozent) und Italiener (16,0 Prozent).

Die Struktur des Alb-Donau-Kreises ist stark von der Land- und Forstwirtschaft geprägt. 6288 Landwirtschaftsbetriebe sind vorhanden. Zwei Drittel aller landwirtschaftlichen Nutzflächen sind Ackerland, ein knappes Drittel Dauergrünland. Auch Viehhaltung und Viehzucht spielen eine große Rolle.

Erfreulich entwickelte sich seit 1945 die gewerbliche Wirtschaft im Alb-Donau-Kreis. Zur bereits bestehenden bedeutsamen Kalk- und Zementindustrie kamen Betriebe der Metall-, der Textil-, Bekleidungs- und Lederindustrie sowie der Kunststoffindustrie hinzu. In 180 Industriebetrieben des Kreises waren 1975 14 362 Personen beschäftigt. Als Industrieorte ragen Ehingen (3193 Beschäftigte), Blaubeuren (1686), Laichingen (1545) hervor.

69 696 Erwerbspersonen wohnten bei der letzten Volkszählung (1970) im Alb-Donau-Kreis. Von diesen arbeiteten 13 216 in der Land- und Forstwirtschaft. Und 39 402 waren in den nichtlandwirtschaftlichen Arbeitsstätten des Kreises tätig. Da aber die im Kreis verfügbaren Arbeitsplätze nicht ausreichen, müssen viele Berufstätige außerhalb des Kreises arbeiten, überwiegend in Ulm oder Neu-Ulm. 23 500 Berufsauspendler hat der Alb-Donau-Kreis, jedoch nur 1100 Berufseinpendler.

Heute ist der Alb-Donau-Kreis in zwölf Verwaltungsräume unterschiedlicher Größe mit insgesamt 55 Gemeinden aufgegliedert, darunter die Große Kreisstadt Ehingen mit über 20 000 Bewohnern. Mehr als 10 000 Einwohner haben noch Blaustein, Blaubeuren und Langenau.

Die räumliche Begrenzung des vorliegenden Bandes zwang zur Zusammenfassung des Materials. Dennoch hofft der Verfasser, mit seiner Beschreibung der Verwaltungsräume, Gemeinden und Ortsteile die wesentlichen geschichtlichen Ereignisse, die soziologischen und wirtschaftlichen Entwicklungen sowie die gegenwärtigen Strukturen aussagekräftig aufgezeichnet zu haben.

Kurt Füller

1   Blaubeuren.
Ortskern mit Spital zum Heiligen Geist, 1420 (im Vordergrund), dahinter die spätgotische Stadtkirche St. Peter und Paul, 1606 und im Hintergrund die Klosteranlage mit Klosterkirche von 1491–1499.

Blaubeuren.
Centre of town with the Holy Ghost Hospital, 1420 (in the foreground), facing the late gothic town church of St. Peter and Paul, 1606; in the background monastery buildings with monastery church from 1491–1499.

Verwaltungsraum Blaubeuren

Der Verwaltungsraum Blaubeuren ist 105,27 qkm groß und setzt sich aus den beiden Gemeinden Berghülen und Blaubeuren zusammen. Naturräumlich gehört er zur mittleren Flächenalb. Die Höhenlage der einzelnen Gemeinden und Teilgemeinden reicht von 498–762 m NN. Nach den 1974 und 1975 erfolgten Eingemeindungen von Asch, Sonderbuch, Beiningen, Pappelau, Seißen und Weiler konnte Blaubeuren seine Markung von 16,33 qkm auf 79,14 qkm mit heute 11 819 Einwohnern erweitern. Damit wurde Blaubeuren nach Ehingen zur gebietsmäßig zweitgrößten Stadt im Alb-Donau-Kreis.

Landschaftlich gehört der Verwaltungsraum Blaubeuren zu den schönsten im Kreis. Blautopf, Rusenschloß, Blautal und Tiefental sind nur einige der zahlreichen Sehenswürdigkeiten. Dazu besitzt die malerische Stadt Blaubeuren aus großer Vergangenheit eine Reihe bedeutender Kunstwerke, darunter den berühmten Hochaltar aus der Ulmer Schule, von Dehio mit den Worten bewundert: „Als Ganzes, im tektonischen Aufbau wie im Zusammenklang mit dem Bildhauer- und Malerwerk das Vollkommenste, was die schwäbische Kunst in dieser Gattung hervorgebracht hat."

Der Verwaltungsraum Blaubeuren zählte anfangs 1977 13 033 Bewohner, d. s. 123,8 Personen je qkm. Er ist also nur leicht besiedelt. Eine Ausnahme bildet die Stadt Blaubeuren selbst mit 460,6 Bewohnern je qkm. Die Bevölkerung ist überwiegend evangelisch. Sie lebt, abgesehen von jener in Blaubeuren und in Weiler, vor allem von der Landwirtschaft. Groß ist die Zahl der Erwerbspersonen, die außerhalb ihrer Wohngemeinde arbeiten. Von insgesamt 6224 Erwerbstätigen im Verwaltungsraum sind 2039 Berufsauspendler gegenüber nur 1071 Berufseinpendlern. Im Verwaltungsraum selbst sind 5163 Personen erwerbstätig, davon 1069 in der Land- und Forstwirtschaft. Selbst die Stadt Blaubeuren hat mehr Aus- als Einpendler aufzuweisen.

Läßt man die Land- und Forstwirtschaft außer Betracht, so arbeiten 52,6 Prozent aller Beschäftigten im produzierenden Gewerbe. Handel und Verkehr haben nur lokale Bedeutung. Sie sind ebenso wie die übrigen Dienstleistungen auf die Stadt Blaubeuren konzentriert. Land- und Forstwirtschaft haben im Verwaltungsraum Blaubeuren großes Gewicht. Es sind 596 Betriebe vorhanden, davon 486 rein landwirtschaftliche Betriebe. Die 5612 ha große landwirtschaftlich genutzte Fläche wird zu zwei Dritteln als Ackerland und zu einem Drittel als Dauergrünland genutzt. Auf dem Ackerland herrscht der Getreideanbau vor, ein Drittel dient dem Anbau von Hackfrüchten und Futterpflanzen. Viehzucht und Viehhaltung ergänzen den Ackerbau.

Stadt Blaubeuren

Wer kennt nicht jenen Zungenbrecher: „Glei bei Blaubeura glei leit a Klötzle Blei"? Dieser klotzige Fels flankiert den weiten Talkessel, in dem sich Stadt und Kloster Blaubeuren eingenistet haben, wie ein Wehrturm. Schon seit Jahrtausenden ist dieser Raum von Menschen besiedelt. Das Rusenschloß, hoch über dem Talkessel gelegen, war bereits 400 v. Chr. eine keltische Festung. Die Grafen von Tübingen, die um 1080 in „Egelshöh", westlich von Westernheim ein Kloster gegründet hatten, verlegten dieses wenige Jahre später an die Siedlung Burren an der Blau und 1085 bezogen Hirsauer Benediktiner das monasterium burense. Es erlangte schon im 12. Jh. kulturelle Bedeutung. Neben dem Kloster bildete sich ab 1159 ein Markt, dem von den Pfalzgrafen von Tübingen um die Mitte des 13. Jh. das Stadtrecht verliehen wurde. 1267 wurde Blaubeuren helfensteinisch, die 1303 Kloster-Vogtei und Stadt an Österreich verkauften, um sie als Lehen zurückzuerhalten. Es folgten Jahre des Niedergangs bis in die Mitte des 15. Jh. 1384 war die kleine Herrschaft im Pfandbesitz der Ritter Lutz von Landau und Heinrich Kaib. Beide gerieten mit der Stadt Ulm in Streit, die 1391 Blaubeuren einnahm und als Pfand behielt. Das Kloster übertrug 1397 die Vogtei an Graf Eberhard von Württemberg. 1412 konnten die Helfensteiner die Pfänder noch einmal einlösen. Doch schon 1447 wurde die gesamte Herrschaft mit den Festen Gerhausen, Ruck und Blaustein, der Stadt Blaubeuren, der Klostervogtei und den Besitzungen auf der Alb und dem Hochsträß an Graf Ludwig von Württemberg als österreichisches Lehen verkauft.

Das Kloster Blaubeuren erreichte in der 2. Hälfte des 15. Jh. eine hohe kulturelle Blüte. Der vom Kloster Wiblingen 1451 ausgehende religiöse Reformgeist wurde von hervorragenden Äbten aufgenommen. Abt Heinrich Fabri von Blaubeuren war an der Gründung der Universität Tübingen 1477 maßgeblich beteiligt. Unter ihm und den Äbten Kundig und Rösch wurde die Kloster-Anlage 1466–1510 neu aufgeführt.

Herzog Ulrich von Württemberg schloß in Blaubeuren nach seiner Ächtung 1516 den Vertrag, der ihn auf sechs Jahre der Regierung enthob. Nach Ulrichs Rückkehr (1534) wurde das Kloster 1536 aufgehoben und wenig später in eine evangelische Klosterschule umgewandelt. Mit Unterbrechungen im 30jährigen Krieg und zu Anfang des 19. Jh. dient sie seitdem der Heranbildung des Nachwuchses evangelischer Geistlicher.

1630–48 waren die Österreicher, 1688 die Franzosen in Blaubeuren, 1793–1807 war Blaubeuren erneut durch die Franzosenkriege betroffen. Als Grenzort am Albübergang ins Blautal war das Städtchen von den württembergischen Herzögen gefördert worden. Seinen altwürttembergischen Charakter kann es nicht verleugnen. Manche malerische Partie weist es auf, vor allem an der alten Stadtmauer. Reizvoll ist auch der Marktplatz, die Weberstraße und das um 1420 gegründete Spital „zum Heiligen Geist".

Auf der Feste Ruck, die von den Grafen von Tübingen zum Schutz des Klosters erbaut war, saßen seit 1175 pfalzgräfliche Ministerialen, darunter Heinrich von Ruck, ein bedeutender Vertreter des frühen Minnesangs. 1751 wurde die Feste abgebrochen und der Platz dem Kloster übereignet.

1807 wurden Stadt- und Klosteroberamt vereinigt. 1830 erschien erstmals in Blaubeuren eine Zeitung, die Wochenzeitung „Der Blaumann". 1831/39 wurden die drei Stadttore abgebrochen. Das Industriezeitalter begann in Blaubeuren 1834 mit der Gründung des Zementwerks. 1868 wurde die Eisenbahnlinie Ulm–Blaubeuren eröffnet. 1934 wurde Gerhausen eingemeindet, von wo der Erstdrucker Konrad Fyner stammt (1473–78 in Esslingen und 1480–82 in Urach).

Im Jahr 1830 war die Markung von Blaubeuren erst 4,66 qkm groß. Noch war die Stadt mit Mauern und Graben bewehrt und die drei Tore, das obere, mittlere und untere standen ebenfalls noch. Einen eigenen politischen Bestandteil bildete – so die Oberamtsbeschreibung von 1830 – das Kloster, das samt seinen Nebengebäuden mit eigenen Mauern und Toren gesichert war. Bereits nach der Reformation wurde das Kloster in ein Seminar für evangelische Theologen umgewandelt, das vor allem im 19. Jh. zu größerem Ansehen gelangte. Im Süden wird der Klosterhof von der ehemaligen Klosteramtei abgeschlossen, die am 23. Januar 1777 eine traurige Rolle spielte: Christian Friedrich Daniel Schubart, der damals in Ulm wohnte, wurde hierher in eine Falle gelockt. Klosteramtmann Scholl hatte ihn in Ulm aufgesucht, mit ihm gespeist und ihn danach im Schneegestöber über die Grenze der Freien Reichsstadt ins württembergische Blaubeuren entführt, wo Graf Varnbühler den Dichter bereits erwartete und verhaften ließ. Für Schubart begann damit eine lange Leidenszeit auf dem Hohenasperg.

Um 1830 bildeten die Leinweberei, Wollweberei und Rotgerberei in Blaubeuren das Hauptgewerbe. Außerdem bestand hier schon seit 1560 eine Lohnbleiche und die dortige Naturbleiche wurde 1726 vom Herzog privilegiert. Schließlich hatte die Württembergische Leinenindustrie AG schon früh einen bedeutenden Überseehandel. In Blaubeuren gab es um 1830 daneben eine Papierfabrik und fünfzehn Mühlen, einen Eisenhammer, zwei Ziegelhütten und sechs Brauereien. 1933 wuchs die Markung von Blaubeuren durch die freiwillige Eingemeindung von Gleißenburg um 3,62 qkm, also um mehr als drei Viertel des seitherigen Umfangs. Ein Jahr danach folgten die Eingemeindungen von Gerhausen mit 5,98 qkm und von Altental mit 2,08 qkm. Blaubeuren war damit auf 16,33 qkm angewachsen. Davon waren 7,52 qkm bewaldet.

Ältester Industriebetrieb der Stadt ist die dortige Bleiche, die als die Keimzelle der einheimischen Textilindustrie betrachtet werden darf. Sie beschäftigte zeitweise über 250 Arbeitskräfte. Die Anfänge der Blaubeurer Zementindustrie gehen auf das Jahr 1834 zurück und 1872 begann eine Firma mit der Zementproduktion. Andere Industriezweige folgten, darunter Betriebe der Holzverarbeitung, der Elektrotechnik und der Pharmazeutik. Insgesamt 17 Industriebetriebe mit 1700 Arbeitskräften zählt Blaubeuren heute.

Wer Blaubeuren nennt, darf den Blautopf nicht unerwähnt lassen. „Der Blautopf ist der große runde Kessel eines wundersamen Quells bei einer jähen Felswand gleich hinter dem Kloster. Gen Morgen sendet er ein Flüßchen aus, die Blau, welche der Donau zufällt. Dieser Teich ist einwärts wie ein tiefer Trichter, sein Wasser von Farbe ganz blau, sehr herrlich, mit Worten nicht wohl zu beschreiben; wenn man es aber schöpft, sieht es ganz hell in dem Gefäß." So beginnt Eduard Mörike's „Historie von der schönen Lau". Im 20,6 Meter tiefen Blautopf tritt das Karstwasser der Schwäbischen Alb aus einem rund 175 qkm großen Einzugsgebiet zutage, im Durchschnitt 2100 Liter pro Sekunde und maximal sogar 28 200 Liter. Am reinsten und schönsten ist der Quellteich nach einer längeren Trockenperiode bei bedecktem Himmel. Dann zeigt das Quellwasser sein tiefstes Blau.

Tief und voll aus nie entdeckter Quelle
strömt die lebensvolle Flut hervor,
unberührt noch von des Himmels Helle
taucht sie himmelblau empor.

Tief und voll aus nie entdeckter Quelle
strömt das Dasein frisch und jugendlich,
jenes Dasein, gleich der blauen Welle,
trägt den Himmel selbst in sich.

Eduard Mörike

Blaubeuren weiß sich einer alten kulturellen Tradition verpflichtet. Neben einem verzweigten Schulsystem, zu dem auch das traditionsreiche Gymnasium gehört, hat die Stadt ihr Evangelisch-theologisches Seminar und das von Ausländern gern besuchte Goethe-Institut.

Blaubeuren zählte im Jahr 1830 noch 1813 Bewohner

mit den später eingemeindeten Orten Gerhausen, Gleißenburg und Altental. Ende 1976 hatte die Stadt, ohne Asch, Beiningen, Seißen, Pappelau, Sonderbuch und Weiler, bereits 7522 Bewohner. Aus der evangelischen Gemeinde ist eine konfessionell gemischte geworden. Dazu trugen nicht zuletzt die nach dem zweiten Weltkrieg angesiedelten Heimatvertriebenen und Flüchtlinge bei, deren Zahl schon im Oktober 1946 bei 1551 Personen lag. Von den 7522 Stadtbewohnern sind 4005 evangelisch und 2532 katholisch. 985 Personen gehören anderen Gemeinschaften an oder sind ohne Bindung.

Von den 7522 Bewohnern sind 3579 erwerbstätig (1970). Davon arbeiten nur 77 in der Land- und Forstwirtschaft. Die 33 Landwirtschaftsbetriebe bewirtschaften 3,60 qkm landwirtschaftliche Nutzfläche. 1008 Erwerbspersonen sind Berufsauspendler, ein großer Teil davon in Ulm beschäftigt. Aber 843 Berufseinpendler kommen in die Stadt zur Arbeit. In Blaubeuren selbst sind 3414 Personen erwerbstätig, davon allein 2226 in Industrie und Handwerk. Im Handel und Verkehr sind 347 Personen, in den übrigen Dienstleistungen 751 Personen tätig.

Der Blick von den bewaldeten Höhen dieser schönen alten Stadt zeigt eine in sich geschlossene Dachlandschaft, aus welcher die Kirchtürme und schmal hochgiebligen Fachwerkhäuser herausragen. Da nennt sich ein Haus „der hohe Wil", ein anderes ist „das große Haus", und bei der Restaurierung des mittelalterlichen Bestandes werden heute noch Entdeckungen verborgener Baukunst gemacht.

Das Rathaus wurde im Jahr 1425 erbaut, 1593 mit Giebeltürmchen versehen und im Laufe der Jahrhunderte mehrmals, zuletzt von 1963–1966 erweitert. Es diente ursprünglich als Zehntscheuer und Kornhaus.

Die evangelische Stadtkirche St. Peter und Paul (Hl. Maria) ist ein einfacher Bau mit Schiff, Chor und Sakristei aus der zweiten Hälfte des 15. Jh., sowie einem Turm mit Laterne. Baudatum 1606. Der kleine Altar war ursprünglich Epitaph der Ulmer Familie Neubronner mit einer Kreuzigungsgruppe um 1520, die vermutlich von Jörg Stocker gemalt wurde als Mittelstück. Die Flügelbilder mit Verkündigung und Geburt Christi, sowie dem Marientod, sind zeitlich früher und aus der Umgebung des Bartholomäus Zeitblom.

In der Nähe befindet sich das Spital zum Heiligen Geist von 1420, in dessen Eingangshalle, der ehemaligen Kapelle, Wandfresken mit biblischen Themen aus der Erbauungszeit vorhanden sind. Darunter ist bemerkenswert der größte noch erhaltene Elisabethen-Zyklus des 15. Jh. Das urgeschichtliche Museum hat in dieser Anlage ein schönes Domizil gefunden.

Durch ein monumentales Torhaus in Fachwerkbauweise über dem spitzbogigen Klostertor gelangt der Besucher in den Klosterhof. Im Ostflügel der Anlage um den Kreuzgang das zweigeschoßige Kapitelhaus, im Untergeschoß der eigentliche Kapitelsaal, der eine zweischiffige fünfjochige Halle mit Kreuzrippengewölbe und polygonalem östlichen Abschluß ist. Der Schlußstein trägt das Wappen des Abtes Fabri mit Baudatum 1481.

Die ehemalige Klosterkirche wurde 1491–1499 von Peter von Koblenz vollständig neu erbaut. Im Innern teilt ein zentraler Vierungsturm das Langhaus vom Chor. Dieser hat eine einheitliche Ausstattung: Hochaltar, Chorgestühl, Dreisitz, Emporenausstattung und Kanzel (nicht mehr vorhanden) sind von Jörg Syrlin d. J., das Chorgestühl mit Prophetenköpfen und Büsten der Klosterstifter 1493 geschaffen. Trotz Beschädigung und Verlusten ein großartiger Eindruck und ein Glücksfall, daß die Innenausstattung am ursprünglichen dafür bestimmten Platz verblieben ist. Auf der Empore über dem Lettner ein Kruzifixus von Michel Erhart. Die Steinreliefs, ehemals an den Emporenbrüstungen, befinden sich heute am Hochaltar der Pfarrkirche Oberdischingen. Der 1493 geschaffene Hochaltar ist einer der bedeutendsten Wandelaltäre der deutschen Spätgotik: Mittelschrein 4,50 auf 4,10 m. Der Altar zeigt im geschlossenen Zustand vier Szenen aus der Passion Christi, gemalt von Bernhard Strigel und Bartholomäus Zeitblom. In einmal geöffnetem Zustand von denselben Malern 16 Szenen aus dem Leben des Hl. Johannes des Täufers. Die Festtagsöffnung zeigt im Mittelschrein fünf Holzplastiken, vermutlich geschaffen von Gregor Erhart, die den Hl. Benedikt, Hl. Johannes d. T., Maria mit dem Kinde, die als Gnadenbild verehrt wird, den Hl. Johannes Ev. und die Hl. Scholastika darstellen. Der Sinn solcher Altäre, Heilige Geschichten zu erzählen, wird ergänzt durch die Flügelreliefs mit Christi Geburt und Anbetung der Könige, welche wohl von Gesellenhänden gearbeitet wurden.

Im Badhaus des ehem. Benediktinerklosters, einem schönen Riegelbau von 1510 direkt an der Aach, hat das Heimatmuseum eine stilvolle Darstellung seiner Schätze gefunden. Im Erdgeschoß fünffaches Kreuzgewölbe mit reichen Sammlungen aus der Bronze- Eisen- und Römerzeit. Nach der Restaurierung stellte sich heraus, daß das mittelalterliche Mönchsbad weithin erhalten ist. Mit Sauna und Rekreationsraum ist es das einzige in Deutschland erhaltene Mönchsbad. Interessant ist das Bad mit Dampfsauna, dessen Tür direkt auf Stufen ins Wasser hinausführt.

Eine Überraschung bildet im ersten Stock die Vorhalle, die Peter Strüv aus Veringenstadt zur Bauzeit mit Fresken ausgemalt hat mit ornamentalem Blattwerk, Blumen, Tier- und Jagdszenen. In der Herrenstube eine zartempfundene Madonna aus Stein um 1380 nach Art der Schönen Madonna der Parlerzeit, deren Kopf ergänzt wurde. Reizvoll sind auch die volkskundlichen Bestände gruppiert. In ihnen stellt sich das Leben unserer Vorfahren in Möbeln, Geräten und Trachten anschaulich dar. An der Ostseite die alte Klostermühle, und als Besucherattraktion am Blautopf die alte Hammerschmiede.

Ortsteil Asch

Asch liegt nördlich von Blaubeuren, 669 m NN mit einer 14,30 qkm großen Markung, davon 4,34 qkm

Wald. Der einst helfensteinische Ort kam 1447 an die Grafen von Württemberg. Er zählt zu den ältesten Siedlungen der Alb und ist schon 1069 urkundlich genannt. Um 1800 fanden hier Gefechte zwischen Franzosen und Österreichern statt, wobei es auch im Ort zu Plünderungen durch die Franzosen kam. Das württembergische Asch war dem Oberamt Blaubeuren, ab 1938 dem Landkreis Ulm zugeordnet und wurde am 1. Januar 1974 nach Blaubeuren eingemeindet.

Wie die Oberamtsbeschreibung von 1830 berichtet, zählte Asch zu den Orten des Bezirks mit den meisten Leinewebern. Die gewobene Leinwand wurde von zwei Handelshäusern aufgekauft und nach Bayern, in die Schweiz, nach Frankreich, Italien und gar bis nach Amerika exportiert. 1830 zählte Asch 604 Einwohner, alle evangelisch. 1883 wurden bei einem Großbrand 56 Gebäude eingeäschert. Anfangs 1980 hatte Asch 893 Einwohner, 665 evangelisch und 96 katholisch. 445 Bewohner sind erwerbstätig, davon 191 in der Land- und Forstwirtschaft. 175 Erwerbstätige sind Berufsauspendler. Die 91 Landwirtschaftsbetriebe bewirtschaften eine 8,38 qkm große landwirtschaftliche Nutzfläche.

Ev. Pfarrkirche (Unsere Liebe Frau) erbaut um 1474. Saalbau mit flacher Felderdecke und dreiseitig geschlossenem Chor mit Netzgewölbe. Im Chor Wandmalerei: Maria im Ährenkleid, kombiniert mit Schutzmantelmotiven, bez. 1510
Die Dorfkirchen begleiten oft Gebäude, wie Pfarr- oder Schulhaus, Friedhofmauern, welche zusammen mit der Kirche reizvolle Ensembles bilden. Das „Kirchhofmauerhäusle" von Asch sollte der Spitzhakke zum Opfer fallen, und da dieses winzige ehemalige Arresthäusle als Landstreicherasyl ausgedient hatte, setzte sich die Bevölkerung gegen den Abriß ein und brachte das putzige Häusle in Eigenleistung wieder in seinen früheren Zustand.

Ortsteil Beiningen

Beiningen liegt südlich von Blaubeuren, auf dem Hochsträß, 677 m NN. Die Markung ist 4,38 qkm groß, davon sind 1,27 qkm bewaldet.
Mit Blaubeuren und den Nachbarorten ging auch Beiningen 1447 aus helfensteinischem Besitz in das Eigentum des Grafen von Württemberg. Der württembergische Ort war dem Oberamt Blaubeuren, ab 1938 dem Landkreis Ulm zugeordnet und wurde am 1. Januar 1975 nach Blaubeuren eingemeindet.
Nach der Oberamtsbeschreibung von 1830 hatte Beiningen zwar keine Kirche, wohl aber schon eine Schule im Ort. Landwirtschaft und Obstzucht waren die wichtigsten Erwerbsquellen der 157 Einwohner. Heute sind es hier 455 Einwohner, davon 300 evangelisch und 96 katholisch. Von den 155 Erwerbstätigen arbeiten nur 44 in der Land- und Forstwirtschaft. 57 Erwerbspersonen arbeiten in den nichtlandwirtschaftlichen Betrieben des Ortes. Die 17 Landwirtschaftsbetriebe bewirtschaften eine 2,63 qkm große landwirtschaftliche Nutzfläche.

Ortsteil Pappelau

Pappelau liegt auf dem Hochsträß, 647 m NN. Mit den Teilorten Erstetten und Sotzenhausen ist die Markung 9,95 qkm groß, davon 3,05 qkm Wald.
Der schon um 1800 württembergische Ort war dem Oberamt Blaubeuren und ab 1938 dem Landkreis Ulm zugeordnet. Am 1. Januar 1975 wurde Pappelau nach Blaubeuren eingemeindet.
1830 hatte Pappelau 442 Einwohner, sämtliche evangelisch. Anfangs 1980 zählte es 604 Bewohner, davon 439 evangelisch und 95 katholisch. Von den 249 Erwerbstätigen im Jahr 1970 arbeiteten 122 in der Landwirtschaft, die mit 58 Betrieben 6,90 qkm landwirtschaftliche Nutzfläche bewirtschafteten. 91 Erwerbspersonen sind Berufsauspendler.

Ev. Pfarrkirche (Unsere Liebe Frau). Turmsockel aus Buckelquadern. Kreuzrippengewölbter Chor aus dem 14. Jh. Flachgedecktes Langhaus aus dem 15. Jh. mehrfach überholt. Taufstein Ulrich Binder von 1430. Lebensgroßer Kruzifixus von 1518.

Ortsteil Seißen

Seißen, einstmals Sießen oder Süßen bezeichnet, liegt hoch über dem anmutigen Tiefental und dem belebteren Achtal, in weite Wälder eingebettet. Der 706 m NN liegende Ort wurde am 1. Januar 1975 nach Blaubeuren eingemeindet.
Wie seine Nachbarorte gehörte auch Seißen früher zum Besitz der Grafen von Helfenstein und ging 1447 an die Grafen von Württemberg. Große Schäden erlitt Seißen im 30jährigen Krieg, als es 1643 samt der Kirche eingeäschert wurde. Bis Anfang 19. Jh. war Seißen dem Klosteroberamt Blaubeuren, danach dem Oberamt Blaubeuren und ab 1938 dem Landkreis Ulm zugeordnet.
Seißen hat eine sehr große Markung: 22 qkm. Davon sind 10,56 qkm bewaldet. Damit verfügt es über die größte Markung aller Teilgemeinden von Blaubeuren. 1830 zählte die Gemeinde 581 Einwohner, von denen 36 im Teilort Winnenden lebten. Anfangs 1980 hatte es 1110 Bewohner, davon 901 evangelisch und 127 katholisch. Von den 508 Erwerbspersonen arbeiten 203 in der Land- und Forstwirtschaft. 187 Erwerbstätige sind Berufsauspendler. Seißen ist als ehemalige bäuerliche Gemeinde auch zu einer Arbeiterwohngemeinde geworden. Die 88 Landwirtschaftsbetriebe bewirtschaften 10,32 qkm landwirtschaftliche Nutzflächen.

Ev. Pfarrkirche (St. Nikolaus). Das spätromanische Schiff wurde durch den Brand von 1634 bis auf wenige Mauerteile zerstört. Sein heutiges Aussehen stammt von dem Wiederaufbau 1651. Spätgotische Wandmalerei im Chor mit Darstellung der Passion Christi.

Kennen Sie schon das Backhäusle?

Wanderer, wenn du aus einem der wenigen noch stehengebliebenen Backhäusle auf der Alb den Rauch sich kräuseln siehst, dann schnuppere dich näher an jene Wesen, die mit Backschaufel, Wellholz, Ausloiber und Schürhaken an diesem Ofen hantieren, oder gerade einen aschgrauen, um einen alten Besen gewickelten nassen Hudelwisch schwingen, der den Boden von den verkohlten Resten säubert. Blicke tief in ihre Augen und seufze „backet Sie auch Plaaaaatz"? Schön lang ausgezogenes „a", falls du die Sprache der Alb nicht beherrschest. Auf diese Weise wirst du vielleicht in den Genuß einer Delikatesse gelangen, die nur im Holzbackofen gelingt und warm gegessen wird. Du bist glücklich zu preisen, wenn du eine gute Base dort wohnen hast, die dir zu Ehren und zum Gedenken an einen ihrer lieben Verwandten in der Stadt einen Gruiben (Grieben)platz bäckt. Du kannst auch darauf hoffen, im kommenden Juli auf dem Backhausfest inmitten der Stände, Buden und Bänke noch einen freien Platz zu ergattern und dir dort diese und andere Backwaren selber einkaufen. Deren Erlös geht in eine Gemeinschaftseinrichtung des Dorfes, und es kommen von Jahr zu Jahr mehr Besucher. Man las von sechstausend und von eintausendsiebenhundert Kilolaiben Brot, das die Frauen buken, und man hörte die vielerlei Sorten Platz rühmen.

Der Gemeindebackofen gehörte früher zu jedem Dorf und auch zu den großen Höfen zählte ein Backofen. Die Einteilung der Backfolge war fast eine heilige Handlung, man nannte dies „die Bache spiela". Zu diesem Zweck trafen sich die Frauen des Dorfes um Zwölfuhrläuten von Montag bis Donnerstag am Backhäusle, wo die Backhausverwalterin Steckele in verschiedener Länge vorbereitet hatte, die es zu ziehen galt. Wer das längste zog, war arg dran, denn ihn traf die erste Bachet mit Anheizen um fünf Uhr früh, und da wurde das meiste Brennmaterial — vier Bachwellen — benötigt. Die später Eingeteilten fanden einen gut durchwärmten Ofen an, wenn sie mit der Bachmuld aus Holz, in welcher der Teig gegangen war übernacht, mit dem Schubkarren ankamen. Die Buschla, also trockenes Reisig und die langen Bachscheiter, wurden das Jahr über bereitgehalten. Wenn der Ofen die richtige Hitze verströmte, galt es, die schwelenden Überreste zur Seite zuschieben, um erst die schwarzen, dann die weißen Brotlaibe einzuschießen. Danach folgten ein Hefezopf für den Sonntag oder ein Gugelhopf für die Hochzeitsschenke und Blechkuchen. Als letzte kamen die dünn ausgezogenen kleinen Kümmelküchle und die vielerlei, in Jahreszeiten variierenden Sorten von Platz, die wegen ihres dünn ausgewellten Weißbrotteiges, der auf der bemehlten Backschaufel ausgewellt und belegt wurde, flink in den Ofen geschubst werden mußten und dort nur 5–7 Minuten benötigten, um unten rösch und oben weich zu backen.

„Und bringt auch tüchtigen Hunger mit", empfahl uns die Lehrerin „wir backen siebzig Platz für euch." Dieses Wir bestand aus zwei Altbäuerinnen und dem Lehrerspaar von Seißen, sowie einem Haufen erwartungsfroher Kinder. Die Eingeladenen füllten einen großen Omnibus und schwatzten in den verschiedenen Dialektfärbungen des amerikanischen Kontinents. Sie kamen als Angehörige der Garnison vom eisigen Nordmeer bis zu den Kakteenfeldern von Arizona, von den Orangenhainen Kaliforniens alle paar Jahre an einen anderen Ort und waren jetzt an der Donau. Sie alle wollten einmal den Kuckuck leibhaftig hören, den sie nur aus ihren Uhren bisher kannten, und sie wollten „farmers" treffen, möglichst in Blauhemden und die Frauen in Albtracht. Der Kuckuck rief, die Margritten blühten mit dem Fingerhut um die Wette, und die Linde wiegte in der Dorfmitte ihre Zweige überm Backofen, wo die siebzig Platz sich nacheinander aufplusterten. Es war heiß, und der Schürzenzipfel übernahm die Rolle des Handtuches, was mit einem vielstimmigen „how nice, dear" — wie reizend, in die Kameras gebannt und mit verstehendem Lächeln der Bäckerinnen bedankt wurde.

In andern Landstrichen nennt sich der Platz auch Dennete oder Dünnet, steht als Flammkuchen im Kochbuch, und der Belag wird einfach diesem Namen vorangesetzt: Die Grundsubstanz des Belags ist eine Art zähflüssiger Pfannkuchenteig aus Mehl, Milch, Eiern und Salz, festlich verfeinert durch Rahm, und darauf kommen Zucker und Zimt, oder Apfelringe, Zwetschgen. Beliebt ist der Zwiebelplatz und im Frühjahr, wenn die ewigen grünen Zwiebelröhrle locken, der grüne Platz mit Rauchspeck, im Oberschwäbischen mit Kräuterkäs und Röhrle.

Der Winter bringt den Kraut- und den Gruibenplatz, der am Backtag Vesper und Mittagessen ersetzt. An Kirchweih ist dann die Rahmschicht dicker und oft mit Rosinen orientalisiert, er schmeckt nach Karussellpferd, Bärendreck, Magenbrot und Glückstüte für jenen, der lange draußen war und den wieder einmal die Sehnsucht heimgelockt zu Wacholderheide und Dorfhüle. Herbsüß wie die Alb, so soll auch dieser Kuchen schmecken, und man muß möglichst auf ein verkohltes Ästle beißen. Dann ist er richtig vom Bachhäusle!

Mit unsern dampfenden Fladen rasselte die Dorfjugend auf Leiterwagen dem Wirtshaus zu. Die amerikanischen Damen, sonst auf Taille getrimmt, aßen sich durch sämtliche Sorten hindurch wie im Breiberg vor dem Schlaraffenland. Sie ließen die mitgekommenen Bäckerinnen mit Strömen von Kaffee hochleben, und kamen am nächsten Backtag in kleineren Gruppen wieder, um auch in die Geheimnisse eines Brotteiges einzutauchen. Zwei dieser überseeischen Backschülerinnen wurden später in ihrer Heimat für ihr „Albbrot" preisgekrönt, und eine dritte errang sogar für ihren „Swäbbische Albblatz" eigener Erfindung (mit Ingwer) den goldenen Kochlöffel von Kentucky.

Ortsteil Sonderbuch

Sonderbuch liegt nördlich von Blaubeuren am Albrand, 680 m NN. Die Markung ist 6,97 qkm groß, davon 2,84 qkm Wald. Bis 1447 in helfensteinischem Besitz ging es danach in den Besitz der Grafen von Württemberg. Schon 1108 ist der Ort Sinderbuch urkundlich genannt. 1800 kam es auf der Markung zu Gefechten zwischen Franzosen und Österreichern und dann zu Plünderungen durch die Franzosen.

Im Jahr 1830 zählte Sonderbuch erst 209 Einwohner. Heute sind es 526 Bewohner, davon 397 evangelisch und 94 katholisch. 209 Bewohner sind erwerbstätig, davon nur noch 73 in der Land- und Forstwirtschaft. Die 40 Landwirtschaftsbetriebe bewirtschaften 3,81 qkm landwirtschaftliche Nutzflächen. Größere Gewerbebetriebe sind nicht vorhanden. 108 ansässige Erwerbspersonen arbeiten deshalb als Berufsauspendler andernorts. Die Eingemeindung nach Blaubeuren ist am 1. Januar 1974 erfolgt.

Ev. Filialkirche (St. Leonhard) aus dem 17. Jh. mit drei bemerkenswerten Muttergottesfiguren: eine sitzende, frühes 15. Jh., eine stehende, 16. Jh., und ein Vesperbild um 1770.

Ortsteil Weiler

Weiler liegt an der Straße Blaubeuren-Ehingen, im schönen Achtal und am Fuß der Blaubeurer Alb. Der Ort liegt 532 m NN und hat eine 5,21 qkm große Markung, wovon allein 3,48 qkm bewaldet sind.

Nach der Siedlung Weiler nannten sich im 14. Jh. die Herren von Weiler, wohl Lehensleute der Grafen von Schelklingen. 1403 kam die dortige Burg an die Ulmer Patrizier Gräter und ging um 1414 an das Kloster Blaubeuren über. Über dem Ort Weiler in 690 m Höhe findet man noch auf einer Felsenplatte die Überreste der Günzel- oder Greifenburg. Ein großartiger Blick auf den malerisch gelegenen Ort und das schöne Achtal beschenkt den Wanderer von dort.

Weiler beherbergte einst ein kleines Kloster der Beguinen, Frauen, die nach der Drittordensregel des hl. Franziskus lebten. Ein Fräulein Adelheid von Weiler war 1240 die Gründerin. 1374 wurde das Haus durch Gertrud Schwehlerin ausgebaut und konnte dann bis zu zwölf Nonnen aufnehmen. 1477 wurde das Kloster nochmals erneuert und vergrößert. Nach der Reformation verließen die Nonnen 1570 ihr Haus und zogen in das Kloster Welden bei Augsburg. Das Klostergebäude wurde in einen Fruchtkasten umgewandelt und brannte schließlich 1851 ab. Der Ort Weiler unterstand bis Anfang des 19. Jh. dem Klosteroberamt Blaubeuren, kam unter württembergischer Oberhoheit danach zum Oberamt Blaubeuren und ab 1938 zum Landkreis Ulm. Am 1. Januar 1975 wurde Weiler nach Blaubeuren eingemeindet.

Um 1830 war die Leineweberei die Haupterwerbsquelle der Bevölkerung von Weiler, das damals 18 Webmeister mit 23 Knappen zählte. Doch wenige Jahrzehnte danach erlag das Gewerbe der Konkurrenz der neuen Textilindustrie. Heute besitzt Weiler wieder einige größere Betriebe für Arzneimittel und zur Herstellung von Betonformen.

Im Jahr 1830 zählte Weiler noch 232 Einwohner. Heute sind es 629 Bewohner, davon 401 evangelisch und 171 katholisch. 265 Bewohner sind erwerbstätig, davon aber nur 27 in der Land- und Forstwirtschaft. Die 10 Landwirtschaftsbetriebe bewirtschaften 0,99 qkm landwirtschaftliche Nutzflächen. Weiler ist vor allem gewerblich orientiert und dazu eine Arbeiterwohngemeinde, denn 152 ansässige Erwerbspersonen sind Berufsauspendler. Andererseits kommen aber auch täglich 76 Berufseinpendler nach Weiler zur Arbeit. Insgesamt sind hier 218 Personen in den Arbeitsstätten, davon 155 im produzierenden Gewerbe und Baugewerbe sowie 47 in den übrigen nichtlandwirtschaftlichen Arbeitsstätten beschäftigt.

Eines der Naturschutzgebiete im Landkreis ist der »Rabensteig«, ein Bannwald mit einer Flächenausdehnung von 28 ha mit verschiedenen Laubwaldgesellschaften:

An den Steilhängen des Tiefentales, mit Fels durchzogen, wächst der Buchen-Steppenheidewald mit abwechslungsreicher Strauch- und Krautschicht (Küchenschelle, Hügelveilchen, Bergdistel, auf den Felsen die alpinen Arten: Felsen-Hungerblume, immergrüner Steinbrech u. a.);

Der Schluchtwald mit Bergahorn, Ulme, Esche, Linde, bei welchem in der Krautschicht die Mondviole vorherrscht, befindet sich im Süden; der anschließende Kleeb- und Schluchtwald mit Linden und Ahorn weist wiederum eine andere Flora auf mit Märzenbecher, Geißfuß, Kälberkropf, Milzkraut u. a. Auch das Tiefental ist bekannt durch seine Steppenheideflora und Laubwälder.

Mei' Nochberschaft.

I han'-n-a feine Nochberschaft,
's ist wert des zum vermelda.
Sell Weib do neaba lost und gafft,
Für sechse thuet se schelta.

De ander biet oim bärig d'Zeit,
Und Glotzer ka' se macha!
's graißt Gaude, wann's im Gäßle geit,
Dui hairt me niane lacha.

Vor dera kloina sett im Haus,
Sei g'scheit und thua de hüata!
Dui stiehlt oim aus em Garta raus
Glei d'Stöck mit Knöpf und Blüata.

Schau' lang und lang wär i aweg
Und weit und weiter ganga,
Thät net an dera Doaraheck
Für mi-n-a Rösle hanga.

Mathilde Franck

Heiratsgedanka.

"Nimm oine, mo reacht Batza hot!"
So düsemet der Vater her,
"Woisch, vo' ma reachta Baurahof.
Jetzt triff a Wahl und nimm's net schwer,
Zu o'srem Geld no mainer Geld,
No bist a Kerla auf der Welt!"
Und d'Mueter sait: "Nimm koine, mo
Glei über Stock und Beasa guckt,
Die zeamol rü-und nüber steigt,
Statt daß mer-n oimol langt und buckt.
Noi, sauber, putzt und älles rei'
Muaß em reachta Haushalt sei'."

Mathilde Franck

Mathilde Franck ist am 10. Januar 1843 in Weiler bei Blaubeuren als Lehrerstochter geboren, erhielt vom Vater Musikunterricht, vor allem aber wurde sie von ihm in die Sprache eingeführt. Sie verheiratete sich mit dem Reallehrer Wilhelm Franck in Ludwigsburg und begann zu schreiben: Erzählungen, vor allem aber Mundartgedichte, die unter dem Titel „Schwäbisch Gmüet" bei A. Bonz in Stuttgart 1894 erschienen. Diese Gedichte zeugen von glücklicher Beobachtungsgabe in ihrer kleinen Welt, und so ist sie eine beachtenswerte Erscheinung auf diesem Gebiet geworden und wurde in die „Geschichte der schwäbischen Dialektdichtung" von August Holder aufgenommen.

Gemeinde Berghülen

Berghülen hat eine sehr große Markung von 22,84 qkm Umfang. Es liegt 694 m NN, hoch auf der Blaubeurer Alb. Bis zum Jahr 1447 gehörte Berghülen den Grafen von Helfenstein, die in diesem Jahr ihre dortigen Rechte aus finanziellen Gründen an die Grafen von Württemberg verkauften. 1763 brannte ein großer Teil der Ortschaft nieder. Die leicht entzündlichen Strohdächer zusammen mit dem Wassermangel auf der Alb haben früher immer wieder zu solchen Brandkatastrophen geführt.
In der Oberamtsbeschreibung von 1830 wird berichtet, daß Berghülen damals sowohl in der Landwirtschaft wie auch im Gewerbe gute Fortschritte verzeichnete. Die Weberei war damals und noch lange danach das Hauptgewerbe im ganzen Blaubeurer Bezirk. So zählte Berghülen damals 24 Leineweber mit 20 Knappen (Gesellen) im Ort. Ab 1840 ging dieses Gewerbe wegen der Gründung von industriellen Webereien rasch zurück. Heute hat Berghülen eine Filiale einer auswärtigen Trikotfabrik mit rund 40 Beschäftigten im Ort. Von den 583 Erwerbstätigen arbeiten 224 außer Ort. 227 Erwerbspersonen sind in der einheimischen Land- und Forstwirtschaft tätig. Seit dem Jahr 1830 hat sich die Bevölkerung von Berghülen verdoppelt. Damals waren es 615 Einwohner, dazu 69 Einwohner im Weiler Treffensbuch. Heute zählt Berghülen mit Treffensbuch 1206 Bewohner, davon 989 evangelisch und 191 katholisch. In 50 nichtlandwirtschaftlichen Arbeitsstätten sind 144 Personen tätig. Die 120 Landwirtschaftsbetriebe bewirtschaften 14,00 qkm landwirtschaftliche Nutzflächen. Der schon um 1800 württembergische Ort wurde am 1. Januar 1972 nach der Eingemeindung von Bühlenhausen auch wirtschaftlich gestärkt.

Die evang. Pfarrkirche (St. Laurentius) wurde in der Spätgotik anstelle einer Kapelle erbaut. Sie besitzt aus dieser Zeit den Chor mit Netzgewölbe, Maßwerkfenster, und an der Ostwand des Langhauses Wandmalereien. Die schön bemalte Holzdecke, sowie eine reizvolle Rokoko-Orgel um 1781 ergänzen den Kirchenraum harmonisch. Kath. Filialkirche St. Laurentius von 1967.

Ortsteil Bühlenhausen

Bühlenhausen liegt auf der Blaubeurer Alb, 666 m NN und hat eine 3,29 qkm große Markung, davon nur 7 ha Wald. Das einstige „Billenhausen" war bis 1447 helfensteinisch, um dann zu den Grafen von Württemberg zu wechseln. Der württembergische Ort war dem Oberamt Blaubeuren, ab 1938 dem Landkreis Ulm zugeordnet und wurde am 1. Januar 1972 nach Berghülen eingemeindet.
1830 hatte Bühlenhausen 191 Einwohner. Heute sind es 411 Bewohner, davon 364 evangelisch und 38 katholisch. 231 Bewohner sind erwerbstätig, davon 108 in der Land- und Forstwirtschaft. 37 Erwerbspersonen sind Berufsauspendler, denen aber 63 Einpendler gegenüberstehen. Im Ort befindet sich eine bekannte Obstsaftkelterei. Die 47 Landwirtschaftsbetriebe bewirtschaften 5,33 qkm landwirtschaftliche Nutzflächen.

Ev. Pfarrkirche aus der Spätgotik, u. a. mit Fresken der klugen und törichten Jungfrauen von 1487. Alamannische Reihengräberfunde.

2 Blaubeuren.
Blick durch Teile des ehemaligen Benediktinerklosters zum ehemaligen Badhaus der Mönche, erbaut 1510; heute Heimatmuseum, gegründet 1947 von Oberlehrer Albert Bührle, Blaubeuren.

Blaubeuren.
View through parts of the former Benedictine monastery to the former monks' baths, built in 1510; today local museum, founded in 1947 by the teacher Albert Bührle, Blaubeuren.

3   Blaubeuren.
Heimatmuseum.
Wohnstube.

Blaubeuren.
Local museum.
Living room.

4   Blaubeuren.
Heimatmuseum.
Vorhalle im ersten Stock
mit Wandmalereien.

Blaubeuren.
Local museum. Vestibule
on the first floor with
wall paintings.

5   Blaubeuren.
Heimatmuseum. Steinerne Madonna um 1380.

Blaubeuren.
Local museum. Madonna in stone, about 1380.

6   Blaubeuren.
Ehemalige Klosterkirche. Gnadenbild Maria mit dem Kind im Hochaltarschrein von 1493, vermutlich von Gregor Erhart.

Blaubeuren.
Former monastery church. Mary and child in the high altar shrine from 1493, presumably by Gregor Erhart.

7   Blaubeuren.
Innenhof des ehemaligen Klosters.

Blaubeuren.
Quadrangle of the former monastery.

8   Blaubeuren.
Spital zum Heiligen Geist von 1420. Zyklus von Wandmalereien in der Eingangshalle mit Darstellungen aus dem Leben der hl. Elisabeth, 15. Jh.

Blaubeuren.
Holy Ghost Hospital from 1420. Cycle of wall paintings in the entrance hall depicting scenes from the life of St. Elizabeth, 15th century.

9   Blaubeuren.
Evangelische Stadtpfarrkirche, 15. Jh.; daneben das ehemalige Spital zum Heiligen Geist.

Blaubeuren.
Protestant town parish church, 15th cent.; to the right the former Holy Ghost Hospital.

10   Blaubeuren.
Rathaus, 1425 erbaut; davor Marktbrunnen.

Blaubeuren.
Town-hall, built 1425, facing the market fountain.

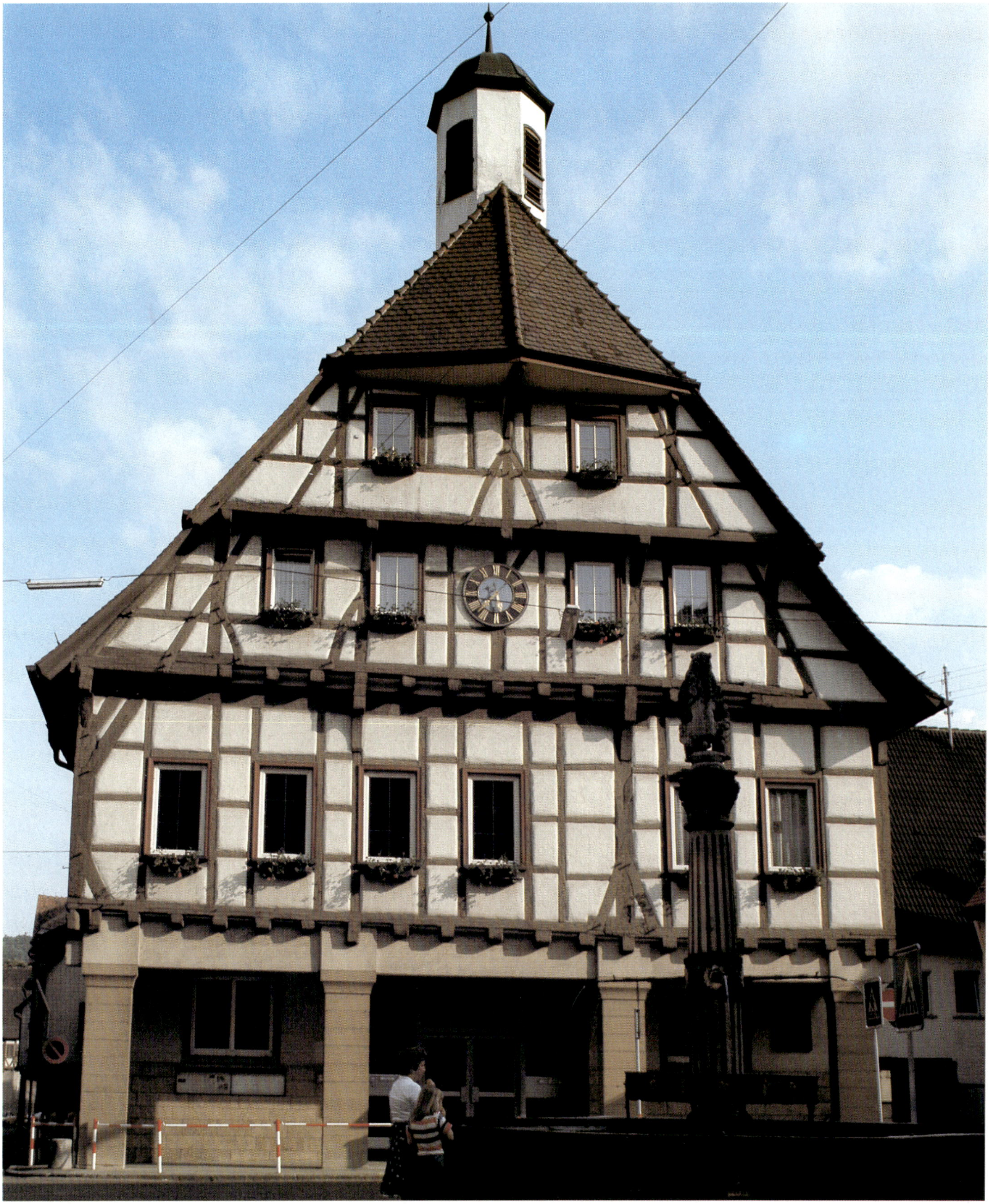

11 Blaubeuren.
Blautopf mit historischer Hammerschmiede.

Blaubeuren.
Blautopf (spring-lake of the river Blau) with historic hammer forge.

12 Blaubeuren.
Felsgruppe über der Stadt, das sog. „Klötzle Blei" (Metzgerfelsen).

Blaubeuren.
Group of rocks above the town, the so-called „Klötzle Blei" (small block of lead) or Metzger rock.

13 Blaubeuren.
Heimatmuseum, Bildtafel mit Stadtansicht von Blaubeuren (aus einem Zyklus), gemalt von Stadtmaler Sixtus Kummer, Ulm, 1683.

Blaubeuren.
Local museum. Painting with view of Blaubeuren (from a cycle), done by the town painter Sixtus Kummer, Ulm, 1683.

Ps. 46. Dennoch soll die Statt Gottes fein lustig bleiben mit ihrē brünlein. ψ5.

Du hüter Israël, Allmächtig grosser Schützer,
laß dieſe Gottes Statt vnd ihrer Bürger Zahl
im Friden lustig stehn! dein wachen ist vil nützer
als aller klugen wacht; So steths wohl überal.

14 Seißen.
Bäuerinnen beim
Brotbacken im
Backhaus.

Seißen.
Peasant-women baking
bread in the bake-house.

15 Seißen.
Ortsansicht mit
evangelischer
Pfarrkirche.

Seißen.
View of the village with
protestant parish church.

16 Asch.
Ehemaliges Arresthäusle an der Kirchhofmauer.

Asch.
Former arrest house at the cemetery wall.

17 Pappelau.
Ortsansicht.

Pappelau.
View of the village.

18 Gerhausen.
„Kirchlein" inmitten
einer Blauinsel
(Im Kirchenwöhrd),
vermutlich 14. Jh.,
bis 1927 Pfarrkirche.

Gerhausen.
„Kirchlein" (small
church) on an island in
the river Blau
(Im Kirchenwöhrd),
presumably 14th cent.,
parish church until
1927.

19 Berghülen.
Evangelische Pfarrkirche mit bemalter Holzdecke von 1735, auf deren Felder die Stifter zwischen Hauswappen und Blumengewinden ihre Namen anbringen ließen.

Berghülen.
Protestant parish church with painted wooden ceiling from 1735; on its panels, between family-arms and flower garlands, the donors had their names inscribed.

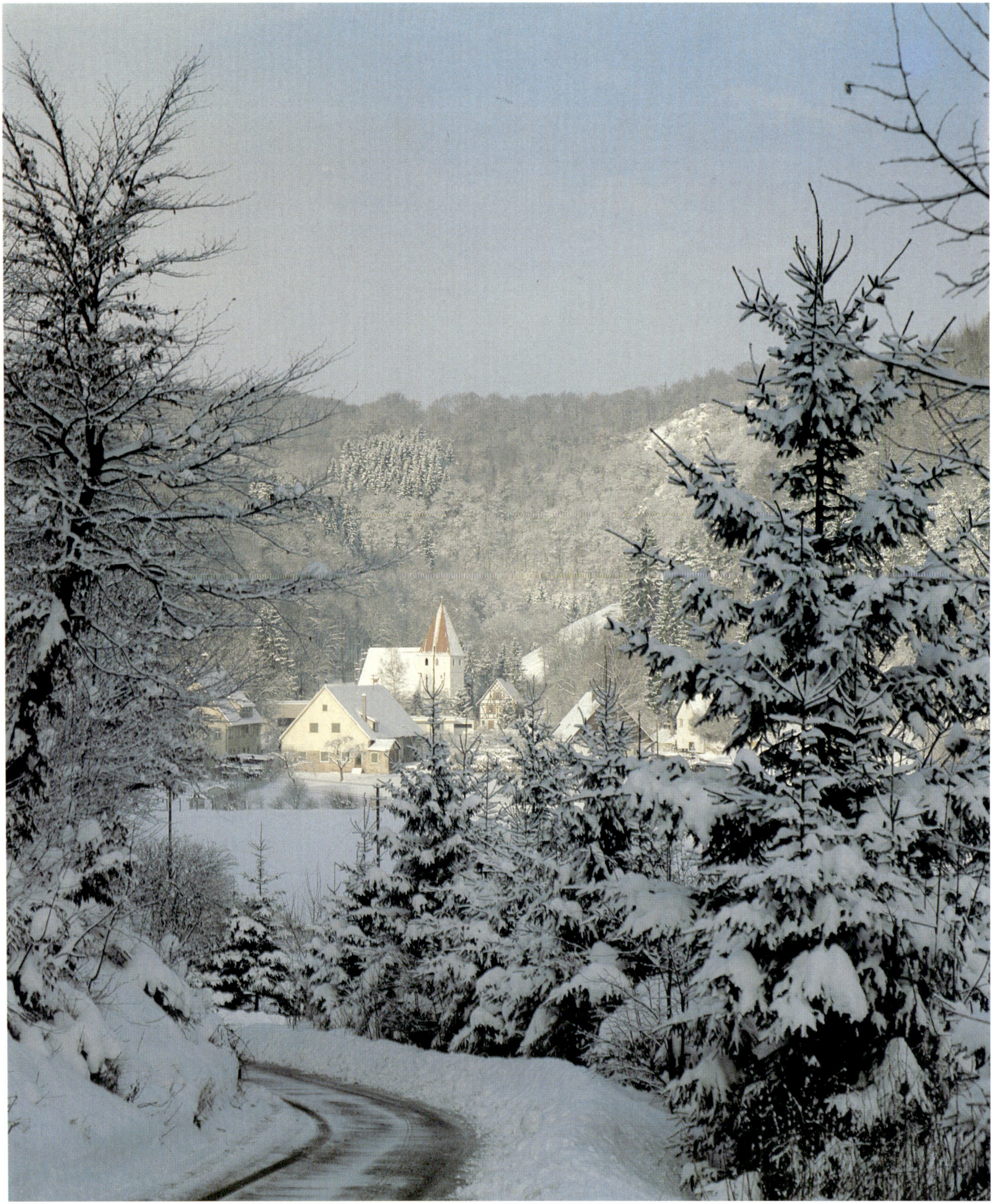

Verwaltungsraum Blaustein

20 Lautern.
Blick auf die Kirche (ehem. Marienkirche) mit romanischem Turm und spätgotischem Kirchenschiff.

Lautern.
View of the church (former St. Mary's church) with romanesque steeple and late gothic nave.

Der Verwaltungsraum Blaustein besteht nach den verschiedenen Gemeindezusammenschlüssen und Eingemeindungen allein noch aus der Gemeinde Blaustein. Die Markung, 57,32 qkm groß, gleicht einem stumpfwinkligen Dreieck mit der von Nord nach Süd verlaufenden Grundlinie. Sie erstreckt sich im Norden bis auf die Hochfläche der Alb und im Süden auf das Hochsträß. Mitten in der Markung liegt das Blautal. Von großer Anmut sind weiter das Lauter-, Schammen- und Kiesental, die bei Ehrenstein und Herrlingen in das Blautal einmünden und beliebte Wanderziele sind.

Als Landschaftsschutzgebiet mit insgesamt 6548 ha sind die Täler der Ach, Blau und Lauter, sowie viele angrenzende Trockentäler, Hangwälder, Felspartien und Quelltöpfe ausgewiesen. In den Felsritzen der Blautalfelsen findet sich schon Anfang März das Hungerblümchen ein, später Trauben-Steinbrech, Habichtskraut und Felsenbirne. Im Kiesental blüht bald darauf die silberpelzige lila Küchenschelle, die giftgrüne Nieswurz, der Seidelbast, die Badenka (Schlüsselblume) und andere Seltenheiten, bis dann im Juni/Juli der Höhepunkt erreicht wird mit Türkenbund, Flokkenblume, Salbei, Glockenblumen, Wegwarte, Kugelblume, Sonnenröschen, Skabiose, Leimkraut, Enzian. Botaniker zählten an die 180 Arten.

Das Arnegger Ried als letztes Niedermoor des Blautals umfaßt 20 ha und ist zum Naturschutzgebiet erklärt, nachdem der Bund für Vogelschutz nach 1960 große Teile der Feuchtwiesen und Moorflächen aufgekauft und damit weiterer Nutzung entzogen hat. Es hat eine reiche Flora und Fauna und ist Brut- und Rastplatz vieler Vogelarten, die in dem Birken- und Pappelgestrüpp, in dem mit vielen Arten Seggen, Schilf und Straußgras überwachsenen Feuchtgebiet ein Eldorado gefunden haben. Als Eiszeitrelikt wächst hier die 60–70 cm hohe Kriechweide, die in den Tundren des hohen Nordens zu finden ist.

Anfang 1980 zählte der Verwaltungsraum Blaustein, bestehend aus Blaustein und den Ortsteilen Arnegg, Bermaringen, Herrlingen, Markbronn und Wippingen, 13 697 Einwohner. Er verzeichnet unter den zwölf Verwaltungsräumen des Alb-Donau-Kreises nicht nur den höchsten Bevölkerungszuwachs seit hundert Jahren, sondern ist auch am dichtesten besiedelt. Auf den Quadratkilometer kommen 239 Bewohner gegenüber nur 118 im gesamten Alb-Donau-Kreis. Dieser besonders starke Zuwachs ist auf die schon sehr früh beginnende Industrieansiedlung, vor allem aber auf die vorhandenen Naturschätze im Blautal zurückzuführen. Während sich die Bevölkerung des Kreises in den letzten hundert Jahren etwa verdoppelte, hat sich diese im Verwaltungsraum Blaustein mehr als verdreifacht.

Von der Gesamtbevölkerung des Verwaltungsraums Blaustein sind 53 Prozent katholisch und 38 Prozent evangelisch; dabei überwiegt in den Blautalgemeinden Arnegg, Blaustein und Herrlingen der katholische, in den Gemeinden auf der Alb und Hochsträß der evangelische Bevölkerungsteil.

Im Ganzen hat die Landwirtschaft im Verwaltungsraum nur mäßiges Gewicht. Das Gewerbe hat hier Vorrang. Nur 7,7 Prozent aller Erwerbspersonen arbeiten in der Land- und Forstwirtschaft. Ein auffallendes Merkmal des Raums Blaustein ist die große Zahl von Berufspendlern. Von den 6017 (1970) hier ansässigen Erwerbspersonen arbeiten 3441 (1970) außerhalb ihrer Wohngemeinden. Das sind mehr als zwei Drittel aller Erwerbstätigen. In den 412 nichtlandwirtschaftlichen Arbeitsstätten des Verwaltungsraums Blaustein sind 2622 Personen beschäftigt, davon 1417 im verarbeitenden Gewerbe und 260 im Bauhandwerk. 692 Personen arbeiten im Dienstleistungsbereich.

Obwohl das Gewerbe im Verwaltungsraum also stark ausgeprägt ist, hat die Land- und Forstwirtschaft immer noch Bedeutung. 299 Betriebe sind noch vorhanden, darunter 206 ohne Waldbesitz. Sie bewirtschaften 3004 ha Nutzflächen, davon drei Viertel als Akkerland und ein knappes Viertel als Dauergrünland. Die meisten Betriebe betreiben noch Viehzucht und Viehhaltung.

Gemeinde Blaustein

Blaustein ist schon am 1. September 1968 aus dem Zusammenschluß der Gemeinden Ehrenstein und Klingenstein hervorgegangen. Es liegt im Blautal, 6 bzw. 8 km westlich von Ulm. Seine Markung ist 864 ha groß, davon sind 54 ha bewaldet. Es liegt 491 bzw. 490 m NN. Bei 6303 Einwohnern am Jahresende 1979 weist die Gemeinde eine beachtliche Bevölkerungsdichte von 729 Personen je Quadratkilometer auf.

Von diesen 6303 Bewohnern sind 1978 evangelisch (31 Prozent) und 3676 katholisch (58 Prozent). Blaustein weist eine überdurchschnittlich hohe Zahl von Ausländern auf, nämlich rund 12 Prozent. Unter der Gesamtbevölkerung sind rund 3000 Erwerbstätige. Von diesen arbeitet nur noch ein geringer Anteil in der Land- und Forstwirtschaft. Es gibt in Blaustein noch 14 Landwirtschaftsbetriebe, die eine 385 qkm große landwirtschaftliche Nutzfläche bewirtschaften.

Blaustein ist eine vorrangig gewerblich orientierte Gemeinde mit sieben Industriebetrieben und einem leistungsfähigen Handwerk, bei dem das Bauhandwerk hervortritt. Zugleich ist Blaustein eine Arbeiterwohngemeinde. Denn von den rund 3000 in der Gemeinde ansässigen Erwerbstätigen sind etwa 1800 Auspendler, die fast ausnahmslos in Ulm oder Neu-Ulm beschäftigt sind. Demgegenüber sind es lediglich 395 im Ort arbeitende Einpendler. Bemerkenswert ist dabei die Entwicklung seit dem Jahre 1950. Damals zählte das heutige Blaustein noch 1620 Erwerbspersonen gegenüber 3032 im Jahre 1970. Die Steigerung betrug somit 87 Prozent. In der gleichen Zeitspanne nahm die Zahl der Berufsauspendler nach Ulm von 558 auf 1658, also um 198 Prozent, zu.

In Blaustein selbst sind 1576 Personen erwerbstätig, 1053 arbeiten im produzierenden Gewerbe und im Bauhandwerk, 184 Personen im Handel und Gewerbe, und 300 in den übrigen Dienstleistungsberufen sowie im öffentlichen Dienst.

Ortsteil Ehrenstein

Das ehemalige Ehrenstein befindet sich auf dem Grund einer Siedlung der späten Jungsteinzeit (3000 v. Chr.). Auf dem weichen Talgrund, der einst das Flußbett der Donau gebildet hatte und einen Erlenwald trug, siedelten sich Bauern an. Es entstand ein Dorf mit rund zehn Meter langen und sechs Meter breiten Häusern. Neben dem Getreideanbau betrieben sie die Jagd auf Hirsche und anderes Wild, darunter Ur, Wildpferd und Bär. Funde aus der Bronze-, Hallstatt-, Römer- und Alemannenzeit wurden auf dem Ehrensteiner Schloßberg gemacht. Auf der Burg Eristein (1209), Erichstein (1216), die auf dem Schloßberg stand, residierten Ministerialen der Grafen von Dillingen. 1281 kam die Burg über die Grafen von Württemberg und die von Helfenstein an das Kloster Söflingen und wurde auf Befehl König Rudolfs geschleift. 1331 gelang dem Kloster Söflingen die Inkorporierung der Burgkapelle und die stetige Vermehrung seines dortigen Grundbesitzes.

Die Oberamtsbeschreibung von 1830 berichtet, daß Ehrenstein eine vorherrschend landwirtschaftliche Gemeinde war. Doch gab es auch namhaftes Gewerbe am Ort, eine Getreidemühle, zwei Fabriken für Kunstwolle und Kartonagen sowie eine Werkstätte zur Fertigung von Dampfdreschmaschinen. Außerdem wurde ein Steinbruch für Pflaster- und Schottersteine genutzt.

Die katholische Pfarrkirche St. Martin ist entstanden als Nachfolgerin der Burgkapelle, die schon 1275 erwähnt wird. Diese wurde 1724 abgebrochen und eine neue Kirche in den Ort verlegt. Der Bauriß stammt von Christian Wiedemann aus Oberelchingen. Im rechten Seitenaltar befindet sich eine schöne spätgotische Muttergottes mit Kind nach Art der Blaubeurer Madonna im Hochaltarschrein. Aus Lindenholz geschnitzt und farbig gefaßt wie diese Madonna sind auch die beiden Heiligen Stephanus und Laurentius, die um 1500 entstanden, und eventuell von Ivo Strigel, Memmingen, stammen. Eine weitere Muttergottes-Statue ist ulmisch gegen 1500, sowie ein Hl. Gregor aus derselben Zeit. Der überlebensgroße Kruzifixus ist aus der Mitte des 18. Jh.

Ortsteil Klingenstein

Das ehemalige Klingenstein liegt an der Einmündung des Kiesentals in das Blautal. Es war bis 1938 dem Oberamt Blaubeuren zugeordnet, danach dem Landkreis Ulm.

„Glingenstein" wird 1220 erstmals genannt. Über dem Ort liegt das aus dem 18. Jh. stammende Schloß, dahinter die Burgruine, von der noch die Grundmauern erhalten sind. Burg und Siedlung Klingenstein waren Reichsgut und im Besitz der staufischen und dillingischen Ministerialen, die sich „von Klingenstein" nannten und im 13. Jahrhundert auch als Ulmer Bürger erwähnt sind. In den folgenden zwei Jahrhunderten saßen dort die Stein von Klingenstein, ebenfalls zeitweise Bürger und Ausleute der Stadt Ulm. Nach 1480 zersplitterte der Besitz. Die Freyberg von Bach, die Schwendi von Wolfartsschwendi, die Schenk von Winterstetten und die Bernhausen hatten Anteile, bis schließlich 1575 die von Bernhausen den Besitz in ihrer Hand vereinigten und nach dem Neubau des Schlosses Oberherrlingen die Burg Klingenstein als Wohnsitz aufgaben. Das Geschlecht starb 1839 aus. Von den Erben erwarb 1856 der württembergische Staat das Rittergut und veräußerte es mit Ausnahme des Waldbesitzes an die Gemeinde Klingenstein.

Nach der Oberamtsbeschreibung von 1830 zählte Klingenstein damals 298 Einwohner. Sie seien arm und ohne Grundeigentum gewesen und hätten vom Hausierhandel und andere Weise gelebt.

Ehrenstein und Klingenstein, seit 1892 an das Eisenbahnnetz angeschlossen, nahmen danach einen starken Aufschwung. Eine Reihe von Gewerbe- und Industriebetrieben hat sich angesiedelt, darunter eine 1880 gegründete Weberei für technische Schwergewebe. Zu den Gründungen des 19. Jh. zählen auch ein Jura-, Weiß-, Kalk- und Terrazzowerk sowie die Ulmer Weißkalkwerke. Auch nach 1945 setzte wieder eine Welle von Neugründungen ein; hierzu gehört wohl als bedeutendstes Werk ein textilverarbeitender Betrieb mit über 400 Beschäftigten.

Schloß über dem Ort mit den Resten von drei mittelalterlichen Burganlagen. Die Nordburg mit der Schloßkapelle zur Hl. Dreifaltigkeit ist aus dem 18. Jh. Dort befindet sich ein 1746 signiertes Hochaltarblatt mit Darstellung der Marienkrönung von Joh. Baptist Enderle aus Söflingen.

Die neue katholische Pfarrkirche zum Hl. Josef am Berg wurde 1975 eingeweiht. Sie geht auf die 1349 erstmals urkundlich erwähnte Kaplanei des Schlosses Klingenstein zurück. Erst um 1715 wurde dann die Kapelle St. Josef, heute an der B 28 gelegen, erbaut. Die erste eigene Pfarrkirche St. Josef, die 1932/33 entstand, war durch die anwachsende Einwohnerzahl zu klein geworden, und so folgte ihr der Neubau „St. Josef am Berg".

Darin befinden sich sechs Holzbildwerke ulmischer Herkunft, welche aus gotischen Altarzusammenhängen herausgelöst, und so erhalten geblieben sind. Das sind: Die Apostel Petrus und Paulus um 1420, eine Muttergottes mit Kind, neugefaßt, um 1420/30, und aus derselben Zeit eine Mutter Anna Selbdritt mit Farbresten. Die ergreifende Darstellung der Muttergottes um 1460/70 mit über der Brust gefalteten Händen, welche das schlafende Kind auf dem Schoß hält, gemahnt schon an die Vesperbilder, die Maria mit dem toten Sohn zeigen. Diese Skulptur aus Lindenholz ist ungefaßt. Aus dem Einflußbereich des Michel Erhart ist der Schmerzensmann von 1480/90 in neuer Fassung.

Ortsteil Arnegg

Arnegg liegt am Südrand des Blautals, 505 m NN. Von der rund 1400 ha großen Markung sind 118 ha bewaldet.

Burg und Dorf Arnegg waren wohl Lehen der Grafen von Dillingen und, als deren Erben, der Grafen von Württemberg. Bis 1337 waren beide im Besitz des Ulmischen Geschlechts der Seveler, dann der ulmischen Ausleute Ritter von Stein, gesessen zu Arnegg. Ulm zerstörte 1378 die Burg. 1470 gingen Burg, Dorf und Herrschaft durch Kauf von Württemberg an Wilhelm von Stadion und von 1700 bis 1806 in den Besitz der Deutschordenskommende Altshausen. Der Orden arrondierte den Besitz in Ermingen, Dietingen und Markbronn, ließ die Burg auf und erbaute im Dorf ein Amtshaus. Unter württembergischer Hoheit war Arnegg dem Oberamt Blaubeuren zugeordnet, ab 1938 dem Landkreis Ulm. Am 1. 1. 1975 wurde Arnegg mit Blaustein vereinigt.

Arnegg hatte im Jahre 1830 erst 386 Einwohner. Es nahm im 19. Jh. nur wenig zu und im Jahre 1926 zählte die Gemeinde erst 422 Bewohner. Doch nach dem zweiten Weltkrieg wuchs die Bevölkerung rasch an. Neue Siedlungsgebiete wurden erschlossen und ließen die Einwohnerzahl — zusammen mit Markbronn und Dietingen — bis zu Beginn des Jahres 1980 auf 2309 anwachsen. Von diesen 2309 Bewohnern sind 738 evangelisch und 1425 katholisch.

Arnegg ist heute eine ausgesprochene Arbeiterwohngemeinde. Nur noch ein geringer Teil der Erwerbstätigen arbeitet in der Landwirtschaft; aber 578 Erwerbspersonen (1970) sind Berufsauspendler, die überwiegend in Ulm beschäftigt sind. 53 landwirtschaftliche Betriebe (1968) bewirtschaften 840 ha landwirtschaftliche Nutzflächen. Seit 1953 sind in Arnegg vier gewerbliche Mittelbetriebe entstanden, die zusammen 120 Arbeitsplätze aufweisen.

Zum Teilort Arnegg gehört noch Markbronn-Dietingen, das am 1. Juli 1971 nach Arnegg eingemeindet wurde. Markbronn liegt auf dem Hochsträß, 585 m NN und besitzt eine 9,83 qkm große Markung mit 3,70 qkm Wald. Die Teilgemeinde Markbronn zählte im Jahre 1830 erst 232 Einwohner, davon 148 evangelische und 86 katholische. 64 Bewohner davon lebten in Dietingen. In der Oberamtsbeschreibung von 1830 wird die konfessionelle Toleranz der Bewohner hervorgehoben. „Die Gemeinderäte wurden ohne Unterschied der Religion aus beiden Orten gewählt und die Einwohner lebten immer friedlich zusammen".

Heute hat Markbronn über 600 Einwohner, davon sind etwa 320 evangelisch und 260 katholisch. Etwa 120 Bürger Markbronns sind Berufsauspendler, die ihren Arbeitsplatz überwiegend in Ulm haben.

Anstelle einer gotischen Marienkapelle wurde die barocke Kirche Maria-Himmelfahrt 1730—1738 erbaut, ein flachgedeckter einschiffiger Bau mit dreiseitigem Chorabschluß. Altar und Kanzel sind ebenfalls im Barock entstanden. Der schöne Taufstein mit reich verschlungenem Astwerk und der Jahreszahl 1487 am Fuß ist früheren Datums wie die Holzskulptur Maria mit Kind, die um 1460/70 aus einer Ulmer Werkstatt stammt. Die neue katholische Pfarrkirche zur Hl. Dreifaltigkeit wurde 1961 erbaut.

Dietingen

Katholische Pfarrkirche St. Martin, die im Kern noch romanisch, dann in der Gotik erneuert wurde. Geschlossener Chor mit Netzgewölbe um 1500 und flachgedecktes einschiffiges Langhaus. Der Turmunterbau ist älter und wurde 1504 erneuert.

Eine Seltenheit bildet der Taufstein in Form eines Meßkelchs mit Christuskopf und der Jahreszahl 1400 in Majuskeln.

Markbronn

Evangelische Kirche aus dem späten Mittelalter, dann 1874 umgebaut. Spätgotischer Kruzifixus.

Ortsteil Bermaringen

Bermaringen liegt auf der Albhochfläche, 647 m NN. Es bildet den nördlichen Abschluß des Verwaltungsraums Blaustein. Die Markung ist 16,78 qkm groß, davon sind 2,03 qkm bewaldet.

Güter in Bermaringen gehörten einst zur Gründungsschenkung des Albert von Ravenstein für das Kloster Elchingen (um 1225). Bermaringen selbst dürfte Lehensbesitz der Grafen von Dillingen gewesen sein.

1255 war es eine der vier staufischen Landgerichtsstätten der Vögte von Ulm. Noch im 13. Jh. fiel es als Erbe an die Grafen von Helfenstein. Im 14. Jh. traten als gemeinsame meist streitende Ortsherren die Ritter von Stein zu Klingenstein, zu Lauterstein und die Ritter von Hörningen auf. Berthold von Stein zu Klingenstein erhielt 1368 von Kaiser Karl IV. das Privileg, in Bermaringen Gericht nach Rottweiler Recht, Stock und Galgen sowie einen Wochenmarkt zu halten. Durch Kauf ging die Dorfherrschaft 1444 an die Familie Ehinger, dann an die Familie Krafft, 1484 an das Kloster Urspring und 1512 an die Stadt Ulm, die bereits 1442 und 1482 von den Helfensteinern Forst, Geleit und Güter erworben hatte und 1576 auch den Kirchensatz erstand. Als ulmischer Amtsort war Bermaringen auch für Radelstetten, Scharenstetten, Temmenhausen, Mähringen und Lehr zuständig. Die südöstlich von Bermaringen über dem Lautertal gelegene Burg Hohenstein war Reichslehen und im 16. Jh. im Besitz der Herren von Wernau, der Ulmer Familien Stammler, Gräther und Schleicher, 1571 der Stadt Ulm selbst, die sie 1693 an die Krafft veräußerte.

Im Jahre 1702 erlitt Bermaringen große Schäden bei den Plünderungen durch 300 französische Dragoner. Im Jahre 1802 wurde es mit Ulm bayerisch und 1810 württembergisch. Es gehörte bis 1938 zum Oberamt Blaubeuren, danach zum Landkreis Ulm. Am 1. Oktober 1974 wurde es nach Blaustein eingemeindet.

1830 hatte Bermaringen mit dem Teilort Hohenstein 716 Einwohner gezählt. Diese galten, so die Oberamtsbeschreibung Blaubeuren, als wohlhabend und die Markung als fruchtbar. Das Webereigewerbe wurde noch stark betrieben. 43 Leineweber mit 20 Knappen (Gesellen) zählte der Ort. Am 21. Juli 1944 erlitt der Ort wohl mehr zufällig oder irrtümlich einen Bombenangriff, wobei die Martinskirche mit ihren wertvollen Wandgemälden zerstört wurde.

Seit 1830 ist die Einwohnerzahl nur wenig angewachsen. 1925 zählte die Gemeinde 801 Bewohner. Anfang 1980 waren es 1048 Einwohner, davon 878 evangelisch und 130 katholisch. Von den etwas mehr als 500 erwerbstätigen Bewohnern arbeiten ein Drittel (190) in der Land- und Forstwirtschaft. Noch größer ist die Zahl der Berufspendler (197). 89 Landwirtschaftsbetriebe bewirtschaften 12,04 qkm landwirtschaftliche Nutzfläche. Unter den gewerblichen Betrieben befinden sich zwei kleinere industrielle Unternehmen: ein Sägewerk und ein Textilbetrieb.

Die evangelische Pfarrkirche (St. Martin) hatte eine Vorläuferin aus dem 14. Jh., von welcher der viergiebelige Turm, die Fresken des Langhauses mit Passionsszenen und dem Jüngsten Gericht, sowie ein Hl. Christophorus Zeugnis geben.

In der Nähe befindet sich unter einer alten Steinlinde der „Hübsche Stein", bei dem die Markungen Bermaringen, Machtolsheim und Berghülen zusammenstoßen. Er galt schon im Mittelalter als Dreiländerecke zwischen den Herrschaften Ulm (Wappenschild), Helfenstein (Elefant) und Württemberg (Hirschhörner).

Ortsteil Herrlingen

Herrlingen liegt im Lauter- und im Blautal, 506 m NN. Es hat eine 8,56 qkm große Markung, darunter 2,90 qkm Wälder. Herrlingen liegt samt dem Teilort Weidach in schöner Landschaft und ist ein beliebtes Naherholungsziel.

Burg (Oberherrlingen) und Siedlung Herrlingen waren Reichsgut und vermutlich früher Besitz des Hochadelsgeschlechts von Hirrlingen bei Rottenburg, der nach dessen Aussterben an Kaiser Friedrich I. kam. Ein Reichsministeriale, Ritter Ulrich „de Hörningen" wird 1215/16 genannt und ein Otto von Hörningen 1344 mit Burg und Siedlung belehnt. Im Jahre 1347 gab Kaiser Karl IV. das Patronat der Pfarrkirche St. Andreas, zu der auch Klingenstein, Hohenstein, Weidach, Wippingen und Lautern gehörten, dem Deutschordenshaus in Ulm. Die Burg wurde 1247 vom Gegenkönig Heinrich Raspe und im Städtekrieg 1378 von den Ulmern zerstört. Die Herren von Hörningen waren vielfach mit Ulmer Patriziern, namentlich mit den Krafft, versippt. Wahrscheinlich im Erbgang kam Herrlingen Ende des 14. Jh. an die Freyberg von Bach und von diesen 1489 durch Kauf an die Herren von Bernhausen, württembergische Lehensleute von Bernhausen auf den Fildern, die 1588 die Burg zum Schloß umbauten. Ihr Geschlecht erlosch 1839.

In Herrlingen hatte Generalfeldmarschall Erwin Rommel seinen Wohnsitz bis zu seinem gewaltsamen Tod am 14. Oktober 1944.

Herrlingen kam 1806 unter bayerische und 1810 unter württembergische Hoheit und gehörte bis 1938 zum Oberamt Blaubeuren, danach zum Landkreis Ulm. Am 1. Januar 1975 wurde die Gemeinde mit Blaustein vereinigt.

Herrlingen hatte im Jahre 1830 erst 336 Einwohner, dazu 121 in Weidach. Es gehörte zu den kleinsten Markungen des damaligen Oberamts Blaubeuren, besaß aber eine Papiermühle, eine Öl- und Gipsmühle sowie viele Handwerker, dazu eine bedeutende Kalk- und Steinindustrie. Heute zählt Herrlingen 2983 Bewohner, davon 988 evangelische und 1714 katholische. Der Ausländeranteil beträgt rund 6 Prozent. 1256 Bewohner sind erwerbstätig, davon jedoch nur noch wenige in der Land- und Forstwirtschaft. Die 39 Landwirtschaftsbetriebe bewirtschaften 3,64 qkm landwirtschaftliche Nutzflächen. Sehr groß ist in Herrlingen die Zahl der Berufsauspendler, fast 800 oder rund 63 Prozent aller Erwerbspersonen. Doch kommen auch 180 Berufseinpendler hierher zur Arbeit. In Herrlingen selbst sind 638 Personen erwerbstätig, davon 364 im verarbeitenden Gewerbe, 68 im Bauhandwerk und 151 in Dienstleistungsunternehmen. Es sind insgesamt 97 nichtlandwirtschaftliche Arbeitsstätten vorhanden, darunter 4 Industriebetriebe mit zusammen 220 Beschäftigten. Zu den ältesten Betrieben zählt ein 1898 gegründetes Terrazzo-, Kalk- und Steinwerk.

Die katholische Pfarrkirche St. Andreas von 1816 ist ein seltenes Beispiel einer klassizistischen Kirche in Württemberg, die anstelle einer frühgotischen Kirche entstanden ist. Der Hochaltar aus dem späten 18. Jh. stammt aus der Deutschordenskirche in Ulm. Das älteste Bildwerk dagegen, das Grabmal des 1342 verstorbenen Rudolf von Halberingen, Deutschordensherr, wurde beim Abbruch der früheren Kirche aufgefunden und in das Innere der neuen Kirche eingemauert. Es verkörpert mit großartigem Ausdruck die vornehme adlige Haltung der staufischen Klassik und trägt die Inschrift ANNO DOMINI MCCCXLII ID FEBR OBIIT RVDS DE HALBERINGEN RECTOR ECCLESIE IN HOERNINGEN!

Ein Grenzstein an der Lauterbrücke von 1686 markierte die Grenze zwischen dem Ulmer reichsstädtischen Territorium und dem Herzogtum Württemberg; er ist in das Brückengeländer der Bundesstraße 28 betoniert.

Von Richard Riemerschmid, München, wurde der Lindenhof 1905 als Landhaus Max Wielands erbaut, von dem in Ulm an der Olgastraße das diesem entsprechende Stadthaus steht. Beide Bauwerke gelten als bedeutende Schöpfung des Jugendstils.

Oberherrlingen

Im Jahre 1708 erbaute die Schloßherrschaft von Oberherrlingen in schöner landschaftlicher Lage am Waldrand die Kapelle Maria Hilf, zu der ein Kreuzweg hinaufführt. Sie war ein vielbesuchter Wallfahrtsort, von dem noch einige Votivtafeln erzählen. Das Innere der Kapelle wurde 1909 erneuert. Vesperbild aus dem Kloster Söflingen vom Anfang des 15. Jh. An der Westfassade in Nische Holzskulptur der Hl. Barbara um 1420.

Anstelle einer mehrmals zerstörten Burg wurde 1558 das Schloß Oberherrlingen, ein dreigeschossiger Kastenbau mit hohen Satteldächern, errichtet.

Ortsteil Wippingen

Wippingen, mit dem Ortsteil Lautern, liegt am Fuß der Blaubeurer Alb, 636 m NN. Die Markung ist 9,35 qkm groß, davon 0,92 qkm Wald. „Wibbingen", schon im 11. Jahrhundert genannt, gehörte zu Teilen dem Kloster Blaubeuren, dem Kloster Elchingen und der Deutschordenskommende Ulm. 1447 übernahmen die Grafen von Württemberg den bis dahin helfensteinischen Ort. 1611 brannte Wippingen bis auf einen Hof ab. 1704 hatte Prinz Eugen von Savoyen sein Hauptquartier während der Belagerung von Ulm zusammen mit Herzog Eberhard Ludwig von Württemberg in Wippingen aufgeschlagen. Wippingen war dem Oberamt Blaubeuren, ab 1938 dem Landkreis Ulm zugeordnet.

Der Teilort Lautern, 1225 als „Luterun" erstmals genannt, gehörte seit 1516 zum Kloster Blaubeuren. In Lautern sammelte 1529 der Wiedertäufer August Bader seine Anhänger. Vormals in Augsburg als Kürschner lebend und von dort vertrieben, fand er in Lautern Unterkunft. Er wollte ein neues Messiasreich gründen. Sein Sohn sollte Messias werden. Krone, Zepter und Schwert standen schon bereit. Doch wurde Bader vom Müller in Lautern verraten und samt seinen Anhängern in die Residenz nach Stuttgart gebracht, wo er nach grausamen Folterungen mit seinem eigenen Schwert enthauptet und dann verbrannt wurde.

Wippingen zählte im Jahr 1839 mit Lautern 447 Einwohner, davon 93 katholische. Lautern allein hatte 66 Einwohner. Von den 1054 Bewohnern Wippingens sind heute 654 evangelisch und 347 katholisch. 335 Bewohner sind erwerbstätig, davon nur noch 73 in Land- und Forstwirtschaft. Dagegen arbeiten 194 Erwerbspersonen als Berufsauspendler außer Ort. In Wippingen selbst sind 44 nichtlandwirtschaftliche Arbeitsstätten mit insgesamt nur 84 Beschäftigten. Darunter befindet sich ein Steinwerk. Die 42 Landwirtschaftsbetriebe bewirtschaften 4,98 qkm landwirtschaftliche Nutzflächen. Am 1. Oktober 1974 wurde Wippingen nach Blaustein eingemeindet.

Evangelische Kirche (Hl. Maria), die 1472 erbaut wurde, ein flachgedeckter Saalbau mit dreiseitig geschlossenem Chorraum. Das Sterngewölbe im Chor wurde 1861 erneuert. Die Malereien im Chorbogen stammen aus dem Ende des 15. Jh.; sie wurden 1950 restauriert.

Der Hochaltar zeigt in geschlossenem Zustand die Heiligen Christophorus und Sebastian und in den geöffneten Innenseiten die Anbetung der Könige und die Flucht nach Ägypten. Sie sind kurz nach 1500 entstanden und stammen vielleicht aus der Werkstatt des Bartholomäus Zeitblom.

Von sehr hoher Qualität sind die drei Schreinfiguren: Der Hl. Jakobus d. Ä., Maria mit Kind, das eine Traube hält, und der Hl. Mathias. Diese sind wohl etwas später als die Schreintafeln entstanden und lassen den Stil Daniel Mauchs erkennen. Der Altar ist 1505 datiert; diese Jahreszahl wurde vielleicht später hinzugefügt.

Der Wanderer auf der Lautertalstraße

Ich ging den Weg ein Leben lang.
Bald tu ich hie den letzten Gang
und sag' dem Wandern gute Nacht
und allem, was mich hergebracht.

War keines Liebens Zauberschein,
das mich gelockt ins Tal hinein,
war nur des Bergtals Felsenhang,
der Quellenlauf den Weg entlang.

Das Lustgebreit von Wies' und Wald,
das Lied, das durchs Geklüft gehallt,
wenn überm Berg der Wind hinpfiff,
und aus dem Grund der Nebel griff.

*Zu Frühlings erstem Klinggeläut,
und wenn der Herbst sein Gold verstreut,
zu allen Stunden zog ich ein,
schlief auch in Wirtes Kämmerlein.*

*Und schwang am Tisch den Humpen gar
und sang mein Lied so frisch und klar,
und drückte manchem Freund die Hand,
der jenseits hinterm Wald verschwand.*

*Ich ging den Weg ein Leben lang.
Ich rücke nah dem letzten Gang.
Dann ziehn andre Wanderer ein,
die soll'n wie ich hie glücklich sein.*

Fritz Butz

Leichapredigt für a Muck

*Guck,
Muck,
jaz bischt he'.
Kohlschwarz isch dei' Grend;
wia vrbrennt en dr Hölla.
Wear wuurd au Tent saufa wölla!*

*Siehscht grad aus wia braota.
Mei' Rettungsvrsuoch isch vrgraota.
Dao leischt, e-m-a pechschwarza Rock.
I vrgrab de en ama Bloamastock.*

*Wann d geboara bisch, ka'e et saga,
bloß wann dei' letzts Stendle hot gschlaga.
Ob d an Vatter bisch gwea
oder a Muotter vo'etliche Kend,
i ao en koim Regischter et fend,
blos dei' traurigs End:
en dr Tent vrschieda.
Ruoh en Frieda!*

Fritz Butz

Fritz Butz wurde 1879 in Mergelstetten bei Heidenheim geboren. Er war kaufmännischer Angestellter in einem Industriewerk in Ulm und hat etwa 3000 Gedichte hinterlassen. Ein kleiner Teil davon wurde in den Schriften des Schwäb. Albvereins gedruckt. 1951 ist er in Ulm verstorben.

Lautern

Das nahegelegene Lautern mit der vermutlich im 30jährigen Krieg zerstörten Burg Lauterstein war ebenfalls im Besitz der Herren von Hörningen. Es wurde 1484 von den Bernhausen erworben und 1516 an das Kloster Blaubeuren verkauft. 1334 gestattete Kaiser Ludwig dem Kloster Elchingen den Verkauf des Kirchensatzes an die Grafen von Werdenberg, die ihn an die Herren von Westerstetten und 1343 an das Deutschordenshaus in Ulm weitergaben. Lautern wurde später Teilort der Gemeinde Wippingen.

Die Evangelische Kirche (Hl. Maria) im ummauerten Friedhof idyllisch gelegen, ist einschiffig mit schwerem Satteldach. Ihr Ostturm ist im Kern romanisch. Das Untergeschoß mit dem Kreuzrippengewölbe aus dem Ende des 15. Jh. dient als Chor; das Langhaus ist spätgotisch und wurde mehrmals erneuert. Flache Felderdecke; die spätbarocke Westempore trägt in den Brüstungsfeldern Apostelbilder, und am Chorbogen finden sich zu beiden Seiten Wandmalereifragmente des Jüngsten Gerichts.
Sehr edel ist der spätgotische Flügelaltar, der von 1509 datiert ist. Im Mittelschrein die gefassten Skulpturen der Heiligen Ursula, Katharina, Barbara, Helena sowie der Muttergottes mit Kind, über der zwei Engel schweben. Der Meister dieser Kunstwerke ist nicht bekannt. Er stand wohl unter dem Einfluß von Michel Erhart. Die Flügelbilder des Schreins sind nicht original, die Predella mit Christus und den Aposteln stammt aus der Nachfolge Jakob Ackers. Kruzifix in der Sakristei; Taufstein und Wandtabernakel aus dem Ende des 15. Jh.

21 Lautertal bei Bermaringen mit Pischekbrücke.

Lauter valley near Bermaringen with Pischek bridge.

22 Feuchtbiotop zwischen Herrlingen und Weidach.

Humid biotope between Herrlingen and Weidach.

23 Naturschutzgebiet Arnegger Ried, Niedermoor im Blautal.

Wild-life reserve Arnegger Ried, a marshy district in the Blau valley.

24 Oberherrlingen. Wallfahrtskapelle Maria-Hilf, erbaut 1708, mit Blick auf Ulm.

Oberherrlingen. Pilgrimage chapel Maria-Hilf, built in 1708, with view of Ulm.

25 Oberherrlingen. Votivbild von 1719 aus der Wallfahrtskapelle Maria-Hilf. Darstellung des erkrankten Barons von Bernhausen mit Arzt. In den Wolken das Gnadenbild Maria-Hilf.

Oberherrlingen. Votive picture, 1719, from the pilgrimage chapel Maria-Hilf depicting the sick baron of Bernhausen with doctor; in the clouds image of St. Mary.

26   Schloß Klingenstein, erbaut 1756, mit der Ruine der ehemaligen Burg Klingenstein.

Castle Klingenstein, built in 1756, with ruins of the former castle Klingenstein.

27   Ehrenstein. Spätgotische Muttergottes mit Kind aus Lindenholz, farbig gefaßt, vom rechten Seitenaltar der kath. Pfarrkirche St. Martin, aus der Werkstatt des Michel Erhart, Ulm, um 1490.

Ehrenstein.
Late gothic Holy Virgin and child in painted limewood, from the right side-altar of the catholic parish church of St. Martin; from the workshop of Michel Erhart, Ulm, about 1490.

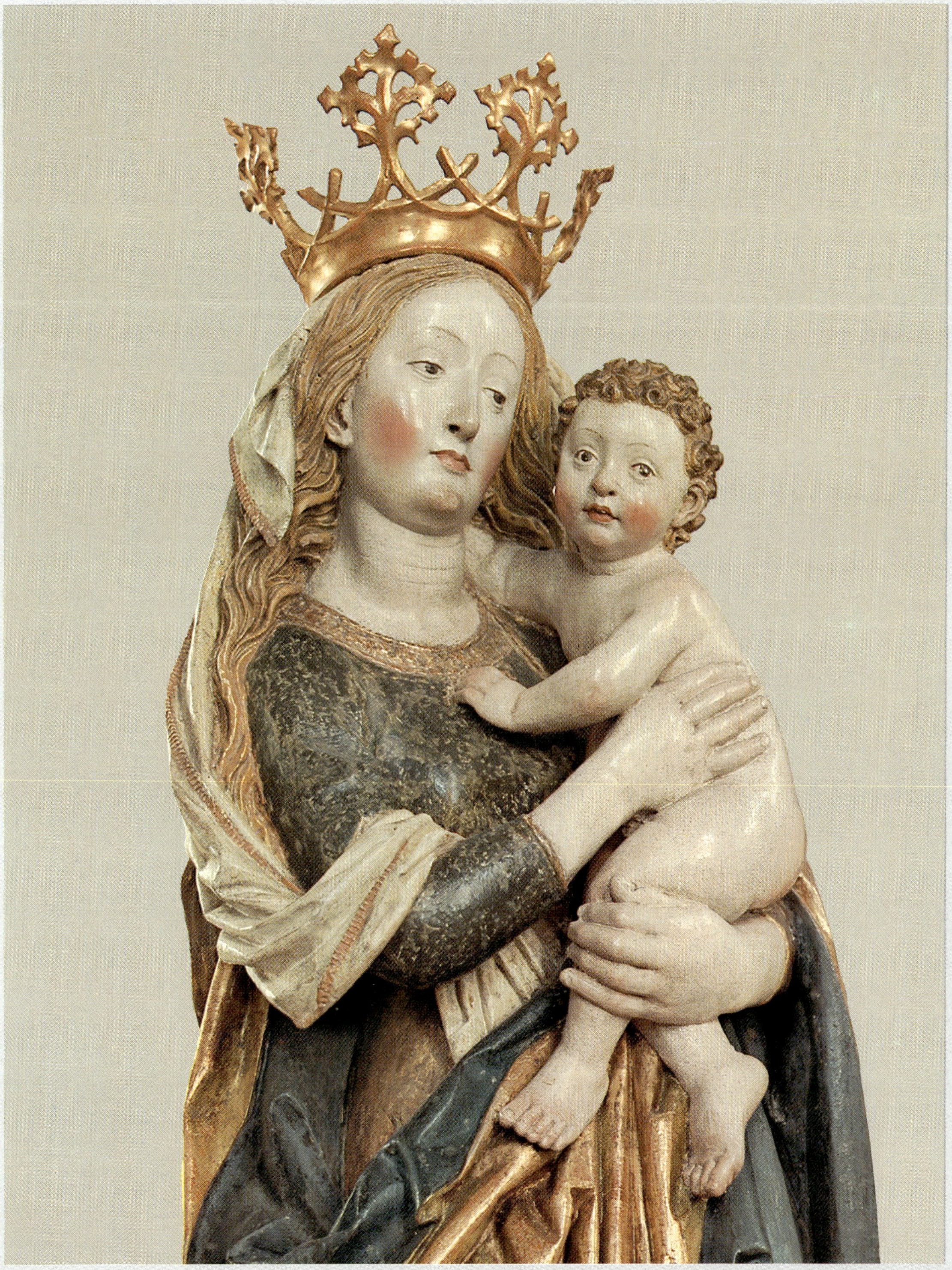

28 Lautertal bei Bermaringen.
Unter einer alten Steinlinde der sog. „Hübsche Stein", bei dem die Markungen von Bermaringen, Machtolsheim und Berghülen zusammentreffen.

Lauter valley near Bermaringen.
Under an old lime-tree the so-called „pretty stone", meeting-point of the boundaries of Bermaringen, Machtolsheim and Berghülen.

29 Quelltopf der Lauter in Lautern.

Spring of the river Lauter in Lautern.

30 Markbronn.
Evang. Kirche.
Altarkruzifixus, 2. Hälfte
des 15. Jh.

Markbronn.
Protestant church. Altar
crucifix, 2nd half 15th
cent.

31 Lautern.
Kirche. Spätgotischer
Flügelaltar, datiert 1509.

Lautern.
Church. Late gothic
altar-piece with
side-wings, dated 1509.

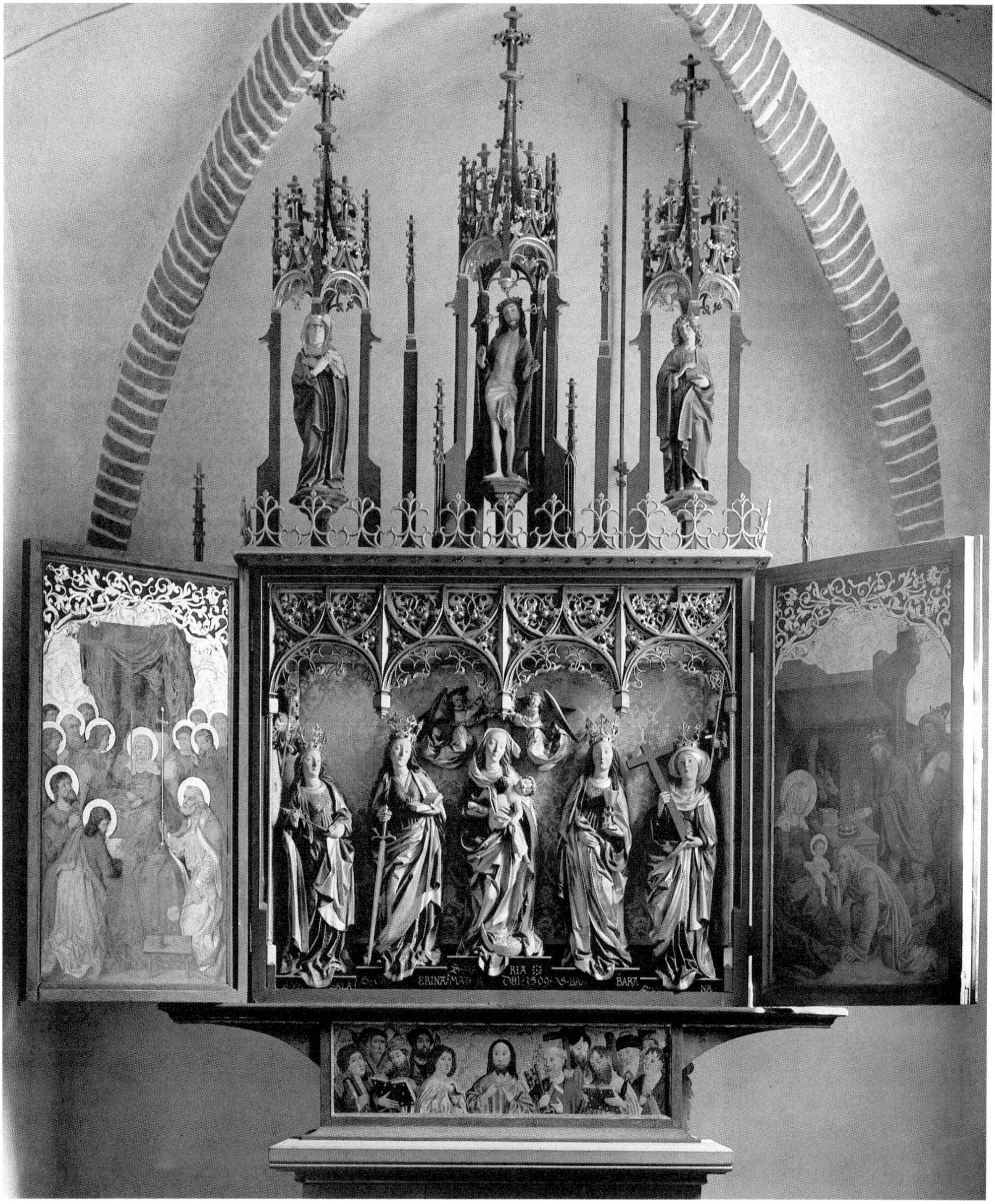

32 Dietenheim von Osten.
Aquarellierte Zeichnung um 1800.

Dietenheim from the east.
Water-coloured drawing, about 1800.

Verwaltungsraum Dietenheim

Der Verwaltungsraum Dietenheim gehört mit 54,50 qkm zu den kleinsten Einheiten im Alb-Donau-Kreis. Naturräumlich zählt er teils zum unteren Illertal, teils zu den Holzstöcken. Im Osten grenzt er an das Land Bayern. Seit der Kreisreform besteht er noch aus den drei Gemeinden Balzheim, Dietenheim und Illerrieden.

Anfang 1980 zählte der Verwaltungsraum Dietenheim 9658 Einwohner. Von der Gesamtbevölkerung sind rund 70 Prozent katholisch und 22 Prozent evangelisch. 3904 Bewohner sind erwerbstätig, davon nur 495 (12,7 Prozent) in der Land- und Forstwirtschaft. Fast die Hälfte aller Erwerbspersonen sind Berufsauspendler. Diesen 1735 Auspendlern stehen nur 705 Berufseinpendler gegenüber. Viele Auspendler sind im 25 km entfernten Ulm beschäftigt.

Der Verwaltungsraum Dietenheim hat 2854 hier arbeitende Erwerbspersonen, von denen 470 in der Land- und Forstwirtschaft tätig sind. 1874 Erwerbspersonen sind im produzierenden Gewerbe und in der Industrie beschäftigt. Die Stadt Dietenheim mit seinen zahlreichen Industriebetrieben bildet den zentralen Arbeitsort. So haben von allen 2854 im Verwaltungsraum selbst Beschäftigten 2075, das sind 73 Prozent, in der Stadt Dietenheim ihren Arbeitsplatz.

Stadt Dietenheim

Dietenheim liegt im Illertal, 25 km südlich von Ulm und 513 m NN. Die Markung ist 12 qkm groß. Davon sind 5,0 qkm bewaldet.

803 wird „Düttenheim" erstmals urkundlich genannt, als Cadaloh, Sohn von Graf Peratold den Ort Wangen dem Kloster St. Gallen schenkte. 1280 erscheint es in Urkunden als Oppidum Tutenheim. Um 1300 kam es in habsburgischen Hausbesitz und erhielt 1350 Stadtrecht. Später ging dieses Stadtrecht wieder verloren, wurde aber 1953 erneut verliehen. Als österreichisches Lehen kam Dietenheim 1313 an die Ellerbach, 1446 an die Ulmer Patrizier Krafft und Ehinger, 1481 an die Rechberg und 1539 an die Fugger. Von den Grafen Fugger-Dietenheim-Brandenburg, die zeitweise hier wohnten und das Textilgewerbe förderten, erhielt Dietenheim um 1588 städtisches Recht und eine Mauerbefestigung. Zwischen 1580 und 1590 wurde auch die bis ins 15. Jh. zurückgehende, heute noch

bestehende Bürgerwehr straffer organisiert. Der 30jährige Krieg traf Dietenheim schwer. Nach Auflösung des Lehensverbandes verkauften die Fugger 1807 die Güter an Bayern. 1810 kam Dietenheim zu Württemberg und war hier zunächst dem Oberamt Wiblingen bzw. ab 1845 dem Oberamt Laupheim zugeordnet. 1938 kam Dietenheim zum Landkreis Ulm. Am 1. Januar 1972 wurde Regglisweiler mit Dietenheim vereinigt. Das dortige Schloß mit Gütern und dem Patronatsrecht hatte Bayern 1810 dem General von Deroy geschenkt, von dessen Witwe es 1830 an Freiherrn von Süßkind und später an Freiherrn von Hermann auf Wain überging.

Wie der Oberamtsbeschreibung Laupheim von 1854 zu entnehmen ist, hatte Dietenheim damals schon 1281 Einwohner. Seine Bevölkerungszahl änderte sich danach nur wenig. Auch im Jahre 1939 hatte es erst 1415 Bewohner. Entscheidend wuchs Dietenheim dann nach 1950, als viele Heimatvertriebene und Flüchtlinge hierher kamen und in neuen Industrie- und Gewerbebetrieben auch eine neue wirtschaftliche Existenz fanden. So wuchs Dietenheim auf 2238 Bewohner im Jahre 1950 und auf 3566 Bewohner im Jahre 1970 an. Im Alb-Donau-Kreis bildet Dietenheim den wirtschaftlichen Schwerpunkt im Süden.

Anfang 1980 hatte die Stadt 3561 Einwohner, darunter rund 10 Prozent Ausländer. Drei Viertel der Bevölkerung sind katholisch (2472), dazu kommen 457 Evangelische (12,6 Prozent) und 419 Sonstige. Von den 3561 Bewohnern sind etwa 1560 erwerbstätig, davon nur 72 (4,4 Prozent) in der Land- und Forstwirtschaft. Trotz einer eigenen Industrie mit rund 1250 Arbeitsplätzen zählt die Stadt noch 403 Berufsauspendler, die größtenteils in Ulm arbeiten. Freilich, die Zahl der Berufseinpendler ist mit 601 noch größer. Am Ort selbst sind somit 1821 Personen beschäftigt. Im produzierenden Gewerbe einschließlich Industrie sind 1492 Personen tätig, das sind 81,9 Prozent aller Beschäftigten.

In Dietenheim sind eine Reihe interessanter Industrie- und Gewerbebetriebe ansässig. Bereits anfangs dieses Jahrhunderts entstand eine Nähfadenfabrik und eine Baumwollzwirnerei. Noch älter ist eine 1899 gegründete Maschinenfabrik. Einige neue Betriebe kamen nach 1945 hinzu, darunter ein Kunststoffwerk mit rund 400 Beschäftigten. Heute zählt die Stadt zehn Industriebetriebe verschiedener Wirtschaftsbereiche. Die 28 landwirtschaftlichen Betriebe bewirtschaften 4,47 qkm landwirtschaftliche Nutzflächen.

Die katholische Pfarrkirche zum Hl. Martin wurde anstelle einer ursprünglich romanischen Anlage nach Entwurf des Augsburgers Konrad Stoß 1589–1590 durch die Fugger–Weißenhorn neu erbaut. Darauf weist die unter der Orgelempore sich befindende Stiftertafel, 1588 datiert und von Hans Schaller geschaffen, hin. Die gesamten Bauakten sind noch vorhanden. Der 45,7 m hohe schöne Kirchturm hat fünf Stockwerke, die auf einem Kreuzgewölbe, das als Schatzkammer dienen konnte, fußen. Zwei sechseckige Türmchen mit Schlüsselschaften und Zeltdach zieren das hohe Satteldach des Turmes. Das Kirchenschiff ist ein flachgedeckter Saalbau mit dreiseitig geschlossenem Chor, das mehrmals umgestaltet wurde. Es hat eine beachtenswerte Ausstattung:

Hochaltar von 1668 mit Altarblatt von Franz Guggenberger, Landsberg; Kanzel von Martin Natter, Ottobeuren, von 1682; die Orgel hat Sigmund Rieckh, Memmingen, im Jahr 1671 gebaut.

Aus der Spätgotik stammt die gefaßte Plastik der „Dietenheimer Madonna". Von dem seit 1720 in Dietenheim wohnenden Bildhauer Dominikus Hermenegild Herberger sind einige frühe Arbeiten in der Kirche:

Im linken Seitenschiff die bewegte Beweinungsgruppe; neben dem Eingang der silbergefaßte Judas Thaddäus; das seither im Rathaus befindliche Kruzifix. In der Friedhofskapelle St. Vitus stammt das Vesperbild ebenfalls von diesem Bildhauer.

Herberger wurde im Jahre 1694 bei Legau/Allgäu geboren. Am 22. November 1718 hat er sich in Dietenheim mit der von dort stammenden Maria Viktoria Vögtin (Vogt) verheiratet, und mit seiner Hausfrau 1720/21 „bürgerlich eingekauft". Seit März 1742 ist er in Ochsenhausen nachgewiesen. 1748 wird er zum erstenmal in Meersburg erwähnt. Sein letztes Jahrzehnt verbrachte er in Immenstaad/Bodensee, wo er am 12. Mai 1760 im Alter von 66 Jahren verstorben ist. An der Ostseite des Turmes der Pfarrkirche in Immenstaad befindet sich das von ihm selbst geschaffene Sandstein-Epitaph. Es trägt, außer der Inschrift, im Hochrelief die Darstellung der Flucht nach Ägypten, auf dem oberen Rand einen trauernden Putto, sowie sein Wappen – eine Herberge – als „redendes Wappen", wie dies im Barock üblich war. Es ist ein Familien-Epitaph und gilt sowohl seiner 1755 verstorbenen Frau Maria Viktoria Vögtin von Dietenheim, als auch ihm selbst. Er bezeichnet sich dort mit „ich Dominicus Hoerberger, Hochfürstlich Costanzischer Hofbildhauer". Seine zweite Frau M. Valentina Ephrosina Trollin stammte aus Meersburg. Im Sterbbuch wird Herberger als künstlerischer Bildhauer bezeichnet.

Eine Besonderheit der Pfarrkirche stellt das „Heilige Grabtuch" von 1727 dar, gemalt von Franz Xaver Forchner aus Dietenheim, und gestiftet von Graf Franz Adam Fugger. Es ist ein Fastentuch mit Darstellungen der Menschheitsgeschichte und der Passion Christi, welches seit seiner Restaurierung im Jahre 1978 während der Karwoche aufgestellt wird und die Chorapsis verhüllt.

Im Kirchenschatz befinden sich edle Goldschmiedearbeiten aus der ersten Hälfte des 18. Jh., die Fuggersche Stiftungen sind, wie auch der von der Kaiserin Maria Theresia anläßlich einer Fuggerhochzeit gestiftete Kirchenornat.

Die Fenster im 1. Stock des Rathauses haben Glasmalereien aus dem 16. Jh. mit Wappendarstellungen: Der in Dietenheim geborene Fürstbischof von Seckau

Martin Brenner (geb. 1548, gest. 1616) genannt „der Ketzerhammer" ist hier vertreten, wie der Vogt der Herrschaft Brandenburg, Caspar Brenner, 1596, des weiteren Christoph Fugger zu Kirchberg und Weißenhorn, 1573, drei weitere Vögte von Dietenheim, Brandenburg und Illerrieden, 2. Hälfte des 16. Jh., sowie das Wappen der Stadt Dietenheim von 1573. Der Fürstbischof Martin Brenner war ein Sohn des Vogtes Brenner. Er wurde auch dadurch bekannt, daß er aus seinem steirischen Bezirk jene Gläubigen ausweisen ließ, die der Reformation treugeblieben waren. Die Stadt Ulm nahm sich dann der heimatlos gewordenen Protestanten an und siedelte sie in Balzheim und Wain an. Es wird angenommen, daß das Rezept für die heute noch so genannten „lutherischen Würste" auf diese Emigranten zurückzuführen ist.

Dominikus Hermenegild Herberger

Mein Platz während der Kammerkonzerte im Bibliothekssaal des Klosters Wiblingen befand sich dicht vor der alabastergleichen Plastik, welche die Geschichtswissenschaft darstellt; die einzige Doppelfigur unter den zehn Allegorien der klösterlichen Tugenden, der dort gepflegten Wissenschaften, sowie der königlichen und bürgerlichen Gewalt. In der einen Hand hält sie ein Buch mit Tintenfaß, ihr Fuß tritt auf ein Füllhorn voller Münzen, während sich die andere Hand abwehrend und schützend zugleich auf das Buch des Zeitengottes Chronos zu ihren Füßen legt, dem dieser ein Blatt entreißen will: Die Pflicht des Historikers zur Wahrhaftigkeit und Unbestechlichkeit ist selten mit so großer Anmut und Eindringlichkeit dargestellt.

Diese graziöse Frauengestalt mit langem Hals und schmalem Kopf, mit knisterndem Faltenwurf des Gewandes, scheint dem Betrachter entgegenzuschreiten. Ihr Postament ist nur Markierung im Raumgefüge. Sie schwebt leichtfüßig wie ihre neun Schwestern, schwebt weltentrückt wie eine Melodie, die dem Ohr noch lange, da sie verklungen, schmeichelt. Ja mich dünkte, daß sie mitsinge, summend mit geschlossenem Mund. Dieselbe Empfindung, daß eine barocke Plastik singe, hatte ich, als ich wenig später die Beweinungsgruppe im nahen Dietenheim sah: Maria, die beiden Frauen und der traurige Engel mit dem Bubengesicht, der weint, weil seine Nächsten weinen, und den Grund nicht kennt, scheinen leise zu singen „Ach Herr, laß Dein' lieb' Engelein am letzten End' die Seele mein in Abrahams Schoß tragen" . . .

Dem Schöpfer dieser Plastiken nachzugehen und seine zahlreichen Werke im Umkreis von Ulm mit einer knappen Fahrstunde aufzusuchen, bringt Entdeckerfreuden, die diesem bisher im Schatten der Großen stehenden Barockbildhauer endlich die Geltung verschaffen, die er längst verdiente.

Da besitzt Dietenheim außer der Beweinungsgruppe, dem silbergefaßten Judas Thaddäus, einem Kruzifixus, der sich im Rathaus befand sowie in der Friedhofkapelle eine Maria mit dem toten Sohn, insgesamt vier Werke, die zwischen 1720 und 1729 entstanden sein dürften.

Es folgen zeitlich darauf in der Pfarrkirche St. Stephan zu Schwendi der Choraltar mit der lieblichen Katharina von Siena und einem bewegten Dominikus. Die Herbergerkanzel, auf deren Dach die damals bekannten vier Erdteile in Allegorien dargestellt sind, ist mit 1733 signiert. Darüber breitet ein großer Engel seine Flügel wie Vogelschwingen aus. Wir begegnen diesen wunderbaren Cherubinen auch in anderen Kirchen, so in der Pfarrkirche von Ehingen-Nasgenstadt, wo dieser oberste Kanzelengel Posaune bläst, während vier kleinere auf dem Baldachin die vier Evangelisten darstellen. Feingliedrige große Engel tragen Kanzelkörbe. Sie rahmen, wie in der ehemaligen Schloßkapelle von Untersulmetingen, die Bekrönung des Hochaltars ein, als ob sie den darunterstehenden Heiligen mit Kreuz und Schein von oben zujubilieren würden. Auch Herbergers wohlgenährte Kinderputten sind leicht zu erkennen, denn öfters sind es Zwillinge, die sich balgen, neugierig über die Draperie gucken, sich müde aneinanderlehnen oder sich fröhlich necken.

Herberger hat seine Schnitzwerke auch dort gearbeitet, wo sie später ihre Aufstellung fanden: so hatten er und andere bedeutende Künstler im damaligen Pfarrer von Nasgenstadt einen Auftraggeber von hohem Kunstverstand gefunden, der seine Künstler von weit her holte und im Pfarrhof beherbergte, während sie arbeiteten und ihnen auch das Schnitzholz stellte. Auf diese Weise sind dort eine feine Maria Immaculata, sowie die Schmerzensmutter und der Jünger Johannes als Assistenzfiguren zum Chorbogenkruzifixus entstanden. In dieselbe Zeit sind in der Ehinger Liebfrauen-Kirche die Engel an Nebenaltären und Heiligenskulpturen an Seitenaltären einzuordnen.

Als Gnadenbild verehrt wird vom selben Künstler die „Herzmarienmadonna" von 1735 in der Pfarrkirche Oberdischingen. In der Laupheimer Stadtpfarrkirche St. Peter und Paul befindet sich eine Kanzel von Herberger mit prachtvollem Schalldeckel, auf dem die vier Erdteile in Gestalt von Kinderengeln mit Elefant, Löwen, um eine entzückende sitzende Frauengestalt gruppiert sind. Auch in der Kapelle von Bronnen, Gemeinde Achstetten, finden sich Arbeiten dieses Künstlers mit der Hl. Margarete und St. Blasius, dem Patron der Kapelle. Und schließlich führte die Verehrung des Brückenheiligen der Moldau, Johann Nepumuk, die im Barock durch den Adel Oberschwabens, der am Kaiserhof in Wien Dienst tat oder enge Verbindungen dorthin pflegte, zu dem Auftrag an Herberger für die Statue dieses Heiligen in der Schloßkirche zu Erbach. Diesen Heiligen mit Chorhemd und Birett, auf dessen Schein fünf Sterne leuchten – tacui – ich habe geschwiegen – in diesen fünf Buchstaben versinnbildlicht, hat Herberger als eleganten jungen Kanoniker dargestellt.

Seit März 1742 in Ochsenhausen nachgewiesen, arbeitete der Bildhauer in den folgenden Jahren für das Benediktinerkloster und seine Umgebung. Ein Juwel des Rokoko war nach dem Umbau die ehemalige Schloßkapelle St. Otmar in Untersulmetingen geworden durch Kanzel und Hochaltar. Der Hl. Benedikt und seine Schwester Scholastika, beide mit Abtsstäben, neigen sich, wie im Gespräch zu Seiten dieses Altars zu, während oben im Auszug sich Kinderengel wie herzige Weltkinder tummeln.

Die Klosterkirche selbst hat Herberger mit folgenden Skulpturen ausgestattet: die goldgefaßten Benediktineräbte Maurus und Placidus, die halb knienden Heiligen Dominikus und Katharina der Antoniuskapelle, und endlich erreicht Herbergers Schaffen einen Höhepunkt in den Monumentalfiguren des Erzengels Michael und St. Georg vom Hochaltar. Hier wandelt sich sein Stil: Der Erzengel erscheint nicht als Sieger, er ist erschöpft vom Kampf mit Luzifer.

Weitere Arbeiten im Klosterbereich, wo zur selben Zeit der Maler des Dietenheimer Passionstuches, Franz Xaver Forchner tätig war, bedürfen noch der Zuschreibung, wie auch andere Werke, welche vermutlich Werkstattarbeiten sein könnten.

Nachdem Herberger in den Fünfzigerjahren an den Bodensee verzog, war einer der nächsten Auftraggeber der Fürstbischof von Konstanz, und es entstand der Altar der Erzbruderschaft des Hl. Sebastian in der Pfarrkirche Meersburg sowie die Apostelbüsten Petrus und Paulus. Das Wirken Herbergers am Bodensee sei damit nur angedeutet, um überzuleiten auf seine Vielseitigkeit als Gestalter von Altaraufbauten, Epitaphien und Altarbildrahmungen.

Damit kehren wir nach Wiblingen zurück, öffen das Tor zur Klosterkirche, wenden uns in der rechten Seitenkapelle einem früher entstandenen Altar zu, der in gelöstem Spiel von rot-gold- und blauen Ranken mit Ohrmuschelwerk den Meister der schönen Gesten, Dominikus Hermenegild Herberger, mit einer ergreifenden Marienklage im Gedächtnis haften läßt.

Ortsteil Regglisweiler

Regglisweiler mit Bad Brandenburg liegt nahe der Iller, umgeben von ausgedehnten Wäldern. Regglisweiler, mit 8,34 qkm, liegt 534 m NN und zählte im Jahre 1854 schon 687 Einwohner. Wie die damalige Oberamtsbeschreibung berichtet, waren die Einwohner „im allgemeinen fleißig und religiös, dagegen lassen in dieser Beziehung die sogenannten Freileute (Pfannenflicker, Korbmacher u. ä.), welche sich unter der Herrschaft der Grafen Fugger-Blumenthal meist in Brandenburg angesiedelt haben, noch viel zu wünschen übrig."

Regglisweiler war im 15. Jh. österreichisch. Es gelangte danach in den Besitz der Ulmer Patrizier Ehinger und Krafft. 1481 wurde es von Graf Hans von Rechberg erworben. 1539 wurde es Fugger'scher Besitz. 1806 kam der Ort unter bayerische, 1810 unter württembergische Oberhoheit und war dem Oberamt Wiblingen, später dem Oberamt Laupheim zugeordnet. 1938 kam es zum neuen Landkreis Ulm. Seit 1. Januar 1972 ist Regglisweiler mit Dietenheim vereinigt.

Heute zählt Regglisweiler 1700 Einwohner, 15 Prozent davon sind evangelisch und 80 Prozent katholisch. 680 Bewohner sind erwerbstätig, davon nur noch 70 in der Land- und Forstwirtschaft. Regglisweiler ist heute eine Arbeiterwohngemeinde mit 450 Berufsauspendlern. Unter den ansässigen gewerblichen Unternehmen ist ein kleinerer Industriebetrieb. Die 25 Landwirtschaftsbetriebe bewirtschaften 4,1 qkm landwirtschaftliche Nutzflächen.

Die katholische Pfarrkirche St. Johannes d. T. von 1841 hatte einen barocken Vorgängerbau. Deckenbild von 1870 im Nazarenerstil mit Gott Vater, Sohn und Hl. Geist. Leinwandbild Taufe Christi von Konrad Huber, Weißenhorn, Ende des 18. Jh.

Bei der Einfahrt von Wangen, der Landesstraße 1260, 1. Querstraße links, befindet sich hangaufwärts „auf den Dürren" ein schönes altes Feldkreuz auf Kalksteinsockel, welches der Heimatverein 1978 renovieren ließ.

„Schloß Brandenburg" und Grafschaft Brandenburg gehen auf das Jahr 1280 zurück. Die 1525 nach einem Brand erneuerte Burg in Brandenburg hatte mehrere Besitzer, u. a. die Fugger von Dietenheim-Brandenburg. Anstelle der verfallenen Burg entstand im 18. Jh. ein Schloß mit Lustgartenhaus. Letzter Besitzer war Freiherr von Bühler, dessen Grabmahl im Friedhof erhalten ist. 1958 wurde der Komplex abgebrochen und durch einen Neubau ersetzt. Er beherbergt das Mutterhaus der Immakulata-Schwestern, wo Exerzitien, Alten- und Kindererholung angeboten wird. Am Zufahrtsweg unterhalb barocke Steinplastik des Hl. Nepomuk mit Brunnen. Dieser Brückenheilige soll sich bis zur Zerstörung im Jahre 1808 auf der Fahrbrücke über die Iller nach Au befunden haben. Ein Hochwasser spülte ihn frei.

Weiteres siehe Verwaltungsraum Illerkirchberg „Illerflößerei".

Gemeinde Balzheim

Ortsteil Oberbalzheim

Oberbalzheim liegt im Illertal, 553 m NN. Die Markung ist 8,92 qkm groß. Davon sind 6,24 qkm bewaldet. Im Jahr 1854 hatte der Ort noch 502 Einwohner. Sie betrieben Feldbau und Viehzucht. Doch stellten auch das Holzgewerbe und Holzhandel einen wichtigen Erwerbszweig dar. Das reichlich vorhandene Holz wurde von ortsansässigen Händlern aufgekauft, verarbeitet und auf der Iller nach Ulm verflößt.

Schon 1181 saß ein Angehöriger der Grafenfamilie von Kirchberg in Oberbalzheim. Er nannte sich Graf von Balzheim. 1356 ging die kleine Herrschaft an die Herren von Freyberg und 1372 an die Ulmer Patrizier Krafft. 1486 übernahmen die Ehinger von Ulm die Herrschaft, die 1514 auch den Blutbann erhielten. „Ihre Wohlhabenheit erlaubte ihnen um 1520 den Bau jener wuchtigen Herrenhäuser, wie sie in Ober-

schwaben mehrfach vorkommen, wahrhaft verstärkt durch Umfassungsmauern mit Rondellen" wie das „Handbuch historischer Stätten Deutschlands" vermerkt. Infolge einer Familienteilung entstand Ende des 16. Jh. ein zweites mächtiges Adelshaus, das dem Ort immer noch das besondere Gepräge gibt.
Oberbalzheim, das bis zur Kreisreform zum Oberamt Laupheim gehörte, wurde am 1. Juli 1974 mit Unterbalzheim zur neuen Gemeinde Balzheim vereinigt. Anfangs 1977 hatte Oberbalzheim 580 Einwohner, davon 66 Ausländer. 445 Bewohner sind evangelisch und 79 katholisch. 252 Bewohner sind erwerbstätig, davon 96 in der Land- und Forstwirtschaft. 88 Erwerbstätige sind Berufsauspendler. In Oberbalzheim selbst sind 188 Personen beschäftigt. 37 Landwirtschaftsbetriebe bewirtschaften eine 3,10 qkm große landwirtschaftliche Nutzfläche.

Das Ortsbild wird dominiert von den Baukörpern des oberen und des unteren Schlosses, sowie von der Pfarrkirche mit hohem Turm. Das Obere Schloß ist ein schmucklos gehaltener Bau mit drei Geschossen, zwei runden Ecktürmen und einem runden Treppenturm. Im Turmzimmer des 2. Geschosses befinden sich Wandmalereien aus der Zeit um 1570/80 mit Darstellungen aus dem ritterlichen Leben, Jagd- und Tanzszenen. Sie sind ein seltenes Beispiel profaner Wandmalereien aus dieser Zeit, vielleicht vom Ulmer Stadtmaler Philipp Renlin.
Das Untere Schloß wurde Ende des 16. Jh. erbaut und hat zwei rechtwinklig aneinanderstoßende Gebäudetrakte mit je einem rechteckigen Turm. Fachwerk im Innenbau, im sog. Roten Flur, um 1585 Holzdecke und geschnitzte Türeinfassungen.
Die evangelische Kirche (zur Hl. Dreifaltigkeit) wurde 1608 als Stiftung der Ehinger und als deren Grabeskirche erbaut, ein Saalbau mit hölzerner Felderdecke (Wappen der Ehinger), Chor mit Netzgewölbe. Altar mit holzgeschnitztem Kruzifix von 1609, frühbarockem Taufstein mit Früchteornamenten und Engelsköpfen geschnitzt und bemalt. Schwere Kanzel von 1583 mit verziertem Deckel.

Ortsteil Unterbalzheim

Unterbalzheim liegt im Illertal, 530 m NN. Die Markung ist 8,67 qkm groß, wovon 3,07 qkm bewaldet sind. Die Oberamtsbeschreibung von 1854 charakterisiert es als „ein mittelgroßer, freundlicher und reinlich gehaltener Ort, zwischen üppigen Obstgärten in der Illertalebene gelegen". Auch hier blühte seinerzeit der Holzhandel. Der 532 Bewohner zählende Ort hatte fünf Holzhändler, die im Bezirk Holz aufkauften und auf der Iller und Donau nach Ulm, Günzburg und andere Orte verflößten. Viele Ortsbewohner hatten in diesen Unternehmungen das ganze Jahr hindurch Beschäftigung.
Unterbalzheim, das einst ebenfalls zur Herrschaft Balzheim gehörte und später zum Oberamt Laupheim kam, ist am 1. Juli 1974 mit Oberbalzheim zur neuen Gemeinde Balzheim vereinigt worden. Es zählte Anfang 1977 896 Einwohner, davon waren 640 evangelisch und 166 katholisch. Zur Bevölkerung zählen auch 83 Ausländer. 400 Bewohner sind erwerbstätig, davon 91 in der Land- und Forstwirtschaft. 170 Erwerbstätige sind Berufsauspendler. 25 Einpendler kommen hierher zur Arbeit. In Unterbalzheim selbst sind 255 Personen beschäftigt. Neben einigen Mittelbetrieben ist im Ort ein Spinnereibetrieb angesiedelt. Die 44 Landwirtschaftsbetriebe bewirtschaften eine 4,13 qkm große landwirtschaftliche Nutzfläche.

Evangelische Kirche (Hl. Mauritius), eine ältere Anlage wurde 1583 verändert und erweitert. Zwischen Chor und Turm befindet sich die 1583 erbaute Grabkapelle der Ehinger. Der Chorraum wurde später mit Stichkappentonne überwölbt. Der um 1583 geschnitzte Altar hat ein Gemälde von Johannes Heiss aus Memmingen. Aus der gleichen Zeit stammt die wunderschön geschnitzte Kanzel mit Früchtegirlanden am Anfang, Korpus und Deckel. Taufstein mit Stabwerk aus Sandstein, frühes 16. Jh.

Gemeinde Illerrieden

Illerrieden, 6,41 qkm groß mit einer Waldfläche von 2,73 qkm, liegt im Illertal und an dessen westlichen Talhängen; im Süden grenzt es an Dietenheim. Der Ort liegt 517 m NN.
Im 30jährigen Krieg soll der Ort durch Brand und von der Pest heimgesucht worden sein. Im Jahre 1854 zählte Illerrieden erst 450 Einwohner. Sie lebten von Feldbau und Viehzucht, aber auch von der Weberei und vom Flachspinnen. Außerdem waren hier einige Mühlen und eine Brauerei.
Um 1800 war Illerrieden im Besitz des Deutschen Ordens Altshausen. Es kam 1806 zu Bayern und 1808 zu Württemberg und war hier dem Oberamt Wiblingen bzw. Laupheim zugeordnet. 1938 kam Illerrieden zum Landkreis Ulm. Am 1. Januar 1971 kam durch Eingemeindung Dorndorf hinzu. Am 1. März 1972 wurde Illerrieden mit der Nachbargemeinde Wangen vereinigt.
Heute zählt Illerrieden 1906 Einwohner, davon 264 evangelisch und 1517 katholisch. 557 Bewohner sind erwerbstätig, davon nur noch 64 in der Land- und Forstwirtschaft. Illerrieden hat sich zu einer Arbeiterwohngemeinde entwickelt mit einem großen Anteil an Berufsauspendlern. Unter einigen gewerblichen Mittelbetrieben ist auch ein Industrieunternehmen. Die 30 Landwirtschaftsbetriebe bewirtschaften 2,96 qkm landwirtschaftliche Nutzflächen.

Die reizvoll auf dem Berg inmitten des ummauerten Friedhofs gelegene katholische Kirche Hl. Agathe hat von der ehemaligen, 1466 erbauten Kirche ihren Turm und den netzgewölbten Chor erhalten. Das flachgedeckte Schiff wurde 1750, vielleicht nach Plänen des Deutschordensbaumeisters Giovanni Caspare Bagnato, doch ohne besonderen architektonischen Aufwand erbaut. Erweiterung 1890. Das Altarbild von Konrad Huber, Weißenhorn. Die klassizistische Kanzel mit Girlandendekor und Urnenschmuck auf dem Deckel bilden derzeit nach einem Kirchendiebstahl den einzigen Schmuck. In die 1973 erbaute neue Pfarrkirche Heilig-Kreuz wurde eine neugefaßte Maria mit Kind aus der Ulmer Schule übernommen, sowie der spätgotische Kruzifixus mit fünf Engelsköpfen zwischen Wolken am Kreuzes-Stamm. Gesichert deponiert wurden zwei spätgotische Leuchterengel und eine qualitätvolle Pieta aus Terrakotta aus dem 15. Jh.

Ortsteil Dorndorf

Dorndorf liegt im Talkessel des Weihungstales. 520 m NN. Der Ort ist von Wäldern umgeben und hat eine 7,79 qkm große Markung. Davon sind 3,81 qkm bewaldet. Seit 1. Januar 1971 ist Dorndorf nach Illerrieden eingemeindet.
Eine Römerstraße verlief einst nahe Dorndorf. Römische Gebäudereste, Ziegel, Heizrohre und römische Münzen wurden hier gefunden. 1854 zählte das zum Oberamt Laupheim gehörende Dorndorf 370 Einwohner, die hauptsächlich von Ackerbau und Viehzucht lebten. Flachsspinnen und Stricken bildeten einen wichtigen Nebenerwerb.
Heute zählt Dorndorf 516 Bewohner, davon 47 evangelisch und 442 katholisch. 175 Bewohner sind erwerbstätig, davon nur noch etwa 50 in Land- und Forstwirtschaft. Weitere 69 Erwerbspersonen sind Berufsauspendler. In Dorndorf selbst arbeiten 93 Personen. 20 Landwirtschaftsbetriebe bewirtschaften 2,06 qkm landwirtschaftliche Nutzflächen. Unter den wenigen gewerblichen Betrieben ist auch ein kleineres industrielles Unternehmen.

Die katholische Pfarrkirche zur Allerheiligsten Dreifaltigkeit hat aus dem Vorgängerbau noch Teile des romanischen Taufsteins, während der Chorraum und der Satteldachturm aus der Spätgotik sind. Hochaltar um 1625.

Ortsteil Wangen

Wangen liegt in einem Seitental des Illertals, an der Straße Ulm – Dietenheim, 506 m NN. Die Markungsfläche beträgt 3,96 qkm, darunter 1,55 qkm Wald. Der Ort gehörte früher zur Grafschaft Kirchberg und ist 1352 erstmals urkundlich genannt, als Graf Kirchberg seinen Hof zu Wangen an Albrecht von Klingenstein verkaufte. 1357 ging dieser Besitz an die Ulmer Patrizier Roth über. Seit 1810 ist Wangen württembergisch, wo es dem Oberamt Wiblingen bzw. Laupheim zugeteilt war. 1938 kam die Gemeinde zum Landkreis Ulm. Am 1. März 1972 wurde sie mit Illerrieden vereinigt.
Wangen, das im Jahr 1854 noch 260 Einwohner hatte, zählte Anfang 1980 459 Bewohner, davon 44 evangelische und 406 katholische. 217 Bewohner sind erwerbstätig, davon nur noch 43 in der Land- und Forstwirtschaft. Wangen ist ebenfalls zur Arbeiterwohngemeinde mit 204 Berufsauspendlern geworden. In Wangen selbst sind 62 Personen beschäftigt. 20 Landwirtschaftsbetriebe bewirtschaften 2,22 qkm landwirtschaftliche Nutzflächen.

Filialkapelle zum Hl. Wendelin.

33 Blick auf Dietenheim von den Höhen des Illertals.

View of Dietenheim from the heights of the Iller valley.

Zu Ehrn Deß Allmechtigen gottes, Der Vieligsten Jung-
frawen Mariæ, vnd Deß H. Bischoffs vnd Beichtigers Mar-
tini, Haben Die Hochgeborne Herren, Hr. Philipps Eduardus,
Hr. Octauianus Secundus, vnd Hr. Raymund, Die Fugger, gebrüder
grauen Zu Kirchberg vnd Weissenhorn, Herren vff Brandenburg, Diß Pfarr-
Kirchen in Diettenheims von grund vnd Fundament aufferbawen im Jahr. 1588.

34   Dietenheim.
Stiftertafel zur
Grundsteinlegung der
Pfarrkirche St. Martin
1588.

Dietenheim.
Donors' tableau upon
the laying of the
foundationstone of
St. Martin's parish
church in 1588.

35   Dietenheim.
Bürgerwehr, die auf eine
600jährige Tradition
zurückblickt, in
historischer Uniform.

Dietenheim.
Militia with 600 years of
tradition in historic
uniforms.

36 Regglisweiler. Barocke Steinplastik des Hl. Nepomuk, am Zufahrtsweg zum Kloster Brandenburg.

Regglisweiler. Baroque stone figure of St. Nepomuk at the drive to the Brandenburg monastery.

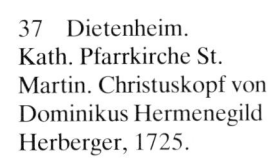

37 Dietenheim. Kath. Pfarrkirche St. Martin. Christuskopf von Dominikus Hermenegild Herberger, 1725.

Dietenheim. Catholic parish church of St. Martin. Head of Christ by Dominikus Hermenegild Herberger, 1725.

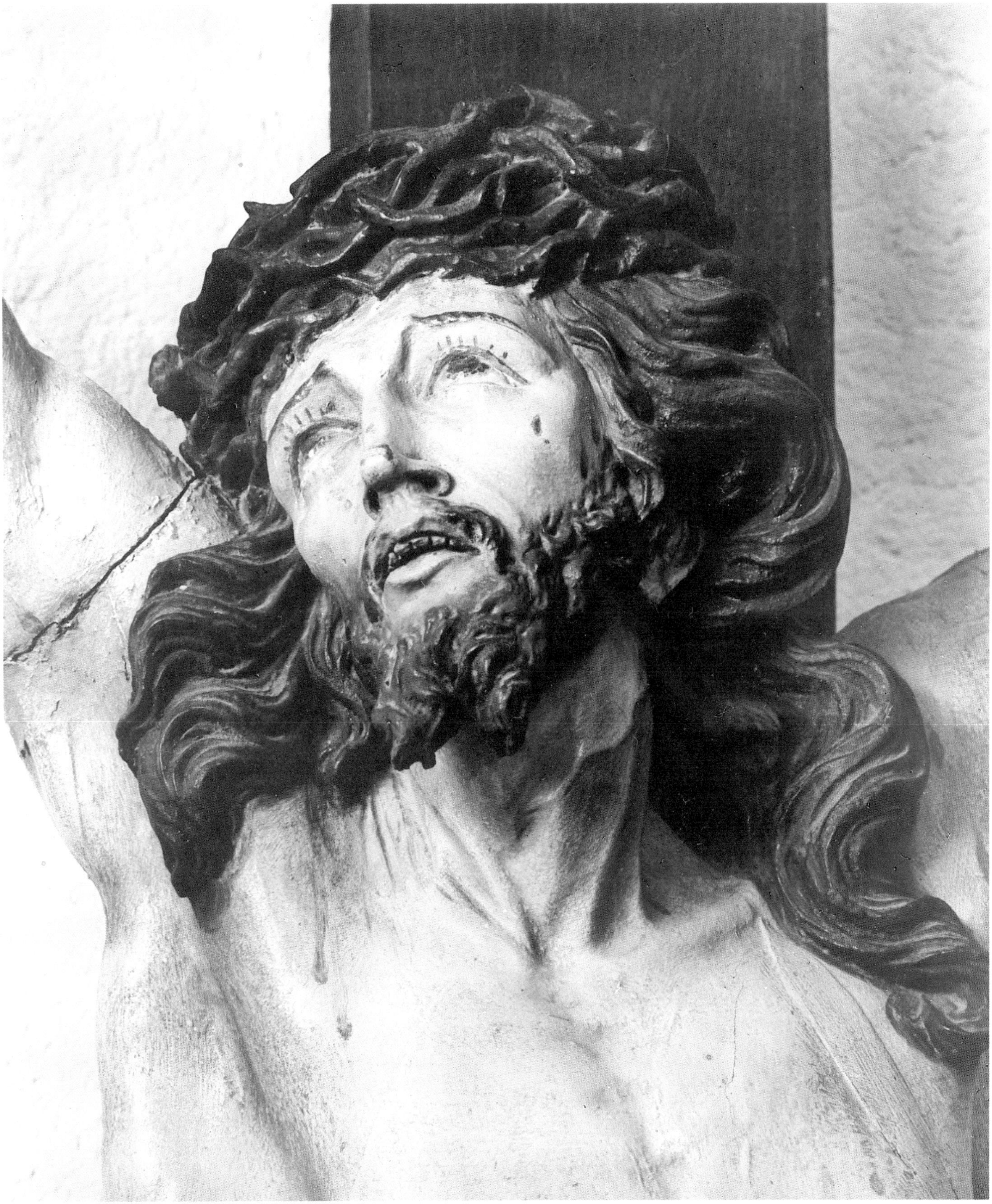

38 Dietenheim.
Pfarrkirche St. Martin. Beweinungsgruppe von Dominikus Hermenegild Herberger, lindenholzgefaßt, um 1720.

Dietenheim.
Parish church of St. Martin. Pietà by Dominikus Hermenegild Herberger, mounted on lime-wood, about 1720.

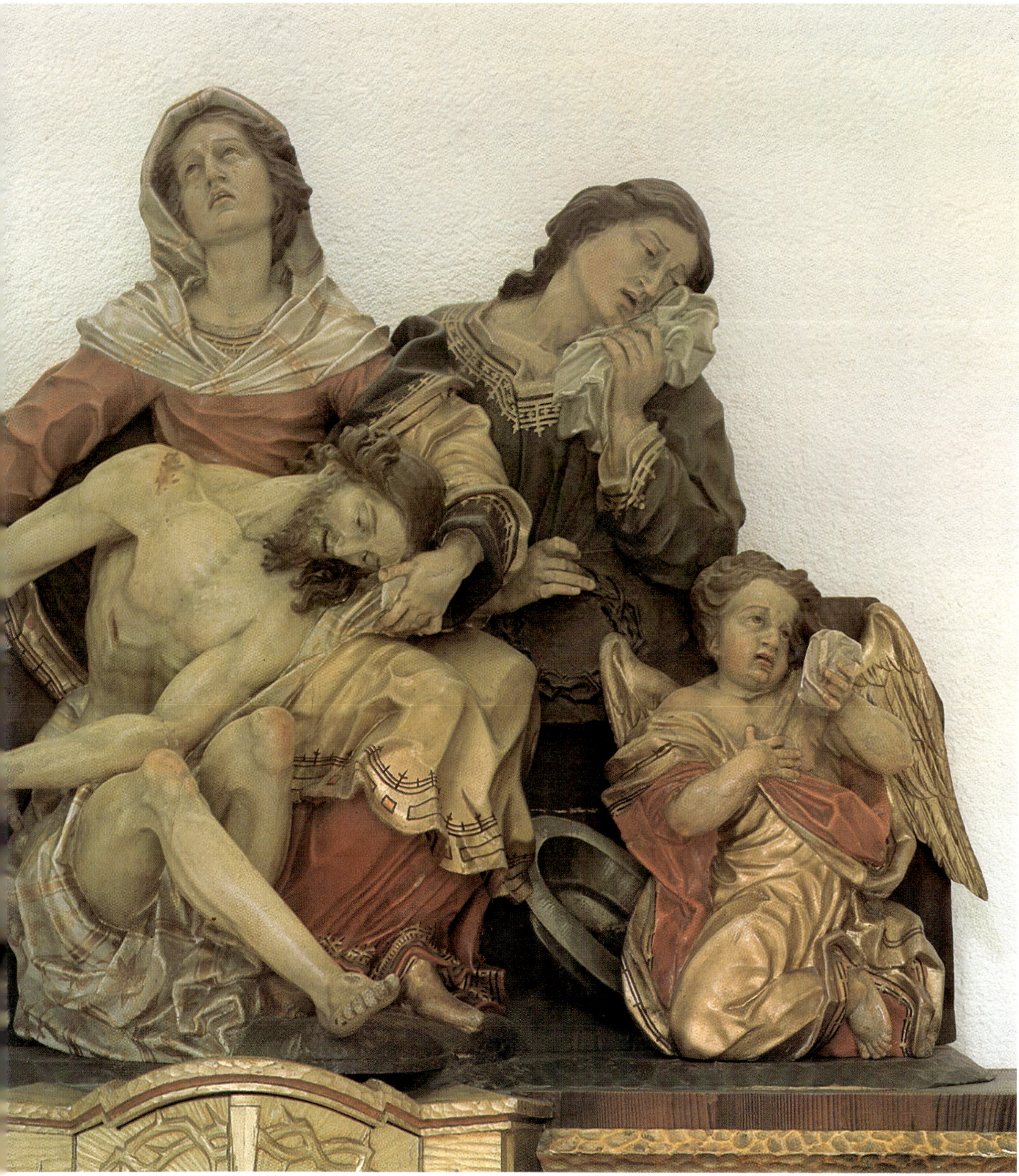

39 Unterbalzheim. Evang. Kirche (Hl. Mauritius). Altar und Kanzel um 1583; Taufstein frühes 16. Jh.

Unterbalzheim. Protestant church (St. Mauritius). Altar and pulpit about 1583; font early 16th cent.

40   Unterbalzheim. Steinerne Grabmale der Familie Ehinger aus dem ulmischen Patriziat, 17. Jh.

Unterbalzheim. Tombstones of the family Ehinger from the Ulm patriciate, 17th cent.

41 Oberbalzheim.
Blick auf Kirche und die beiden Schlösser.

Oberbalzheim.
View of church and both castles.

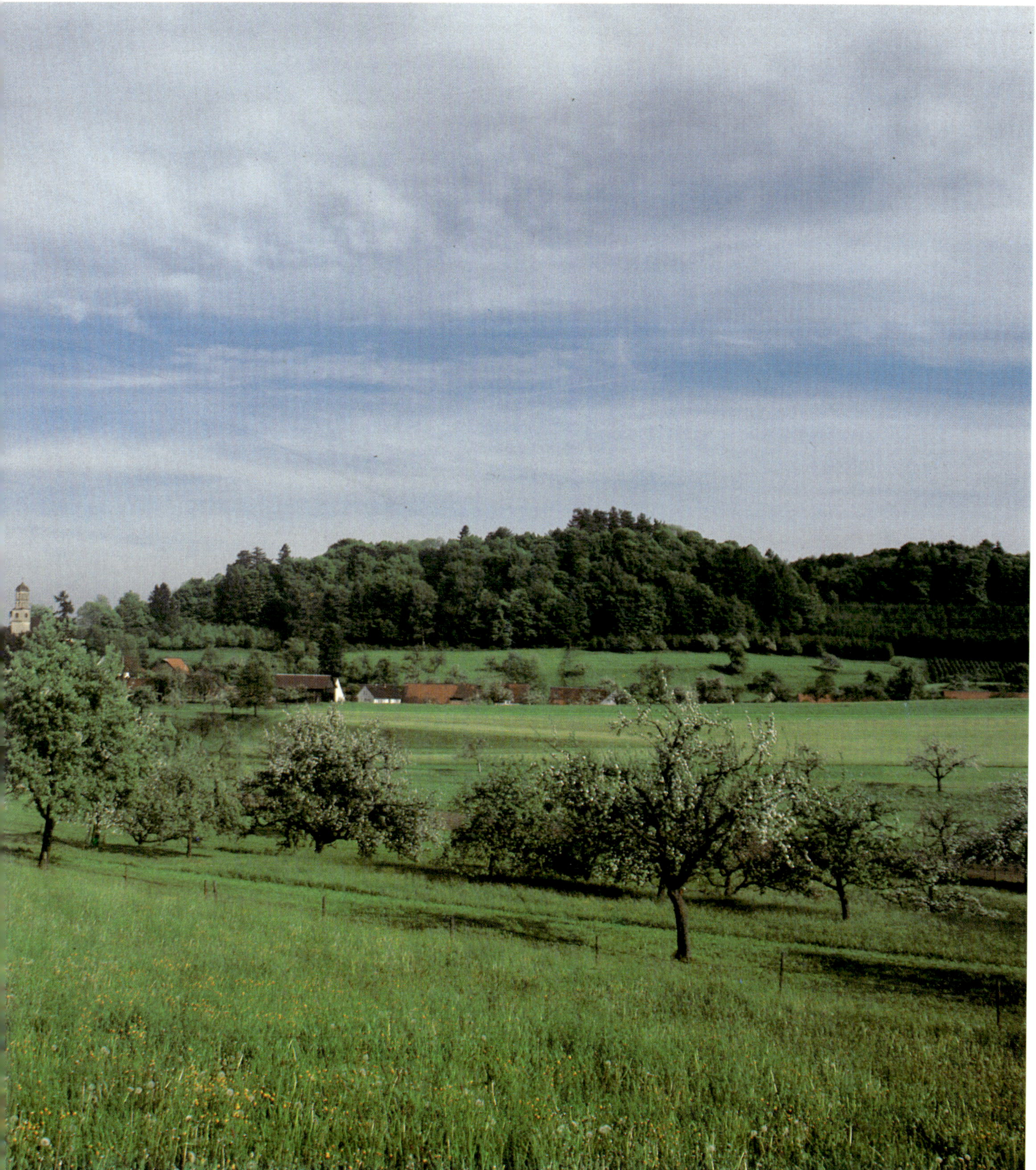

42 Oberbalzheim. Halle im ersten Obergeschoß des Unteren Schlosses mit Wappentafeln.

Oberbalzheim. Hall on the first floor of the lower castle with coats of arms.

43 Wangen. Bauernhaus, ehem. Zehntstadel aus dem 18. Jh.

Wangen. Farmhouse, former tithe barn from the 18th cent.

44 Illerrieden.
Pfarrkirche Heilig-Kreuz,
spätgotischer Kruzifixus
mit Engelsköpfen.

Illerrieden.
Parish church of the Holy
Cross, late gothic
crucifixus with angels'
heads.

45 Illerrieden.
Blick auf die im Jahre 1750 von Bagnato umgestaltete kath. Kirche Hl. Agathe.

Illerrieden.
View of the catholic church of St. Agatha remodelled in 1750 by Bagnato.

46 Dorndorf.
Spätgotische Pieta aus gebranntem Ton.

Dorndorf.
Late gothic pietà in burnt clay.

47 und 48   Illerrieden.
Spätgotische Engel als Kerzenhalter.

Illerrieden.
Late gothic angels as candle-sticks.

49 Kiesental bei Bollingen.

Kiesen valley near Bollingen.

Verwaltungsraum Dornstadt

Der Verwaltungsraum Dornstadt, auf der Albhochfläche gelegen und im Süden an den Stadtkreis Ulm grenzend, besteht nach den Eingemeindungen von Bollingen, Scharenstetten und Temmenhausen nach Dornstadt sowie der Vereinigung von Tomerdingen mit Dornstadt noch aus den drei Gemeinden Beimerstetten, Dornstadt und Westerstetten. Ein knappes Viertel des 86,66 qkm großen Verwaltungsraums ist bewaldet; 51,75 qkm werden landwirtschaftlich genutzt. Anfangs 1977 zählte der Verwaltungsraum Dornstadt 11 371 Einwohner, davon 680 Ausländer (6,0 Prozent). Durch die Nähe zur Stadt Ulm konnte er in den letzten hundert Jahren ein besonders starkes Bevölkerungswachstum verzeichnen. Im Jahre 1871 wohnten hier erst 3729 Personen. Die Bevölkerung hat sich also seither mehr als verdreifacht. Innerhalb des Alb-Donau-Kreises weist nur der Verwaltungsraum Blaustein ein größeres Wachstum auf.

Mehrheitlich ist die Bevölkerung des Verwaltungsraumes Dornstadt katholisch. Von je 100 Bewohnern sind 54 katholisch und 40 evangelisch. Doch überwiegt der evangelische Bevölkerungsteil in der Gemeinde Beimerstetten und in den Teilgemeinden Scharenstetten und Temmenhausen. Diese unterschiedliche konfessionelle Struktur im Verwaltungsraum ist geschichtlich bedingt. Ein Teil der Orte zählte früher zur Reichsstadt Ulm, ein anderer Teil zur Klosterherrschaft von Elchingen.

Von den 11 371 Bewohnern (1977) sind 4379 erwerbstätig, davon freilich nur 762 oder 17,4 Prozent in der Land- und Forstwirtschaft. Weit größer ist mit 2174 Personen die Zahl der Berufsauspendler. Sie arbeiten fast ausschließlich in der Stadt Ulm. Doch ist es in den letzten Jahren auch zu einigen gewerblichen Neugründungen im Verwaltungsraum gekommen, so daß zunehmend Arbeitsplätze am Ort gewonnen wurden. Von den 4379 Erwerbstätigen waren bei der letzten Großzählung im Jahre 1970 noch 2174 Auspendler, denen nur 381 Einpendler gegenüberstanden. Die Zahl der im Verwaltungsraum selbst Beschäftigten betrug damit 2616, davon 749 in der Land- und Forstwirtschaft. Das örtliche produzierende Gewerbe beschäftigte 668 Personen, Handel und Verkehr zusammen 208 Personen. Besonders viele Erwerbspersonen, 991, arbeiten in den übrigen Dienstleistungsbereichen.

Weite Flächen des Verwaltungsraums Dornstadt werden landwirtschaftlich genutzt. Im Jahre 1974 gab es hier 433 land- und forstwirtschaftliche Betriebe. Von der 5175 ha großen landwirtschaftlich genutzten Fläche waren 4162 ha oder 80,4 Prozent Ackerland und nur 980 ha Dauergrünland. Der Getreideanbau herrscht mit 2877 ha, das sind 56 Prozent der gesamten landwirtschaftlichen Nutzfläche, vor.

Gemeinde Dornstadt

Dornstadt liegt auf der Ulmer Alb, 595 m NN, an der Autobahn Stuttgart – München und an der Schnellstraße nach Ulm. Die Markung ist 10 qkm groß, davon 91 ha Wald.
Dornstadt gehörte einst zum Kloster Lorch und ging 1465 an Graf Ulrich von Württemberg über, der das Dorf „tags darauf" an das Kloster Elchingen verkaufte. 1495 wurde hier ein eigenes Gericht und 1672 eine Pfarrei eingerichtet. 1802 wurde Dornstadt bayerisch, 1810 württembergisch. Es zählte zum Oberamt Blaubeuren, ab 1938 zum Landkreis Ulm. Am 1. Juli 1971 wurde Bollingen, am 1. Januar 1975 Scharenstetten und Temmenhausen nach Dornstadt eingemeindet und zugleich Tomerdingen mit Dornstadt vereinigt.
Dornstadt, das 1895 erst 467 Bewohner hatte, zählte anfangs 1977 bereits 4938 Bewohner, davon 365 Ausländer. 1734 Bewohner sind evangelisch, 2805 katholisch. Von den im Jahr 1970 gezählten 1492 Erwerbstätigen (Dornstadt hatte erst 3511 Einwohner) arbeiteten nur 78 in der Land- und Forstwirtschaft. 578 Erwerbspersonen waren Berufsauspendler. Zugleich kamen 170 Einpendler zur Arbeit in den Ort. In Dornstadt selbst waren somit 1084 Personen beschäftigt. In den 84 nichtlandwirtschaftlichen Arbeitsstätten waren 683 Personen tätig, darunter 300 Frauen.
In Dornstadt sind heute einige größere Gewerbeunternehmen angesiedelt, darunter die Filiale einer Ulmer Fensterfabrik und die Autobahn-Raststätte „zur Chaussee". Auf der Gemeindemarkung liegen auch eine Bundeswehrkaserne sowie ein Altenheim der Inneren Mission mit rund 600 Heimplätzen. Die 40 Landwirtschaftsbetriebe bewirtschaften 6,74 qkm landwirtschaftliche Nutzfläche.

Anstelle einer gotischen Kirche hatte Georg v. Morlock 1887 die dreischiffige neugotische katholische Kirche zum Hl. Ulrich mit dominierendem Westturm errichtet, welche dann 1967 abgebrochen wurde, um der größeren neuen Pfarrkirche St. Ulrich Platz zu machen. Aus der alten Kirche sind einige Holzfiguren aus dem 15. und frühen 16. Jh. übernommen worden, darunter das Vesperbild eines schwäbischen Bildschnitzers um 1500.

Ortsteil Bollingen

Bollingen liegt 10 km nordwestlich von Ulm, am Albrand über dem felsigen Kiesental, 606 m NN. Mit dem Teilort Böttingen beträgt die Markungsfläche 7,36 qkm. 1,35 qkm davon sind bewaldet.
Viele Jahrhunderte gehörte Bollingen zur Reichsstadt Ulm und zum Reichskloster Elchingen, wurde 1802 bayerisch und 1810 württembergisch, wo es zunächst dem Oberamt Blaubeuren, ab 1938 dem Landkreis Ulm zugeordnet war. Am 1. Juli 1971 wurde es nach Dornstadt eingemeindet.
Bollingen, das 1830 erst 370 Einwohner hatte, zählte Anfangs 1977 652 Bewohner, davon 111 evangelisch und 497 katholisch. Von den 253 Erwerbspersonen arbeiten 83 in der Land- und Forstwirtschaft. 135 Erwerbstätige sind Berufsauspendler. In Bollingen selbst arbeiten nur 121 Personen. Namhafte gewerbliche Betriebe sind nicht vorhanden. Die 39 Landwirtschaftsbetriebe bewirtschaften eine 5,41 qkm große landwirtschaftliche Nutzfläche.

Eine historische Besonderheit waren die Schneckengärten von Bollingen, denn das Sammeln und Mästen dieser als Fastenspeise begehrten Leckerbissen bildete für die arme Bevölkerung der Alb, vor allem des Ach- und Lautertals, eine Erwerbsquelle. Die Schnecken wurden im Spätherbst in Fässer gepackt und auf Donauzillen nach Wien verschifft. Bis Lichtmeß hielten sich die Schneckenhändlerinnen, die bis aus Vorarlberg kamen, in Wien auf, und zogen nach Verkauf ihrer Ware entweder zu Fuß die Donau herauf, oder schlossen sich Fuhrleuten an, die auf dem Rückweg Salz, Hopfen und Mehl geladen hatten. Noch im Jahre 1855 versandte Bollingen über 100 000 Schnecken, die bis nach Paris, Nancy und andere Orte Frankreichs gingen. So nannte man das Albdorf Bremelau auch „Schneckahofa", da auch dort ärmere Leute Schnecken gesammelt, gemästet und dann verkauft haben.

In der neugotischen Pfarrkirche St. Stephan befindet sich ein schönes Tafelbild mit der Anbetung der Hl. Drei Könige aus der Spätgotik.

Böttingen
Die im Privatbesitz befindliche, 1877 erbaute Marienkapelle wurde errichtet, um eine spätgotische Figurengruppe des Nikolaus Weckmann (geb. 1450/55, bis 1526 nachweisbar) mit dem Marientod, um 1515, aufzunehmen. Diese hervorragende Arbeit stammt aus der Deutschordenskirche in Ulm und wurde bei deren Abbruch 1818 von den Vorfahren des heutigen Eigentümers erworben.

Ortsteil Scharenstetten

Scharenstetten liegt auf einer Kuppe der Albhochfläche, in einer schönen und vielbewanderten Landschaft. Mit 706 m NN gilt Scharenstetten als der höchstgelegene Ort der Ulmer Alb, von wo man eine weite Fernsicht hat und einen guten Teil der Schwäbischen Alb bis hin zum Rechberg und Hohenstaufen übersieht. Nach Süden reicht der Blick bis ins Donautal, nach Oberschwaben und zu den Alpen. Die Markung ist 10,94 qkm groß, wovon 3,33 qkm bewaldet sind.

Scharenstetten kam 1446 von den Grafen von Helfenstein zur Stadt Ulm. Mit Ulm wurde es 1802 bayerisch und 1810 württembergisch, wo es dem Oberamt Blaubeuren, ab 1938 dem Landkreis Ulm zugeordnet war. Am 1. Januar 1975 wurde Scharenstetten nach Dornstadt eingemeindet. 1830 zählte Scharenstetten 439 Einwohner. Neben dem Feldbau wurde noch die Leineweberei betrieben. Elf Leineweber arbeiteten damals im Ort. Doch erlag dieses Handwerk wenig später der industriellen Konkurrenz. Heute hat Scharenstetten 647 Einwohner, davon 539 evangelisch und 84 katholisch. Land- und Forstwirtschaft herrschen vor. Von den 320 Erwerbstätigen arbeiten 91 oder 28,4 Prozent in der Land- und Forstwirtschaft. 170 Erwerbspersonen sind Berufsauspendler, die meist in Ulm beschäftigt sind. In Scharenstetten selbst sind 151 Personen berufstätig, davon 60 in nichtlandwirtschaftlichen Arbeitsstätten. Doch sind keine größeren Betriebe vorhanden. Die 53 Landwirtschaftsbetriebe bewirtschaften eine 6,46 qkm große landwirtschaftliche Nutzfläche.

Die evangelische Kirche (Hl. Laurentius) hat im romanischen Ostturmuntergeschoß den Altarraum mit Kreuzrippengewölbe der Frühgotik und wieder freigelegten Wandfresken um 1345: eine breit angelegte Kreuzigungsszene, den Schmerzensmann und eine Schutzmantelmadonna. Das Langhaus, ein flachgedeckter Saalbau, ist im 18. Jh. entstanden.
Der Hochaltar ist eines der bedeutendsten Kunstwerke aus der Ulmer Schule, der um 1440/50 in der Werkstatt des Hans Multscher, vielleicht teilweise (Kruzifixus, Hl. Magdalena) von seiner eignen Hand stammt. In geschlossenem Zustand zeigt der Altar über beide Außenflügel hinweg den Kampf des Hl. Georg mit dem Drachen. Die Flügel der Innenseite: Anbetung der Könige und Tod der Maria. Im Mittelschrein befinden sich fünf Figuren, die Hl. Magdalena, Mater dolorosa, Kruzifixus, Hl. Johannes Evang. und der Hl. Georg.
Dieses Kleinod stand bis 1760 in einem Abstellraum des Ulmer Münsters, wo es den Bildersturm überlebte. Am 18. Juli 1760 bat der damalige Scharenstetter Amtmann Rau das Ulmer Pfarrkirchenpflegeamt um Überlassung eines alten Altars und begründete die Bitte damit, daß der seitherige Altar „einer der allerschlechtesten" sei, und daß „die Heiligenpflege bey schlechten Mitteln, und die Anschaffung eines Altars kostbar fiele". Umgehend wurde der Altar aus der Multscherwerkstatt nach Scharenstetten geschenkt. Joseph Wannenmacher aus Tomerdingen fertigte dazu die Predella mit dem Abendmahl, datiert 1767. Von ihm stammen auch die beiden gerahmten Bilder an der Südwand (eherne Schlange und Kreuzigung Christi). Auch die Apostelbilder an der Empore sind von Joseph Wannenmacher.
Am Weg von Scharenstetten nach Temmenhausen befindet sich ein altes Steinkreuz.

Ortsteil Temmenhausen

Temmenhausen liegt auf der Ulmer Alb, 643 m NN. Es bildet mit Scharenstetten den nördlichen Abschluß des Verwaltungsraums Dornstadt. Die Markung ist 11,13 qkm groß. Davon sind 4,50 qkm bewaldet. Auch der Raum Temmenhausen ist ein beliebtes Erholungsgebiet.
Temmenhausen, 1225 erstmals als Timmenhausen urkundlich genannt, war bis zum 15. Jahrhundert helfensteinisch und kam danach zu Ulm. Auch die Deutschordenskommende Ulm hatte hier Grundbesitz. Im 30jährigen Krieg wurde der Ort vollständig niedergebrannt. Seit 1810 ist Temmenhausen württembergisch und gehörte zuerst zum Oberamt Blaubeuren, ab 1938 zum Landkreis Ulm. Am 1. Januar 1975 erfolgte die Eingemeindung nach Dornstadt. Temmenhausen, das 1830 noch 311 Einwohner hatte, zählt jetzt 489 Bewohner, davon 430 evangelische und 44 katholische. Von den 258 Erwerbspersonen des Ortes arbeiten 111 in der Land- und Forstwirtschaft. Noch mehr, nämlich 167 Erwerbstätige sind Berufsauspendler. 21 Erwerbspersonen kommen als Einpendler zur Arbeit in den Ort, wo insgesamt 142 Personen berufstätig sind. Größere Gewerbebetriebe sind nicht am Ort. Die 42 Landwirtschaftsbetriebe bewirtschaften 6,38 qkm landwirtschaftliche Nutzflächen.

Die evangelische Kirche (Hl. Nikolaus) ist wohl durch Anbau von Turm und Langhaus an eine frühere Kapelle entstanden. Der Chor hat reiches Netzgewölbe aus dem 15. Jh. Bei einer Renovierung von 1955 wurden im Chor Apostelkreuze und Reste von gotischer Bemalung freigelegt. Kanzel um 1700; das Altarbild mit der Abendmahlszene von Christoph Resch ist datiert 1701. Die Emporen im Schiff tragen Bilder der Evangelisten und Apostel aus der Barockzeit.
Taufstein mit achteckigem Becken mit Maßwerkdekoration, am Schaft das Wappen der Reichsstadt Ulm, die Jahreszahl 1598, sowie Monogramm und Zeichen des Ulmer Baumeisters Peter Schmid.

Ortsteil Tomerdingen

Tomerdingen liegt auf der Ulmer Alb, 626 m NN. Die Markung ist 19,97 qkm groß, davon sind 4,90 qkm bewaldet.
Schon im frühen Mittelalter war Tomerdingen ein bedeutsamer Ort. Er war Mittelpunkt der reichen, umfangreichen Klosterherrschaft Elchingen. Davon zeugt noch das Vorhandensein von zwei Kirchen aus dieser Zeit. Die ins 11. Jahrhundert zurückgehende Martinskirche gehörte zu den Gütern, die Albert von Ravenstein und seine Gemahlin Berta bald nach 1100 zur Gründung des Klosters Elchingen stifteten. Die heute als Friedhofkapelle benützte Martinskirche ist

eine der wenigen frühmittelalterlichen Landkirchen. Der Pfarrsprengel von Tomerdingen umfaßte ursprünglich Temmenhausen, Bermaringen, Lautern und Dornstadt mit Böttingen. An diesen ältesten Siedlungskern schloß sich östlich durch Zusammenlegung von Einzelhöfen eine Dorfsiedlung mit der zweiten unteren Pfarrkirche „zu unserer lieben Frau" an. Das Patronat dieser Marienkirche hatte das Deutschordenshaus in Ulm. Sie wurde 1674 nach Übertragung der Pfarrechte von St. Martin nach Dornstadt die alleinige Pfarrkirche in Tomerdingen.

Nach dem Aussterben der Ravensteiner Herrschaft gelangte Tomerdingen an Elchingen, das durch Kauf der Güter der Herren von Westerstetten, der Stadt Ulm und der Besserer im 18. Jh. auch alleiniger Grundbesitzer wurde. Tomerdingen war dann auch Pflegamt für Dornstadt, Vorder- und Hinterdenkental, den Birkhof und Westerstetten. Mit Elchingen wurde Tomerdingen 1802 bayerisch, 1810 württembergisch und gehörte zum Oberamt Blaubeuren, ab 1938 zum Landkreis Ulm. Seit 1. Januar 1975 ist es mit Dornstadt vereinigt.

1830 zählte Tomerdingen bereits 740 Einwohner. Es hatte zwei Brauereien und jährlich zwei Jahrmärkte. Heute hat Tomerdingen 1397 Bewohner, davon 201 evangelisch und 1146 katholisch. Von den 588 Erwerbspersonen arbeiten 160 in der Land- und Forstwirtschaft. 295 Erwerbstätige sind Berufsauspendler. 20 Einpendler kommen zur Arbeit in den Ort. In Tomerdingen selbst sind 313 Personen berufstätig. In 50 nichtlandwirtschaftlichen Arbeitsstätten arbeiten 170 Personen, ein größerer Teil davon in einem Textilmaschinenbetrieb. Die 84 Landwirtschaftsbetriebe bewirtschaften 10,66 qkm landwirtschaftliche Nutzflächen.

Eine keltische Viereckschanze im Blumenhau und Reste eines römischen Gutshofs befinden sich im Katharinenholz. Diese Viereckschanzen waren ein kultischer Bezirk mit einer Säule, in deren Umwallung die Bevölkerung in Notzeiten auch Schutz suchte.
Die jetzige Friedhofkirche St. Martin ist eine der ältesten Kirchen Süddeutschlands aus dem 10. oder 11. Jh., und auf deren Turm hängt die älteste Glocke, wohl aus dem 12 Jh. Sie war bis 1674 Elchinger Pfarrkirche. Ihr heutiger Baubestand ist ein Saalbau mit holzgeschnitzter und bemalter Decke von 1533. Hochaltar und Kanzel aus dem 17., die Seitenaltäre Anfang 18. Jh. Schöner gotischer Kruzifixus und St. Martin in Portalnische um 1530.
Die katholische Pfarrkirche zu Unsrer Lieben Frau wurde 1841 im spätklassizistischen Stil anstelle einer vermutlich im 14. Jh. entstandenen Kirche errichtet. Aus dieser früheren Kirche, die ehemals Deutschordenspfarrkirche war, sind einige Ausstattungsstücke erhalten: Von einem oberschwäbischen Bildhauer die um 1515/20 entstandene Gruppe der Heiligen Sippe: Anna hält das quicklebendige Jesuskind auf dem Schoß, während Maria davorkniet und Joachim und Joseph sich im Hintergrund halten.

An der Decke der Taufkapelle befindet sich das querovale Gemälde auf Leinwand, das den Hl. Benedikt als Stifter des Benediktinerordens mit zwei Engeln, welche die von ihm verfasste Ordensregel tragen, darstellen. Es stammt vom Tomerdinger Barockmaler Joseph Wannenmacher, der als Sohn eines Hafners 1722 dort geboren und 1780 gestorben ist. Er ist mit Malereien in Oberelchingen, Deggingen, St. Gallen sowie im nahen Scharenstetten vertreten.

Gemeinde Beimerstetten

Beimerstetten liegt auf der Ulmer Alb, 10,5 km nördlich von Ulm. Seine Markung ist 14,34 qkm groß. Der Ort liegt 587 m NN, auf dem höchsten Punkt der Bahnlinie Ulm – Stuttgart. Zu Beimerstetten gehören noch die Weiler Eiselau und Hagen.
Beimerstetten ist im Jahre 1287 erstmals urkundlich genannt. Es gehörte damals zur Werdenberg-Albeck'schen Herrschaft. 1382 kam Beimerstetten zur Reichsstadt Ulm und wurde mit ihr 1802 bayerisch und 1810 württembergisch. In der Oberamtsbeschreibung von 1897 ist Beimerstetten noch als weitgehend landwirtschaftlich orientierte Gemeinde bezeichnet. Sie zählte damals 536 Einwohner. Inzwischen sind es 1746 Bewohner geworden, davon 1147 evangelische und 466 katholische. Von den 746 Erwerbstätigen der Gemeinde arbeiten nur noch 90 in der Land- und Forstwirtschaft (12,1 Prozent). Dagegen hat Beimerstetten 433 Berufsauspendler und gehört zu den Arbeiterwohnorten um Ulm herum. Andererseits kommen 136 Einpendler in den Ort zur Arbeit. 62 nichtlandwirtschaftliche Arbeitsstätten mit 390 Beschäftigten wurden 1970 gezählt. Einige Mittelbetriebe sind am Ort, darunter ein Fertigbauteile-Betrieb, ein Maschinenbaubetrieb und die Filiale einer Bekleidungsfirma, dazu einige Baugeschäfte und zwei Großhandlungen für Lebensmittel und für landwirtschaftliche Produkte. Rund 300 Personen arbeiten in diesen Betrieben. 39 Landwirtschaftsbetriebe bewirtschaften eine 9,21 qkm große landwirtschaftliche Nutzfläche. Der Waldanteil ist 2,39 qkm groß.

Die evangelische Filialkirche (St. Petrus) hat aus dem 13. oder 14. Jh. Teile im Unterbau ihres Turmes. Nach dem gotischen Bau erfolgte um die Mitte des 19. Jh. der wesentliche Neu- und Umbau zu einem Langhaus mit hölzerner Westempore. Auf dieser sind die Halbfigurenbilder von Christus Salvator, sowie der zwölf Apostel, 1753 von Joh. Meeroth aus Ulm, gemalt. Das geschnitzte Altarretabel mit Abendmahlbild von 1710 ist, wie manche andere der Umgebung, typisch für den protestantischen Barock im Ulmer Gebiet. Gemäldezyklus von vier Passionsszenen, vermutlich Augsburg, aus der 1. Hälfte des 18. Jh.
Ein stark verwittertes Steinkreuz befindet sich ca. 500 m südlich Eiselau und westlich der Straße nach Dornstadt.

Gemeinde Westerstetten

Westerstetten liegt auf der Albhochfläche, an der Bahnlinie Ulm — Stuttgart, 543 m NN. Mit den Teilorten Vorder- und Hinterdenkental ist die Markung 13,09 qkm groß. Im Raum Westerstetten liegt das schöne Landschaftsschutz- und Wandergebiet des Lonetals. Auch lag Westerstetten am Alblimes und an der späteren Heer-, Salz- und Poststraße Ursprung — Langenau.

Ortsherren waren vom 13.—15. Jh. die Herren von Westerstetten, die sich im 14. Jh. in mehrere Linien teilten und unter anderem Grundbesitz bei Dillingen, Ellwangen und Dunstelkingen erwarben. Ulrich von Westerstetten begleite Graf Eberhard von Württemberg auf dessen Palästinareise. Joh. Christoph von Westerstetten erbaute als Probst in Ellwangen das dortige Schloß (1603—13). Mitte des 17. Jh. starb das Geschlecht aus. Die abgegangene, beim Birkhof gelegene Burg und das Dorf Westerstetten gingen 1432 durch Kauf an das Kloster Elchingen. Die hohe Gerichtsbarkeit hatte bis 1773 das Kloster und die Stadt Ulm gemeinsam, von da an bis zur Säkularisierung des Klosters dieses allein. 1802 wurde Westerstetten bayerisch, 1810 württembergisch und Teil des Oberamts Blaubeuren, ab 1938 des Landkreises Ulm.

Im Jahr 1834 hatte Westerstetten schon 534 Einwohner, im Jahre 1895 sodann 651 Bewohner. Nach der Oberamtsbeschreibung von 1897 gab es im Ort 92 bäuerliche Betriebe, 63 stehende Gewerbebetriebe und 22 Hausgewerbetreibende. Auch waren fünf Gastwirtschaften und eine Schankwirtschaft, drei Mühlen und zwei Bierbrauereien im Ort. Doch lebte die Bevölkerung vor allem vom Ertrag der Land- und Forstwirtschaft.

Heute hat Westerstetten 1622 Einwohner, 24,2 Prozent sind evangelisch, 67,9 Prozent katholisch. Von den 722 Erwerbspersonen der Gemeinde arbeiten nur noch 149 oder 20,6 Prozent in der Land- und Forstwirtschaft. Dagegen wohnen etwa 400 Berufsauspendler in der Gemeinde. Westerstetten hat sich in den letzten Jahrzehnten zu einer Arbeiterwohngemeinde entwickelt. Die Berufsauspendler arbeiten zum größten Teil in Ulm. Ein Viertel von Ihnen geht nach Geislingen und die sich anschließenden Orte zur Arbeit. In Westerstetten selbst sind 356 Personen beschäftigt, 210 in den 55 nichtlandwirtschaftlichen Arbeitsstätten, unter denen sich ein Unternehmen zur Steingewinnung sowie ein Baugeschäft befinden. Die 54 Landwirtschaftsbetriebe bewirtschaften 7,23 qkm landwirtschaftliche Nutzflächen.

Die katholische Pfarrkirche Hl. Martin ist eine bedeutende barocke Anlage von 1717—1721, als deren Architekt der Elchinger Klosterbaumeister Christian Wiedemann vermutet wird. Der mächtige, in den unteren Zweidritteln quadratische, dann achteckig weitergeführte Westturm gehört im Unterbau dem 13./14. Jh. an, und ist seit dem Umbau von einer Zwiebelhaube bekrönt. Altäre und Kanzel um 1720, wie auch die geschnitzten Gestühlwangen. Beachtliches kirchliches Gerät aus der 1. Hälfte des 18. Jh. Unter den Skulpturen fällt ein beschwingter Auferstehungschristus, 1720/30, oberschwäbisch, auf, der auf einem Wolkensockel auf der Kanzel steht, ebenso eine gefaßte Madonna mit Kind, oberschwäbisch, auch 18. Jh.

Nordwestlich des Dorfes führt ein Kreuzweg, bestehend aus 14 schlichten Stationshäuschen mit angeblich alten Stationsbildern hinauf zur 1868—70 erbauten Kreuzbergkapelle, die von über hundertjährigen Linden überwölbt wird.

An der alten Straße nach Vorderdenkental ca. 700 m südlich der Ortsmitte, ist ein Steinkreuz wohl aus dem 30jährigen Krieg.

Die Flora der Schwäbischen Alb und ihres Vorlandes

Die Alb ist ein ideales Wandergebiet zu jeder Jahreszeit nicht nur wegen ihrer landschaftlichen Reize, sondern auch durch den Artenreichtum ihrer Flora an der Nahtstelle zweier geologischer Großräume: der Schwäbischen Alb und des Alpenvorlandes. Weite Wiesen- und Ackerflächen sind umgeben von Laubwald; an Talhängen, die mit Felsgestein gesprenkelt sind, gedeiht die Steppenheidenflora, die besonders reichhaltig im Juni sich darbietet. Den Wacholderheiden, die auch der mit der Eisenbahn Reisende als typische Alblandschaft erlebt, stehen im Tal Schlucht- und Auwälder, auch Reste von Flachmooren, gegenüber, und all dies besitzt seine eigene Pflanzenwelt durch die Verschiedenheit der Böden und des Klimas.

Daß sich auch der Volksmund seine eigenen Blumennamen schafft, ist ein Zeichen der Zuneigung zu den Blüten seines Lebensraumes, und wenn diese durch die Entwicklung bereits dezimiert sind, so bleibt doch ein Rest übrig, der großartig genug ist, um ihn für die kommenden Jahrhunderte zu erhalten.

Robert Gradmann hat im Jahr 1898 in zwei Bänden das Pflanzenleben der Schwäbischen Alb beschrieben; Karl Müller nahm für das Staatliche Museum für Naturkunde in Stuttgart im Jahr 1954/55 die vegetationskundliche Kartierung der Ulmer Flora vor. Der durch die Kriegswirren nach 1945 nach Weidach verzogene geniale Buchillustrator der Weltliteratur, Fritz Fischer, geboren 1911, gestorben 1968, gab im Jahr 1957 ein reich illustriertes Buch heraus „die Blumen der Schwäbischen Alb". Und nicht zuletzt besitzen wir in dem Lebenswerk der Malerin Gertrud von Arand, die auf der Blaubeurer Alb im zweiten Weltkrieg, dann in Munderkingen wohnte, eine ausgezeichnete Grundlage über den damaligen Bestand. Sie malte von jeder Pflanzenart zwei Exemplare in natürlicher Größe, zeigt Blüte, Frucht, Blatt, Wurzel und das dazugehörige Insekt; das zweite, das Assosationsblatt, enthält die umgebenden Pflanzenfamilien, also ein kleines Rasenstück wie das von Dürer, und bringt Angaben von Standort, Blütezeit, lateinischen und mundartlichen Namen. Und nicht zuletzt wandte sich auch die Lyrik einzelnen Blumen und Pflanzengemeinschaften zu, welche die Atmosphäre weit besser treffen als es meine Wanderung durch verschiedene Landschaften, die in diesem Rahmen nicht vollständig sein kann, vermag.

Feldblumen

Wilde Rosen, Schwarzdornblüten
Silberdistel, Enzian
Farrenkraut und Zittergräser
Ehrenpreis und Löwenzahn.
Nur benetzt vom Tau des Himmels
Nie gepflegt durch Menschenhand:
Solchen Strauß nur kann ich binden
Weil ich bessern keinen fand.
Nehmt vorlieb!
Ein Strauß vom Felde
Ohne Wahl und hohe Kunst
Mög er doch ein Herz erfreuen,
Dargereicht durch Gottes Gunst.

Aus „Wilde Rosen, Schwarzdornblüten",
ausgewählte Gedichte des Leinewebers
Daniel Mangold, Laichingen.

Wir ziehen dem Frühling entgegen und wandern Blaubeuren zu. Die erste Blütenfarbe sprießt fahlgrün aus dem aperen Waldboden der Blautalhänge: die Nießwurz. Schwül duftet daneben der lila Seidelbast, den sie Zeuritza nennen, und es lächelt das Silbergezweig der Saalweide, die als Katzadäbla oder Palmkätzla den Ostertisch zieren. Wie winzige Quasten baumeln die männlichen Blütenstände der Haselnuß am Waldtrauf. Da ist es Zeit, in die Felsenritzen zu schauen, denn dort erscheinen die zierlichen Polster des gelben Hungerblümchens aus der alpinen Flora, wo später dann, im Mai, der Traubensteinbrech seine fleischigen Blattrosetten ausbreitet. Im Unterholz machen sich die Buschwindröschen breit, die Schnaikättera- also die Katharina im Schnee, nach dem Namenstag der Heiligen von Schweden am 24. März.
Die Frühlingsfarben gelb-blau-weiß überziehen Rain und Wiesen: Die Märzenbecher aus der Familie der Narzissengewächse haben ihre bevorzugten Standorte, und sie läuten den Frühling ein. Der setzt zuerst die verschiedenen Blautöne mit den Sternen der Scilla, den Leberblümchen, den Roß- und wohlriechenden Veilchen, der Traubenhyazinthe mit ihren besonders liebenswerten mundartlichen Bezeichnungen: Kohlraisle (rösle) oder Pfaffarösle, Krügle und Baurabüble, nach dem Blauhemd, das die Alltagstracht der Männer auf der Alb war, und heute zur Freizeitmode übergewechselt ist. Das erste Rosa des Lungenkrauts ist noch scheu und wechselt rasch nach blau hinüber, doch jetzt setzen sich die lachenden Gelbtöne durch: Hell- und dunkelgolden die Badenka-Schlüsselblumen. Nester von Sumpfdotterblumen, auch Butterblumen genannt, hocken an Gräben und Bachrändern, während die Schmalzkächala, ihre kleineren Schwestern, keine nassen Füße lieben und sich weiter oben anschließen. Hahnenfuß, Löwenzahn, Wiesenkerbel und Bärenklau als Zeichen der intensiven Bewirtschaftung haben inzwischen mancherorts die Vielfalt der Wiesenblumen verdrängt. Der Löwenzahn, Milchstock oder Milcherleng, oder am populärsten als Bettsaicher bekannt, malt jetzt lachende Wiesen, die so üppig und knallgelb blühen wie Hederich oder Raps.
Die Steppenheide an den Hängen des Lauter-, Kiesen-, Blau- und des Schmiechtals bringt die artenreichste Flora, und hier wächst als Osterblume die mattlila, von Silberpelz überzogene Küchenschelle, die man dort Hairaschlaufa nennt. Karl Ritter hat sie mit wenig Worten wunderbar beschrieben:

Pulsatill am warmen Stein
Schüchtern noch und etwas fremd,
Silberpelzchen um das Hemd,
Schüchtern noch und etwas fremd,
Pulsatill wärmt sich am Stein.

Es ist schon wärmer geworden, und wir wandern auf schmalen Trockenwegen leise, um die brütenden Vögel nicht zu stören, in ein kleines Hochmoor oder aufgelassenes Ried. Da erscheinen dann die vielen Arten Simsen, Binsen und Seggen, die Trollblumen, welche Rolla oder Käppela genannt werden, die dunkelrosa Mehlprimeln, verschiedene Enzianarten, von denen die häufigste und kleinste Schusternägele heißt. Es entzücken den Botaniker Wollgras und Sonnentau, gelbe Wasseriris, Blutwurz und Fettkraut. Von Blutwurzeln, die mit Alkohol angesetzt, gibt es einen sammetdunklen Likör, der meine erste Jugendbegegnung mit dem Alkohol bedeutete, da er auch als Heiltrank galt.
Orchideen, wie Sammetmännle und -weible, Frauenschuh, Knabenkraut, Waldvögele, und daneben die Fliegenragwurz, die Mucka heißt, sind lange geschützte Pflanzen, die heute bereits abzählbar sind. Brennrote Kuckucksnelken, auch Donnernägele oder Gockeler (Hahn) gerufen, Vergißmeinnicht, Blutströpfle, Storchschnabel und Prachtnelke sprenkeln die feuchten ungedüngten Wiesen und Bachraine. Eigentümlich für die Albwälder im Mai ist der Aronstab, wenn die Maiglöckchen dazwischenstehen, die bereits Pfingsten ankündigen, eine fast exotische Nachbarschaft.
Wir riechen jetzt an einem Sommerstrauß, welchen der Holzschneider der Rauhen Alb, der auf der Achalm wohnt, HAP Grieshaber, seinem Landratsfreund, der nebenher einen Bauernhof am Albabhang umtrieb, ans Grab brachte. Diese Riesengarbe Feldblumen, mit dem Wissen, daß viele davon geschützt, überstrahlte sämtliche repräsentativen Gartengebinde der Sechzigerjahre: Ackergauchheil, Tausendguldenkraut und Malven, Taubenkopf, auch Schnellblumen genannt, Glockenblumen, Wiesenbocksbart, Margeri-

ten und Skabiosen, borstiger porzellanblau-rosa besprühter Natternkopf, Schafgarbe und Kornrade, Kornblume und Klatschmohn, aus dessen Knospen die Kinder entzückende Blumenfeen basteln, und den sie auch Ackerschnallen nennen. Seit dieser Ehrung für Karl Anton Maier durch einen Künstler, der die Alb kennt und liebt, ist es bereits schwierig geworden, die als Ackerunkraut geltenden Sommerblumen in den Rot-Blau-Weißfarben zu finden.

Alb-Schafweide

Sonnenröschen, Thymian
Katzenpfötchen und Brunelle
Hügelmeier, Baldrian,
Roter Blüten Polsterschwelle.

Dunkle Falter, goldne Bienen
Odermennig, Gras und Klee –
Über die besonnte Höh
Bläst die Luft aus heitern Mienen.

Blutrot klappert die Zikade
Hügelab ins Distelkraut,
Und im heißen Sonnenbade
Sind die Grillen aufgetaut.

Blaue Glockenblümchen läuten
In die weltverlorne Ruh.
Niemand kann die Stille deuten –
Still und heiter wirst auch du.

Karl Ritter

Die Pflanzen der trockenen Waldwiesen, die Esparsette als vorzügliche Bienenweide, die früher auf Feldern angebaut wurde, von wo sie sich an die Ränder der Landstraßen und Bahndämme verzog, ist der Esper. Bergflockenblume, Zittergras, Hornklee, Fingerhut, Ehrenpreis und Kronwicke, und einige Arten der Akelei sind darunter. Wir sind beim Sammeln von einer Duftwolke begleitet, die der Thymian, die Kienle, verbreitet, und reiben die Altweiberschmekkete, die Minze, genußvoll zwischen den Fingern. Ein Zweiglein Beifuß für die Martinsgans wächst am Wege neben der himmelblauen Wegwarte, welcher Isolde Kurz ein Gedicht gewidmet hat:

„*mit nackten Füßchen am Wegesrand,*
die Augen still ins Weite gewandt
saht ihr bei Ginster und Heide
das Mädchen im blauen Kleide?" . . .

Die Blütenfülle der Albblumen hat eine durch Jahrhunderte florierende Bienenzucht hervorgebracht, und der Alb-Donau-Kreis steht an vorderer Stelle der Bienenzüchter, der Emeler.
Die schönste Zeit auf der Alb sind die frühen Herbsttage, wenn von den Wacholderheiden die Silberdisteln blinken, die Farben der Laubwälder in Gold bis Rot explodieren, wenn die Sonne durch Nebelfetzen bricht. Der Schäfer lehnt an der Schippe, ein hundertfaches Mäh-mäh durchzieht die Luft, Stummelschwänze wackeln, während die Schafe mampfend das Gras kurzrupfen. Auf trockenem Kieselgrund dämmert violett das Heidekraut. Eine Straße ist gesäumt von brennroten Vogelbeerbäumen. Hochoben im seidigen Blau, das die Herbstzeitlosen aufnehmen, quillt ein Doppelstreifen, und ein fernes Flugzeuggebrumm erinnert an die Welt, in der wir leben.

50 Kiesental bei Bollingen.

Kiesen valley near Bollingen.

51 Küchenschelle.
Eine für die
Steppenheideflora der
Schwäbischen Alb
typische Frühjahrsblume.

Paqueflower.
A spring flower typical of
the steppe-heath flora on
the Swabian Alb.

52 Landschaft bei
Scharenstetten.
Blick vom Wasserturm
von Scharenstetten.

Landscape near
Scharenstetten.
View from
the Scharenstetten
water-tower.

53 Scharenstetten.
Evang. Pfarrkirche (St. Laurentius). Altarschrein aus der Werkstatt des Hans Multscher, Ulm, um 1440/50.

Scharenstetten.
Protestant church (St. Laurentius). Altar shrine from the workshop of Hans Multscher, Ulm, about 1440/50.

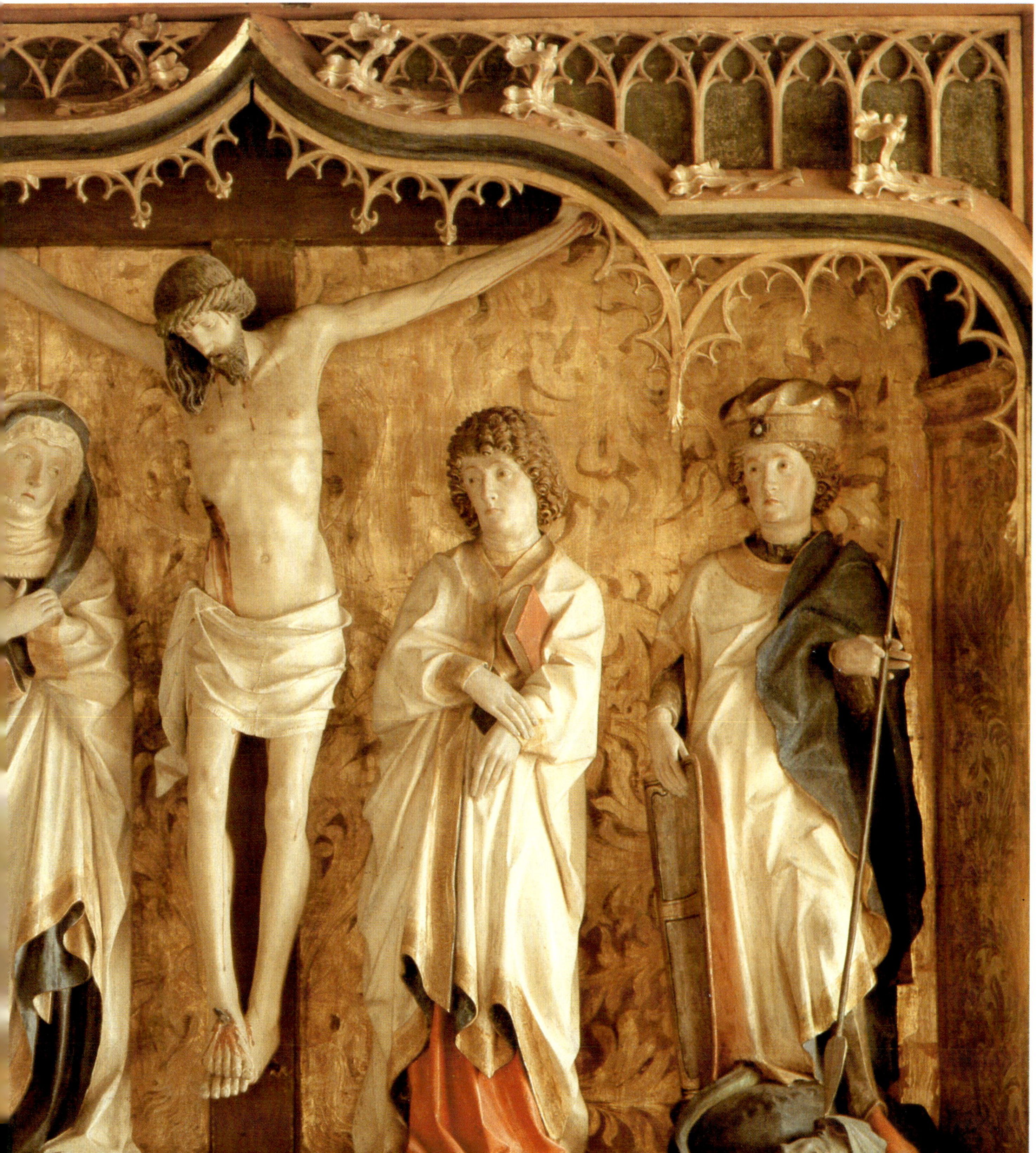

54 Scharenstetten. Evang. Pfarrkirche (St. Laurentius). Kreuzigungsbild von Joseph Wannenmacher, Tomerdingen, Mitte 18. Jh.

Scharenstetten. Protestant church (St. Laurentius). Crucifixion probably by Joseph Wannenmacher, Tomerdingen, mid-18th cent.

55 Westerstetten. Kreuzweg zur 1868–1870 erbauten Kreuzbergkapelle, mit über hundertjährigen Linden.

Westerstetten. Stations of the cross leading to the Calvary chapel built in 1868–1870, lime-trees over one hundred years old.

56 Blick auf Westerstetten mit der kath. Pfarrkirche St. Martin, erbaut 1717–1721.

View of Westerstetten with catholic parish church of St. Martin, built in 1717–1721.

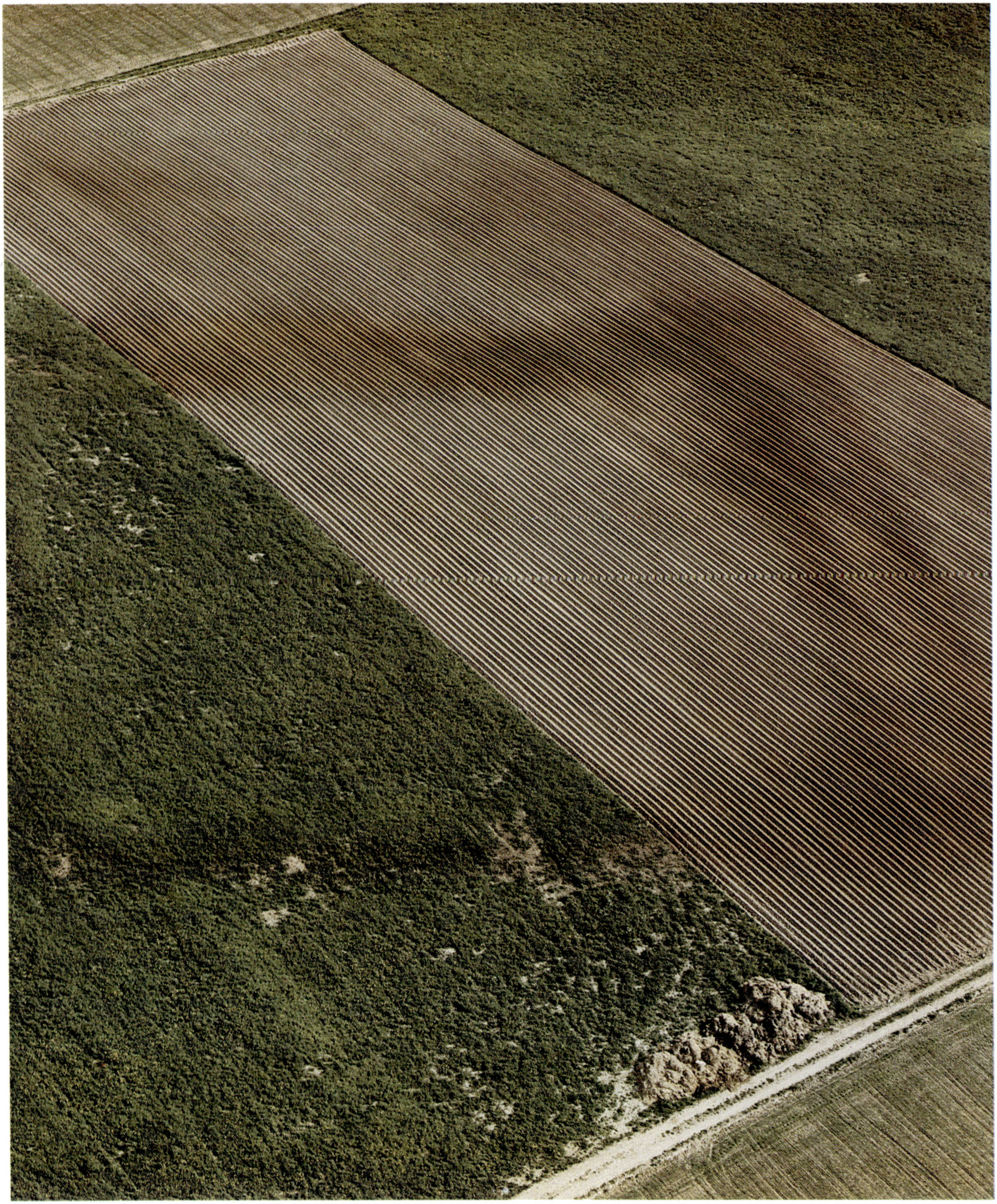

57 Keltische Viereckschanze bei Tomerdingen (Gewann Blumenhau).

Celtic quadrangular bulwark near Tomerdingen (square plot Blumenhau).

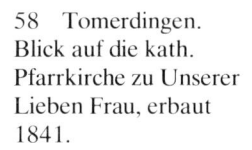

58 Tomerdingen. Blick auf die kath. Pfarrkirche zu Unserer Lieben Frau, erbaut 1841.

Tomerdingen. View of the catholic parish church of Our Lady, built in 1841.

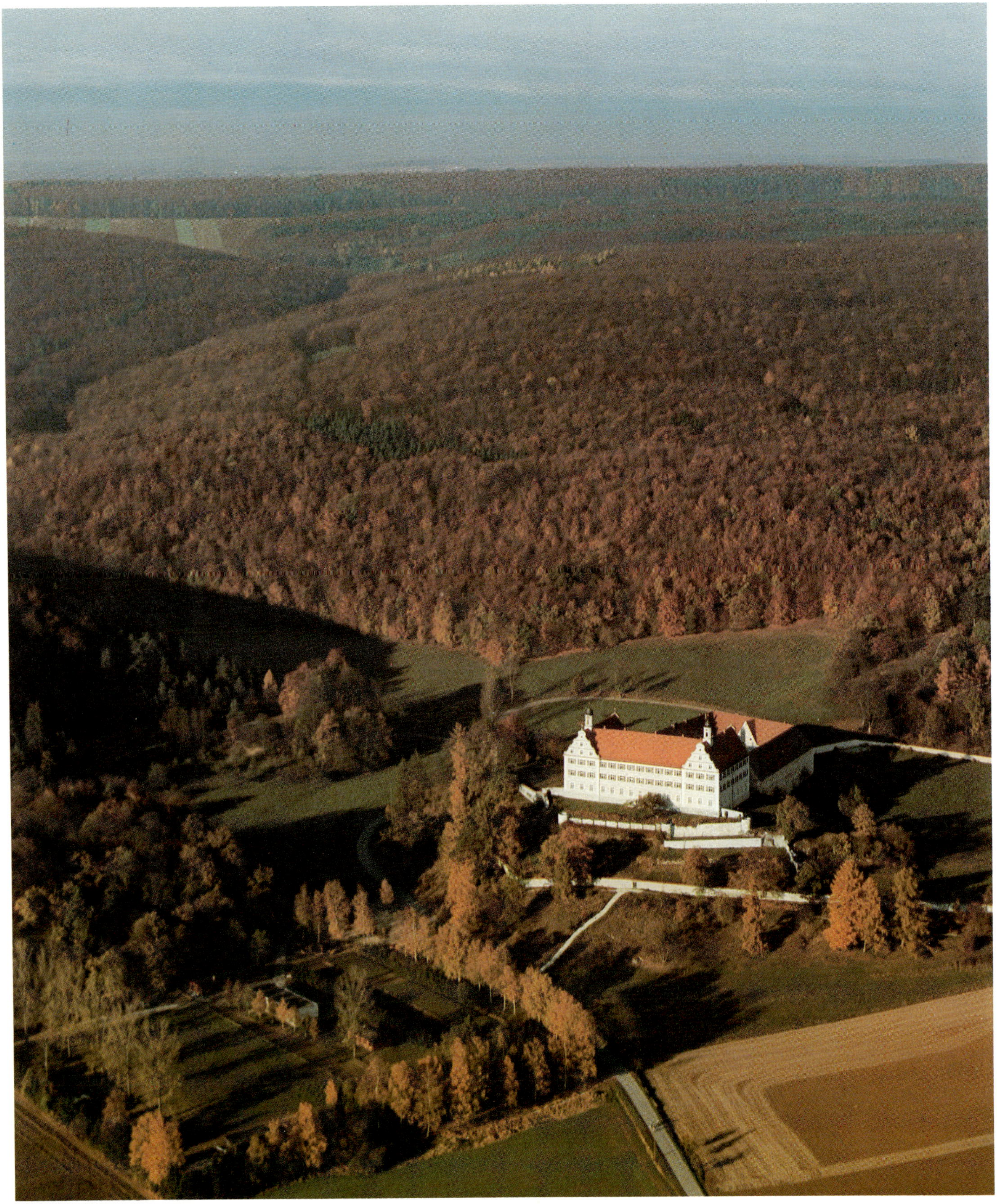

Verwaltungsraum Ehingen

59 Mochental.
Ehemalige Propstei des Klosters Zwiefalten; erbaut 1730/1734 von den Brüdern Hans Martin und Joseph Schneider aus Baach.

Mochental.
Former provostry of Zwiefalten monastery; built in 1730/34 by the brothers Hans Martin and Joseph Schneider from Baach.

Mit 261,37 qkm Fläche ist der Verwaltungsraum Ehingen der größte im Alb-Donau-Kreis. Er hat auch die höchste Bevölkerungszahl: 30 622 Einwohner Ende März 1980. Die Einwohnerschaft hat sich in den letzten hundert Jahren verdoppelt. Im Jahr 1871 waren es noch 14 911 Bewohner. Zum Verwaltungsraum Ehingen gehören neben der Großen Kreisstadt Ehingen die Gemeinden Allmendingen, Altheim, Griesingen, Oberdischingen und Öpfingen. Damit umfaßt er Teile der mittleren Flächenalb mit sehr abwechslungsreichen und vielbewanderten Landschaften wie auch Teile des Hügellandes der unteren Riß und ein Stück des Donau- und Schmiechtals.

Weiterhin ist dieser Verwaltungsraum landwirtschaftlich geprägt. Insgesamt 1227 landwirtschaftliche Betriebe bewirtschaften 156,89 qkm Land, darunter 103,49 qkm Ackerland und 52,02 qkm Dauergrünland. Sehr groß ist außerdem der Waldanteil, der mit 102,58 qkm 39,2 Prozent der Markung ausmacht.

Die Schwerpunkte der gewerblichen Wirtschaft befinden sich in der Großen Kreisstadt Ehingen und in Allmendingen. Hier sind allein schon 618 nichtlandwirtschaftliche Arbeitsstätten mit 7437 Beschäftigten angesiedelt. 82 Prozent aller nichtlandwirtschaftlichen Arbeitsplätze befinden sich dort.

Überwiegend ist die Bevölkerung des Verwaltungsraums katholisch. Die 22 928 Katholiken machen 76 Prozent, die 5154 Evangelischen machen 17,1 Prozent der Gesamtbevölkerung aus (1977). 2079 Bewohner gehören anderen Gemeinschaften an oder sind ohne Bekenntnis (1977). Alle Gemeinden, ausgenommen Ennahofen, Grötzingen und Weilersteußlingen (Ortsteile von Allmendingen), sowie Mundingen (Ortsteil von Ehingen), haben eine überwiegend katholische Bevölkerung.

Insgesamt 13 212 Bewohner des Verwaltungsraums sind erwerbstätig, davon 2615 in der Land- und Forstwirtschaft (19,8 Prozent). Geringfügig ist der Anteil dieser Beschäftigungsgruppe lediglich in der Stadt Ehingen selbst und in der Gemeinde Allmendingen. Ein großer Teil der 13 212 Erwerbspersonen arbeitet außerhalb ihrer Wohngemeinde, insgesamt 3552 Personen oder 27 Prozent. Der größere Teil pendelt innerhalb des eigenen Verwaltungsraums, der zugleich 2248 Berufseinpendler aufweist. Die Zahl der im Verwaltungsraum selbst Beschäftigten beträgt also 11 908. 8048 Erwerbstätige oder 67,6 Prozent haben ihren Arbeitsplatz in Ehingen oder Allmendingen.

Stadt Ehingen

Ehingen liegt am Fuß der Schwäbischen Alb, mit seinem alten Kern am Abhang des Hochsträß. Die Donau fließt in nordöstlicher Richtung am Rand der alten Markung an der Stadt vorüber. Die Schmiech, aus dem Allmendinger Ried kommend, fließt durch Ehingen und mündet südlich der Stadt in die Donau. Die Markung von Ehingen ist mit den im Jahr 1936 schon eingemeindeten Dörfern Dettingen und Berkach 32,58 qkm groß. Davon sind 9,97 qkm bewaldet. Die Stadt liegt 514 m NN. Ehingen, Stadt der vielen Türme und schönen Kirchen, Stadt traditionsreicher Herrschaftshöfe und alter Klosterbauten, blickt auf eine jahrhundertelange Geschichte zurück. Heute ist Ehingen der wirtschaftliche Mittelpunkt des Alb-Donau-Kreises mit einer großen Zahl von Industrie- und Gewerbebetrieben und einem leistungsfähigen Groß- und Einzelhandel sowie einem reichen Angebot an Dienstleistungseinrichtungen und Schulen.

Um 250 n. Chr. besiedelten die Alemannen die Schwäbische Alb und den angrenzenden Donauraum. Dabei errichteten die „Leute des Aho" bei Ehingen eine Siedlung. Fünfhundert Jahre später, um 750, übernahmen die Franken im Raum Ehingen die Herrschaft und gründeten in Ehingen einen „Reichshof" als Dienst- und Amtshof des fränkischen Verwaltungsbeamten im Bezirk Ehingen. Zugleich errichteten die Franken eine Befestigungsanlage auf der Höhe von Berg.

Ehingen wird in einem Tauschvertrag von 961 zwischen dem Bischof von Chur und dem Kloster Schwarzach erstmals urkundlich genannt. Im gleichen Jahr wird in einer Urkunde Kaiser Ottos I. auch eine Kirche in Ehingen, die Michaelskirche erwähnt.

Die Grafen von Berg vermehrten ihren Besitz und entwickelten sich zu einem bedeutsamen Geschlecht. Im Jahr 973 übernahmen sie auch einen großen Teil der Erbschaft des Berthold V., des letzten aus dem Geschlecht der Alaholfinger. Diese hatten ihren Stammsitz auf der Altenburg bei Obermarchtal und ausgedehnten Besitz im Ehinger Raum. Unter den Grafen von Berg erlangte Ehingen wachsende Bedeutung und galt schon um 990 als Marktort. In einer Urkunde von 1253 wird Ehingen erstmals als Stadt bezeichnet. Ab 1300 begannen sich die Habsburger im Ehinger Gebiet festzusetzen. Sie erwarben einen Teil der Grafschaft des Hauses Berg-Wartenstein, darunter zwei

Höfe in Berg und eine Mühle in Ehingen. Schließlich kaufte Herzog Albrecht II. von Österreich im Jahr 1343 die drei Herrschaften Berg, Ehingen und Schelklingen auf. Diesem Besitzwechsel, mit dem Österreich an die Grenzen der Grafschaft Württemberg vorstieß, widersetzte sich Graf Ulrich III. von Württemberg und ließ Ehingen belagern. Der Streit endete 1344 mit einem Waffenstillstand und der Friedenserklärung in Ehingen. Dabei erhielt Graf Konrad von Berg von Österreich seine bisherigen Besitzungen als Lehen zurück. Als dieser 1346 starb, übernahm Österreich die Herrschaften Ehingen, Schelklingen und Berg. Ehingen blieb seitdem bis zum Jahr 1806 österreichisch. Als erster österreichischer Vogt bezog Burkhard von Ellerbach seinen Wohnsitz in Ehingen. Die Stadt nahm in der Folge zwar großen wirtschaftlichen Aufschwung, doch bildete sie wiederholt ein Objekt, das vom stets geldbedürftigen Haus Habsburg an fremde Herrschaften verpfändet wurde.

König Wenzel verlieh der Stadt Ehingen 1379 die eigene Gerichtsbarkeit. Im Freiheitsbrief von 1434 erhielt sie von Kaiser Sigismund alle Vorrechte einer Reichsstadt, ausgenommen das Münzrecht. Die volle Reichsunmittelbarkeit lehnten die Ehinger später wiederholt ab. 1444 verlieh Herzog Albrecht IV. der Stadt auch das Recht, seinen Ammann selbst zu wählen.

Wiederholt erhielt Ehingen Kaiserbesuch, so 1498 durch Kaiser Maximilian I. Als dieser 1512 seine Herrschaft neu ordnete, kam Ehingen zum österreichischen Kreis mit Regierungssitz Innsbruck, dem ganz Schwäbisch-Österreich zugeteilt wurde. 1552 bestimmte der Schwäbische Ritterkreis die Stadt zum Sitz seines Direktoriums.

Der wiederholten Verpfändungen müde, löste sich Ehingen 1568 selbst samt Schelklingen und Berg mit einer Summe von 24 000 fl aus der Pfandschaft, nachdem Erzherzog Ferdinand I. schon 1556 versprochen hatte, „daß man Ehingen nach Ablösung des Pfandschillings nicht mehr versetzen solle". 1572 erhielt die Stadt von Ferdinand I. das Recht, das Ammannamt selbst zu besetzen. Seitdem war die Landesherrschaft durch einen Statthalter, meist „Pfleger" oder „Landvogt" genannt, vertreten.

Der 30jährige Krieg, 1618–48, brachte für Ehingen wiederholt Plünderungen und Zerstörungen sowie hohe Bevölkerungseinbußen. Viele Höfe standen danach verwaist, die von Einwanderern aus der Schweiz, Österreich, Bayern und der Pfalz besiedelt wurden. Um 1680 zählte Ehingen etwa 2000 Bewohner. Wenig später, im Pfälzischen Erbfolgekrieg, wurde es von französischen Truppen geplündert und gebrandschatzt. Beim sogenannten „französischen Brand" wurde auch das Rathaus zerstört.

1713 wurde das Pflegamt durch kaiserliches Dekret aufgehoben. Der Rat der Stadt übernahm allein die Verwaltung. 1749 wurden bei einem Großbrand 74 Häuser und 33 Stadel vernichtet. Für den Wiederaufbau erließ der Rat eine eigene Bauordnung samt Feuerordnung.

Bei einer Neuordnung von Schwäbisch-Österreich 1752 wurde das Land in vier Oberämter gegliedert. Ehingen kam zum Oberamt Burgau mit Sitz in Günzburg. Schließlich kam Ehingen 1805 durch den Vertrag von Pressburg zu Württemberg. König Friedrich von Württemberg ließ die Stadt eilends besetzen und kam so den Bayern zuvor, die bereits eigene Truppen zur Anektion in Marsch gesetzt hatten. Am 26. Mai 1806 erfolgte auf dem Rathaus die förmliche Übergabe der Stadt samt den „Donaustädten" Munderkingen, Riedlingen, Mengen und Saulgau an den Vertreter Württembergs, Baron von Reischach. Ehingen zählte damals 2310 Bewohner.

Ein Jahr später wurde Ehingen Sitz des Bezirksamts Ehingen, dem die Oberämter Biberach, Blaubeuren, Ehingen, Riedlingen, Saulgau, Ursprung und Zwiefalten unterstellt waren. Doch schon 1810 kam es zu einer Neuordnung Württembergs mit zwölf Landvogteien anstelle der Kreise. Zur „Landvogtei an der Donau" mit Sitz in Ulm kam das Oberamt Ehingen.

1826 erschien in Ehingen die erste Nummer des Wochenblattes „Der gemeinnützige und unterhaltende Donaubote". 1869 wurde die Eisenbahnlinie Ehingen-Blaubeuren eröffnet. Damit war Ehingen auch mit Ulm verbunden. 1870 wurden die Bahnlinien Ehingen-Riedlingen, Riedlingen-Mengen und Herbertingen-Saulgau in Betrieb genommen.

Ab 1879 erschien in Ehingen dreimal wöchentlich der „Volksfreund für Oberschwaben". Es begann für Ehingen das Industriezeitalter. 1890 entstand hier die erste größere Fabrikanlage, ein Zementwerk der „Oberschwäbischen Zementwerke". Im gleichen Jahr wurde auch eine Spinnereifabrik gegründet.

Im Jahr 1906 überschritt Ehingen die 4000-Einwohnergrenze und rückte unter die Städte der „Gemeinden I. Klasse" auf. 1910 erschien der „Volksfreund" als erste Tageszeitung. 1936 wurden Dettingen und Berkach nach Ehingen eingemeindet. Ein Jahr danach ließ sich eine Zellstoffabrik nieder. Zu Beginn des zweiten Weltkriegs hatte die Stadt schon 5785 Bewohner.

Ehingen, im Krieg ohne Schäden, nahm danach viele Heimatvertriebene und Flüchtlinge auf und zählte im Jahr 1950 schon 7782 Einwohner. Die 70er Jahre brachten für Ehingen viel Zuwachs durch die Eingemeindung von Nasgenstadt (1971), Berg und Kirchen (1972), Altsteußlingen, Gamerschwang, Heufelden (1972), Altbierlingen, Kirchbierlingen, Schaiblishausen und Volkersheim (1973), Dächingen, Erbstetten, Frankenhofen, Herbertshofen, Mundingen (1973) und Granheim (1974). Am 1. Januar 1974 wurde Ehingen zur Großen Kreisstadt erhoben. 1975 wurde die Reihe der Eingemeindungen mit Rißtissen abgeschlossen. Ehingen, nunmehr mit einer Markung von 178,37 qkm und einem Oberbürgermeister an der Spitze, zählte jetzt 21 731 Einwohner.

Ende 1976 zählte Ehingen insgesamt 14 334 Einwohner. Dabei ist der Ausländeranteil auffallend hoch. Die 2437 Ausländer machen 17,0 Prozent der Bevölkerung aus. Dies weist bereits auf ein umfangreiches

Gewerbe in Ehingen hin. Von der Gesamtbevölkerung sind 10 169 katholisch (71,0 Prozent) und 2657 evangelisch (18,5 Prozent). 1508 Bewohner (10,5 Prozent) gehören anderen Gemeinschaften an oder sind ohne Bekenntnis.

Die Stadt Ehingen hatte bei der letzten Volkszählung 1970 insgesamt 6211 Erwerbstätige bei einer Gesamtbevölkerung von 13437 Personen. Sie machten 46,2 Prozent der Bevölkerung aus. Von diesen Erwerbspersonen arbeiteten nur noch 215 oder 3,5 Prozent in der Land- und Forstwirtschaft. Die Landwirtschaft ist in Ehingen, wo es um 1890 noch einen umfangreichen Hopfenanbau und eine bedeutende Ackerbauwirtschaft gab, in ihrer Gesamtbedeutung zurückgefallen. Bereits im ausgehenden 19. Jahrhundert begann die Industrialisierung, wozu die Donautalbahn und der Anschluß von Ehingen an diese Linie entscheidend beitrug. Um 1890 bestanden in Ehingen neben zahlreichen Mühlen und Bierbrauereien eine Strumpfwarenfabrik, dazu kleinere Fabriken für Maschinenbau, für Galvanoplastik, Zigarren, Spirituosen und Essig. Wenig später setzte die Produktion der hier angesiedelten Zementfabrik ein.

Ehingen, das im Jahr 1970 6211 in der Stadt ansässige Erwerbstätige hatte, ist das Ziel vieler auswärtiger Arbeitskräfte. 1778 Berufseinpendler zählte die Stadt im Jahr 1970. Zugleich hatte sie aber auch 923 Berufsauspendler, von denen ein Drittel in der Stadt Ulm arbeitete. In Ehingen selbst waren also im Jahr 1970 insgesamt 7066 Erwerbspersonen beschäftigt, davon 252 in der Land- und Forstwirtschaft. Insgesamt 537 nichtlandwirtschaftliche Arbeitsstätten weist die Stadt auf. Sie haben 6571 Beschäftigte, davon 2516 weibliche. Fast die Hälfte aller Beschäftigten arbeiten im verarbeitenden Gewerbe einschließlich Industrie: 3092 Personen. Dazu kommen 698 Beschäftigte im Baugewerbe, 1032 Beschäftigte in Handel und Verkehr und 657 Beschäftigte in den anderen Dienstleistungsbereichen und den freien Berufen. In 42 Arbeitsstellen von Organisationen ohne Erwerbscharakter sowie von Gebietskörperschaften sind weitere 1021 Personen tätig. Diese hohe Zahl weist auf das besondere Gepräge der Stadt Ehingen als Schul- und Verwaltungsstadt hin. Die Ehinger Landwirtschaft schließlich umfaßt noch immer 116 Betriebe, die 14,30 qkm landwirtschaftliche Nutzflächen bewirtschaften.

Die wirtschaftliche Entwicklung von Ehingen ist im Jahr 1970 nicht zum Stillstand gekommen. Neue Industrie- und Gewerbebetriebe haben sich niedergelassen, darunter insbesondere ein Zweigbetrieb eines weltweiten Unternehmens für Autokrane, Mobilkrane und Schiffskrane mit über 1000 Beschäftigten. Im Jahr 1970 gab es in Ehingen bereits zwanzig Industriebetriebe mit zehn und mehr Beschäftigten und zusammen 2506 Arbeitskräften. Diese Zahl hat sich bis 1975 auf 3913 erhöht. So sind heute eine Reihe von Großbetrieben angesiedelt, darunter eine Zellstoffabrik, eine Spinnerei, eine Fleischwarenfabrik mit angeschlossenen SB-Warenhäusern mit jeweils über 500 Beschäftigten. Andere Mittelbetriebe produzieren Präzisionsdrehteile, Apparate, Maschinen, Heizöltanks, Hydraulikelemente, Textilien, Elektroapparate, Fahrzeuge, Betonsteine, Möbel, Lebens- und Genußmittel.

Was dem Reisenden zuerst auffällt, wenn er sich auf der Bundesstraße der Stadt Ehingen nähert, das sind die drei Kirchtürme neben ihren hochragenden Dächern: die Konviktskirche mit graziös geschweifter Kuppel, in der Mitte die Stadtpfarrkirche St. Blasius mit schlankem Turm, dem ein nadelspitzer Helm aufgesetzt ist, und die Liebfrauenkirche mit ihrem gemütlichen, an steilem Dach aufstrebenden Turm mit schlichter Kuppel. Zu diesem altehrwürdigen Stadtbild nimmt sich der quadratische Wolferturm, auch Wilhelmsturm nach König Wilhelm II. von Württemberg genannt, mit Zinnenkranz und historisierender Architektur etwas fremd aus.

Beim Gang durch die Stadt mit hochgegiebelten Häusern, den engen Gassen und alten Straßen, tauchen hier und dort imposante Baudenkmale auf, die an die zentrale Bedeutung der Stadt unter österreichischer Verwaltung erinnern. Da ist an der Südseite des Marktplatzes das Rathaus, 1713 mit österreichischer Hilfe neu erbaut, nachdem das alte beim Stadtbrand von 1688 zerstört worden war. Aus der Erbauungszeit ist noch der getäfelte Sitzungssaal vorhanden. Es wurde dann 1890 und 1975/76 erweitert und bildet nun mit Balkon und Uhrengiebel einen Blickfang des Marktplatzes. Seit dem ausgehenden Mittelalter besaßen mehrere adlige Familien aus der Umgebung als Sitz ihrer Verwaltung und Schutz in Notzeiten innerhalb der befestigten Stadt ihre Herrenhöfe. Ein solcher, der Ellerbacher Hof, befindet sich an der Nordwest-Ecke des Marktplatzes. Das Wappen von 1527 erinnert an diese Familie. Wie das Rathaus, so fiel auch dieses „Schlösschen" den Flammen zum Opfer, und wurde dann dreigeschoßig im barocken Stil wieder errichtet. Es erfuhr 1820 eine klassizistische Überformung mit dem auf Säulen über dem Haupteingang ruhenden Balkon und der zentralen Dachgaube mit Christusporträt. Die 1876 am Balkon angebrachte Gedenktafel macht auf den Mundartdichter Carl Weitzmann aufmerksam: „Hier lebte, dichtete und starb der schwäbische Volksdichter Carl Weitzmann". In strahlendem Wienergelb präsentiert sich an der Ostseite des Marktplatzes das Ständehaus, auch Landhaus genannt, das den Vertretern der adligen Herrschaften, der Kirchen, Städte und Ortschaften als Kanzlei, Archiv und Sitzungsort für ihre Landtage diente. Es wurde nach dem zweiten Stadtbrand von 1749 gebaut und fällt durch seine vornehme barocke Fassade mit Korbgittern vor den Erdgeschoßfenstern und dem schönen Portal besonders auf. Der ehemalige Ständesaal im zweiten Geschoß ist mit seinem feinen figürlichen Stuck einer der festlichsten Rokoko-Säle und dient heute als Sitzungssaal des Amtsgerichts.

Das „Hohe Haus" in der Schwanengasse war einst der Pfleghof des Prämonstratenserklosters und freien Reichsstifts Marchtal. Es war von einem Mauerring umgeben, welcher über einen Verbindungsgang zur Stadtmauer führte. Seine spätgotische Hauskapelle zur Hl. Elisabeth ist heute profaniert. Sie ist die älteste der Stadt. Noch erhalten haben sich drei Holzbildwerke dieser Kapelle, welche sich heute in der Sammlung der Lorenzkapelle in Rottweil befinden: eine sitzende Anna Selbdritt, Petrus und Elisabeth von Thüringen. Diese Bildwerke von hohem Rang sind vermutlich aus der Werkstatt des Jörg Syrlin d. J. um 1443 und werden dem Bildschnitzer Nikolaus Weckmann zugeordnet, der in der Syrlinwerkstatt arbeitete.

In der oberen Hauptstraße bestimmt das imposante Ritterhaus des Donaukantons mit dreifach abgestuftem Volutengiebel, Pilasterportal und zwei Erkern, die über zwei Geschoße reichen, diesen Straßenabschnitt. Es wurde Ende des 17. Jh. erbaut, und aus dieser Zeit stammen Stukkaturen mit schweren Lorbeer- und Traubengirlanden und Akanthusblättern. An der östlichen Seite des Gänsbergs sind die vorderösterreichischen Lande, oder schwäbisch Österreich, wie sie auch genannt werden, mit der Vogtei präsent. Der stattliche Bau von 1775 mit schönen Ecklisenen, ornamental gefaßten Fensterumrahmungen, sowie Pilasterportal mit symmetrischem Treppenaufgang und dem kaiserlichen Doppeladler über dem Türsturz, diente als Verwaltungsgebäude, sowie als Herberge für durchreisende österreichische Beamte.

Bedeutende Klöster der Umgebung unterhielten hier ihre Niederlassungen. Diese Pfleghöfe mit Wirtschaftsgebäuden boten den Klöstern in Gefahr Schutz und Schirm innerhalb der befestigten Städte, sie waren Absteigequartier für reisende Klosterangehörige, und von hier wurden die Güter der Umgebung verwaltet. Der Salmannsweiler Hof am westlichen Gänsberg wurde ab 1586 errichtet und 1727 baulich entscheidend verändert.

Auch das Benediktinerinnenkloster Urspring hatte hier seine Niederlassung, die Oberschaffnei, mit dreigeschoßig ausgebautem Giebel über den drei Geschossen und dem Pilasterportal mit verkröpftem Gebälk und Obeliskenaufsätzen.

Ehingen ist eine alte und angesehene Schulstadt. Es gab dort schon um 1250 eine Lateinschule, die um 1624 etwa 100 Schüler hatte und ihre Blütezeit im 15. und 16. Jahrhundert hatte, als auffallend viele Studierende aus Ehingen und Umgebung an den Universitäten Tübingen, Freiburg und Heidelberg eingetragen waren. 1686 wurde die Lateinschule unter der entscheidenden Mitwirkung des Kloster Zwiefalten zur Höheren Schule ausgebaut und gewöhnlich als „Studium" bezeichnet. 1697 wurde diese zum Lyzeum als Vorbereitung für das akademische Studium erweitert. Zum 1706 vollendeten Kollegiumsbau kam 1712–19 die Kollegiumskirche hinzu. Als Ehingen 1805 zu Württemberg kam, sank das Lyzeum zu einer humanistischen Lehranstalt, Gymnasium benannt, herab, das 1823 nur noch 22 Schüler hatte und kaum mehr existenzfähig war. Im Herbst 1825 wurde in Ehingen schließlich ein Konvikt für künftige katholische Geistliche mit 75 Jungen eröffnet. Diese wurden fortan durch eine Prüfung, das Landexamen ausgesucht. Dessen erster Vorsitzender war Dr. Joseph Lipp, der spätere Bischof von Rottenburg. Konviktgebäude und Kollegiumskirche gingen 1934 in den Besitz der Diözese.

Aus Ehingen gingen bedeutende Persönlichkeiten der Kunst und Wissenschaft hervor, darunter Jakob Locher, Jakob Biedermann, Karl Weitzmann und der Neresheimer Abt Aurelius Braisch.

Jakob Locher wurde 1471 in Ehingen geboren und war Lehrer für Rede- und Dichtkunst an den Universitäten Freiburg und Ingolstadt. Bekannt wurde er durch seine Übersetzung des „Narrenschiffs" ins Lateinische. Er erhielt den Beinamen „Philomusus" (Musenfreund). Dem 26jährigen wurde 1497 von Kaiser Maximilian der Titel „Poeta et orator laur eatus" (Gekrönter Dichter und Redner) zuerkannt. Locher starb 1528.

Jakob Biedermann wurde 1578 in Ehingen geboren, kam 8jährig ans Jesuitengymnasium nach Augsburg, trat 1594 in den Jesuitenorden ein und war ab 1600 Lehrer der Humaniora in Augsburg. Danach war er Lehrer in München und Professor der Philosophie und Theologie in Dillingen. Schließlich wurde er nach Rom berufen, wo er 1639 starb. Er galt als „Meister des Schuldramas". Unter ihm erreichte das Schuldrama seine höchste Blüte. Als Verfasser vieler Dramen, meist religiösen Inhalts wurde er als „der erste große deutsche Barockdichter und schwäbische Shakespeare" genannt.

Abt Aurelius Braisch wurde 1694 in Ehingen geboren. Als Abt und Bauherr in Neresheim ging er in die Geschichte ein. Er gilt als einer der größten Bauherren des dortigen Klosters und leitete dort vor allem den Neubau der Kirche ein. Mit Balthasar Neumann von Würzburg war er befreundet, dem er auch den Bau der Klosterkirche anvertraute. Dieser starb 1753. Abt Aurelius entsagte 1755 der Abtswürde und überließ seinen Nachfolgern die Fortführung seines Werks.

Die Kirchen

Der schöne, klar wirkende Bau der Konvikts- oder Kollegienkirche zum Hl. Herzen Jesu wurde von 1712 bis 1719 erbaut. Er ist einer der bedeutenden Barockbauten Schwabens, der in interessanter Weise den Charakter einer Hallenkirche mit dem eines Zentralbaues vereinigt. Der Grundriß ist in Form des griechischen Kreuzes, darüber erhebt sich eine flache zentrale Kuppel. Als Architekt wird Franz Beer genannt. Die großartige Raumdisposition dieser Kirche ist weniger ihm als seinem genialen Sohn Johann Michael Beer zuzutrauen. Die schlichten Deckenstukkaturen und Fresken sind von großer Ausstrahlung, und sie muß, bevor die ehemals sieben Altäre verschwanden und die Kirche geschlossen wurde, von großer Pracht gewesen sein. Das einzige Bildnis, das die Ausräumung überlebte, ist das von Joh. Georg Bergmüller gemalte Altarblatt mit dem Marientod. Der Turm wurde 1885 nach einem Brand wieder aufgebaut.

Die ersten Anfänge der St. Blasius-Pfarrkirche liegen im 14. Jh. Die frühgotische Hallenanlage, „der Lange Münster" genannt, besitzt noch Teile aus dieser Zeit, wie den Turmsockel aus Buckelquadern und 2 m starke Mauern, die ihm den Charakter eines Bergfriedes und Wehrturmes verleihen. 1738 erfolgte ein Umbau des gotischen Kirchenschiffes, und nach dem Stadtbrand von 1749 wurde auch der Chor vom Deutschordensbaumeister Francesco Antonio Bagnato erbaut. Das Turmoberteil erhielt 1888 sein heutiges Gesicht. Die Kirche ist im Innern mit barocken Stukkaturen und Deckenmalereien reich ausgestattet. Der bedeutende Ehinger Bildhauer Melchior Binder, seit 1606 am Ort tätig, schuf die drei Seitenaltäre: Verkündigungsaltar, Krönungsaltar und Auferstehungsaltar, der vermutlich eine Werkstattarbeit ist. Die zart verhaltene Verkündigungsszene im Stil der Dürerzeit zählt zu den Hauptwerken der deutschen Renaissance.

An der Nordseite ist die sog. Winkelhoferkapelle, die sich Hieronymus Winkelhofer (gest. 1538) zu seinen Lebzeiten um 1520 errichten ließ mit einem Epitaph aus rotem Untersberger Marmor mit Erbärmdebild in Relief, darunter in gotischen Minuskeln Gebet und Inschrift mit der Jahreszahl 1520, flankiert vom betenden Stifter und seinem Wappen.

Die heutige Liebfrauenkirche hatte bereits 1239 einen Vorgängerbau, „unserer Lieben Frawen Capell auf dem Berg" geheißen. Sie mußte 1454 einer dreischiffigen spätgotischen Kirche weichen. Von diesem Bau sind die unteren viereinhalb Stockwerke des Turmes erhalten, der unten eine gotische Vorhalle mit Netzgewölbe und einen Christuskopf im Schlußstein hat. 1638 wurde die Kirche den Franziskanern überlassen, die sich bei der Kirche niederließen und 1650 an der Südseite der Kirche ein Kloster mit dreiflügeligem Kreuzgang erbauten. Die Mönche übernahmen die Betreuung der aufstrebenden Wallfahrt zu „Unserer Lieben Frau", so daß zwischen 1723 und 1725 eine Erweiterung des Kirchenschiffes mit Steinen der Burg Hohenschelklingen erforderlich wurde, um dem Zustrom der Wallfahrer gerecht zu werden.

Eine Wallfahrt wird um so lieber angetreten, je prächtiger am Ziel dieser frommen Reise zu Fuß der Raum um das Gnadenbild sich darstellt. Der weihevolle Innenraum ist ohne Pathos gestaltet und strahlt mütterliche Wärme aus. Er ist dem franziskanischen Armutsideal in Schlichtheit verbunden, und entrichtet zugleich dem Barock seinen Tribut. Der lichtdurchflutete Raum mit sieben Altären lebt vom Farbklang weiß-gold-braun, welcher von den kunstvollen Intarsienarbeiten der Altäre rührt. Auf dem Hochaltar steht das große Gnadenbild, Maria mit dem Kinde, eine Steinfigur um 1440/50 vermutlich aus der Werkstatt Hans Multschers. Dominikus Hermenegild Herberger hat hier mit seinen Engeln und Heiligenfiguren, die weiß gefaßt sind und Farbe nur im Ton der Haut aufweisen, Werke von hoher Qualität geschaffen. Die Hl. Elisabeth und Clara am rechten Seitenaltar sind von berükkender Lieblichkeit. Der Hl. Nepomuk an der südlichen Innenwand wurde von Josef Christian, Riedlingen, geschaffen, eine Holzskulptur, die in ihrer Sanftmut und Lauterkeit von großer Wirkung ist.

Es ist immer wieder zu hören von Bränden, welche diese Stadt heimsuchten. Da steht die Liebfrauenkirche als Mittelpunkt der Geschichte vom Ehinger Spritzamuck, und das ist in Verse gesetzt:

„Am untern Turm ein Muckenschwarm
sich sonnte einstens sonder Harm.
Man sieht's, man glaubt es brennt der Turm.
Die Feuerwehr ruckt an im Sturm,
seitdem ist Ehingen — juhei!
der Sitz der Muckenspritzerei."

Die Fasnacht hat sich dieses Ereignisses angenommen, und so entstanden die „Muckaspritzer".

Das Heilig-Geist-Spital hatte im Mittelalter die Bedeutung als Altersheim, Krankenpflegestation, Unterbringung für Bedürftige. 1408 erhielt es eine Kirche, die 1491/93 im spätgotischen Stil erneuert wurde. Aus dieser Zeit ist das Südportal erhalten, das in der Kielbogennische die Hl. Dreifaltigkeit (Gnadenstuhl) und zu beiden Seiten die Hl. Georg und Martin zeigt. Das Hauptgebäude des Spitals aus dem 16. Jh., ein Fachwerkbau mit Ziegelbemalung, die aus der Renaissance nachgewiesen ist, am Fuß Zierquader, ist nach der kürzlichen Restaurierung eine Besonderheit und beeindruckend. Voraussichtlich im Jahr 1982 wird dort das Museum der Stadt in die renovierten Räume einziehen und für Besucher zugänglich sein. Den Schwerpunkt der Sammlungen bildet die sakrale Kunst von der Gotik bis ins 19. Jh., mit 120 Holzbildwerken, mit Zeugnissen der Volksfrömmigkeit wie Krippen, Hinterglasbilder, Votivtafeln, Hausaltärchen u. a. Eine stadtgeschichtliche Sammlung mit Modellen, eine große Waffensammlung, eine zoologische und geologisch-mineralogische Sammlung wird aufgebaut. Alte Handwerkerstuben zeigen, wie einst der Hutmacher, der Uhrmacher, der Weber, Küfer gearbeitet haben. Die jugendlichen Besucher werden dann ihre helle Freude an dem Schulzimmer aus der Jahrhundertwende, die Frauen an einer alten Waschküche haben und alle zusammen werden eine Apotheke aus Großvaters Zeit bewundern. Das Sammelgut wurde in jahrzehntelanger Arbeit und großem Idealismus einiger Weniger zusammengetragen, inventarisiert und restauriert.

Ortsteil Altbierlingen

Altbierlingen liegt 5 km südlich von Ehingen, 510 m NN. Die Markung ist 4,90 qkm groß, davon nur 4 ha Wald.

Altbierlingen ist 1219 in einer Papsturkunde genannt, in der dem Kloster Marchtal Zehnten im Ort bestätigt wurden. Bis 1809 war Altbierlingen im Besitz der Grafen Schenk zu Castell. Es wurde danach dem Oberamt Ehingen, 1938 dem Landkreis Ehingen zugeteilt. Am 1. Januar 1973 wurde es nach Ehingen eingemeindet.

Die Einwohnerzahl von Altbierlingen hat sich in den letzten hundert Jahren kaum verändert. Im Jahr 1871 waren es 268 Einwohner. Anfangs 1980 zählte die Gemeinde 309 Bewohner, davon 278 katholisch und 30 evangelisch. Von den 148 erwerbstätigen Bewohnern arbeiten 47 in der Land- und Forstwirtschaft. 87 Erwerbspersonen sind Berufsauspendler. 24 Landwirtschaftsbetriebe bewirtschaften 3,71 qkm landwirtschaftliche Nutzflächen.

Die kath. Filialkapelle zum Hl. Wendelin besitzt einen spätgotischen Turm. Das Schiff ist aus dem 18. Jh. An der Bundesstraße Richtung Biberach von Richtung Ehingen-Berg steht an der Abzweigung nach Kirchbierlingen das einzige Steinkreuznest mit drei Kreuzen. Sie sollen der Überlieferung zufolge nach einem Mord und nachfolgender Bestrafung der Täter errichtet worden sein.

Ortsteil Altsteußlingen

Altsteußlingen liegt 6,5 km nordwestlich von Ehingen, am Abhang der Schwäbischen Alb, 654 m NN. Die Markung ist mit der Teilgemeinde Briel 10,92 qkm groß. Der Waldanteil beträgt 4,07 qkm.
Schon 776 wird ein Priester an der Martinskirche in Steußlingen erwähnt. Die Alaholfinger und das Kloster St. Gallen hatten damals hier Besitz. 1270 trug Eglof von Steußlingen den Grafen von Württemberg alle Eigengüter zu Lehen auf, insbesondere die Schlösser Altsteußlingen und Neusteußlingen. Im 15. Jh. kam Altsteußlingen an das Spital Ehingen, 1806 bei der Neugliederung des Landes zum Oberamt Steußlingen, 1810 zum Oberamt Ehingen und 1938 zum Landkreis Ehingen. Am 1. Oktober 1972 wurde Altsteußlingen nach Ehingen eingemeindet.
Die Bevölkerungszahl von Altsteußlingen hat sich in den letzten hundert Jahren nur wenig verändert. Es zählte im Jahre 1871 noch 403 Bewohner. Anfang 1980 waren es 357 Einwohner, davon 89 Prozent katholisch und 9,2 Prozent evangelisch. Von den 216 erwerbstätigen Personen arbeiten 114 in der Land- und Forstwirtschaft. 82 Bewohner sind Berufsauspendler. Altsteußlingen selbst hat 135 Beschäftigte im Ort. 47 Landwirtschaftsbetriebe bewirtschaften 5,3 qkm landwirtschaftliche Nutzflächen.

Nach einem Brand wurde von 1756-59 das Schiff samt Sakristei der kath. Pfarrkirche St. Martin neu errichtet. Der gotische Chor blieb erhalten. Skulptur des Kirchenpatrons aus der Spätgotik, einige andere Skulpturen und Ausstattungsstücke aus dem 18. Jh.

Ein vermutlich vor 1600 errichtetes Steinkreuz, das auch „Doloserkreuz" von dolorosus -schmerzensreich- genannt wird, befindet sich zwischen der Straße Ehingen-Münsingen gegenüber der Straßenabzweigung nach Dächingen. Es gehört zu den ältesten Sühnekreuzen dieses Raumes.
Der berühmteste Vertreter der Herren von Steußlingen ist der um 1010 geborene St. Anno, ab 1056 unter Kaiser Heinrich III. Erzbischof von Köln und zeitweilig Reichsverweser. Anno starb 1076 in Siegburg und wurde 1083 heiliggesprochen. Seinen Ruhm besingt das Annolied, ein mittelalterliches Epos. Anläßlich seines 900. Todestages überbrachte der Kölner Kardinal eigens eine Kreuzblume des Kölner Doms nach Altsteußlingen.

Ortsteil Berg

Berg liegt nur 3 km von Ehingen entfernt, an der Straße Ehingen-Biberach, 517 m NN. Die Markung ist 5,72 qkm groß, ohne Wald.
Nach dem Ort nannten sich die Grafen von Berg, das bedeutendste Herrschergeschlecht des Ehinger Raumes im 11. Jh. Die Hauptlinie der Grafen von Berg waren die Gründer der Städte Ehingen und Schelklingen; sie nannten sich auch Grafen von Schelklingen. 1345 starb diese Linie aus. Von ihnen erwarb Österreich 1343 die Herrschaft Berg. Der Ort selbst enthält keine Spuren der einstigen Herren, abgesehen von der Ulrichskapelle, wohl der ehemaligen Burgkapelle. Der österreichische Ort gehörte später zum Patrimonialamt des Grafen Schenk zu Castell. 1810 wurde er dem Oberamt Ehingen, 1938 dem Landkreis Ehingen zugeordnet. Am 1. Mai 1972 wurde Berg nach Ehingen eingemeindet.
In den letzten hundert Jahren ist die Bevölkerung von Berg nur wenig angewachsen. Es zählte im Jahr 1871 noch 352 Einwohner. Anfang 1980 hatte der Ort 480 Bewohner, davon 89 Prozent katholisch und 8 Prozent evangelisch. Von den 225 erwerbstätigen Personen arbeiten nur 89 in der Land- und Forstwirtschaft. 79 Erwerbstätige sind Berufsauspendler. Doch weist die Gemeinde auch 49 Berufseinpendler auf. Im Ort selbst sind somit 195 Personen tätig. In Berg sind 13 nichtlandwirtschaftliche Arbeitsstätten mit 107 Beschäftigten, darunter eine größere Bierbrauerei. 38 Landwirtschaftsbetriebe bewirtschaften 4,64 qkm landwirtschaftliche Nutzflächen.

Die kath. Filialkirche St. Ulrich aus dem 18. Jh. hat barocke Deckenmalerei aus der Ulrichslegende, eine spätgotische Madonna und einen Auferstehungschristus.

Ortsteil Dächingen

Dächingen liegt 10 km nordwestlich von Ehingen, 684 m NN, auf der Hochfläche der Schwäbischen Alb. 3,40 qkm der 9,22 qkm großen Markung sind bewaldet.

Dächingen ist schon im frühen 12. Jahrhundert urkundlich genannt. 1270 kam es zu Württemberg, das die Herren von Freyberg mit dem Ort belehnten. Das später österreichische Dächingen kam 1806 zum Oberamt Ehingen, 1938 zum Landkreis Ehingen. Am 1. Dezember 1973 wurde es nach Ehingen eingemeindet.

Dächingen hat seine Einwohnerzahl in den letzten hundert Jahren kaum verändert. Es zählte 1871 schon 396 Einwohner. Anfang 1980 wurden 411 Bewohner gezählt, davon waren 97,3 Prozent katholisch und 2,6 Prozent evangelisch. Von den 205 erwerbstätigen Bewohnern arbeiten 108 in der Land- und Forstwirtschaft. 55 Bewohner sind Berufsauspendler und 11 Erwerbspersonen kommen als Einpendler zur Arbeit in den Ort. In Dächingen selbst sind 161 Personen berufstätig. Ein kleiner Industriebetrieb ist hier angesiedelt. 50 Landwirtschaftsbetriebe bewirtschaften 5,2 qkm landwirtschaftliche Nutzflächen.

Die kath. Filialkirche zur schmerzhaften Muttergottes, ehemals Wallfahrtskapelle zur Maria im Elend, wurde 1612 errichtet, 1820 erneuert und stand ca. 1 km östlich vom Dorf.
Die frühere Zehntscheuer wurde 1848 zur Kirche umgestaltet. Das Hochaltarblatt zeigt eine Marienkrönung um 1730, die Seitenaltäre sind aus dem Ende des 17. Jh. Das frühbarocke Gnadenbild, eine Pieta, ist eingekleidet.

Ortsteil Erbstetten

Erbstetten liegt an der westlichen Grenze des Alb-Donau-Kreises, zwischen dem landschaftlich schönen Lautertal und dem Wolfstal, oberhalb der Burgruine Wartstein mit der Aussichtsplatte des Heumacherfelsens. Der Ort liegt 608 m NN und hat mit der Teilgemeinde Unterwilzingen eine 10,57 qkm große Markung, wovon 5,2 qkm bewaldet sind.
Erbstetten ist schon 805 urkundlich genannt. Es kam später in den Besitz der Freiherren von Späth-Schiltzburg. 1809 kam der Ort zu Württemberg und war dem Oberamt Münsingen zugeordnet, ab 1938 dem Landkreis Ehingen. Am 1. Dezember 1973 wurde Erbstetten nach Ehingen eingemeindet.
Die Einwohnerzahl von Erbstetten ist in den letzten hundert Jahren fast unverändert geblieben. 1871 hatte die Gemeinde 240 Einwohner, zu Beginn 1980 waren es 219 Bewohner, davon 189 katholisch und 24 evangelisch. Von den 131 erwerbstätigen Bewohnern arbeiten 71 in der Land- und Forstwirtschaft. 34 Erwerbspersonen sind Berufsauspendler. 34 Landwirtschaftsbetriebe bewirtschaften 4,14 qkm landwirtschaftliche Nutzflächen.

Die kath. Pfarrkirche St. Stephan ist ein schlichter spätgotischer Bau mit eingezogenem Chor und Westturm. Außer einem Vesperbild um 1420, einigen Bildwerken des 18. Jh. ist die Ausgestaltung neugotisch.

Ein Taufstein mit geflügelten Engelsköpfen trägt die Inschrift „Anno 1591 hat der Edell und Vest Wernher von Neuhausen zu Volleringen und seine Schwester Katharina Spethin vererth zu einer gottsgaab."

Ruine Wartstein
Auf einem hohen Felsen über dem Großen Lautertal steht die turmartige Schildmauer der Burg, die 1495 niedergebrannt worden war. Wie die Reste der etwas tiefergelegenen Vorburg zeigen, muß die ganze Anlage bedeutend gewesen sein. Von der Burgruine aus bietet sich ein herrlicher Blick ins Lautertal.

Ortsteil Frankenhofen

Frankenhofen liegt auf einem steilen Südhang der Schwäbischen Alb, 736 m NN. Der Blick reicht von dort bis zu den Alpen. Von der Markung, 11,08 qkm groß, sind 2,8 qkm bewaldet. Ehingen liegt 10 km südöstlich.
Frankenhofen ist 1152 erstmals urkundlich genannt. 1270 ging die Vogtei der Steußlinger, zu der auch Frankenhofen gehörte, an Württemberg über. Später wechselte der Ort in den Besitz des Klosters Salem und 1806 zu Württemberg, wo es dem Oberamt Ehingen, 1938 dem Landkreis Ehingen zugeteilt wurde. Am 1. Dezember 1973 wurde Frankenhofen nach Ehingen eingemeindet.
Nach dem 30jährigen Krieg, bei dem Frankenhofen den größten Teil seiner Bevölkerung verlor, besiedelten Schweizer und Österreicher die leerstehenden Höfe des Ortes.
Die Einwohnerzahl von Frankenhofen betrug 1871 283 Einwohner. Anfang 1980 zählte der Ort 313 Bewohner, davon waren 94,2 Prozent katholisch und 4,79 Prozent evangelisch. Von den 180 erwerbstätigen Bewohnern arbeiten 121 in der Land- und Forstwirtschaft. 39 Erwerbspersonen sind Berufsauspendler. In Frankenhofen selbst sind 142 Personen beschäftigt. 53 Landwirtschaftsbetriebe bewirtschaften 7,4 qkm landwirtschaftliche Nutzflächen.

Die kath. Pfarrkirche St. Georg hat Turm und Chor aus dem Mittelalter. Das 1631 abgebrannte Schiff wurde im selben Jahrhundert wieder erstellt. Holzfigur, eine sitzende Madonna mit Kind, 16. Jh. Kreuzweg und ehemalige Altargemälde sind barock, Kreuzigungsgruppe von Konrad Huber, Weißenhorn.
Ein Steinkreuz, auch als „Schwedenkreuz" bezeichnet, wurde von seinem ursprünglichen Standort am Dorfausgang 800 m nordwestlich von Frankenhofen versetzt.

Ortsteil Gamerschwang

Gamerschwang liegt am linken Ufer der Donau, an der Bundesstraße Ulm—Ehingen und 4 km von Ehingen entfernt, 524 m NN. Die Markung ist 3,15 qkm groß, ohne Waldanteil.

Gamerschwang war lange im Besitz der Freiherren von Raßler, ehe es 1809 zu Württemberg kam und hier dem Oberamt Ehingen, 1938 dem Landkreis Ehingen zugeordnet wurde. Am 1. Oktober 1972 wurde der Ort nach Ehingen eingemeindet.
Die Bevölkerung von Gamerschwang wächst erst seit wenigen Jahren stärker an. 1871 zählte der Ort erst 269 Einwohner, 1961 dann 256 und 1970 bereits 319 Bewohner. Anfang 1980 wurden dort 475 Einwohner gezählt; 81,4 Prozent waren katholisch und 15,3 Prozent evangelisch. Von den 152 erwerbstätigen Bewohnern arbeiten nur 53 in der Land- und Forstwirtschaft. Gamerschwang hat sich zu einer Arbeiterwohngemeinde entwickelt mit zuletzt 79 Berufsauspendlern. In Gamerschwang selbst sind 78 Personen beschäftigt. 20 Landwirtschaftsbetriebe bewirtschaften 3,30 qkm landwirtschaftliche Nutzflächen.

Das Schloß der Frhr. v. Raßler wurde 1760/70 dreigeschoßig erbaut. Über dem Portal Wappen des Erbauers. Die Hauskapelle zum Hl. Herzen Jesu hat eine elegante Rokokoschnitzerei.
Die kath. Pfarrkirche St. Nikolaus wurde 1689 anstelle einer spätgotischen Kapelle errichtet und 1870 erweitert und mit einem Spitzturm gekrönt. Aus der Spätgotik stammen die Holzbildwerke des Kirchenpatrons, St. Wendelin und Augustinus, sowie eine barock überarbeitete große Muttergottes. Bereits klassizistische Stilelemente zeigt das Marmordenkmal für General Johann v. Raßler.

Ortsteil Granheim

Granheim liegt auf der Schwäbischen Alb, in einer geschützten Mulde am Fuß des Hochberg. Der Ort liegt 662 m NN, 13 km nordwestlich von Ehingen. Die Markung ist 11,98 qkm groß, 4,44 qkm sind bewaldet. Im Ort befindet sich das Schloß der Freiherren von Speth mit stattlichem Ökonomiegebäude.
Granheim besitzt eine Martinskirche und wurde 957 urkundlich genannt. Das Kloster Blaubeuren erhielt um 1090 hier Besitz von den Pfalzgrafen von Tübingen, Kloster Reichenau 1246 von den Herren von Gundelfingen, die ursprünglich Ortsherren waren. Ihre Lehensleute, die Speth, erwarben von 1415 an allmählich den ganzen Ort, wo sie bis 1806 als Ortsherren das um 1770 anstelle einer älteren Burg erbaute Schloß heute noch bewohnen. Seit 1809 gehört der Ort zum Oberamt Ehingen, seit 1938 zum Landkreis Ehingen. Am 1. Januar 1974 wurde Granheim nach Ehingen eingemeindet.
Die Bevölkerung von Granheim hat sich in den letzten hundert Jahren verringert. Es zählte 1871 noch 399 Einwohner. Anfang 1980 hatte der Ort noch 286 Bewohner, 268 davon katholisch und 15 evangelisch. Von den 152 erwerbstätigen Bewohnern arbeiten 83 in der Land- und Forstwirtschaft. 35 Erwerbspersonen sind Berufsauspendler. In Granheim sind 126 Personen beschäftigt. Ein kleinerer Industriebetrieb ist im Ort. 42 Landwirtschaftsbetriebe bewirtschaften 5,89 qkm landwirtschaftliche Nutzflächen.

Das Schloß der Freiherren von Speth-Schülzburg wurde 1776 anstelle einer älteren Anlage erbaut, ein dreigeschossiger Bau mit klarer Gliederung und feiner Proportion. Im Giebelfeld befindet sich das Wappen Speth, und das Portal flankieren freistehende Säulen, die einen Balkon mit spätbarockem Eisengitter tragen.
Vom spätgotischen Bau der kath. Pfarrkirche St. Martin ist nur der Westturm erhalten, sowie die Vorhalle mit Kreuzgewölbe. Aus dem Ende des 15. Jh. ist der Taufstein auf gedrehtem Schaft mit geflügelten Puttenköpfen und Wappenschildern, darunter auch das Wappen Freyberg.

Ortsteil Herbertshofen

Herbertshofen liegt über dem linken Donauufer, 5 km südlich von Ehingen und 510 m NN. Die Markung ist 4,51 qkm groß, wovon nur 3 ha bewaldet sind. Zu Herbertshofen gehört noch der Teilort Dintenhofen. Herbertshofen gehörte einst dem Kloster St. Georgen und kam 1806 zu Württemberg, wo es dem Oberamt Ehingen zugeordnet wurde, 1938 dem Landkreis Ehingen. Am 1. Dezember 1972 wurde der Ort nach Ehingen eingemeindet.
In den letzten hundert Jahren verlief die Bevölkerungskurve von Herbertshofen zunächst rückläufig, von 234 Bewohnern im Jahr 1871 auf 210 Einwohner im Jahr 1961. Danach wuchs die Bevölkerung auf 319 Bewohner Anfang 1980, von denen 85,9 Prozent katholisch und 13,8 Prozent evangelisch waren. Von den 126 erwerbstätigen Bewohnern arbeiten 64 in der Land- und Forstwirtschaft. 45 Erwerbspersonen sind Berufsauspendler. In Herbertshofen selbst sind 88 Personen beschäftigt. 28 Landwirtschaftsbetriebe bewirtschaften 4,14 qkm landwirtschaftliche Nutzflächen.

Die kath. Filialkapelle St. Benedikt und Georg ist im ehemaligen Friedhof gelegen und hat im Hochaltar eine barocke Holzskulptur der Madonna zwischen den beiden Kirchenpatronen.

Dintenhofen
Die Kapelle St. Benedikt, um 1705 erbaut, geht auf eine schon in der Gotik bestehende zurück.

Ortsteil Heufelden

Heufelden liegt am südlichen Abhang des Hochsträß, 3,5 km nordöstlich von Ehingen und 549 m NN. Die Markung ist 5,78 qkm groß, darunter nur 10 ha Wald. Heufelden ist 1324 erstmals urkundlich erwähnt. Es hatte unter gräflich bergischer, später österreichischer Oberherrschaft zahlreiche Ortsherren wie die Klöster Ursprung, Salem, Söflingen, die Herren von Stadion, Stadt und Spital Ehingen. Um 1800 war der Ort teils österreichisch, teils im Besitz von Graf Schenk zu Castell. 1806 bzw. 1809 wurde Heufelden württembergisch und Teil des Oberamts Ehingen, ab 1938 des Landkreises Ehingen. Am 1. Oktober 1972 wurde Heufelden nach Ehingen eingemeindet.

Heufelden hatte in den letzten hundert Jahren einen Bevölkerungszuwachs zu verzeichnen. 1871 zählte die Gemeinde noch 200 Einwohner. Anfang 1980 waren es hier 295 Bewohner, davon 260 katholisch und 33 evangelisch. Von den 133 erwerbstätigen Bewohnern arbeiten 71 in der Land- und Forstwirtschaft und 45 Erwerbspersonen sind Berufsauspendler. In Heufelden selbst sind 88 Personen beschäftigt. 32 Landwirtschaftsbetriebe bewirtschaften 5,26 qkm landwirtschaftliche Nutzflächen.

Der Turmunterbau der kath. Kapelle St. Gangolf geht auf das 14. Jh. zurück. Zur Ausstattung gehören ein spätgotischer Hl. Nikolaus und ein Pelikan des 17. Jh.

Blienshofen
Eine kleine Kapelle St. Georg wird bereits 1368 genannt. Die heutige Filialkapelle wurde 1485 erbaut und im 18. Jh. erneuert. Sie ist insofern interessant, als dort drei Holzbildwerke aus der Ulmer Schule um 1510—20 waren; die Apostel Petrus und Paulus, sowie die gefaßte Holzskulptur des Hl. Mauritius. Alle drei Figuren wurden Ende des 19. Jh. verkauft. Der schön gefaßte Ritter Mauritius konnte vom Ulmer Museum angekauft werden; in der St. Georgskapelle steht die Kopie von Cleß, Zwiefalten.

Ortsteil Kirchbierlingen

Kirchbierlingen liegt am rechten Donauufer, 8 km südlich von Ehingen und 515 m NN. Die Markung ist 8,88 qkm groß, davon 2,54 qkm Wälder. Zu Kirchbierlingen gehören auch die Teilorte Sontheim und Weisel.
Kirchbierlingen besitzt eine Martinskirche mit romanischen Resten. Dies weist auf ein hohes Alter des Ortes hin, der lange im Besitz des Klosters Marchtal war. 1803 kam der Ort in den Besitz der Thurn und Taxis. Unter württembergischer Oberhoheit ab 1806 war Kirchbierlingen dem Oberamt Ehingen, ab 1938 dem Landkreis Ehingen zugeteilt. Am 1. Januar 1973 wurde der Ort nach Ehingen eingemeindet.
Die Einwohnerzahl von Kirchbierlingen hat sich in den letzten hundert Jahren wenig verändert. Es hatte 1871 noch 505 Einwohner. Zu Beginn 1980 zählte Kirchbierlingen 520 Bewohner, davon waren 90,7 Prozent katholisch und 7,8 Prozent evangelisch. Von den 259 erwerbstätigen Bewohnern arbeiten 122 in der Land und Forstwirtschaft. Dazu kommen 92 Berufsauspendler. In Kirchbierlingen selbst sind 171 Personen beschäftigt. 60 Landwirtschaftsbetriebe bewirtschaften 6,51 qkm landwirtschaftliche Nutzflächen.

Die kath. Pfarrkirche St. Martin hatte eine Vorgängerkirche aus dem 13. Jh. Das Schiff wurde 1512/13 umgebaut, Chor und Aufbau des Turmes erfolgten Anfang des 17. Jh., weitere Veränderungen und die neue Ausstattung 1874/75. Im Chor befindet sich ein Deckenfresko von Konrad Huber, Weißenhorn, von 1812 signiert, mit Darstellung des Abendmahles. Auch die drei Altarblätter stammen von Huber.
Von ungewöhnlichem Ausmaß ist der seit 1758 im Auftrag des Klosters Marchtal von Maurermeister Josef Moosbrugger errichtete Pfarrhof, ein hoher, schloßartiger Bau mit zwei Wohnstöcken über dem Erdgeschoß. Von den beiden geplanten Seitenflügeln ist nur einer zur Ausführung gelangt. Dieser Pfarrhof mit dem stukkierten Wappen des Marchtaler Abtes Edmund war wohl als Sommersitz der Prämonstratenseräbte gedacht. Nach der Aufhebung des Prämonstratenserstiftes Marchtal lebte dessen letzter Abt Friedrich II von Walter von 1803 bis zu seinem Tode im Jahr 1841 als Pfarrer von Kirchbierlingen in diesem Hause und wurde im Volksmund „der Prälat von Kirchbierlingen" bezeichnet, der selbst bei einer Audienz beim König von Württemberg nach der Säkularisation das Zeichen seiner ehemaligen Würde, das Pektoral, trug, und als großer Wohltäter in die Geschichte der Gemeinde eingegangen ist.
An der Markungsgrenze Kirchbierlingen nordwestlich von Volkersheim befindet sich an einem Feldweg ein eingesunkenes Steinkreuz mit der Jahreszahl 1571 und 1572. Man spricht von einem „Römerkreuz", es könnte mit eingeritzten „TT" auch auf Thurn und Taxis'sche Besitzung hinweisen.

Ortsteil Kirchen

Kirchen liegt in schöner Landschaft am südlichen Fuß des „Landgerichts" und 7,5 km westlich von Ehingen, 570 m NN. Von hier aus gehen viele lohnende Wanderwege in waldreicher und wechselvoller Landschaft. Die Markung ist einschließlich der Teilorte Deppenhausen, Schlechtenfeld, Mühlen, Stetten und Mochental 26,40 qkm groß; davon sind 10,32 qkm bewaldet.
Das „Landgericht" war ein Gerichts- und Verwaltungsbezirk, der die Orte Kirchen, Mochental, Lauterach, Mundingen, Granheim, Dächingen, Steußlingen, Erbstetten, Ober- und Unterwilzingen umfaßte. Der Platz des eigentlichen Landgerichts zwischen Mundingen und Kirchen ist durch zwei alte Buchen gekennzeichnet, die anstelle uralter Vorgänger stehen sollen, und hier befand sich im Mittelalter der öffentliche Platz, wo Graf Heinrich von Wartstein um 1200 zu Gericht saß.
Kirchen erscheint in alten Urkunden als „Chilicheim". Von 1622 bis 1802 hatte das Kloster Zwiefalten alle Rechte der weltlichen und geistlichen Obrigkeit in Kirchen. Auch Stetten ist alter Marchtaler Klosterbesitz. Stetten ist urkundlich erstmals 854 genannt, also im gleichen Jahr, in dem auch die Stadt Ulm zum er-

sten Mal beurkundet ist. Mochental war ursprünglich eine Gaugrafenburg. Papst Leo IX. soll die dortige Burgkapelle bei einer Reise durch Deutschland geweiht haben. Bischof Konrad von Konstanz bestätigte 1215 dem Kloster Zwiefalten die von Graf Ulrich von Berg gemachte Schenkung der Kapelle samt Hof und Zubehör. 1568 ließ Abt Johannes IV von Zwiefalten die stark zerfallene Burg abbrechen und an deren Stelle ein Schloß errichten; seine beiden Nachfolger Georg und Michael fügten weitere Gebäude hinzu. 1730/34 wurde die dortige Propstei nach einem Brand des Hauptgebäudes neu errichtet. Abt Gregor von Zwiefalten verbrachte in Mochental die letzten 13 Jahre seines Lebens. Ab 1816 stand Mochental leer. Ein Teil des Hauses diente sodann dem staatlichen Forstamt Mochental vorübergehend als Unterkunft. Zwischen 1930 und 1945 benützten der Arbeitsdienst und ein Landjugendlager die Gebäude. Schließlich bezog 1953 die Ursprungschule die ehemalige Propstei.

Kirchen kam 1806 mit Mochental zum Oberamt Zwiefalten und 1810 zum Oberamt Ehingen, ab 1938 zum Landkreis Ehingen. Am 1. Mai 1972 wurde Kirchen nach Ehingen eingemeindet.

Kirchen hatte in den letzten hundert Jahren eine steigende Einwohnerzahl. Es zählte 1871 noch 688 Bewohner, Anfang 1980 waren es dort 1969 Bewohner, davon 902 (84 Prozent) katholisch und 132 (12 Prozent) evangelisch. Von den 494 erwerbstätigen Bewohnern arbeiten 227 in der Land und Forstwirtschaft. 114 Bewohner sind Berufsauspendler. Doch kommen 45 Erwerbspersonen von auswärts hierher zur Arbeit. In Kirchen selbst sind somit 425 Personen tätig. Im Ort befindet sich ein Schotterwerk, dazu ein größeres Bauunternehmen, 97 Landwirtschaftsbetriebe bewirtschaften 14,75 qkm landwirtschaftliche Nutzflächen.

Die kath. Pfarrkirche St. Martin bestand wohl bereits in fränkischer Zeit und erfuhr, nachdem sie 1621 in den Besitz des Klosters Zwiefalten gekommen war, im Barock eine Umgestaltung der gotischen Vorgängerkirche. Der Hochaltar von 1730 mit Holzbildwerken der Gottesmutter, des Kirchenpatrons und der Hl. Georg und Sebastian, trägt barocke Festlichkeit in den Raum. Die aus dem gotischen Altar erhaltengebliebenen Skulpturen des Hl. Leonhard, Joh. d. Täufer, Wolfgang und eines Hl. Bischofs sind jetzt an den Chorwänden angebracht. Mit zwei Gemälden von 1741 ist Franz Spiegler vertreten.

An der Südwand befinden sich Gedenksteine früherer Pfarrer aus dem 18. Jh.

Bei einer Feldwegabzweigung am südöstlichen Ortsausgang am „Heuweg" zum Friedhof befindet sich ein Steinkreuz, das als „Schwedenkreuz" oder „Römerkreuz" bezeichnet wird. Ein zweites steht bei der Einmündung des „Heuwegs" in die Straße Schlechtenfeld–Lauterach oberhalb des Baches. Es ist tief eingesunken und wird ebenfalls als „Schweden- oder Römerkreuz" bezeichnet.

Deppenhausen

Die um 1750 erbaute Dorfkapelle St. Georg dürfte auf eine spätmittelalterliche zurückgehen. Sie besitzt ein beachtenswertes Gestühl mit barockem Schnitzwerk, einen barocken Altar mit dem Tod des Hl. Josef, sowie eine spätgotische Holzskulptur Anna Selbdritt, wohl aus der Ulmer Schule.

400 m südwestlich vom Ort befindet sich auf der Insel einer Wegegabelung bei einer Lindengruppe unweit der Markungsgrenze Deppenhausen–Munderkingen ein bis zu den Armen in den Boden versunkenes Steinkreuz mit rundförmigem Symbol, welches als „Germanenstein" bezeichnet wird.

Mühlen

Auf vorspringendem Bergsporn steht das Mühlener Käpelle, das mit kleinem Dachreiter und Zwiebelhaube, um 1650 erbaut, ins liebliche Tal hinuntergrüßt. Es ist eine dörfliche Marienwallfahrt und besitzt eine spätgotische Halbfigur der Maria mit Kind voll hoheitlicher Würde, die aus der Ulmer Schule stammen dürfte.

Schlechtenfeld

Die Kapelle zum Hl. Schutzengel, die ehemals zum Spital Ehingen gehörte, wurde um 1772 erbaut. Sie hat einen schönen achteckigen Dachreiter mit spitzem Helm. Der Altar mit dem Schutzengelgemälde stammt aus der Zeit der Erbauung, während das Holzbildwerk des Hl. Michael, ursprünglich gotisch, im Barock stark verändert wurde. Die spätgotische Madonna mit Kind dürfte aus der Ulmer Schule stammen.

Stetten

Die kath. Filialkapelle St. Bernhard besitzt noch ihren spätgotischen Chor mit Netzrippen und schöner Bemalung an den Zwickeln. Der Hochaltar verfügt über ein bemerkenswertes Gemälde der Schutzmantelmadonna, darüber eine Kreuzigungsgruppe aus dem Anfang des 17. Jh. Zu beiden Seiten befinden sich der Kirchenpatron und der Hl. Norbert. An weiteren Holzbildwerken sind vorhanden: Eine Pieta aus dem 16. Jh., die barockisiert wurde, dann die Hl. Bernhard und Leonhard aus dem 17. Jh. Das herausragende Kunstwerk ist jedoch eine Maria mit Kind aus der Ulmer Schule der Spätgotik, die auf der Mondsichel steht. Sie stammt noch aus der Vorgängerkapelle, die der Hl. Maria geweiht war. Beachtlich ist auch die Holzskulptur von Joh. d. Täufer um 1650.

Mochental

In herrlicher, landschaftlicher Lage über dem ehemaligen Donautal vor dem Hintergrund der Wälder, leuchtet das Propsteigebäude des Klosters Zwiefalten, das eher einem fürstlichen Jagdschloß gleicht, weithin sichtbar ins Land hinaus. Diese ehemalige Propstei war ursprünglich Sitz der Gaugrafen und wird mit Burg, Hof und Kapelle schon früh genannt. 1568 wurde die Burg, 1583 die Nikolauskapelle erbaut. Nach dem Brand des Hauptgebäudes im Jahr 1730 wurde von 1730 bis 1734 der rechteckige dreigeschoßige Bau mit zwei Seitenflügeln erstellt. Im Erdgeschoß des Nordwestflügels befindet sich die Kapelle St. Nikolaus, und darüber der Festsaal mit Stuck, Bandelwerk, Vögeln auf Postamenten und anderem Regenceschmuck. Die Türen dieses Hubertussaales haben marmorierte Umrahmungen, und das zentrale Deckengemälde zeigt ein Festmahl in einem orientalischen Palast mit den Büsten des Bacchus und Apoll in ausgelassener Stimmung, von Josef Ignaz Wegscheider, Riedlingen gemalt.

Die Hochaltarfiguren der Kapelle schuf Joseph Christian von Riedlingen, die Altarbilder sind von Franz Joseph Spiegler, welcher auch das Deckenfresko mit der Darstellung aus dem Leben des Hl. Nikolaus schuf.

Ortsteil Mundingen

Mundingen liegt 11 km westlich von Ehingen in einer von Wäldern eingefaßten Mulde der Schwäbischen Alb, 669 m NN. Die Markung ist 6,28 qkm groß, ein Drittel ist bewaldet.

Mundingen ist schon 854 erstmals urkundlich genannt. Es wurde bereits 1383 von Württemberg erworben und als Exklave innerhalb des Besitztums des Klosters Zwiefalten gehalten. 1806 wurde Mundingen dem Oberamt Münsingen, wenig später dem Oberamt Ehingen und 1938 dem Landkreis Ehingen zugeteilt. Am 1. Dezember 1972 wurde Mundingen nach Ehingen eingemeindet.

Die Einwohnerzahl von Mundingen hat sich in den letzten hundert Jahren wenig verändert. Es zählte 1871 noch 280 Einwohner. Anfang 1980 hatte es 304 Einwohner, davon 91 Prozent evangelisch und 7,5 Prozent katholisch. Von den 175 erwerbstätigen Bewohnern arbeiten 78 in der Land- und Forstwirtschaft. 32 Erwerbspersonen sind Berufsauspendler. Andererseits kommen 33 Erwerbspersonen als Berufseinpendler in den Ort, in dem insgesamt 176 Personen beschäftigt sind. In Mundingen sind 18 nichtlandwirtschaftliche Arbeitsstätten mit 100 Beschäftigten. Darunter ist auch ein industrieller Mittelbetrieb. 44 Landwirtschaftsbetriebe bewirtschaften 3,98 qkm landwirtschaftliche Nutzflächen.

Ortsteil Nasgenstadt

Nasgenstadt liegt 3 km östlich von Ehingen am linken Donauufer, 505 m NN. Die Markung ist 4,13 qkm groß, ohne Waldanteil.

Nasgenstadt, im 12. Jh. „Nazzegostetin" genannt, wechselte häufig den Besitzer bis es großenteils zum Spital Ehingen kam. Lehensherren waren von Anfang an die Grafen von Berg, später die Gundelfinger und Österreich. Als Nasgenstadt zu Württemberg kam, wurde es 1806 dem Oberamt Ehingen, 1938 dem Landkreis Ehingen zugeteilt. Am 1. August 1971 wurde es nach Ehingen eingemeindet.

Nasgenstadt ist, nachdem es lange Zeit kein Wachstum zu verzeichnen hatte, in den Jahren ab 1961 immer größer geworden. 1871 zählte es noch 280 Einwohner, 1980 hatte es schon 646 Einwohner, davon waren 81 Prozent katholisch und 13 Prozent evangelisch. Von den 290 Bewohnern im Jahr 1970 waren 135 Erwerbspersonen, darunter 51 in der Land- und Forstwirtschaft. Dazu kamen schon damals 58 Berufsauspendler. Nasgenstadt hat sich inzwischen noch mehr zur Arbeiterwohngemeinde entwickelt. 24 Landwirtschaftsbetriebe bewirtschaften 3,14 qkm landwirtschaftliche Nutzflächen.

Die kath. Pfarrkirche St. Petrus und Paulus bildet zusammen mit Pfarrhaus, Friedhof und Ölberg ein schönes Ensemble und überrascht durch die hervorragende Ausstattung, welche den an sich kleinen Raum fast sprengt. Unter Beibehaltung des gotischen Chors, der mit einem barocken Stichkappengewölbe überdeckt ist, wurde 1729 die heutige Kirche erbaut. Der Westturm ist im Unterbau viereckig, oben geht er in ein Achteck über und wird mit einer zwiebelförmigen Kuppel bedeckt.

Daß diese Dorfkirche Kunstwerke von hohem Rang aus dem Barock besitzt, ist David Werrer als großem Auftraggeber mit feinem Gespür für Qualität zu danken. Er war von 1720 bis 1765 in Nasgenstadt Pfarrer, Doktor des kanonischen Rechts und apostolischer Pronotar und berief vor allem drei Bildhauer, die später in bedeutenden Kirchen ihre Meisterwerke schufen:

Ägid Verhelst schuf die vier Stuckreliefs Maria, Josef, Peter und Paul, die in die Kirchenwände eingelassen sind, und von ihm ist wohl auch die Muttergottes mit stehendem Kind von 1745.

Ein geradezu dramatischer Kerkerchristus hinter Gitter im südlichen Vorzeichen stammt von Anton Sturm, und in besonderem Maße ist Dominikus Hermenegild Herberger dort vertreten: die zierlich elegante Taufe Christi auf dem Taufstein, die beiden Johannesbildwerke auf den Chorstühlen, die prächtige Kanzel, sign. 1730 mit dem posauneblasenden großen Engel auf der Weltkugel. Einander zugeordnet im Chorbogen sind von ihm die Schmerzensmutter und Johannes. In den schönen Altaraufbau mit doppelten Wolkenkränzen und Putten strömt gelbes Licht hinein, in dem die Engel federleicht schweben. An der südlichen Schiffswand befindet sich in einer Nische die Immaculata von 1731 im Sternenkranz. Sie ist flankiert von zwei großen gefaßten Holzbildwerken des Hl. Carl Borromäus und Nepomuk, die nach der Zuschreibung an einen Künstler von Rang bedürfen, wie auch die liebliche Immaculata auf dem linken Seitenaltar.

Wie die Stifter aus Adel und Patriziat hat sich Pfarrer David Werrer in einem steinernen Wappen verewigen lassen.

An der Straße Ehingen–Gamerschwang bei einer Feldwegabzweigung nordwestlich von Nasgenstadt befindet sich ein Steinkreuz, der Rest einer ursprünglichen Dreiergruppe. Diese Gruppe wird als „Malefizkreuze" bezeichnet, und sie soll mit dem Malefizschenken, dem Grafen Schenk von Castell in Oberdischingen in Zusammenhang gebracht werden, eventuell ist sie früheren Datums (Pestkreuz).

Ein weiteres steht an der Straße Nasgenstadt–Untergriesingen. Es ist tief eingesunken, liegt ca. 500 m südöstlich der Donaubrücke.

Ortsteil Rißtissen

Rißtissen liegt 9 km östlich von Ehingen, in der weiten Mündung des Rißtales in die Donauebene, 493 m NN. Mitten im Ort liegt das Schloß der Freiherren Schenk von Stauffenberg, umgeben von einem weiten, von der Riß durchflossenen Park. Die Markung von Rißtissen ist 12,15 qkm groß, darunter 1,63 qkm Wald.

Nahe der Mündung der Riß in die Donau lag einst ein Römerkastell aus der Zeit um 50 nach Chr. Die damalige Grenzstraße zieht heute noch schnurgerade durch den Ort. Nördlich von ihr wurde auf der Anhöhe östlich der Kirche ein Erdkastell von etwa 150 : 100 m Größe festgestellt, das nach einer Erneuerung unter Vespasian bis etwa 85 nach Chr. besetzt war. Nach Vorverlegung der Grenze auf die Alb wurde im Kastellgelände ein Gutshof erbaut. Heute steht über dem Kastell ein Wasserturm und eine Schule. Von der Bedeutung des Ortes künden noch zahlreiche Baureste entlang der großen Straße, das Gräberfeld östlich vom Kastell sowie 5 Reliefquader von einem großen Grabturm und zwei Inschriften, die am Sockel des Kirchturms und beiderseits vom Kirchenschiff eingemauert sind.

Reihengräber weisen auf Siedlungskontinuität hin. Schon 838 wurde Rißtissen anläßlich einer Schenkung an das Kloster St. Gallen genannt, 1275 auch die Pfarrei. Die Kirche St. Pankratius soll aus einem römischen Tempel entstanden sein. Der Ort, in dessen Besitz sich viele Herrschaften teilten, kam Anfang des 17. Jh. an die Freiherren von Schenk von Stauffenberg, die das Gut heute noch innehaben. Ab 1809 kam Rißtissen zu Württemberg und zum Oberamt Ehingen, ab 1938 zum Landkreis Ehingen. Am 1. Januar 1975 wurde es nach Ehingen eingemeindet.

Rißtissen hatte schon immer eine größere Bevölkerungszahl. Es zählte 1871 898 Bewohner und nahm bis Anfang 1980 auf 1152 Bewohner zu, davon 90 Prozent katholisch und 6 Prozent evangelisch. Von den 511 erwerbstätigen Bewohnern arbeiten 165 in der Land- und Forstwirtschaft. Schon lange hat es sich zu einer bedeutenden Arbeiterwohngemeinde mit jetzt 228 Berufsauspendlern entwickelt. In den Ort kommen 25 Berufseinpendler, so daß hier insgesamt 308 Personen beschäftigt sind. Rißtissen hat 33 nichtlandwirtschaftliche Arbeitsstätten mit 124 Beschäftigten, darunter ein Kieswerk, ein Sägewerk und ein Elektrizitätswerk. 79 Landwirtschaftsbetriebe bewirtschaften 9,43 qkm landwirtschaftliche Nutzflächen.

Das Schloß der Freiherren Schenk von Stauffenberg liegt in einem großen Park, der von der Riß durchflossen wird. Der Schloßneubau um die Mitte des 18. Jh. wurde 1782 um ein Stockwerk erhöht und bildet eine schlichte dreigeschoßige Anlage mit leicht vorspringendem Mittelrisalit, in dessen Dreiecksgiebel die Wappen Stauffenberg-Kageneck, entsprechend auf der anderen Gebäudeseite das Monogramm SK sich befinden.

Die kath. Pfarrkirche St. Pankraz und Dorothea wurde 1787 anstelle einer älteren Kirche erbaut. Am Sockelgeschoß befinden sich eingemauerte römische Grabreliefs. Der mächtige viereckige Turm mit Achteckaufsatz trägt eine Zwiebelhaube. Die klassizistische Ausstattung aus der Erbauungszeit beeindruckt wegen ihrer Qualität und Einheitlichkeit: Gestühl im Chor mit Urnen und Festons, hölzernes Chorgitter, Taufstein, Beichtstühle, Altäre. Auf dem nördlichen Seitenaltar steht eine Holzskulptur aus einer Ulmer Werkstatt um 1490/1500, eine Maria mit Kind.

Die kath. Friedhofskapelle St. Leonhard wurde vermutlich 1483 erbaut, ein flachgedeckter Saalbau mit Chor, sowie Dachreiter mit Spitzhelm über der westlichen Fassade. Sie birgt einen Altar mit fünf Holzfiguren im Mittelschrein: Hl. Augustin, Hl. Katharina, Maria mit dem Kind, Hl. Barbara und Hl. Margaretha. Auf den gemalten Innenflügeln sind die Heiligen Ursula, Agnes, Birgitta und Margaretha; auf den Außenflügeln die Heiligen Blasius, Martin, Leonhard und Georg. Auf der gemalten Predella ist Christus und die Apostel in Halbfiguren mit der Aufschrift: Lerent. von . mir . wan . ich . sanft . bin . und . demütiges . hertzen.

Hinten auf dem Schrein ist das Jüngste Gericht dargestellt. An der rechten Schreinwange die Inschrift: Ich iacob acker maler von ulm hon diese dafel gemacht uf des hailigen kruitz tag am herppst Anno dni MCCCCLXXXIII iar. Und oben die Jahreszahl 1483 samt Wappen von Egloffstein und von Riedheim, von Stotzingen und von Stein. Dies ist eine der seltenen spätmittelalterlichen Künstlersignaturen. Heißt der Maler der Bilder Jakob Acker, so ist der Bildschnitzer unbekannt. Der Maler muß in der Multscher-Werkstatt gesucht werden. An der östlichen und nordöstlichen Außenfront des Chores sind zwei Kreuze eingemauert, welche evtl. Flurkreuze waren.

An der nördlichen Friedhofmauer befindet sich ein Kreuz mit der Jahreszahl 1784.

Ortsteil Schaiblishausen

Schaiblishausen liegt 6,5 km südöstlich von Ehingen zwischen Donau, Riß und Ehrlos, 527 m NN. Mit dem Weiler Bockighofen ist die Markung 5,61 qkm groß, davon sind 1,40 qkm bewaldet.

Schaiblishausen war im 13. bis 15. Jahrhundert im Besitz der Klöster Marchtal, Ursprung und Blaubeuren. Später gelangte es in den Besitz der Grafen Schenk zu Castell. 1809 wurde es württembergisch und war hier dem Kreis Urach-Klosteramt Blaubeuren zugeteilt. 1810 kam es zum Oberamt Ehingen, 1938 zum Landkreis Ehingen. Am 1. Januar 1973 wurde Schaiblishausen nach Ehingen eingemeindet.

Die Einwohnerzahl von Schaiblishausen ist in den letzten hundert Jahren eher zurückgegangen. Es hatte 1871 noch 271 Bewohner. Anfang 1980 waren es 220 Bewohner, davon 209 katholisch. Die Gemeinde hat ein stark landwirtschaftliches Gepräge. Von den 121 Erwerbstätigen arbeiten 80 in der Land- und Forstwirtschaft. 31 Erwerbspersonen sind Auspendler. Die 36 Landwirtschaftsbetriebe bewirtschaften 4,39 qkm landwirtschaftliche Nutzflächen.

Die kath. Filialkapelle Magnus und Leonhard wurde 1890 anstelle des Vorgängerbaues von 1492 erbaut.

Ortsteil Volkersheim

Volkersheim liegt 8,5 km südlich von Ehingen, in den Auen der Ehrlos, 519 m NN. Die Markung ist 4,49 qkm groß, darunter 0,72 qkm Wälder.
Volkersheim ist erstmals 1245 als „Volchirshain" urkundlich genannt. 1411 und 1717 kam der Ort in den Besitz des Spitals Biberach. Ein Rest verblieb dem Kloster Urspring. Unter württembergischer Hoheit war der Ort zuerst dem Oberamt Biberach, ab 1938 dem Landkreis Ehingen zugeordnet. Am 1. Januar 1973 wurde er nach Ehingen eingemeindet.
Volkersheim hatte in den letzten hundert Jahren eine leicht absinkende Bevölkerungskurve. Es zählte 1871 noch 296 Einwohner und hatte Anfang 1980 nur noch 236 Bewohner, davon waren 96 Prozent katholisch. Der Ort ist landwirtschaftlich geprägt. Von den 112 erwerbstätigen Bewohnern arbeiten 70 in der Land- und Forstwirtschaft. 31 Erwerbspersonen sind Berufsauspendler. Die 36 Landwirtschaftsbetriebe bewirtschaften 4,16 qkm landwirtschaftliche Nutzflächen.

Gemeinde Allmendingen

Allmendingen liegt 6 km nördlich von Ehingen, im Tal der Schmiech und im sog. Allmendinger Ried, 518 m NN. Zu Allmendingen gehört noch der Teilort Hausen ob Allmendingen, 592 m NN. Die Markung ist 19,90 qkm groß, davon sind rund 7 qkm bewaldet.
Allmendingen liegt an der Bahnlinie Ulm—Freiburg und der Straße Ulm—Blaubeuren—Ehingen.
Allmendingen, das 961 erstmals urkundlich genannt wird, kam von den Alaholfingern an die Grafen von Berg, später an die Justingen und die Steußlingen. Über die Harscher und die Renner von Allmendingen kamen Groß- und Klein-Allmendingen teils unter württembergische, teils unter österreichische Oberhoheit, 1593 an die Freiherren von Freyberg, die noch das aus dem 16. bzw. 18. Jh. stammende Schloß bewohnen. Das Geschlecht der Freyberg hatte auch das Schutzprivileg für die Fahrenden Leute, Schausteller, Gaukler, Hausierer und Kesselflicker, seit dem 15. Jh. erhalten, zu denen auch die Zigeuner zählten. Dieser „Keßlerschutz" diente dazu, die Streitigkeiten zu schlichten und Gericht zu halten. Aus alter Tradition kamen noch nach dem Ende des Alten Reiches die Zigeuner nach Allmendingen, um ihre Streitigkeiten schlichten zu lassen. 1809, nach Aufhebung der Patrimonialgerichtsbarkeit der fürstlichen, gräflichen und adeligen Grundbesitzer wurde auch Allmendingen württembergisch und Teil des Oberamts Ehingen, ab 1938 des Landkreises Ehingen. Am 1. Januar 1974 wurden Ennahofen, Grötzingen, Niederhofen und Weilersteußlingen nach Allmendingen eingemeindet.
In den Jahren 1868—73 entstand die Bahnlinie Ulm—Sigmaringen, wodurch Allmendingen für den Schwerverkehr erschlossen wurde. Zur gleichen Zeit kam es hier zur Gründung der Zementindustrie, wodurch die Einwohnerzahl von Allmendingen von 748 im Jahr 1864 auf 1057 im Jahr 1885 und 1274 im Jahr 1890 anstieg. Im Jahr 1883 entstand die Stuttgarter Zementfabrik, Werk Allmendingen, das 160—200 Beschäftigte und eine Jahresproduktion von 500 000 Zentner Zement hatte. 1886 baute die Firma acht Arbeiterhäuser mit 34 Wohnungen. 1889 wurde dort auch eine Kleinkinder- und Industrieschule für 100 Kinder und 50 Industrieschülerinnen eingerichtet. Im gleichen Jahr errichtete eine Ulmer Firma hier ein zweites Zementwerk, das 110 Arbeiter beschäftigte und jährlich 280 000 Zentner Portlandzement produzierte. Ein drittes Zementwerk arbeitet mit 25—30 Beschäftigten seit 1887. Für weibliche Arbeitskräfte gab es um 1890 noch eine Zündholzschachtelfabrik, die 24 Arbeiterinnen beschäftigte.
Mit Hausen ob Allmendingen zählte Allmendingen im Jahr 1890 schon 1393 Einwohner, davon 1286 katholisch und 107 evangelisch. Der Bevölkerungsanstieg setzte sich nach 1945 fort und Anfang 1980 hatte Allmendingen bereits 3010 Einwohner, davon 2318 katholisch und 459 evangelisch. 281 Ausländer gehören zur Wohnbevölkerung. Von den 1228 erwerbstätigen Bewohnern arbeiten nur 99 in der Land- und Forstwirtschaft (8,1 Prozent). 411 Erwerbstätige sind Berufsauspendler. Doch kommen 165 Berufseinpendler in den Ort zur Arbeit. Allmendingen selbst hat also 982 am Ort Beschäftigte. In den 81 nichtlandwirtschaftlichen Arbeitsstätten sind 866 Personen beschäftigt, davon 637 im produzierenden Gewerbe. Darunter sind vier Industriebetriebe mit 538 Beschäftigten. Neben der weiterhin bedeutenden Zementindustrie bestehen ein Werk zur Herstellung von Formen für die Betonsteinindustrie, eine Fabrikation von Präzisionsdrehteilen und eine Wirk- und Strickwarenfabrik. 63 Landwirtschaftsbetriebe bewirtschaften 8,30 qkm landwirtschaftliche Nutzflächen.

Das Schloß der Freiherren von Freyberg-Eisenberg wurde unter Einbeziehung von Bauteilen aus der Renaissance in Hufeisenform erbaut. Der Mittelrisalit mit Dreiecksgiebel und Mansarddach, mit gemalten Louis-Seize-Ornamenten um Portal und Fenster, trägt das Baudatum 1783. Im Inneren beachtliche Ausstattungsstücke von verschiedenen Jahrhunderten. Ein klassizistischer Grabstein von 1789 und ein Ölbergbild von 1609 befinden sich in der Schloßkapelle.

Die kath. Pfarrkirche St. Maria ist eine spätgotische Anlage mit Baudatum 1506, welche 1822 und später nochmals verändert wurde. Der Chor hat noch Maßwerkfenster und Netzgewölbe. Der Turm mit hohem Spitzhelm befindet sich an der Nordseite.

Im Chor und der Sakristei wurden Reste von Wandmalereien von 1507 freigelegt. Das alte Wandtabernakel an der Chornordwand wird flankiert von spätmittelalterlichen Wandgemälden: Hochzeit zu Kana und Mannawunder. Die Altäre sind neueren Datums unter Verwendung spätgotischer Holzskulpturen, so die majestätische Marienkrönung um 1520 wohl aus Ulmer Werkstatt, die beidseitig von musizierenden Engeln flankiert wird. Auch der Erzengel Michael stammt aus diesem Umkreis. Über dem linken Seitenaltar steht das alte Gnadenbild „Maria im Löchle", das Melchior Binder aus Ehingen um 1600 nachgearbeitet hat. Der Name kommt vom Standort in einer maßvergitterten Chornische her. Außer anderen Skulpturen ist ein beachtlicher Totenschild für Joachim Renner von und zu Allmendingen von 1591 vorhanden.

Die Filialkirche St. Michael in Kleinallmendingen ist im Kern spätgotisch und hat als Mitpatron St. Laurentius. An den Schiffswänden wurden Wandmalereien um 1415 aufgedeckt. Spätgotische Holzskulpturen St. Laurentius und Anna Selbdritt, sowie aus dem 18. Jh. einige Skulpturen ergänzen zusammen mit Grabsteinen der v. Freyberg-Eisenberg die Ausstattung.

Hausen

Anstelle einer Vorgängerkirche wurde im 18. Jh. das Kirchlein zum Hl. Cyrus gebaut und im 19. Jh. neu ausgestaltet.

Ortsteil Ennahofen

Ennahofen liegt auf den Lutherischen Bergen, 12 km nordwestlich von Ehingen, 730 m NN. Zur Gemeinde gehören die Teilorte Talsteußlingen und Teuringshofen, beide im schönen Schmiechtal gelegen. Die Gesamtmarkung ist 6,6 qkm groß, davon 2,7 qkm Wald. Oberhalb von Talsteußlingen lag einst die von einem Zweig der Herren von Steußlingen erbaute Burg. 1582 wurde diese von Herzog Ludwig von Württemberg, dem späteren Besitzer, abgebrochen und südlich von dieser ein großes Renaissanceschloß errichtet. Zur Herrschaft Steußlingen gehörte schon im 13. Jh. auch Teuringshofen. Das altwürttembergische Ennahofen war später dem Oberamt Ehingen, ab 1938 dem Landkreis Ehingen zugeordnet. Am 1. Januar 1974 erfolgte die Eingemeindung nach Allmendingen.

Die Einwohnerzahl von Ennahofen hat sich in den letzten hundert Jahren kaum verändert. Anfang 1980 waren es 237 Bewohner, davon 206 evangelisch und 27 katholisch. 142 Bewohner sind erwerbstätig, davon 70 in der Land- und Forstwirtschaft. 50 Erwerbspersonen sind Berufsauspendler. In Ennahofen selbst arbeiten 93 Personen. 41 Landwirtschaftsbetriebe bewirtschaften 3,5 qkm landwirtschaftliche Nutzflächen.

Die Ortschaften der Lutherischen Berge Weilersteußlingen, Ermelau, Weiler, Ennahofen, Grötzingen, Teuringshofen, Talsteußlingen und Sondernach wurden 1581 württembergisch und mußten den evangelischen Glauben annehmen, denn die Konfession der Landesherren war auch für den Glauben der Untertanen bestimmend.

Die Existenz dieser evangelischen Gemeinden in einer katholischen Umgebung war so auffällig, daß man dies durch den Namen „Lutherische Berge" unterstrich.

An der Straßengabelung Ennahofen–Talsteußlingen–Grötzingen befindet sich ein bis zu den Querarmen eingesunkenes Steinkreuz. Ein zweites steht am nordwestlichen Ortsausgang an der Straße nach Talsteußlingen. Der Sage nach soll es ein Gedenkkreuz an einen Unfall sein.

Ortsteil Grötzingen

Grötzingen liegt auf den Lutherischen Bergen, 11 km nordöstlich von Ehingen, 714 m NN. Die Markung ist 5,76 qkm groß, davon 2,6 qkm Wald.

Als „Chrezzingen" ist der Ort 817 urkundlich genannt. 1270 übernahmen die Grafen von Württemberg von Eglof von Steußlingen den Ort, der bis 1807 zur württembergischen Herrschaft Steußlingen gehörte. Danach kam Grötzingen zum Oberamt Ehingen, 1938 zum Landkreis Ehingen. Am 1. Januar 1974 wurde es nach Allmendingen eingemeindet.

Die Einwohnerzahl von Grötzingen blieb in den letzten hundert Jahren fast unverändert. Anfang 1980 zählte man 252 Bewohner, davon waren 236 evangelisch und 14 katholisch. Von den 131 Erwerbstätigen arbeiten 71 in der Land- und Forstwirtschaft. 40 Erwerbspersonen sind Berufsauspendler. Im Ort selbst arbeiten 92 Personen. 38 Landwirtschaftsbetriebe bewirtschaften rund 3 qkm landwirtschaftliche Nutzflächen.

An der Straße Grötzingen–Briel am östlichen Ausläufer des Geißbühls befindet sich ein Steinkreuz.

Ortsteil Niederhofen

Niederhofen liegt in einer Niederung des Hochsträß, 535 m NN und 6,5 km nordöstlich von Ehingen. Zum Ort gehören noch die Weiler Pfraunstetten und Schwörzkirch. Die Markung ist 7,76 qkm groß mit geringem Waldanteil.

In Niederhofen wurden Flachgräber aus der Bronzezeit und Reste einer römischen Niederlassung entdeckt. Während Niederhofen zu Vorderösterreich gehörte, war Pfraunstetten im Besitz des Klosters Söflingen. 1803 kam die Gemeinde zum Oberamt Ehingen, 1938 zum Landkreis Ehingen. Am 1. Januar 1974 wurde Niederhofen nach Allmendingen eingemeindet.

In den letzten hundert Jahren blieb die Einwohnerzahl unverändert. Im Jahr 1871 hatte Niederhofen 366 Einwohner, Anfang 1980 waren es 385 Bewohner, davon 320 katholisch und 19 evangelisch. Von den 172 Erwerbspersonen arbeiten 108 in der Land- und Forstwirtschaft. 48 Erwerbstätige sind Berufsauspendler. In der Gemeinde selbst sind 124 Personen beschäftigt. 55 Landwirtschaftsbetriebe bewirtschaften 6,25 qkm landwirtschaftliche Nutzflächen.

Die kath. Filialkirche St. Mauritius wurde 1835 erneuert. Die Skulptur des Kirchenpatrons, sowie Maria und Nikodemus sind um 1460 entstanden.

Pfraunstetten
An Stelle einer Vorläuferkapelle wurde die kath. Filialkapelle St. Ulrich 1770 erbaut.

Schwörzkirch
Die kath. Pfarrkirche St. Stephan wurde 1822 erbaut und 1977 erweitert.

Ortsteil Weilersteußlingen

Weilersteußlingen liegt auf der Höhe der Lutherischen Berge, 735 m NN und 9,5 km nordwestlich von Ehingen. Es ist Ziel und Ausgangspunkt lohnender Wanderungen. Auch bietet der Ort eine der schönsten Fernsichten auf Oberschwaben und die Alpenkette. Die Markung, zu der auch der Weiler Ermelau gehört, ist 5,80 qkm groß, wovon 3,0 qkm bewaldet sind.
Weilersteußlingen, 1192 „Wiler" genannt, gehörte zur Herrschaft Steußlingen. 1270 kam der Ort an die Grafen von Württemberg und gehörte bis 1807 zur württembergischen Herrschaft Steußlingen. Bei der Neugliederung des Landes gehörte Weilersteußlingen ab 1806 zum Oberamt Steußlingen und ab 1810 zum Oberamt Ehingen, ab 1938 zum Landkreis Ehingen. Am 1. Januar 1974 wurde es nach Allmendingen eingemeindet.
Die Einwohnerzahl von Weilersteußlingen ist in den letzten hundert Jahren zurückgegangen. Im Jahr 1871 zählte es noch 243 Einwohner, Anfang 1980 waren es 193 Bewohner, davon 173 evangelisch und 18 katholisch. Von den 102 Erwerbspersonen arbeiten 47 in der Land- und Forstwirtschaft. 30 Erwerbstätige sind Berufsauspendler. Die Gemeinde selbst zählt 80 Beschäftigte im Ort. 22 Landwirtschaftsbetriebe bewirtschaften 2,44 qkm landwirtschaftliche Nutzflächen.

Die evang. Pfarrkirche (St. Pankraz) wurde 1755 anstelle eines spätgotischen Baues, von dem noch der veränderte Turm erhalten ist, errichtet. Die flache Gewölbedecke ist mit feinen farbigen Rokokostukkaturen verziert, in deren Zentrum das Württemberger Wappen liegt. Das hochbarocke Altarkreuz mit zwei Engeln, welche Kelch und Patene tragen, ist von guter Qualität.

Gemeinde Altheim

Altheim liegt auf dem Hochsträß, 605 m NN und 8 km nordöstlich von Ehingen. Es bietet einen weiten Blick nach Oberschwaben und bis zu den Alpen. Die Markung ist 7,79 qkm groß mit wenig Wald.
Altheim gehörte der Herrschaft von Steußlingen und kam 1270 an Württemberg, das den Ort an die Steußlingen, Wernau, Stadion und schließlich seit 1528 an die Freyberg verlieh, wobei ein Teil der Kirchenvogtei den Wernau verblieb. Die Freyberg-Eisenberg erbauten 1691 das dortige Spätrenaissance-Schloß. Von Altheim stammte der 1616 geborene Johann Christoph von Freyberg, der 1665–90 Bischof von Augsburg war. Altheim kam 1809 zu Württemberg und gehörte zum Oberamt Ehingen, ab 1938 zum Landkreis Ehingen.
Neben der Landwirtschaft gab es bereits um die Jahrhundertwende in Altheim gewerbliche Unternehmen, darunter eine Brauerei. Vor allem aber fanden viele Bewohner Arbeit in der Zementindustrie von Allmendingen und der dortigen Zündholzschachtelfabrikation. Die Einwohnerzahl von Altheim hat sich in den letzten hundert Jahren aber nur wenig geändert. Im Jahr 1871 zählte die Gemeinde 452 Einwohner. Anfang 1980 waren es hier 497 Bewohner, davon 432 katholisch und 50 evangelisch. 247 Bewohner sind erwerbstätig, davon 82 in der Land- und Forstwirtschaft. 93 Erwerbspersonen sind Berufsauspendler. Zugleich hat Altheim 41 Berufseinpendler. In der Gemeinde selbst sind 195 Personen beschäftigt. Im Ort ist ein Industriebetrieb angesiedelt, der Betondachsteine fertigt. 41 Landwirtschaftsbetriebe bewirtschaften 5,9 qkm landwirtschaftliche Nutzflächen.

Gemeinde Griesingen

Griesingen liegt zwischen Donau, Riß und Ehrlos, 5,5 km südöstlich von Ehingen und 506 m NN. Die Markung ist 8,17 qkm groß, davon 2,29 qkm Wald.
Die Abtei St. Leodegar in Murbach erhielt hier schon 760 Besitz. Daher rührt das gleichnamige Patrozinium der Pfarrkirche in Untergriesingen, die schon 1111 erwähnt wird. Auch die Abtei Kempten und das Bistum Chur hatten früh schon Besitz (ca. 853 bzw. 961), ebenso noch andere Klöster. Österreich erwarb den Ort von den Grafen von Berg und belehnte danach die Herren von Berg und von Öpfingen, ab 1503 die Herren von Freyberg, die 1809 ihren Besitz an den Fürst von Thurn und Taxis verkauften. 1809 kam Griesingen unter württembergische Oberhoheit und gehörte 1810 zum Oberamt Ehingen, ab 1938 zum Landkreis Ehingen.
Die Bevölkerung von Griesingen hat in den letzten hundert Jahren leicht zugenommen. 1871 zählte es 663 Bewohner und Anfang 1977 752 Bewohner, davon 708 katholisch und 34 evangelisch. Von den 307 erwerbstätigen Bewohnern arbeiten nur 92 in der Land- und Forstwirtschaft. 167 Erwerbstätige sind

Berufsauspendler. Sie geben dem Ort heute den Charakter einer Arbeiterwohngemeinde. In Griesingen selbst sind 146 Personen tätig. 22 nichtlandwirtschaftliche Arbeitsstätten mit 59 Beschäftigten sind vorhanden, darunter ein kleinerer Industriebetrieb. Die 68 Landwirtschaftsbetriebe bewirtschaften 5,70 qkm landwirtschaftliche Nutzflächen.

Die schon 1275 erwähnte kath. Pfarrkirche St. Leodegar wurde 1740 umgebaut und 1849 nach Westen erweitert. Von der gotischen stammt der Chor, der allerdings verändert und mit barocken Stichkappen versehen wurde. Der südlich am Chor angebaute Turm ist im Unterbau gotisch mit Vier- und Achteckgeschoß mit bogenförmigem Gesims und geschwungener Kuppelhaube. Mehrere spätgotische Bildwerke ergänzen die Ausstattung: die schöne Beweinungsgruppe, ein Gnadenstuhl, sowie der Kirchenpatron und St. Nikolaus.

Gemeinde Oberdischingen

Oberdischingen liegt 9 km nordöstlich von Ehingen, an der Bundesstraße 311 Ulm–Ehingen, 489 m NN. Die Markung ist 8,84 qkm groß, davon 1,28 qkm Wald.
Dischingen, wie Oberdischingen bis in die Neuzeit hieß, ist 1148 urkundlich genannt. Das Kloster Wiblingen hatte dort Besitz. Bis ins 15. Jh. saßen hier Ortsadlige als Lehensleute der Grafen von Berg und Gundelfingen. Lehensherren waren auch das Kloster Reichenau, dann Österreich, Helfenstein und Bayern, die alle die Güter an zahlreiche Lehensträger verliehen. Ein Herr von Stotzingen, der schließlich fast alle Güter vereinigt hatte, verkaufte 1661 seinen Besitz an die thurgauische Familie der Freiherren Schenk von Castell, die 1681 in den Grafenstand aufstiegen. Der berühmteste Vertreter der Familie, die seit 1681 auch die Herrschaft von Berg–Schelklingen pfandweise innehatte, war Graf Franz Ludwig Schenk von Castell (1736–1821), seit 1764 Inhaber der Herrschaft. Er ließ anstelle der alten Pfarrkirche von 1448 den klassizistischen Zentralbau mit Kuppel (im 19. Jh. vollendet) erbauen. Im Lauf seiner Herrschaft baute Franz Ludwig eine aus vielen großen und kleinen Gebäuden bestehende Residenz: das Schloß mit Park, Kavalierbau, Kanzleigebäude, spitz zulaufender Marktplatz („Herrengasse") mit Häusern im Mansardenstil und die sog. „Fronfeste", ein Zuchthaus, das der Verwahrung von Verbrechern („Jauner") diente, die der Graf, der deswegen „Malefizschenk" genannt wurde, von zahlreichen anderen Herrschaften seit den 80er Jahren des 18. Jh. auf vertraglicher Grundlage zur Aburteilung und Bestrafung übernahm. Diese Justiz des Schenken, durch die der Rechtsunsicherheit im zersplitterten Oberschwaben wirksam gesteuert wurde, fand 1808 in der neuen württembergischen Obrigkeit ein Ende. Das Schloß wurde 1807 angeblich von entlaufenen Zuchthäuslern abgebrannt und besteht nicht mehr. Die „Fronfeste" hinter dem Kanzleigebäude wurde abgebrochen. Die Herrschaft der Grafen Schenk zu Castell blieb bis 1824 auch noch unter württembergischer Oberhoheit bestehen. Oberdischingen wurde dabei dem Oberamt Ehingen, 1938 dem Landkreis Ehingen zugeordnet.
Oberdischingen, dessen Einwohnerzahl von 1871 bis 1945 ziemlich konstant blieb, wuchs nach 1945 stark an. Es zählte 1871 noch 772 Bewohner und 1939 waren es 758 Einwohner. Anfang 1980 aber hatte Oberdischingen schon 1552 Bewohner, davon waren 79,4 Prozent katholisch und 14,4 Prozent evangelisch. Unter der Gesamtbevölkerung sind 53 Ausländer. Von den 621 erwerbstätigen Bewohnern des Jahres 1970 arbeiteten nur noch 99 in der Land- und Forstwirtschaft (15,9 Prozent). Die meisten Erwerbstätigen, nämlich 358, gingen als Berufsauspendler andernorts zur Arbeit. Für 270 Auspendler war die Stadt Ulm der Arbeitsplatz. In Oberdischingen selbst waren 278 Personen beschäftigt. In 65 nichtlandwirtschaftlichen Arbeitsstätten waren 212 Personen beschäftigt, davon 58 im verarbeitenden Gewerbe und 63 im Dienstleistungsgewerbe. 49 Landwirtschaftsbetriebe bewirtschaften 6,2 qkm landwirtschaftliche Nutzflächen.

Gleich die Einfahrt nach Oberdischingen mit der Kreuzigungsgruppe in Stein um 1780/90, sowie die neugepflanzte Allee anstelle der früheren Kastanienallee zeigt an, daß wir uns einer Miniatur-Residenz mit Schloß, Beamten- und Kanzleigebäuden, Kirche, sowie Wohnhäusern für Beamte, Gewerbe- und Handeltreibende des Grafen Franz Ludwig Schenk von Castell nähern. Zu beiden Seiten der Herrengasse ziehen sich einheitlich gebaute zweistöckige Häuser mit Mansarddach hin. Die beiden Häuser am Ortseingang, Gasthaus zum Löwen und die Apotheke, sind reicher behandelt. Am Ende der spitzwinklig zulaufenden Herrengasse links, etwas zurückgebaut, befindet sich die Pfarrkirche, dann, in einem Park, das 1807 abgebrannte Castell'sche Schloß. Gegenüber liegt das 1767 erbaute dreiflüglige Kanzleigebäude, dahinter die Fronfeste, das Zuchthaus des „Malefizschenken", das Anfang des 19. Jh. abgebrochen wurde. Im Kanzleigebäude werden einige Erinnerungsstücke an ihn aufbewahrt: sein Lehnstuhl mit gedrechselten Armlehnen und Wappen seiner Frau. Der bemalte Bauernkasten, bezeichnet Franz Vollmer 1779, diente dem letzten Henker des Malefizschenken zum Aufbewahren seiner Handwerkszeuge für die Hinrichtung.
Die kath. Pfarrkirche zum Hl. Namen Jesu ist mit Turm und Kuppeldach bereits von außen sehr eindrucksvoll und eigenartig. Als Baumeister war Francesco Antonio Bagnato bereits 1767 vorgesehen. Es kam nicht zum Bau, sondern es wurden damit ab 1800 die französischen Architekten Michel d'Ixnard oder Philipp de la Guepiere beauftragt und der Bau wurde dann 1831 vollendet.
Die Kirche ist ein reiner Zentralbau, der Grundriß des römischen Pantheons diente als Vorbild, also die Verbindung von griechischem Kreuz und Kreis. Im Nor-

den ist ein Portikus auf vier Säulen vorgelegt, welche den Dreiecksgiebel tragen. Der Turm war ursprünglich wohl nicht eingeplant, für eine Pfarrkirche aber notwendig geworden, und so steht der zwiebelbekrönte Turm etwas merkwürdig der Zentralkuppel zugeordnet. Der großartige klassizistische Eindruck des Innern wird von der Rosettendecke in Weiß-grau-gold und der noblen Ausstattung geprägt. Daran hat die 1968/69 stattgefundene gründliche Erneuerung wesentlichen Anteil:

Anstelle des gotischen Hochaltars sind die gotischen Passionsdarstellungen, die der Lettnerbrüstung im Chor der Blaubeurer Klosterkirche entstammen, auf die Wand aufgezogen und mit Sandstein unterfangen. Der Schmuck des Altartisches versinnbildlicht die Dornenkrone, und der goldne runde Tabernakel vor den gotischen Passionsreliefs bildet in seiner modernen Gestalt nun einen wunderbaren Gegensatz und zugleich eine Harmonie. Diese neue Gestaltung lag in Händen des Bildhauers Prof. Josef Henselmann aus Laiz bei Sigmaringen. Die liebliche, rechts vor dem Altar befindliche „Herzmarienmadonna" mit Kind von Dominikus Hermenegild Herberger ist um 1735 entstanden. Zusammen mit den klassizistischen Silberleuchtern ist nun die heutige Innenausstattung ein Beispiel für eine gelungene Restaurierung und Reduzierung auf das Wesentliche. Die Kirche gilt als eine der schönsten klassizistischen Kirchen nördlich der Alpen, und besitzt noch Teile ihres reichen barocken Kirchenschatzes, u. a. eine Silbermonstranz von 1720.

Die Schenk-Castell'sche Gruftkirche zur Hl. Dreifaltigkeit auf dem Berg wurde 1712 von Christian Wiedemann, Oberelchingen, erbaut und gegen Ende des 18. Jh. umgestaltet. Der Außenbau ist durch Pilaster gegliedert und hat einen geschweiften Giebel. Diese Wallfahrtskirche bildet zusammen mit dem „Paterhaus" aus dem späten 18. Jh. eine gute Baugruppe. Im Hochaltar befindet sich eine alte bekleidete Kopie der Einsiedler Muttergottes von 1763, von einem Strahlenkranz umgeben, den Joh. Baptist Hops, Mietingen, samt anderen Altarteilen geschaffen hat. Die Seitenaltäre tragen die Signatur Franz Joseph Spieglers, 1725.

Gemeinde Öpfingen

Öpfingen liegt über dem linken Donauufer, 6 km östlich von Ehingen und 514 m NN. Die Markung ist 8,84 qkm groß, darunter nur 0,75 qkm Wald.
Öpfingen ist 1127 erstmals urkundlich genannt. Hauptbesitzer waren lange Zeit die Grafen von Berg, bis sie ihren Anteil 1503 und 1525 an Lutz von Freyberg zu Hohenfreyberg und Eisenberg verkauften. Die Brüder Michael und Ludwig von Freyberg teilten unter sich die Öpfinger Herrschaft, weshalb im Ort ein zweites Schloß, das untere, hinzukam. Im 30jährigen Krieg wurden beide Schlösser 1632 niedergebrannt, danach jedoch wieder neu erstellt. 1809 kam Öpfingen zu Württemberg und wurde dem Oberamt Ehingen, 1938 dem Landkreis Ehingen zugeordnet.

Die Einwohnerzahl blieb von 1871 bis 1961 fast unverändert, um danach rasch anzuwachsen. 1871 hatte der Ort 666 Einwohner. Im Jahr 1961 wurden 662 Bewohner gezählt. Bis Anfang 1980 stieg die Einwohnerzahl auf 1898. Von diesen sind 1429 katholisch und 250 evangelisch. In Öpfingen wohnen 119 Ausländer. Von den 578 erwerbstätigen Personen des Jahres 1970 arbeiteten nur 88 in der Land- und Forstwirtschaft (15,2 Prozent). Öpfingen ist zur Arbeiterwohngemeinde geworden und hatte schon im Jahr 1970 305 Berufsauspendler, von denen 218 in der Stadt Ulm beschäftigt waren. In Öpfingen selbst sind 303 Personen beschäftigt. In 36 nichtlandwirtschaftlichen Arbeitsstätten sind 193 Personen tätig, davon 72 im verarbeitenden und 40 im Baugewerbe. 47 Landwirtschaftsbetriebe bewirtschaften 6,09 qkm landwirtschaftliche Nutzflächen.

Die weithin sichtbare, auf steiler Anhöhe über dem Donautal erbaute Kirche St. Martin mit ihrem schönen Turm, der vom Viereck in ein in zwei Etagen aufgeteiltes Achteck übergeht, darüber eine doppelte Kuppelhaube trägt, wird im Vorgängerbau bereits 1275 genannt. In der Spätgotik erbaut und im 18. Jh. verändert, besitzt sie noch ihren gotischen Chor, der mit einer Stichkappentonne überdeckt ist und auf beiden Seiten herrschaftliche Oratorien aufweist. Die Altäre sind neueren Datums unter Verwendung spätgotischer Holzbildwerke: Im Hochaltar eine Muttergottes um 1439/40 auf der Weltkugel, eine Hl. Barbara und Katharina um 1500.

In den verschiedenen Grabmalen besitzt die Kirche eine Art steinernes Archiv der Ortsgeschichte von 1345—1736, welche den Familien von Freyberg in Justingen und Öpfingen gewidmet sind und teilweise reiche prächtige Steinmetzarbeiten darstellen.

Das Untere Schloß, ein langgestreckter Bau aus dem 18. Jh., sowie das dreigeschoßige Obere Schloß mit Walmdach sind Bauten ohne besondere kunstgeschichtliche, nur lokalhistorische Bedeutung.

Der alte schwäbische Schultheiß, welcher heute Bürgermeister oder Ortsvorsteher heißt.
„Wenn Ihr Euch laßt mit Ämtern schmücken,
so klaget nicht daß sie Euch drücken."

Er war eine Respektsperson im besten Wortsinn, vor dem die Buben und Burschen die Kappe zogen, wurde mit „Ihr" angesprochen und war von Beruf Bauer, Wirt oder Gewerbetreibender. Schultheiß war er im Ehrenamt, das früher häufig nach seinem Tod auf Sohn oder Schwiegersohn überging. Ein Gemeindeoberhaupt, das im Heuet und in der Ernte mehr auf dem Feld als im Amte war, ein angesehener Bürger seiner Gemeinde, der mit praktischem Verstand ausgestattet, zuverlässig, vertrauenswürdig, wohltuend volkstümlich, ein Gleicher unter Gleichen war. Nicht selten zeichneten ihn Schläue und Mutterwitz aus, und auch ein Dickschädel, der konsequent seinen Weg ging, starr an Bewährtem festhielt, oder mit einem Fuß weit über die Gegenwart hinauswuchs. Seine Fachkenntnisse in der Verwaltung eignete er sich nach und nach an, und wenn die Gemeinde gut gewählt, hatte sie den gescheitesten Kopf, den das Dorf anzubieten hatte.

Wer in einem unserer Heimatmuseen einer Halsgeige gegenübersteht, in welche Menschen wegen oft geringfügiger Vergehen eingeschlossen wurden, um sonntags vor der Kirchentür am Pranger zu stehen, dem wird gewahr, wie wenig Rücksicht in früheren Jahrhunderten auf den zu Bestrafenden genommen wurde, und wie klein im Grunde die Strafgewalt des Schultheißen war. Zum ständigen Inventar der alten Rathäuser zählte auch ein Gebärstuhl zur Ausleihe, Klistierspritzen für Mensch und Vieh. Es lag dort auch der Schwörstab mit der Schwurhand an der Spitze, auf den Gemeinderäte und volljährige Burschen ihren Eid leisteten. Auf dem Tisch befand sich die „Amtspflege", auch „Sauhund" genannt, weil dieses viereckige Becken zum Ausklopfen der Tabakspfeifen meist dreckig aussah und zur Pflege des Amtszimmers diente. Bei Älteren existiert diese Bezeichnung noch heute. „Maari bring au da Sauhund" so hört es sich an vom Nachbartisch, und die Wirtin legt daraufhin den Aschenbecher auf.

Komplettiert wurde dies schließlich durch Nachtwächterhorn und -spieß. Im Chor oder der Empore der Kirche besaß der Schultheiß samt seinen Gemeinderäten eigene Sitze, wie die Herrschafts- und Familiengestühle, und die Frau Schultheiß eröffnete sonntags den Opfergang in der Kirche.

Heute lagert auf dem Dorfrathaus die Heusonde zum allgemeinen Bedarf, und Gemeinschaftseinrichtungen wie Schlachtraum, Backhäusle, Gefrieranlage u. a. werden von dort aus verwaltet. Der Schultheiß nennt sich Bürgermeister oder Ortsvorsteher. Er ist hauptamtlicher Verwaltungsfachmann und meist nicht mehr aus dem Dorf herausgewachsen wie die Vorgänger. Er hat es deswegen zu Beginn seiner Amtszeit mit der bürgernahen Verwaltung nicht ganz leicht. Es ist allgemein verbreitet, diese über das Gemeinde-Mitteilungsblatt an den einzelnen Bürger heranzutragen.

Vorgänger unseres Amtsblattes war „der Bolezei" (Polizei), zugleich Amtsdiener, der seltener „Büttel" genannt wurde. Bis in die Dreißiger Jahre unseres Jahrhunderts war er noch mit einem Seitengewehr bewaffnet, danach war er nur noch der Amtsbote ohne jegliche Polizeifunktion. Er zog mit der Schelle durch das Dorf und gab die amtlichen Anweisungen bekannt. Zwischen den einzelnen Absätzen und Sachgebieten schellte er.

Wendelin Überzwerch hat ihm in Mundart gehuldigt:

„D'Saua werdet wieder zählt,
holet neue Steuerkarta.
Wer koi Holz hot, soll no warta!
Morga wird en Landtag g'wählt."

Wir sind einem Bürgermeister nachgegangen, der stellvertretend für die vielen Schultheißen gilt, die keine sogenannten Fachbürgermeister waren: Georg Niederer aus Öpfingen. Bei seinem ersten Amtsantritt 1939 hatte Öpfingen 514 Einwohner, und als er am 8. September 1975 offiziell verabschiedet wurde, deren 1600. 26 Jahre Schultheißenamt. In seinen Amtsblättern hat er einen Stil entwickelt, der aus dem Unterrichten auch ein Unterhalten brachte.

Die klare Sprache Niederers besticht und er hat seinen Humor vor dem Verschwäbeln gerettet. Doch wenn seine Geduld am Ende war, ist ihm s' Messer im Sack aufganga und seine Ausdrucksweise ist wüst schön geworden. Die Steigerung liegt im Gegensatz.

Die Zeitspanne in der Entwicklung seines Dorfes umfaßt, durch seine Amtsblätter belegt, die Jahre 1964–1975. Sie spricht manchmal Dinge an, die heute nicht mehr vorhanden sind oder noch in der Entwicklung stehen.

Das Dorf: „Unser Dorf soll schöner werden, schöner soll es sein. Warum nicht auch in Öpfingen und nur in Westerheim?"

„Straßenverbesserungen beweisen, daß es Gemeindeverwaltung und Gemeinderat mit dem Motto ernstnehmen. Auch sonst werden wir uns Mühe geben, die alten Brennesselnester und sonstiges nach und nach zu beseitigen und mit etwas Schönerem anzupflanzen. Der größte Feind des Vorhabens sind die frei laufenden Hühner. Wir bitten daher, diese so allmählich einzusperren oder ihnen Schuhe zu kaufen, damit sie nicht mehr scharren können."

Feuerwehr: „Abbruch des alten Spritzenhauses. Es ist bestimmt keine Zierde für die Gemeinde. In ihm war auch das Gefängnis (Arrest) untergebracht. Nachdem wir aber nur noch anständige Einwohner haben, können wir auf eine solche Einrichtung verzichten."

Neubaugebiet: „Verbot des Fahrens auf neuen Betonwegen. Rücksichtslose beseitigen sogar die Schranke. Solche Menschen werden, wenn sie sterben, von Meister Luzifer ganz schlecht behandelt."

„Feldwege sind zum Teil unter aller Sau. Wer nicht mit dem Pflug auf seinem eigenen Grundstück wenden kann, ist kein Bauer, sondern ein Krauterer. Wer an den befestigten Feldwegen die Seitenstreifen, die jeweils 70 cm breit sind und dem Schwarzdeckenbelag den Halt geben, umpflügt, ist noch viel weniger ein Bauer, sondern ein Rammel."

Mopedfahrer: „Eine neue Landplage ist mit den Mopedfahrern bereits entstanden. Sie kommen schon haufenweise ins Dorf und verursachen einen ohrenbetäubenden Lärm. Es sind fast nur langhaarige Brüder. Wir wünschen, daß sie bei ihren Rasereien mit ihren langen Haaren an einem Ast hängenbleiben wie der Absalom (Vater des Friedens) und das Moped dann in die Brüche geht. Absalom blieb an einem Baume hängen, so daß es für seine Verfolger ein leichtes war, ihn mit der Lanze zwischen die Rippen zu kitzeln. So kraß wollen wir es ihnen nicht wünschen, aber wir wollen am Abend unsere Ruhe, denn sonst müssen wir mit den Mistgabeln demonstrieren. Die pottchamberberingten (pot de chambre – Nachttopf – gemeint ist Motorradhelm) Mopedfahrerbräute würden gut daran tun, sich um etwas anderes umzusehen."

Entsorgung: „In der letzten Zeit wurde der Klärschlamm abgefahren. Er hat, was bis jetzt nie der Fall war, zu gären angefangen. Der Teufel ist ein Eichhörnchen, und es erschien in Gestalt eines Beauftragten des Wasserwirtschaftsamtes."

Fundsachen: „Gefunden und auf dem Rathaus abgegeben wurde eine Zahnprothese (Oberkiefer), dem niedlichen Umfange nach einem zarten Frauenmund entstammend, wahrscheinlich beim stürmischen Abschiedskuß aus der Verankerung gerissen und zur Erde gefallen. Sicher wurde der Verlust infolge der nachwirkenden Glückseligkeit erst am andern Morgen entdeckt. Diskretion wird zugesichert."

Die Frauen: „Wir haben in unseren jetzigen Rathausräumen Kunststoffböden, die bereits von Damen mit ihren Pfennigabsätzen traktiert wurden. Wir schätzen den Liebreiz einer Dame, es stört uns aber keineswegs, wenn sie ohne die bekannten Stöcklesschuhe kommt, selbst wenn sie dann 10 cm kleiner ist."

„Die Schülerzahl ist noch etwas knapp für die Mittelpunktschule. Den jungen Ehepaaren legen wir aber dringend ans Herz, für den Nachwuchs zu sorgen und weiterhin fruchtbar zu sein. Im ersten Halbjahr haben wir 17 Geburten zu verzeichnen und wenn das zweite auch so gut ausfällt, dann gibt es eine Jahrgangsklasse. Im übrigen sind die Gemeinden Gamerschwang und Nasgenstadt auch noch da, das Resultat verbessern zu helfen."

Tierhaltung: „In der Zeitung steht zu lesen, daß die große Kreisstadt Ehingen für ihre Teilorte einen günstigeren Steuersatz beschlossen hat. Ist der Grund der, daß Teilorthunde eher einen Baum finden, an dem sie auf drei Beinen stehen, wie so ein Stadthund bei dem es auch möglich sein kann, daß er an einem Markttag, wenn nicht gerade eine Hausecke in der Nähe ist, an einen Warenkorb auf drei Beinen steht und daher mehr Ärgernis gibt wie so ein Vorstadthund."

„Wer einen Hund nicht mehr hält, muß ihn abmelden, aber es ist nicht so, daß man auf der Straße den Angestellten der Gemeinde nachschreit: „Hallo, hallo, i hau seit em aista Januar koin Hond mai." Wir können nicht garantieren, ob wir das in kurzer Zeit noch wissen. Auch beim Bürgermeister läßt das Gedächtnis nach."

„Der Gemeinderat hat beschlossen, nachdem sich ein Bullenhalter bereiterklärt hat, alle drei für die Gemeinde erforderlichen Bullen in Pflege zu nehmen, die Bullenhaltung wie bisher weiterzuführen und von einer Besamung abzusehen. Dies soll den Kühen sympathischer sein."

„Damit die Gemeinden wertvolle Zuchtbullen anschaffen sollen, hat der Kreistag beschlossen, einen Zuschuß bis zu 1000 DM je Bulle der Zuchtwertklasse I oder II zu gewähren. Da wir zur Zeit der Landtagswahlen stehen, wetteifern die maßgebenden Parteien mit ihren Anträgen, und so waren es auch diese, die die Anträge einbrachten und vorlegten. Da wir eine schwarzrote Koalition haben, meinte ein Kreisverordneter, ob man den Bullenzüchtern nicht den Vorschlag machen soll, bezüglich der Farbe der Bullen das Zuchtziel zu ändern und Bullen zu züchten, die einen schwarzen Kopf und ein rotes Hinterteil haben, oder umgekehrt. Es wäre bestimmt eine Anerkennung."

„Die Gemeindebullen stehen ab dem 1. Juni 1967 nur noch bei dem Bullenhalter Karl Götz. Es stehen 3 Bullen zur Verfügung, unter denen einer noch nicht begriffen hat, für was für einen Zweck er da ist. Vielleicht fällt es ihm noch ein."

Sachbeschädigung durch Kinder: „Wir wissen, daß es Kinder gibt, die ihre Eltern schon mit Erfolg zu ihren Gunsten erzogen haben."

Sperrmüllabfuhr: „Wir bitten, das alte Gelumpe herzurichten. Xantippen werden gebeten, nicht aus Versehen ihre Ehemänner zum Sperrmüll zu tun."

„Hat der Bürgermeister während der festgesetzten Sprechstunden unter allen Umständen anwesend zu sein?
Ja, aber es gibt Dinge, die ihn verhindern und die wichtiger als die Sprechstunden sind: nämlich dann, wenn zur gleichen Zeit irgendwo eine dringende und amtliche Besprechung ist, oder wenn er kurz vorher fernmündlich zum Landratsamt nach Ulm gerufen wird, oder wenn er krank ist. Das kann ich alles nicht im voraus wissen, sonst würde ich Leute, die dies nicht verstehen, noch vorher fragen, ob ich das darf."

60 Ehingen.
Ehemalige Vogtei.
1775 erbaut.

Ehingen.
Former prefecture.
Built in 1775.

61   Ehingen.
Ehemalige Vogtei.
Pilasterportal von 1775
mit dem österreichischen
Wappen (Kaiserlicher
Doppeladler).

Ehingen.
Former prefecture.
Pilaster portal from 1775
with Austrian coat of
arms (imperial double
eagle).

62   Ehingen.
Ehem. Speth'sches Haus
Fachwerkhaus
mit dem Turm der
Konviktskirche.

Ehingen.
Former Speth House
Timber-framed house
with steeple of the
seminary church.

63   Ehingen.
Ehemaliges Heilig-Geist-
Spital aus dem 16. Jh.
Fachwerkbau mit
Ziegelbemalung. Heute
Heimatmuseum.

Ehingen.
Former Holy Ghost
Hospital, 16th century.
Timber-framed house
with painted bricks.
Today local museum.

64 Ehingen.
Pfarrkirche St. Blasius,
1749 von F. A. Bagnato
umgebaut.

Ehingen.
Parish church of
St. Blasius, remodelled
in 1749 by
F. A. Bagnato.

65 Ehingen. Liebfrauenkirche. Gnadenbild Maria mit dem Kinde, Steinfigur um 1440/50, vermutlich aus der Werkstatt Hans Multschers.

Ehingen. St. Mary's church. Mary and child, stone figure about 1440/50, presumably from the workshop of Hans Multscher.

66 Ehingen.
Liebfrauenkirche.
Rechter Seitenaltar mit
Skulpturen der
Hl. Elisabeth und Clara
von Dominikus
Hermenegild Herberger.
Um 1729/1730.

Ehingen.
Right side-altar with
sculptures of St. Elizabeth
and St. Clara by
Dominikus Hermenegild
Herberger.
About 1729/30.

67 Ehingen.
Heimatmuseum. Hl. Joseph mit Jesuskind, Anfang 17. Jh.

Ehingen.
Local museum. St. Joseph and the infant Jesus, early 17th century.

68 Ehingen.
Heimatmuseum. Weibliche Heilige, Anfang 17. Jh.

Ehingen.
Local museum. Female saint, early 17th century.

69 Ehingen.
Heimatmuseum. Römischer Soldat, vermutlich Mauritius, Mitte 17. Jh.

Ehingen.
Local museum. Roman soldier, probably Mauritius, mid-17th century.

70 Ehingen.
Heimatmuseum. Madonna mit Putten, 17. Jh.

Ehingen.
Local museum. Madonna with putti, 17th century.

71 Blienshofen. St. Georgskapelle, 1485 erbaut und im 18. Jh. erneuert. Gefaßte Holzskulptur des Hl. Mauritius, Kopie von Cleß, Zwiefalten.

Blienshofen. St. George's chapel, built in 1485, renovated in the 18th century. Mounted wooden sculpture of St. Mauritius, copy by Cleß, Zwiefalten.

72 Original des
Hl. Mauritius im Ulmer
Museum, Ulmer Schule
um 1510−1520.

Original of St. Mauritius
in the museum of Ulm,
Ulmian school, about
1510−1520.

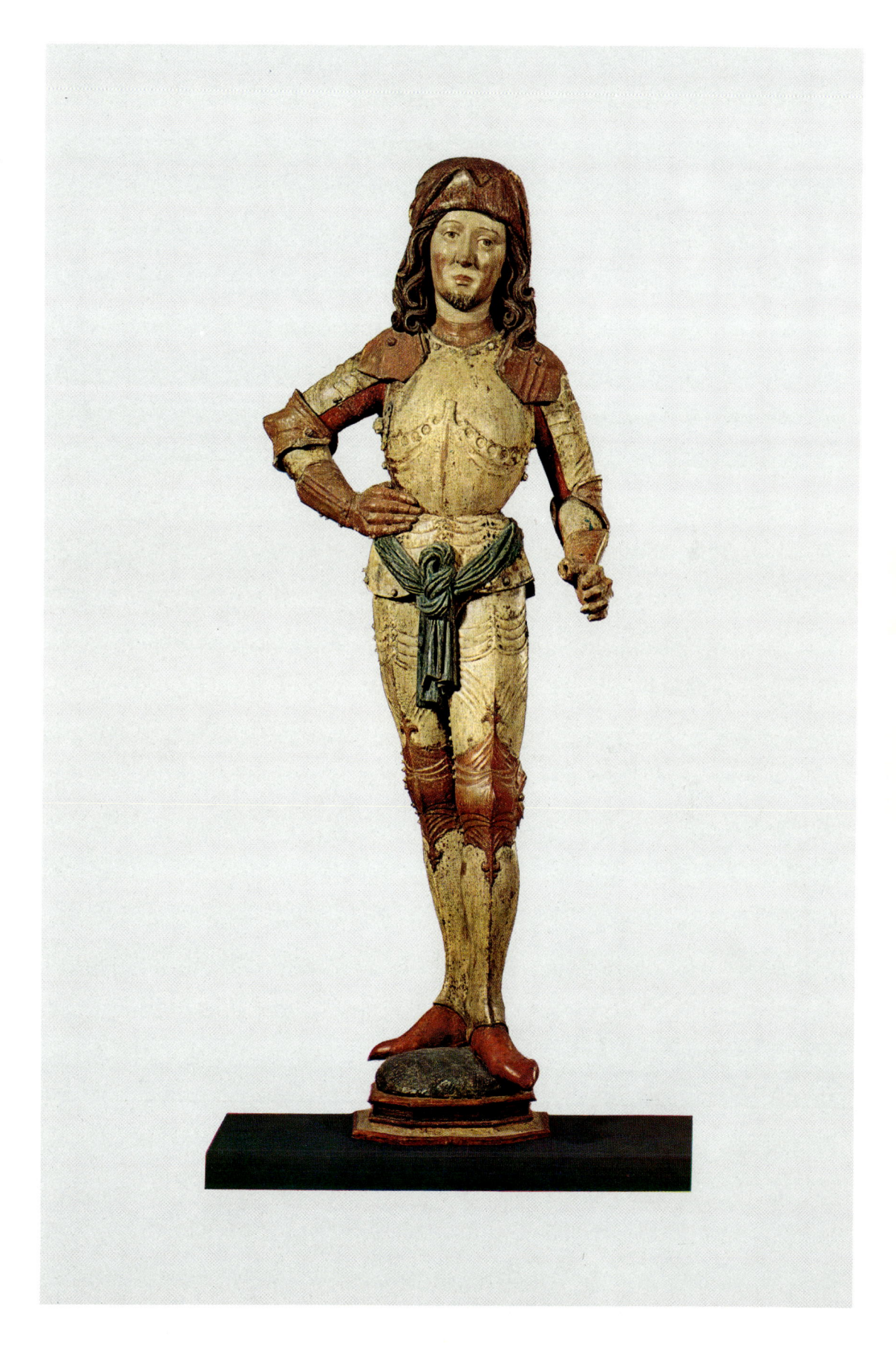

73 Erbstetten.
Ortsansicht mit der spätgotischen Pfarrkirche St. Stephan und dem Bussen im Hintergrund.

Erbstetten.
View of the village with late gothic parish church of St. Stephen and Mount Bussen in the background.

74 Granheim.
Schloß der Freiherren von Speth-Schülzburg, 1776 erbaut.

Granheim.
Castle of the Barons of Speth-Schülzburg, built in 1776.

75 Granheim. Pfarrkirche St. Martin mit Fachwerkhäusern.

Granheim. St. Martin's parish church and timber-framed houses.

76 Granheim. Gasthof zum Adler aus dem 16. Jh. Ehemals Klosterbrauerei.

Granheim. The Eagle inn, 16th century; formerly monastery brewery.

77 Nasgenstadt. Pfarrkirche St. Petrus und Paulus. Kanzel von Dominikus Hermenegild Herberger, signiert 1730.

Nasgenstadt. Parish church of St. Peter and Paul. Pulpit by Dominikus Hermenegild Herberger, signed 1730.

78 Nasgenstadt.
Pfarrkirche St. Petrus
und Paulus.
Kerkerchristus von
Anton Sturm, 1738,
beim Südportal.

Nasgenstadt.
Parish church of St. Peter
and Paul. Christ in chains
by Anton Sturm, 1738,
at south portal.

79 Allmendingen.
Schloß der Freiherren von Freyberg-Eisenberg, 1783 erbaut.

Allmendingen.
Castle of the Barons of Freyberg-Eisenberg, built in 1783.

80 Allmendingen.
Schloß der Freiherren
von Freyberg-Eisenberg.
Portal mit Wappen.

Allmendingen.
Castle of the Barons of
Freyberg-Eisenberg.
Portal with coat of arms.

81 Oberdischingen.
Kreuzigungsgruppe
in Stein um 1780/90,
am Ortseingang.

Oberdischingen.
Crucifixion group in
stone, about 1780/90,
at the entrance to the
village.

82 Oberdischingen.
Ehemaliges Herrenhaus,
Ende des 18. Jh. erbaut.

Oberdischingen.
Former mansion, built in
the late 18th century.

83 Oberdischingen. Giebel mit bekrönender Madonnenfigur des ehemaligen Kanzleigebäudes von 1767.

Oberdischingen. Gable of the former chancellery building with Madonna at the top, 1767.

84 Oberdischingen. Silbermonstranz von 1720 aus dem Kirchenschatz der Pfarrkirche zum Hl. Namen Jesu.

Oberdischingen. Silver monstrance from 1720 belonging to the church-treasure of the parish church To the Holy Name of Jesus.

85 Oberdischingen. Sitzende Madonna mit Kind, 1735. Dominikus Hermenegild Herberger.

Oberdischingen. Seated Madonna and child, 1735. Dominikus Hermenegild Herberger.

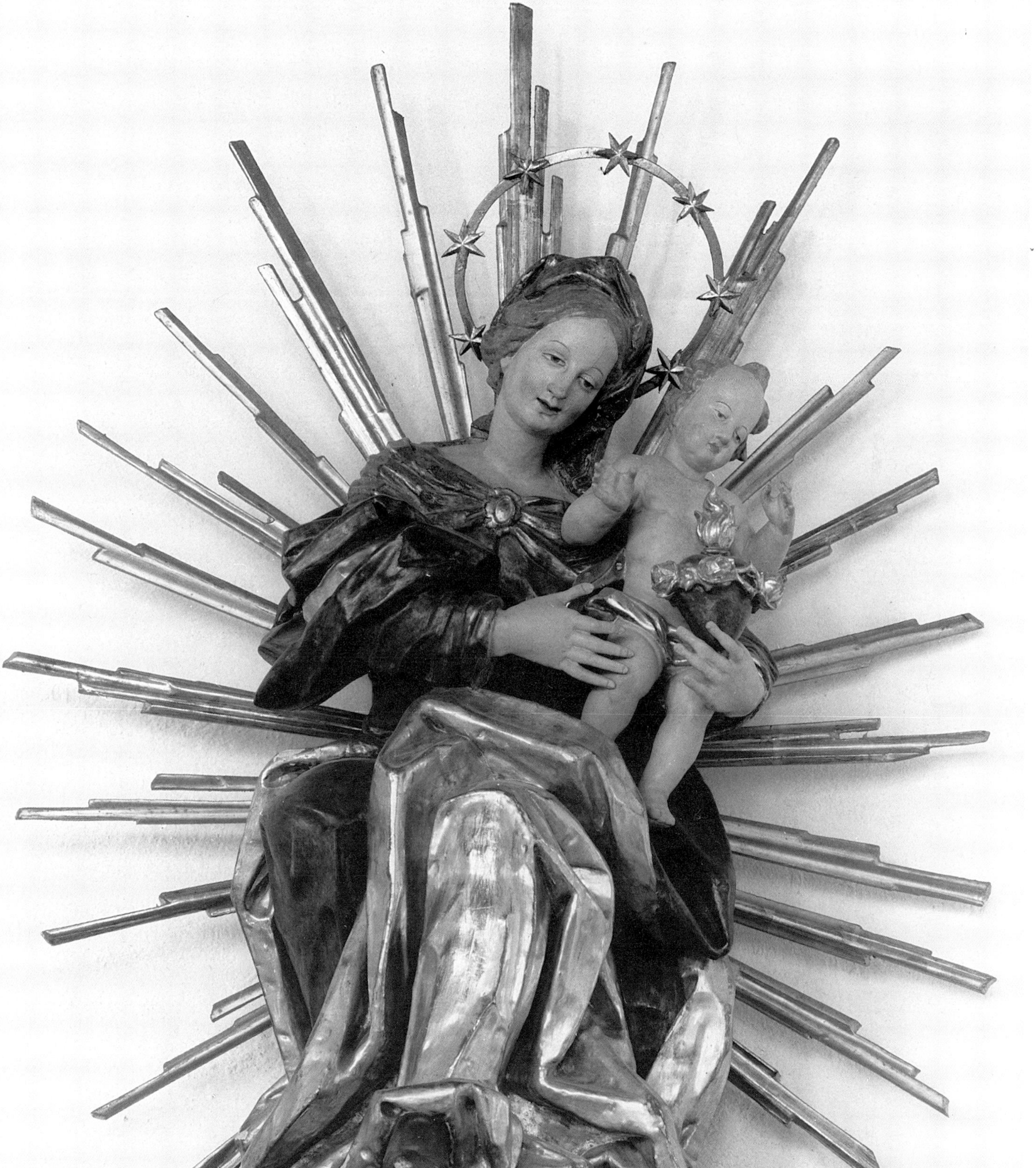

86 Abendstimmung am Öpfinger See.

Twilight at lake Öpfingen.

87 Großes Lautertal.

Big Lauter valley.

88 Großes Lautertal
mit der Burgruine
Reichenstein.

Big Lauter valley
with ruins of castle
Reichenstein.

89 Großes Lautertal.
Felsengruppe
„Zeigefinger Gottes".

Big Lauter valley.
Group of rocks called
„Index finger of God".

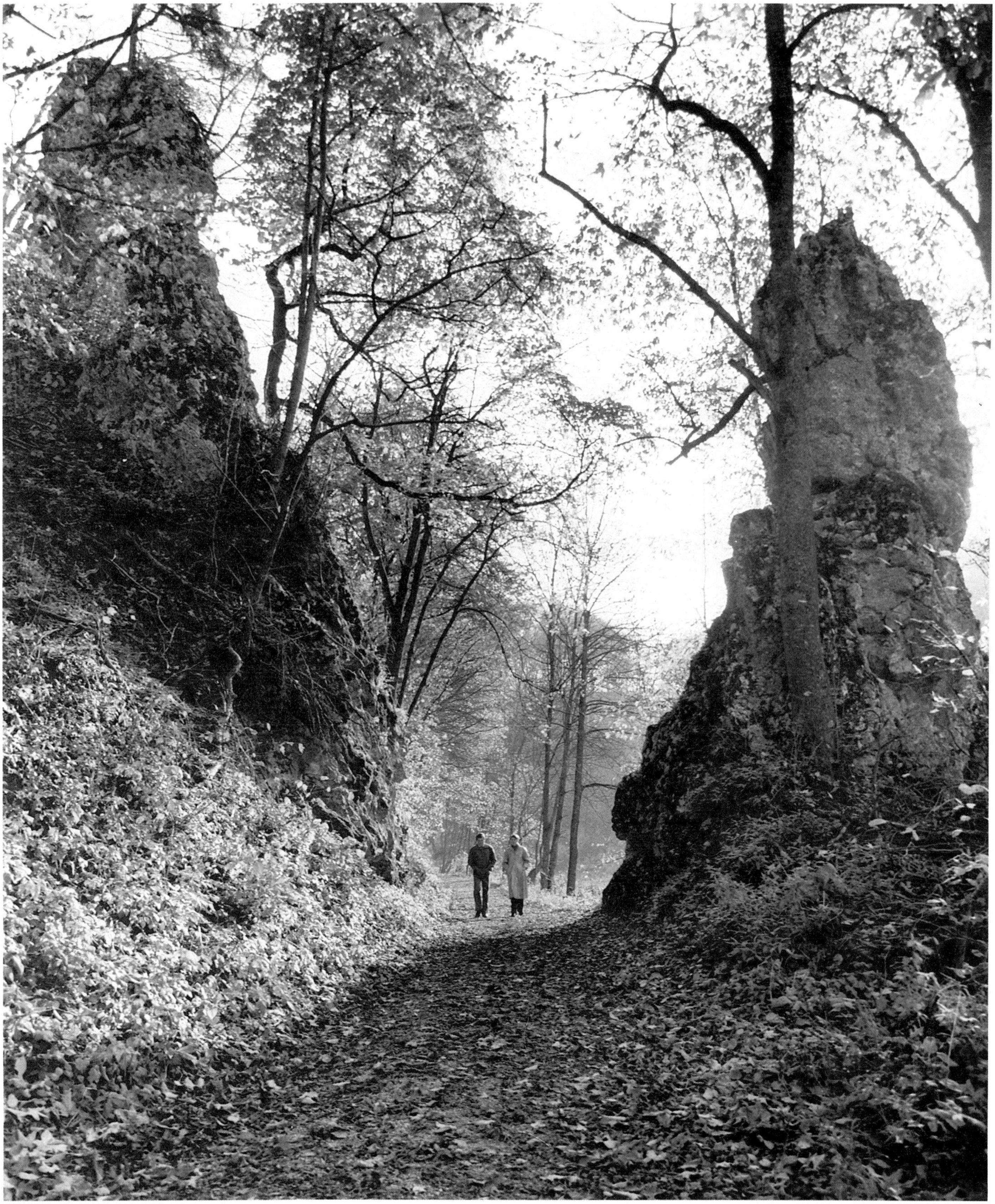

90 Erbach.
Blick vom Hochsträß
auf Schloß und Kirche
bei Föhnwetter
mit der Alpenkette im
Hintergrund.

Erbach.
View from Ulm
(Hochsträß) onto
castle and church in
föhn weather with
chain of Alps in the
background.

Verwaltungsraum Erbach

Der Verwaltungsraum Erbach grenzt im Südwesten an den Stadtkreis Ulm und gehört naturräumlich teils zum Hügelland der unteren Riß, teils zur mittleren Flächenalb. Auffallend sind deshalb auch die beträchtlichen Höhenunterschiede, die von 472 m bis 678 m NN reichen. Die Donau durchfließt den Verwaltungsraum von Südwesten nach Nordosten. Er gehört mit 63,29 qkm zu den kleineren Verwaltungsräumen des Alb-Donau-Kreises.

Nach den fünf in den Jahren 1972 und 1974 nach Erbach vollzogenen Eingemeindungen von Bach, Dellmensingen, Donaurieden, Ersingen und Ringingen besteht der Verwaltungsraum Erbach allein noch aus der Gemeinde Erbach mit 10 556 Einwohnern, darunter etwa 8 Prozent Ausländern (1977). In Erbach selbst wohnen 55,5 Prozent der Gesamtbevölkerung und rund 60 Prozent aller Ausländer. Mit 166 Einwohnern je Quadratkilometer gehört der Verwaltungsraum Erbach zu den am dichtesten besiedelten. Der überwiegende Teil der Bevölkerung ist katholisch, 7700 oder 73 Prozent. 1989 Bewohner oder 18,8 Prozent sind evangelisch, 867 Bewohner gehören anderen Religionsgemeinschaften an oder sind ohne Bekenntnis. Ersingen ist die einzige Teilgemeinde mit mehrheitlich evangelischer Bevölkerung (70,6 Prozent).

Von den 10 556 Einwohnern sind 4133 erwerbstätig, davon arbeiten etwa 14 Prozent in der Land- und Forstwirtschaft. Mehr als die Hälfte aller Erwerbspersonen, rund 2100 Personen, sind Berufsauspendler, die außerhalb der Wohngemeinde tätig sind. Demgegenüber kommen 329 Berufseinpendler zur Arbeit in den Verwaltungsraum bzw. in eine seiner Teilgemeinden. Im Verwaltungsraum Erbach sind also 2321 Personen beschäftigt, davon 563 in der Land- und Forstwirtschaft (24,3 Prozent). In den 388 nichtlandwirtschaftlichen Arbeitsstätten sind 1823 Personen beschäftigt, 1246 oder 68,3 Prozent in der Gemeinde Erbach. Von diesen 1823 Beschäftigten arbeiten 891 im verarbeitenden Gewerbe und 166 im Baugewerbe. Insgesamt gibt es hier 293 Land- und Forstwirtschaftsbetriebe, die eine 36,96 qkm große landwirtschaftliche Fläche mit 26,48 qkm Ackerland und 10,2 qkm Dauergrünland bewirtschaften.

Gemeinde Erbach

„Auf und an einem gegen die Donau und den Erlbach abfallenden Berg liegt der mit seinem Schloß und seiner Kirche gar schön ins Oberland hinausschauende, zerstreut gebaute Marktflecken." So stellt die Ehinger Oberamtsbeschreibung von 1893 die schon damals ansehnliche Gemeinde Erbach von seinerzeit 1276 Einwohnern vor. Erbach liegt 12 km südwestlich von Ulm, an der Bundesstraße 311 Ulm – Ehingen und an der Bahnlinie Ulm – Friedrichshafen, an die Erbach seit 1850 angeschlossen ist. Die Markungsfläche beträgt einschließlich des Weilers Wernau 18,07 qkm, mit einem Waldanteil von 2,23 qkm.

Die frühe Besiedlung aus der Kelten- (späten Latene) Zeit zeigt eine Viereckschanze an sowie vier Hügel aus der Hallstattzeit. Erbach ist als Römersiedlung nachgewiesen. Im 13. Jh. war es als Ellerbach oder Erlbach bezeichnet, Lehen der Grafen von Berg-Schelklingen. 1345 fiel es nach Aussterben dieses Geschlechts an Österreich. Ortsherren waren dann die in Schwaben weitverzweigten Herren von Ellerbach, die seit dem 14. Jh. im Dienst der Habsburger vor allem in der Markgrafschaft Burgau, in Dietenheim, Brandenburg und Laupheim Besitzungen erwarben. Durch Kauf und Erbschaft kam Erbach an die Stein (1348), Schenk (1400), Villennach und Westernach (1466). Von den letzteren kaufte es 1488 Herzog Georg von Bayern. Nach kurzer Verwaltung durch den Schwäbischen Bund forderte Kaiser Maximilian I. nach dem Landshuter Erbfolgestreit das Lehen zurück. Als Lehen gelangte Erbach 1620–22 an die Freiherren von Ulm-Erbach, die Schloß und Güter heute noch besitzen. Das Schloß von Erbach soll auf Grundmauern römischen Ursprungs stehen, es wurde 1524–30 neu erbaut. Im 30jährigen Krieg wurden Schloß und Dorf von den Schweden geplündert. 1704 wurde das von den Bayern besetzte Schloß von holländischen Truppen eingenommen. In den Jahren 1795/96 befand sich im Ort ein kaiserliches Lazarett. Im Mai 1800 war das Gebiet um Erbach Kriegsschauplatz der Österreicher und Franzosen. Erbach gehörte damals zur österreichischen Markgrafschaft Burgau und war zugleich Sitz der Herrschaft Erbach (Frhrn. von Ulm-Erbach). Im Jahr 1809 wurde Erbach württembergisch und Teil des Oberamts Ehingen, ab 1938 des Landkreises Ulm. Am 1. Juli 1972 wurde Ringingen, am 1. Juli 1974 die Gemeinden Bach, Dellmensingen, Donaurieden und Ersingen nach Erbach eingemeindet.

Neben einer umfangreichen Landwirtschaft wies Erbach schon früh eine Reihe gewerblicher Betriebe auf, vor allem Mühlen, aber auch zwei Dampfziegeleien, in denen viele Italiener beschäftigt wurden. Dabei wuchs die Bevölkerung von 1181 Bewohnern im Jahre 1871 auf 1760 im Jahre 1939 und 4905 im Jahre 1970. Zu Beginn 1977 zählte Erbach schon 5330 Einwohner, darunter 523 Ausländer. Von der Gesamtbevölkerung waren 4100 katholisch und 791 evangelisch, während 439 Bewohner anderen Religionsgemeinschaften angehörten oder ohne Bekenntnis waren.

Von den 2226 erwerbstätigen Bewohnern im Jahre 1970 arbeiteten nur 133 in der Land- und Forstwirtschaft. Trotz der immer noch vorhandenen 66 Landwirtschaftsbetriebe, die eine 10,26 qkm große landwirtschaftliche Nutzfläche bewirtschaften, ist dieser Wirtschaftszweig inzwischen in Erbach stark in den Hintergrund getreten. So wohnen in der Gemeinde 1150 Berufsauspendler und 258 Erwerbspersonen kommen als Berufseinpendler hierher zur Arbeit. In Erbach selbst sind 1334 Personen beschäftigt. In den am Ort vorhandenen 206 nichtlandwirtschaftlichen Arbeitsstätten sind 1245 Personen tätig, davon 646 im produzierenden Gewerbe, 98 im Baugewerbe, 248 in Handel und Verkehr sowie 162 in anderen Dienstleistungsunternehmen und freien Berufen. Acht Industriebetriebe sind in Erbach angesiedelt mit 446 Beschäftigten; so eine bekannte Sportgeräte- und Holzwarenfabrik wie auch Betriebe der Elektroindustrie und der Fertigung von Holzerzeugnissen.

Schloß: Der heutige Schloßbau wird durch ein Rechteck mit vier Rundtürmen an den Ecken gebildet, im Aufbau würfelförmig mit zwei hohen Treppengiebeln und aufragenden Ecktürmen. In der Mittelachse befindet sich im Erdgeschoß eine weite tonnengewölbte Halle, darüber zwei Wohngeschoße mit prächtig ausgestatteten Räumen, in denen vor allem die verschiedenen alten Öfen sehenswert sind. Den Burghof mit Hauptgebäude umrundet eine niedrige Mauer und Gräben. Der Eingang zum Schloß führt über eine Zugbrücke durch das aus mächtigen Quadern gemauerte Tor mit alter Wächterwohnung. Über dem Torbogen Inschriftplatte mit Wappen, Sprüchen und Baudaten des Hans Georg von Paumgarten. Steinerner Brunnen aus dem Beginn des 17. Jh. mit feingeschwungenen Baldachinstützen. Diese schöne Steinmetzarbeit stammt vermutlich aus einem fränkischen Schloß. Seitlich schließen sich zwei symmetrische Wirtschaftsgebäude an. Die Schloßkapelle am Ende der Erdgeschoßhalle wurde Anfang des 18 Jh. erneuert.

Im Renaissancezimmer mit Fresken befindet sich ein Fayenceofen mit Kaiser- und Prophetendarstellungen, sowie Portraits u. a. des Regierungspräsidenten von Vorderösterreich Ferdinand Carl von Ulm-Erbach und seiner ersten Gemahlin Maria Eleonore geb. v. Starhemberg aus dem Jahr 1754. Der Eckraum des ersten Geschoßes ist der Maria-Theresia-Salon mit frühbarockem Deckenstuck und geschnitzter Wandtäferung. Der Rundofen aus Fayence mit der Jahreszahl 1533 stellt ein Hauptwerk der Südtiroler Fayence dar. In Blaumalerei wird in drei Reihen eine Kaisergenealogie dargestellt. Barockmöbel des 17. und 18. Jh., sowie Bildnisse der Kaiserin Maria Theresia und ihrer Familie ergänzen den Salon mit Möbeln aus dieser Zeit. Auch die übrigen Räume besitzen eine qualitätvolle Ausstattung. Der Schloßpatron St. Alexius, Patron der Pilger und Bettler, ist ein Meisterwerk des Augsburger Bildhauers Sebastian Loscher von 1513. Auch im südlichen Fürstenzimmer steht ein reizvoller

Ofen von 1713 mit figürlichen Szenen, und hier befinden sich die Portraits der Landvögte der Markgrafschaft Burgau, ein geschnitzter Schrank des im Obermarchtaler Kapitelsaal vertretenen Tiroler Schnitzers Andreas Etschmann.

Katholische Pfarrkirche St. Martin. 1766 wurde die spätgotische Kirche abgerissen, 1767 mit dem Neubau begonnen, für die Franz Kleinhans aus Augsburg Modell und Pläne gearbeitet hat. Diese Kirche hat einen der schönsten barocken Innenräume des Kreises, ein breiter Saalbau mit eingezogenem langem dreiseitig geschlossenem Chor und vier Seitenaltären. Herrschaftliches Oratorium auf der Nordseite des Chores. Stukkaturen von Ignaz Finsterwalder und Sohn Joseph Anton aus Augsburg. Die Fresken stammen von Franz Martin Kuen, Weißenhorn. Das Deckenfresko im Schiff stellt die Verherrlichung des Rosenkranzfestes und die Dankprozession in Rom mit Papst Pius V nach der Seeschlacht von Lepanto dar, signiert von Kuen 1768.

Auf den Seitenaltären Gemälde mit Darstellung der Beweinung Christi, signiert von J. Bergmüller 1766. Die Darstellung der Anbetung der drei Könige ist vielleicht von Joseph Esperlin. Schöne Rokokokanzel. Über dem Hochaltar spätgotische Muttergottes, ulmisch um 1490. An der linken Seitenwand auf Konsole gefaßte Skulptur des Hl. Joh. Nepomuk von Dominikus Hermenegild Herberger, Dietenheim, von dem vermutlich auch die Heiligen Augustinus und Wendelin auf den Prozessionsstangen sind. In der Sakristei gestickter Festornat, den Kaiserin Maria Theresia gestiftet hat.

Am Abhang des Schloßbergs neben dem Pfarrhaus befindet sich ein Steinkreuz, wohl aus dem 30jährigen Krieg.

Ortsteil Bach

Bach, 501 m NN, liegt am Südostabfall des Hochsträß im anmutigen Tal des Erlbachs, der am nahen Erbach vorbei in die Donau mündet. 2,24 qkm der fast 5 qkm großen Markung sind bewaldet.

Um 1800 gehörte Bach zur Herrschaft Oberdischingen der Grafen Schenk-Castell. Im Jahre 1809 wurde es württembergisch und dem Oberamt Ehingen zugeordnet. Bei der Kreisneuordnung im Jahre 1938 verblieb es beim Landkreis Ehingen. Am 1. Juli 1974 wurde Bach nach Erbach eingemeindet. Im Jahr 1247 war der Ort vom Gegenkönig Heinrich Raspe niedergebrannt worden, nachdem dieser die Stadt Ulm vergeblich belagert hatte.

Die Einwohnerzahl von Bach, die sich seit 1871 nur unwesentlich veränderte, stieg erst in den jüngsten Jahren mit der Erschließung von Bauland deutlich an. Im Jahr 1871 hatte Bach 259 Einwohner und im Jahr 1970 321. Anfang 1977 aber zählte Bach schon 556 Bewohner, davon 395 katholische und 112 evangelische. Von den 163 erwerbstätigen Bewohnern des Jahres 1970 arbeiteten nur 44 in der Land- und Forstwirtschaft. Die Gemeinde hat sich zunehmend zu einer Arbeiterwohngemeinde entwickelt. 94 Erwerbspersonen gingen im Jahr 1970 als Berufsauspendler außerort zur Arbeit. In Bach selbst sind 69 Personen beschäftigt. Namhafte Gewerbebetriebe sind nicht vorhanden. Die 22 Landwirtschaftsbetriebe bewirtschaften eine 2,36 qkm große landwirtschaftliche Nutzfläche.

Katholische Pfarrkirche St. Nikolaus seit 1721 im Besitz der Schenken von Castell. 1756 wurde das Castell'sche Schloß abgebrochen und an dessen Stelle 1771 die Kirche erbaut. Ein flachgedeckter Saalbau mit halbrund geschlossenem Chor. Zu Seiten des Choreingangs stehen Säulen. Die Westfassade ist durch Pilaster gegliedert und ähnelt der Dreifaltigkeitskirche von Oberdischingen. Klassizistische Ausstattung mit zum Teil spätgotischen Holzskulpturen aus der alten Kirche: eine spätgotische Madonna voller Anmut, Ende 15. Jh., Hl. Joseph mit Jesusknaben, barock und ein Vesperbild.

Ortsteil Dellmensingen

Im weiten Donautal, an der Einmündung der Schmiehe in die Rot, liegt Dellmensingen, 487 m NN. Die Markung, mit geringem Waldbestand, ist 10,94 qkm groß.

Urkundlich ist Dellmensingen schon 1152 genannt. Es war Lehen der Grafschaft Kirchberg und hatte im 13. Jh. eigenen Ortsadel, zwei Burgen und mehrere Grundherren. Die Ulmer Patrizier Krafft brachten im 14. und 15. Jh. den größeren Teil der Rechte und Güter an sich. Über die Ulmer Greck ging dieser Besitz 1556 an die von Stotzingen, 1647 an die von Werdenstein und fiel 1796 an Österreich als lediges Lehen zurück. Die hohe Gerichtsbarkeit hatten die Grafen von Kirchberg, danach die Fugger unter österreichischer Landeshoheit. 1805 kam der Ort zu Bayern, 1810 zu Württemberg und zum Oberamt Laupheim, ab 1938 zum Landkreis Ulm. Am 1. Juli 1974 wurde Dellmensingen nach Erbach eingemeindet.

Schon 1854 war Dellmensingen mit 890 Einwohnern stark bevölkert. Nach 1945 wuchs die Bevölkerung rasch an. Anfangs 1977 hatte Dellmensingen 2192 Bewohner, davon 1670 katholisch und 293 evangelisch. Mit 9,8 Prozent ist der Ausländeranteil besonders hoch. Von den 858 erwerbstätigen Bewohnern arbeiten 128 in der Land- und Forstwirtschaft. Weit größer ist mit 480 Erwerbstätigen die Zahl der Berufsauspendler im Gegensatz zu nur 48 Berufseinpendlern, die nach Dellmensingen zur Arbeit kommen. In Dellmensingen selbst sind somit 426 Personen beschäftigt. Im Ort gibt es 105 nichtlandwirtschaftliche Arbeitsstätten mit 355 Beschäftigten, davon 165 im produzierenden Gewerbe und 38 im Baugewerbe. Zwei kleinere Industriebetriebe sind hier angesiedelt. 74 Landwirtschaftsbetriebe bewirtschaften 9,33 qkm landwirtschaftliche Nutzflächen.

Katholische Pfarrkirche St. Cosmas und Damian. Die für eine Dorfkirche beachtliche Anlage wurde 1711–12 durch die Werdenstein'sche Herrschaft anstelle einer früheren Kirche erbaut. Christian Wiedemann aus Elchingen wird als Baumeister genannt. Ein Saalbau mit eingezogenem halbrund geschlossenem Chor. Am Chorbogen Wappen Werdenstein-Freyberg mit Baudatum 1712. Qualitätvolle Stukkaturen, Deckenfresken und Holzbildwerke des späten 18. Jh.: Eine Immakulata, Hl. Joseph und Hl. Wendelin, die Mutter Anna, welche dem Bildhauer Joh. Baptist Hobs, Mietingen zugeschrieben wird. Herrschaftliche Epitaphien, u. a. von Hans und Michael Schaller. Hochaltarmadonna, die eine Kopie einer Statue darstellt, welche einem Bildschnitzer aus dem Kreis um Gregor Erhart zugeschrieben wird.

Anstelle einer mittelalterlichen Anlage wurde das Schloß 1650 erbaut. Es hat frühbarocke Stuckdecken und in der Hauskapelle eine Schnitzarbeit, den Hl. Joseph darstellend, signiert von Joh. Baptist Hobs 1728. Die Schloßmühle ist in jüngster Zeit gut restauriert worden. Die Kalksandstein-Skulptur des Hl. Nepomuk mit der Jahreszahl 1726 oder 1736, eine Stiftung der von Werdenstein und Freyberg, befindet sich im Vorbereich des Schlosses.

Ortsteil Donaurieden

Donaurieden, mit einer Markungsfläche von 4,89 qkm, liegt am Südhang des Hochsträß, 3 km westlich von Erbach und 516 m NN. Der Waldanteil ist gering, nur 24 ha.

Donaurieden dürfte Teil des alten Lehen der Grafen von Berg gewesen sein. 1348 wurde es als Teil der Herrschaft Erbach an die Stein zu Datthausen verkauft. 1418 traten die Grafen von Kirchberg, 1538 die Fugger als Lehensherren auf. Seit 1488 waren die jeweiligen Besitzer von Erbach auch die Ortsherren von Donaurieden. So gehörte der Ort zur österreichischen Markgrafschaft Burgau, ehe es im Jahre 1809 württembergisch und Teil des Oberamts Ehingen wurde. Bei der Kreisgliederung 1938 verblieb Donaurieden im Landkreis Ehingen. Am 1. Juli 1974 wurde es nach Erbach eingemeindet. Im Mai 1800 war das Gebiet um Donaurieden der Kriegsschauplatz österreichischer und französischer Truppen.

Im Jahr 1871 zählte Donaurieden erst 280 Einwohner. Nach 1945 nahm die Bevölkerung zu. Anfang 1977 waren es 657 Einwohner, davon 471 katholische und 121 evangelische. Von den 232 erwerbstätigen Bewohnern arbeiten nur 67 in der Land- und Forstwirtschaft. 135 Erwerbspersonen sind Berufsauspendler. In Donaurieden selbst sind 98 Personen beschäftigt. 30 vorhandene Landwirtschaftsbetriebe bewirtschaften eine 3,61 qkm große landwirtschaftliche Nutzfläche.

Katholische Pfarrkirche St. Michael, erstmals erwähnt 1490. Unter Einbeziehung des gotischen Chors 1762 umgebaut, in einer herrlichen Lage auf einem Hügel außerhalb des Dorfes beim hochgelegenen Friedhof. Gefaßte Heiligenfiguren um 1490 aus der Ulmer Schule, die Hl. Katharina und Barbara darstellend. Entwendet bei einem Einbruch wurden fünf Figuren: Hl. Maria mit Jesusknaben, eine Pieta, ein Auferstehungschristus, ein Christuscorpus, alles barock, sowie ein spätgotischer Engel.

Ortsteil Ersingen

Ersingen, 7,75 qkm groß und mit geringem Waldanteil, liegt in der Niederung der Donau, nahe der Einmündung der Riß in die Donau, 10,5 km östlich von Ehingen und 485 m NN.

Ersingen ist 1194 erstmals urkundlich genannt. Doch führten einst zwei Römerstraßen durch die Markung. Den Römern folgten die Alemannen als Siedler. Im Mittelalter wechselten die Besitzverhältnisse häufig. Die Klöster von Wiblingen, Söflingen und Heggbach hatten hier Eigentum, bis dann die Ulmer Sammlungsschwestern (Minoritinnen, seit 1487 Franziskanerinnen der Dritten Regel, seit 1525 Evangelische Stiftsfräulein) den Ort aufkauften. Dadurch ist auch Ersingen im Jahr 1525 reformiert und evangelisch geworden.

Ersingen erlitt im Verlauf seiner Geschichte einige Schicksalsschläge. So brannte 1247 Gegenkönig Heinrich Raspe den ulmischen Ort ab. Schwere Schäden erlitt der Ort auch im 30jährigen Krieg und 1704 im Erbfolgekrieg, als die Franzosen den Ort plünderten und 71 Häuser in Brand steckten. Mit der Reichsstadt Ulm kam Ersingen dann im Jahr 1803 zu Bayern und 1810 zu Württemberg und hier zum Oberamt Ehingen. Bei der Kreiseinteilung von 1938 verblieb es beim Landkreis Ehingen. Am 1. Juli 1974 schließlich wurde Ersingen nach Erbach eingemeindet.

Nur wenig veränderte sich die Bevölkerungszahl von Ersingen im 18. und 19. Jh. „Im ganzen 18. Jh. wurden hier 1268 Geburten und 1269 Sterbefälle gezählt" berichtet die Ehinger Oberamtsbeschreibung von 1893. Im Jahr 1871 zählte der Ort 352 und im Jahr 1939 sodann 375 Einwohner. Doch nach dem zweiten Weltkrieg wuchs die Gemeinde bei der Ansiedlung von Flüchtlingen und Vertriebenen stärker an. Anfang 1977 hatte Ersingen 830 Bewohner, darunter 61 Ausländer. Von der Gesamtbevölkerung waren 586 evangelisch und 186 katholisch. Von den 261 erwerbstätigen Bewohnern arbeiten nur 85 in der Land- und Forstwirtschaft. 135 Erwerbspersonen sind Berufsauspendler. In Ersingen selbst sind 131 Personen beschäftigt. Seit kurzem besteht eine Stahlbaufirma am Ort. Die 48 Landwirtschaftsbetriebe bewirtschaften eine 5,78 qkm große landwirtschaftliche Nutzfläche.

Evangelische Kirche (Hl. Franziskus). Der spätgotische Bau von 1460 wurde 1766–67 erneuert. Mächtiger viereckiger Westturm mit Schlitzfenstern und breiter Kuppelhaube. Im Schiff befinden sich auf der Empore Apostelbilder von 1766, im Chorgewölbe spätgotische Malereien, darunter die vier Evangelistensymbole.

Taufstein mit reicher Rokokoschnitzerei um 1770. Die große Holzfigur des Hl. Johannes d. T. auf dem Deckel ist wohl um 1698 entstanden.

Im Mittelschrein des Hochaltars befinden sich fünf Holzfiguren aus einer Ulmer Werkstatt um 1500: Hl. Katharina, Agnes, Maria mit Kind, Hl. Barbara und Dorothea. Auf den Innenseiten des gemalten Flügel: links Hl. Erasmus und Nikolaus, rechts Hl. Martin und Georg. Auf den Außenseiten ist über beide Tafeln die Verkündigung Mariä dargestellt. Auf der bemalten Predella Christus und die Apostel, im Gesprenge Kreuzigungsgruppe.

Die Malereien zeigen Übereinstimmung mit dem Figurenstil des früheren Altars von Jakob Acker in Rißtissen. Sie könnten Werkstattarbeiten sein. Zu beiden Seiten des Choreingangs Reste zweier Schnitzaltäre: links in einem Schrein die Hl. Katharina, Hl. Konrad und Barbara mit der Jahreszahl 1517. Auf der rechten Seite ein Schrein mit der Verkündigung. Die sehr qualitätvollen Figuren stammen vom gleichen Meister, vielleicht von Nikolaus Weckmann oder aus seiner Werkstatt.

Ortsteil Ringingen

Ringingen liegt auf dem Hochsträß und ist von großen Wäldern umgeben. Es liegt etwa 10 km nordwestlich von Erbach und 566 m NN. 6,85 qkm der 16,67 qkm großen Markungsfläche sind bewaldet.

Ringingen ist einer der ältesten Orte des Hochsträß, am Kreuzungspunkt vorrömischer Wege gelegen. Dort befinden sich auch vorgeschichtliche Grabhügel. Ringingen gehörte einst den Grafen von Helfenstein, von denen es 1447 durch Kauf an Württemberg kam. „Daß die Gemeinde", so berichtet die Blaubeurer Oberamtsbeschreibung von 1830, „katholisch blieb, obgleich die Universität Tübingen Kirchenpatron war, rührt wohl von der Teilung der Herrschaft her; nach dem Tod des Herzog Ulrich baten die Mitherrschaften die Universität, ihre Untertanen zu Ringingen bei der katholischen Religion verbleiben und von einem katholischen Priester versehen zu lassen, wie es auf ihre Vorstellungen auch zu Lebzeiten des Herzogs geschehen sei." Im 30jährigen Krieg und auch 1637/38 wurden große Teile des Orts niedergebrannt. Danach war der Ort mehrere Jahre lang ganz verödet. Um 1800 gehörte Ringingen zum Klosteroberamt Blaubeuren. Kurz darauf unter württembergischer Staatshoheit kam es zum Oberamt Blaubeuren und 1938 zum Landkreis Ehingen. Am 1. Januar 1972 wurde Ringingen nach Erbach eingemeindet.

Lange Zeit konnte Ringingen sein Gesicht als reine Bauerngemeinde bewahren. Ab 1945 wuchs aber die Bevölkerung stärker an, die Gemeinde wandelte sich teilweise zur Arbeiterwohngemeinde. Im Jahr 1871 hatte der Ort 621 Einwohner, im Jahr 1939 sogar nur 584 Einwohner gezählt. Anfang 1977 waren es 991 Bewohner, davon 878 katholische und 86 evangelische. Von den 393 erwerbstätigen Bewohnern arbeiten 116 in der Land- und Forstwirtschaft. 147 Erwerbspersonen sind Berufsauspendler. In Ringingen selbst sind 263 Personen beschäftigt. Seit kurzem sind zwei kleinere Industrieunternehmen im Ort. Die 54 Landwirtschaftsbetriebe bewirtschaften eine 6,76 qkm große landwirtschaftliche Nutzfläche.

Katholische Kirche Maria Himmelfahrt. Im Untergeschoß des Turmes an der Südseite der Kirche romanische Buckelquader; die neue Kirche wurde darauf 1771–86 errichtet. Der klassizistische Innenraum hatte frühbarocke Altäre. Hochaltar mit kräftigen flankierenden Säulen, Ende 17. Jh. Das Altarbild stammt aus dem 19. Jh. Die beiden großen Skulpturen an dessen Seiten, die Hl. Petrus und Paulus, sind großartige Werke des kurpfälzischen Hofbildhauers Paul Egell aus der 1. Hälfte des 18. Jh. Sie sollen aus der Eberhardskirche Stuttgart stammen.

Natur- und Landschaftsschutz
im Alb-Donau-Kreis

Der Naturschutz hat sich im vergangenen Jahrzehnt vor allem mit dem Seltenen und dem besonders Bedrohten in der Natur beschäftigt, und noch heute spielen die Bemühungen um den Schutz der Biotope und den Artenschutz eine herausragende Rolle. Das älteste Anliegen ist das Erhalten einer möglichst großen Vielfalt von Lebensräumen, Tier- und Pflanzenarten in einem intakten biologischen Gleichgewicht. Diese Komponenten zusammengenommen garantieren auch dem Menschen eine erlebnisstarke Landschaft. Vergleiche mit früheren Zuständen geben konkret Aufschluß darüber, wie sehr unsere Landschaft samt ihrer Tier- und Pflanzenwelt inzwischen verarmt ist. Mit der zunehmenden Beanspruchung von Landschaft durch den Straßen- und Wohnungsbau unter dem Zeichen Stadtflucht, der Rationalisierung in der Landwirtschaft, ist deutlich geworden, daß dem Natur- und Landschaftsschutz eine sehr viel breitere Basis eingeräumt werden muß, denn das Bewußtsein des Umweltschutzes hat sich inzwischen in ungeahntem Maße in der Bevölkerung entwickelt. Aus dieser Erkenntnis heraus entstanden die Natur- und Landschaftsschutzgebiete, deren Verzeichnis im Jahre 1973 herausgegeben wurde und laufend Fortschreibung erfährt durch vorsorgliche Bereitstellung möglicher weiterer Gebiete.

In den Naturschutzgebieten sollen nach Gesetz die Natur und Landschaft unberührt erhalten und gepflegt werden; deshalb ist dort jede Veränderung verboten.

Der Alb-Donau-Kreis hat fünf Naturschutzgebiete ausgewiesen, so den Bannwald „Rabensteig", in den Steilhängen des Tiefentals, mit Buchen-Steppenheidewald und dazwischen aufragenden Felsen mit alpiner Flora. In dessen Südteil wachsen Bergahorn, Bergulme, Esche und Linde (Zugang von Blaubeuren-Weiler).

Die drei Feuchtgebiete verteilen sich auf das Donauried bei Langenau, einem Rest der ehemals verbreiteten Flächenmoorvegetation des heute kultivierten Donauriedes mit Gebüschgruppen, Feuchtwiesen und Schilfbeständen. Dort beginnt sich auch die Vogelwelt wieder heimisch zu fühlen. Einige der bemerkenswertesten Vogelarten, die in diesem Naturschutzgebiet oder seinen angrenzenden Grünlandflächen vorkommen, sind der Große Brachvogel, die Bekassine, der Kiebitz, das Tüpfelsumpfhuhn, der Wachtelkönig, die Wasserralle, das Braunkehlchen, der Rotmilan, die Kornweihe, die Wiesenweihe und der Rotfußfalke.

Das Arnegger Ried ist ein Niedermoor im Blautal, das teilweise durch Torfabbau verändert ist und in welchem Schilf, Rohrkolben, Birke und Pappel zwischen der seltenen Kriechweide wachsen, ein Brut- und Rastplatz der Vögel.

Einmalig ist der Schmiecher See, ein fast verlandeter See an der tiefsten Stelle einer Schlinge des alten Donaubettes. Die nur noch kleinflächig vorhandenen freien Wasserflächen sind mit Teichbinsen und Seggen, mit Schilfröhricht eingefaßt. Seltene Pflanzen halten sich, obwohl in heißen Sommern der See trockenliegt. Als Rast- und Brutplatz hat auch dieses Gebiet große ornithologische Vielfalt.

Das für die Schwäbische Alb wohl typischste Naturschutzgebiet ist der Salenberg bei Lonsee, eine sehr schöne weite Albschafweide auf einem Westhang im Weißen Jura. In diesen Schafweiden, darinnen einige mürrische Felsklötze hocken, dehnen gewaltige Weidbuchen ihre Kronen und strahlen würdige Ruhe aus. Ihnen zugestellt wachsen Mehl- und Vogelbeere und als besonderes Charakteristikum der Wacholderbusch, der sagenumwobene Machandelbaum.

Als bucklig Männlein im graugrünen Frack
Steht stachlig Wacholder im Rasen
Als düsterer Waldschreck mit Strick und mit Sack
Im Kreise verhutzelter Basen.

In diesen Schafweiden, die durch den Verbiß weidender Schafe niedrigen Rasenwuchs aufweisen, hat sich eine Pflanzengesellschaft angesiedelt, die sich mit Stacheln und Dornen gegen die hungrigen Schafmäuler wehrt. Blieben sie sich selbst überlassen, wären die Weiden in wenigen Jahrzehnten vom Wald verschlungen. Man kann dies gut beobachten, wo der Schäfer verschwunden ist. Dann stellen sich Liguster, Feldahorn und Hasel ein, Kratzdistel, Hauhechel, Zittergras, Hornklee, Karthäusernelke und Habichtskraut werden überwuchert. Die strahlendste Blüte dieser Heiden, die Silberdistel, auch Eberwurz oder Wetterdistel geheißen, wurde das Signet der schwäbischen Albstraße für die Touristen.

In einer Blüte Eberwurz
Sitzen zwei Hummeln, dick und kurz.
Über die Heide Sturmwind fegt,
Beide läßt das unbewegt.

Die Strahlenblätter schließen sich ganz
Zu einem schützenden Silberkranz.
Und kitzelst du drin, so kommen hierfür
Zwei Beinchen: Geh weg von unsrer Tür!

Wenn sich gelegt der Nebelsturm,
Die Sonne trocknet Blatt und Wurm,
Wenn öffnet sich das Silbertor,
Sie putzen die Augen, steigen hervor
Und fliegen, summen ein und aus
Wieder am blühenden Heidestrauß.

Karl F. Ritter

Zwischen Natur- und Landschaftsschutz bestehen Unterschiede, vor allem hinsichtlich des Umfangs der Schutzwirkung, zum Beispiel durch die Erhaltung der notwendigen Freiräume in Verdichtungsgebieten, den Erhalt wertvoller Böden und die Sicherung der Erholungsfunktion. In der Regel bleibt dort die ordnungsgemäße land- und forstwirtschaftliche Nutzung unbehindert.
Sehr beeindruckend ist hier die große Zahl der Sommerschafweiden mit 59 im Verwaltungsraum Ehingen, sowie einigen in den Räumen Laichingen und Schelklingen.
Einige Albtäler genießen diesen Landschaftsschutz, wie das Blautal, das Lone- und Hürbetal als größtes und schönstes Tal der Ostalb, das besonders im mittleren und unteren Teil noch natürlich und unberührt ist, mit Laub- und Mischwäldern, Schafweiden an den Hängen, Felsen und Höhlen mit zum Teil berühmten vorgeschichtlichen Funden. Zu diesen Tälern gesellen sich Altwasser der Donau und Iller, Schlingen ihrer ehemaligen Flußbette, sowie Felsengruppen an deren Rändern. Auch dem Autofahrer wird das besondere Landschaftserlebnis zugebilligt, denn an der Autobahn befinden sich solche geschützten Landschaften, wie im „Blumenhau" auf Markung Tomerdingen und Bermaringen mit einem vorwiegenden Wiesenland mit einzelnen Bäumen. Für die Gemarkung Scharenstetten ist die Feldheckenlandschaft eigentümlich, auf der „Kuppenalb" von Scharenstetten bis Machtolsheim-Merklingen wechseln sich Feld, Wald und Weiden, Trockentäler und Wiesen mit kleinen Heuhütten ab. Der Autofahrer bekommt einen Eindruck von dieser vielseitigen und auch fruchtbaren Landschaft.
An Wegen und Straßen stehen, vereinzelt oder zu mehreren, alte Steinkreuze als geheimnisvolle stumme Zeugen vergangener Jahrhunderte. Jedes hat seine eigene Geschichte, die im Volksmund durch Sagen le-

bendig geblieben ist. Sie sind Erinnerung an Sühne, an die Pest, an Kriegsereignisse, und die ältesten reichen in unserem Raum in das 16. Jahrhundert zurück. Auch diese Mahner des Menschen, die zugleich Landschaftsmarken sind, gehören zum Erbe unserer Vergangenheit und sind unter Schutz gestellt.

Albtal

Mit seiner Mutter steht das junge Reh
Im Tal und weidet Gras und Klee.
Rotkehlchen singt und singt und schweigt.
Noch eine Hummel aus den Blüten steigt
Und bummelt heim.

Die unberührte Bläue dunkelt zu,
Die Linde atmet aus der Blütenruh
Honigsein.

Das Echo schlummert in der Felsenwand,
Das Schweigen kommt und lockert meine Hand
Führt auch mich heim!

Karl F. Ritter

Der Mückenschwarm

Fast nur Flügel, magre Bissen
Tanzt der Mückenschwarm erregt.
Denkt der Frosch: Ich möchte wissen,
Was die Kleinen so bewegt.
Fliegen, statt im Grase sitzen
Und sich polstern für die Not,
Sinnlos seine Kraft verschwitzen
Bis zum letzten Abendrot,
Statt im Grase, schlau und bieder
Sparsam und vergnüglich ruhn
Hier und dort und immer wieder
Eine Schnecke einzutun.

Karl F. Ritter

Karl Friedrich Ritter ist am 24. Mai 1900 in Altshausen, Kreis Ravensburg, geboren. Nach seiner Studienzeit wurde er Volksschullehrer und war bis zu seiner Pensionierung Rektor in Allmendingen. Seit 1965 lebt er in Riedlingen.

Jahrzehntelang hütete er seine Gedichte vor der Öffentlichkeit und gestattete nur vertrauten Freunden hie und da Einblick in sein Schaffen. Erst auf Drängen seiner Kollegen ließ er sich zu einem kleinen Gedichtband anregen und wurde dadurch einer breiteren Öffentlichkeit bekannt. Er schildert die Natur und Landschaft der Schwäbischen Alb in einer klaren, oft musikalisch beschwingten Sprache. Blumen und Pflanzen sind ihm Gleichnisse menschlichen Lebens. Sein eigentliches Thema jedoch ist die Suche nach den Wurzeln des Lebens, und er hält unserer Zeit den Spiegel vor, damit der Mensch erkenne, daß ihm eins aufgegeben ist: den Bann versucherischer Möglichkeiten zu durchbrechen und wieder in ein geordnetes Verhältnis zur Natur und damit zu sich selbst und seiner Umwelt zurückzufinden.

Ritters einfache Wortwahl, Reim und Rhythmus seiner Sprache, führten zur Vertonung mit dem Liederzyklus „Rote Flügel" nach dem gleichnamigen Lyrikband.

Weitere Lyrikbände: Licht im Untergang. Gang im Dunkel. Wir Gefangenen, Gedichte – eine Auswahl.

91 Erbach.
Torhaus von Schloß Erbach mit der 1767 erbauten Pfarrkirche St. Martin im Hintergrund.

Erbach.
Gate-house of Erbach castle; in the background parish church of St. Martin, built in 1767.

92 Erbach.
Schloß des Freiherrn von Ulm-Erbach, aus der Mitte des 16. Jh.

Erbach.
Castle of the Baron of Ulm-Erbach, mid-16th century.

93   Erbach.
Schloß des Freiherrn von
Ulm-Erbach mit
Zugbrücke.

Erbach.
Castle of the Baron of
Ulm-Erbach with
draw-bridge.

94 Erbach.
Schloß des Freiherrn von Ulm-Erbach. Maria-Theresia-Salon mit Südtiroler Fayenceofen von 1533.

Erbach.
Castle of the Baron of Ulm-Erbach. Maria Theresia drawing room with Southern Tyrolean faience stove from 1533.

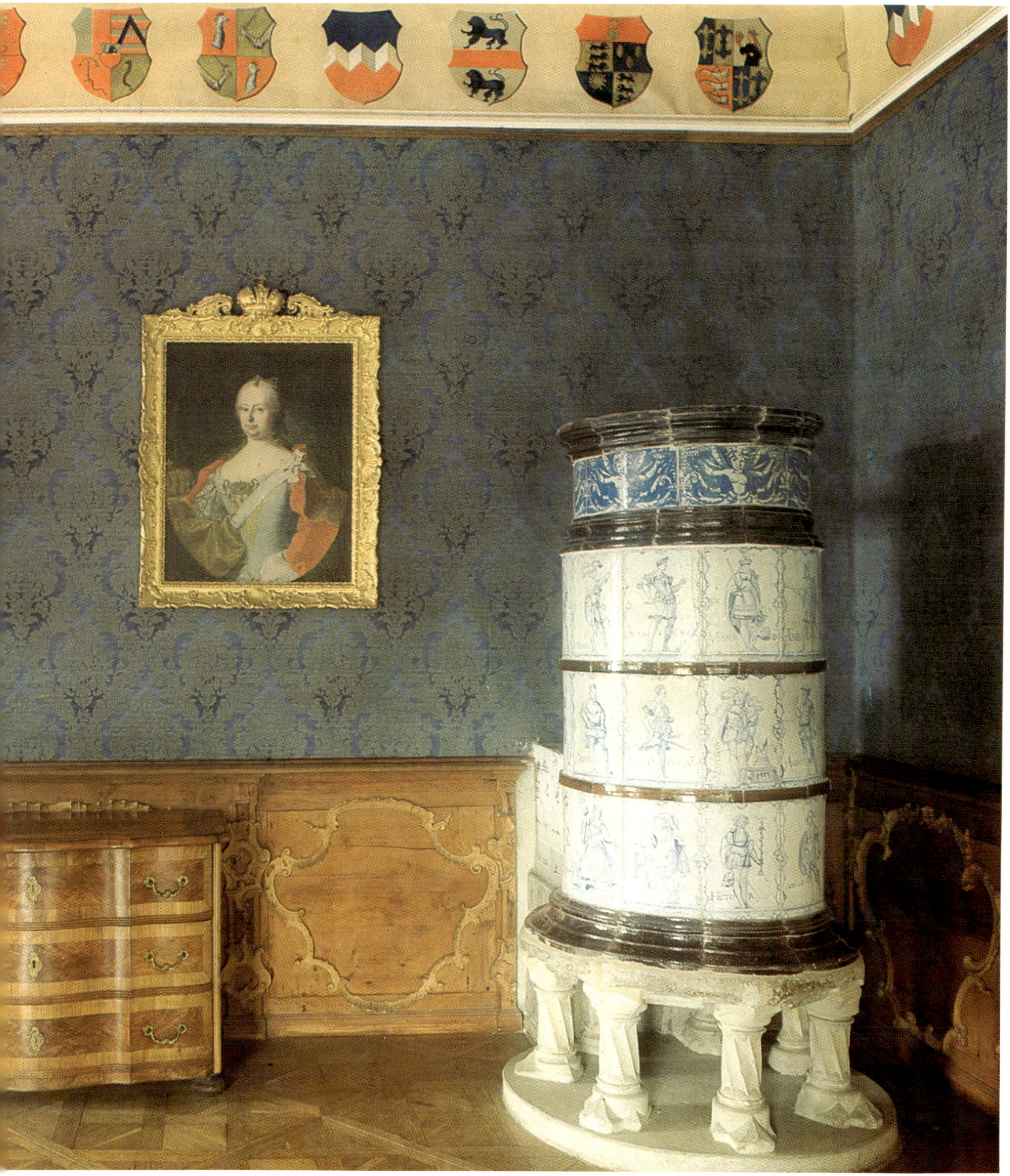

95 Erbach.
Pfarrkirche St. Martin.
Spätgotische
Muttergottes, ulmisch,
um 1490, im Hochaltar.

Erbach.
St. Martin's parish church. In the high altar late gothic Holy Virgin, Ulmian, about 1490.

96 Erbach.
Pfarrkirche St. Martin. Christus auf dem Taufstein,
Ende des 18. Jh.

Erbach.
St. Martin's parish church. Christ on the font,
late 18th century.

97 Erbach.
Pfarrkirche St. Martin. Statue des Hl. Joh. Nepomuk von
Dominikus Hermenegild Herberger, 18. Jh.

Erbach.
St. Martin's parish church. Statue of St. John Nepomuk by
Dominikus Hermenegild Herberger, 18th century.

98 Erbach.
Blick auf Schloß und
Kirche mit der Donau im
Vordergrund.

Erbach.
View of castle and
church with the Danube
in the foreground.

99 Dellmensingen.
Fachwerkhaus (alte
Mühle) beim Schloß
Dellmensingen.

Dellmensingen.
Timber-framed house
(old mill) near
Dellmensingen castle.

100 Donaurieden.
Pfarrkirche St. Michael,
1762 umgebaut.

Donaurieden.
Parish church of
St. Michael,
remodelled in 1762.

101 Ringingen.
Pfarrkirche Maria
Himmelfahrt,
1771–1786, mit
Pfarrhaus.

Ringingen.
Parish church of the
Assumption
of the Virgin Mary,
1771–1786,
with parsonage.

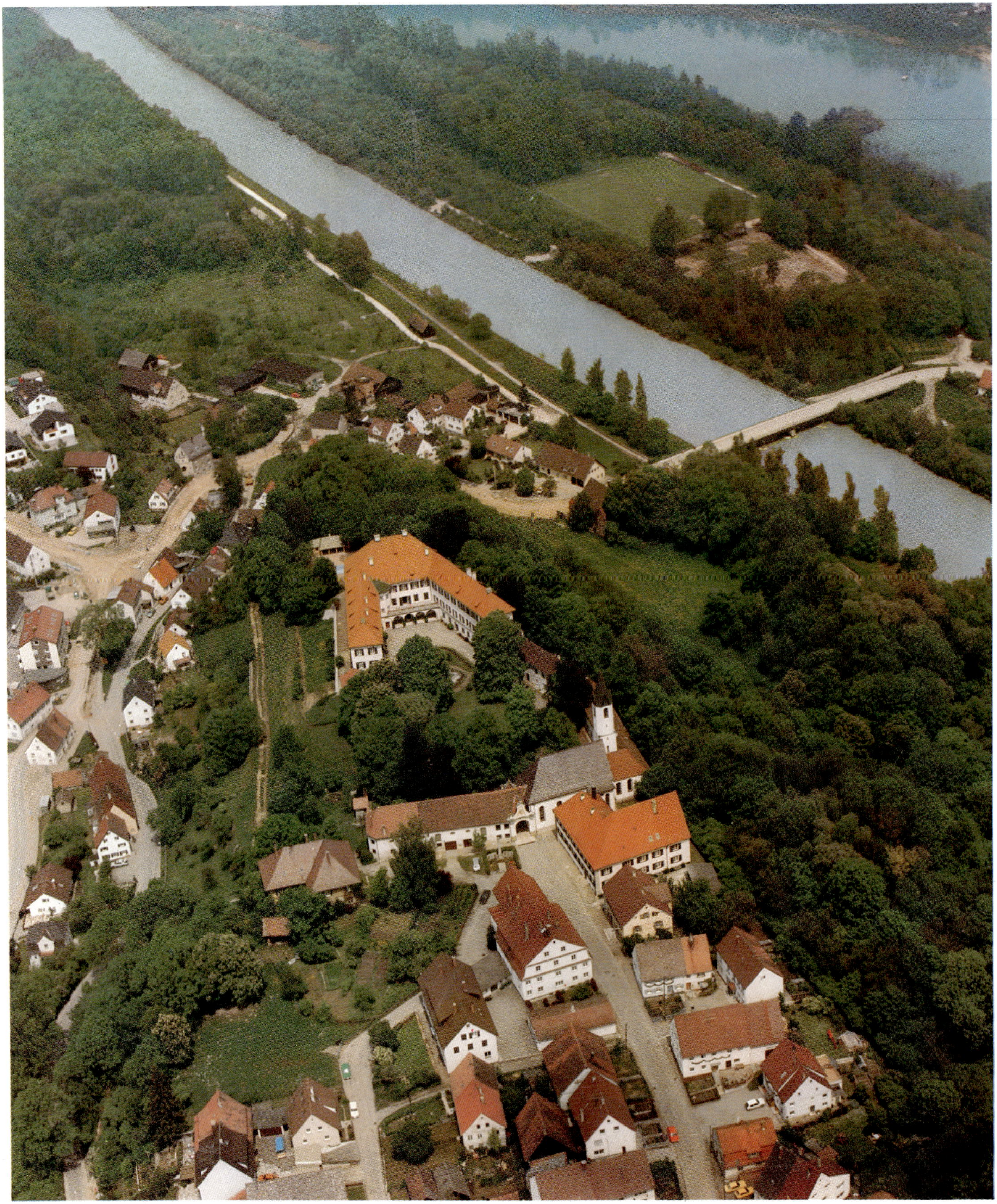

Verwaltungsraum Kirchberg-Weihungstal

102 Oberkirchberg. Schloß des Grafen Fugger-Oberkirchberg mit dem Ortsteil Oberkirchberg und der Iller im Hintergrund.

Oberkirchberg. Castle of the Earl of Fugger-Oberkirchberg with the village of Oberkirchberg and the river Iller in the background.

Der Verwaltungsraum Kirchberg-Weihungstal grenzt im Norden an den Stadtkreis Ulm und im Osten an das Land Bayern. Mit nur 50,27 qkm ist er der kleinste der zwölf Verwaltungsräume des Alb-Donau-Kreises, hat aber mehr Bewohner als die größeren Verwaltungsräume Lonsee und Schelklingen. Naturräumlich gehört er zu den Holzstöcken und zum Hügelland der unteren Riß. Die Gemeinden liegen zwischen 477 m und 541 m NN. Die weiten Wälder der Holzstöcke sind beliebte Naherholungs- und Wandergebiete. Die Holzstöcke sind ein ca. 1860 ha großer, waldreicher Höhenzug zwischen Iller und Rot. Ihr Name erklärt sich daraus, daß es in dieser Gegend infolge des reichen Waldbestands früher Sitte war, die stehenden Waldbäume „4 Fuß über dem Stock abzulösen" wovon die Gegend ihren Namen erhielt.

Nach den 1972 und 1976 vollzogenen Eingemeindungen besteht der Verwaltungsraum Kirchberg-Weihungstal noch aus den vier Gemeinden Hüttisheim, Illerkirchberg, Schnürpflingen und Staig mit zusammen 8237 Bewohnern, darunter 456 Ausländern (1977). Der Ausländeranteil ist hier geringer als im Alb-Donau-Kreis, die Wohndichte mit 163,9 Einwohnern je Quadratkilometer, demgegenüber überdurchschnittlich hoch. Mehrheitlich, 82,5 Prozent, ist die Bevölkerung katholisch; 999 Bewohner oder 12,1 Prozent sind evangelisch.

Von der Gesamtbevölkerung sind 3419 Personen erwerbstätig. Von diesen arbeiten 590 (17,3 Prozent) in der Land- und Forstwirtschaft. Die 2055 Berufsauspendler machen 60,1 Prozent aller Erwerbspersonen und 72,7 Prozent der nicht in der Landwirtschaft tätigen Erwerbspersonen aus. Andererseits weist der Verwaltungsraum 204 Berufseinpendler aus. Im Verwaltungsraum selbst sind 1568 Personen beschäftigt. In den 329 nichtlandwirtschaftlichen Arbeitsstätten sind 1043 Personen tätig, davon 320 im verarbeitenden Gewerbe und 133 im Baugewerbe. Große Industriebetriebe sind nicht vorhanden.

Insgesamt 350 land- und forstwirtschaftliche Betriebe gibt es im Verwaltungsraum Kirchberg-Weihungstal, davon 276 rein landwirtschaftliche Betriebe. Die landwirtschaftlich genutzte Fläche beträgt 32,02 qkm, das zu zwei Dritteln als Ackerland und zu einem Drittel als Dauergrünland genutzt wird.

Gemeinde Hüttisheim

Hüttisheim liegt im Tal der Schmiechen, 18 km südwestlich von Ulm und 536 m NN. Zu Hüttisheim gehört auch der Teilort Humlangen. Die Markung ist 10,36 qkm groß, wovon nur 1,2 ha bewaldet sind. Die hoch über dem Ort und weithin sichtbare Pfarrkirche, mit Türmen und Mauern bewehrt und einer Burg ähnlich, gibt dem Ort das Gepräge. An gleicher Stelle hatte sich einst eine Ritterburg befunden.

Hüttisheim ist im Jahre 1152 erstmals urkundlich genannt. Es kam zwischen 1346 und 1579 ganz in den Besitz des Klosters Wiblingen. 1806 wurde Hüttisheim württembergisch und Teil des Oberamts Laupheim. 1938 bei der Neugliederung der Kreise kam die Gemeinde zum Landkreis Ulm. Im Jahr 1525 ist Hüttisheim im Bauernkrieg durch Brand zerstört worden. Im Jahr 1854 zählte Hüttisheim schon 775 Einwohner, sämtliche katholisch. Durch den Zuzug von Heimatvertriebenen und Flüchtlingen wuchs die Gemeinde ab 1945 und zählte anfangs 1980 1153 Einwohner, davon 982 katholisch und 84 evangelisch; der Ausländeranteil beträgt fast 8 Prozent. Von den 479 erwerbstätigen Bewohnern arbeiten 116 in der Land- und Forstwirtschaft. Die 255 Berufsauspendler charakterisieren Hüttisheim als Arbeiterwohngemeinde. 15 Berufseinpendler kommen in die Gemeinde zur Arbeit. In Hüttisheim selbst sind 239 Personen erwerbstätig. In 46 nichtlandwirtschaftlichen Arbeitsstätten sind 151 Personen beschäftigt. Ein Mittelbetrieb produziert Rolläden. In Humlangen arbeitet eine Ziegelei. Die 39 Landwirtschaftsbetriebe bewirtschaften eine 8,30 qkm große landwirtschaftliche Nutzfläche.

Hüttisheim hatte bereits 1275 eine eigene Pfarrei. Die Katholische Pfarrkirche St. Michael hat noch einen spätmittelalterlichen Turm, sowie die spätgotischen Skulpturen Hl. Maria, Anna Selbdritt, Sebastian, Vitus und Elisabeth. Einige Barockfiguren, u. a. der Hl. Nepomuk, signiert von Joh. Adam Hobs (geb. 1708, nachgew. 1775). Der heutige Neubau der Kirche entstand 1914.

Kapelle Hl. Antonius von Padua. Sie wurde gestiftet vom damaligen Pfarrer von Hüttisheim, Pater Fortunatus Zimmermann von Wiblingen. Der Bau, 1702 begonnen, wurde erst 1718 vollendet. Als Architekt wird Christian Wiedemann aus Elchingen angenom-

men. Hochaltar in Stuckmarmor von 1748. Das Gestühl von 1715. Gotische Apostelfiguren Petrus und Paulus zwischen 1490–1500 aus der Werkstatt oder dem näheren Umkreis des jüngeren Syrlin, Ulm. Wann sie, vielleicht aus der älteren gotischen Pfarrkirche stammend, in die Antoniuskapelle kamen, ist nicht feststellbar.
Ecce Homo und Mater dolorosa. Beide Skulpturen sind signiert von Johannes Leitner, Bildhauer in Dürkhaimb, 1749 (wohl Türkheim bei Memmingen).

Gemeinde Illerkirchberg

Ortsteil Oberkirchberg

Oberkirchberg liegt an der Iller, 12 km von Ulm entfernt und 520 m NN. Die Markung, die auch den Teilort Beutelreusch umfaßt, ist 5,27 qkm groß, wovon nur 28 ha bewaldet sind.
Die dortige Burg Oberkirchberg ist Stammsitz der Grafen von Kirchberg. Die Grafen Hilargowe und Otto stifteten 1093 das Kloster Wiblingen. Dem Geschlecht, das häufig am Hof der Staufer erwähnt wird, entstammen der Minnesänger Konrad von Kirchberg (1255–1315) und Bruno, Bischof von Brixen (1250–1288) und Gründer von Bruneck. 1507 gelangte die Grafschaft Kirchberg mit Wullenstetten, Pfaffenhofen und Weißenhorn zu Österreich und als österrreichisches Lehen an Jakob Fugger, bei deren Raimund'scher Linie sie bis 1805 blieb. 1632–34 regierte hier der schwedische Oberst Patrik Ruthwen.
Das Schloß, hoch über der Iller gelegen und im Besitz der Grafen Fugger-Kirchberg gibt dem Dorfbild das Gepräge. Es wurde 1589 durch einen Hangrutsch teilweise zerstört.
1806 kam Oberkirchberg zu Bayern, 1810 zu Württemberg und hier zum Oberamt Laupheim. Im Jahr 1938 bei der Neugliederung der Kreise kam es zum Landkreis Ulm. Am 1. April 1972 wurde Oberkirchberg mit Unterkirchberg zur neuen Gemeinde Illerkirchberg vereinigt. Aus Oberkirchberg stammt Roman Sebastian Zängerle, 1771 als Sohn eines aus Tirol zugewanderten Seifensieders geboren und 1824 bis 1843 Fürstbischof in Seckau.
Im Jahr 1853 zählte Oberkirchberg 787 Einwohner, davon 774 katholisch. Bis zum Jahresbeginn 1977 wuchs die Gemeinde auf 1718 Einwohner an, von denen 1402 katholisch und 250 evangelisch waren. Die Landwirtschaft ist in den dazwischen liegenden Zeiten stark zurückgetreten. Dafür hat sich der Ort zur Arbeiterwohngemeinde entwickelt. Von den 794 erwerbstätigen Bewohnern arbeiten nur noch 73 in der Land- und Forstwirtschaft. 511 Erwerbspersonen sind Berufsauspendler, die überwiegend in Ulm und Neu-Ulm beschäftigt sind. Doch kommen auch 80 Berufseinpendler zur Arbeit in die Gemeinde. In Oberkirchberg selbst sind 363 Personen beschäftigt. In den 79 nichtlandwirtschaftlichen Arbeitsstätten sind 221 Personen tätig. Ein Mittelbetrieb produziert Werkzeuge und Präzisionsdrehteile. In den 28 Landwirtschaftsbetrieben werden 3,99 qkm landwirtschaftliche Flächen genutzt.

Katholische Pfarrkirche Hl. Sebastian, die 1514 durch Jacob Fugger erbaut worden sein soll. Sie hatte wohl einen gotischen Vorläuferbau. Bereits 1692 fand wieder ein Neubau statt, dessen Schiff 1789 verändert und 1901 nach Westen hin erweitert wurde. Dabei wurde auch das Innere erneuert. Der im unteren Teil gotische Turm wurde 1886 erhöht und das Satteldach durch einen Spitzhelm ersetzt. Altäre und Kanzel von 1789. Die Gemälde im Hochaltar „Kruzifixus" und im südlichen Seitenaltar „Anbetung des Kindes" sind von Konrad Huber, Weißenhorn. Im nördlichen Seitenaltar „Ida von Toggenburg, Gräfin von Kirchberg" von Frz. Martin Kuen, Weißenhorn.
Die Schloßanlage stammt aus der zweiten Hälfte des 18. Jh. und wurde vermutlich vom Deutschordensbaumeister Francesco Antonio Bagnato erbaut. Der Reiz des Schlosses liegt nicht in architektonischen Einzelheiten, sondern in der bevorzugten Lage über dem Illertal und in der Gebäudegruppierung. In einem weiten Binnenhof angelegt, nimmt das eigentliche Schloß, das dreigeschoßig und dreiflügelig ist, die ganze Nordspitze des Hügels ein. Auf der Südseite begrenzen Kirche, Portal und Stallungen die Anlage. Dieses Hauptportal ist der einzige mit Schmuck ausgezeichnete Bauteil der Gesamtanlage mit Gitterportal, über dem sich ein Rokokogiebel emporschwingt, der das Wappen der Fugger trägt.
Friedhofkapelle zu Unserer Lieben Frau, von Graf Anton Rupert Fugger 1720 als Grabkapelle erbaut mit reizvoll geschwungener Dachform. Im Innern spätbarocker Altar von 1761.

Ortsteil Unterkirchberg

Unterkirchberg liegt im Illertal, 8,5 km südlich von Ulm und 511 m NN. Mit dem Teilort Mussingen ist die Markung 6,18 qkm groß. Die Waldfläche beträgt nur 37 ha.
Auf der nach drei Seiten steil abfallenden Anhöhe nördlich des Dorfes, der heutigen Flur „Bleiche", befand sich ein Römercastell, das während der Regierung von Kaiser Claudius (41–54) zur Sicherung des Illerübergangs der römischen Donaustraße errichtet wurde.
Im Jahr 1148 wurde Unterkirchberg erstmals urkundlich genannt. Das Patronat der dortigen St. Martinskirche mit großem Pfarrsprengel besaß das Kloster Wiblingen. Die Reichsstadt Ulm unterhielt an der Illerbrücke seit 1441 eine Zollstätte, die den Brücken- und Wasserzoll erhob. Unterkirchberg gehörte bis zum Jahr 1805 zur Grafschaft Kirchberg-Weißenhorn der Grafen Fugger-Kirchberg, wurde sodann bayerisch und ab 1810 württembergisch. Hier war es dem Oberamt Laupheim und ab 1938 dem Landkreis Ulm zugeordnet. Am 1. April 1972 wurde es mit Ober-

kirchberg zur neuen Gemeinde Illerkirchberg vereinigt.

Im Jahr 1854 zählte Unterkirchberg erst 710 Einwohner, sämtliche katholisch. Schon damals gab es hier viele Taglöhner, die in Ulm beschäftigt waren. Doch bildeten Feldbau und Viehzucht, dazu der Handel mit Butter, Schmalz und Geflügel den Haupterwerb der dortigen Bevölkerunng. Inzwischen ist die Einwohnerzahl auf 1873 gestiegen, davon 137 Ausländer. Von der Gesamtbevölkerung sind 1432 katholisch und 295 evangelisch. 793 Erwerbspersonen wohnen am Ort, von denen nur 70 in der Land- und Forstwirtschaft arbeiten. 477 Erwerbspersonen sind Berufsauspendler, meist in Ulm oder Neu-Ulm beschäftigt. 57 Berufseinpendler kommen zur Arbeit in den Ort. In Unterkirchberg selbst sind 373 Personen tätig. In 54 nichtlandwirtschaftlichen Arbeitsstätten arbeiten 273 Personen. Ein industrieller Mittelbetrieb gehört dazu. 40 Landwirtschaftsbetriebe bewirtschaften 4,37 qkm landwirtschaftliche Nutzflächen.

Katholische Pfarrkirche St. Martin. Die schon im 12. Jh. dem Kloster Wiblingen gehörende Kirche wurde 1517 unter Abt Georg Hacker neu erbaut. Von dieser Anlage ist noch der Chor erhalten. 1552 Verwüstungen in der Kirche. 1731 Renovation und neues Gewölbe. Anstelle des freistehenden Glockenhauses entstand 1784 ein Turm. Weitere Renovationen, die letzte 1913–14 mit Westanbau.

Deckengemälde im Kirchenschiff „Krönung der Maria" um 1735 vom Wiblinger Klosterbruder Joh. Dreyer gemalt, mit feinen Regencestukkaturen umrahmt. Am Chorbogen das Wiblinger Klosterwappen in Stuck. Barockmadonna aus der Mitte des 18 Jh. Die barocke Kreuzigungsgruppe wurde klassizistisch überarbeitet. Außerdem sind Skulpturen von Joh. Adam Hops, Mietingen, signiert. Altäre von Konrad Huber, und Ölbild Marter des Hl. Sebastian von Franz Anton Kraus, Söflingen 1726.

Schöner Pfarrhof, 1763–64 unter Leitung des Pfarrvikars P. Seb. Molitor als zweigeschoßiger Bau mit hohem Walmdach erbaut. Neben dem Pfarrhaus Zehntscheuer mit Pilastergliederung und Wappen über der Einfahrt.

Wegkapelle mit großer gefaßter Plastik Christus an der Martersäule, vermutlich von Joh. Adam Hops, Mietingen. Zwei alte Steinkreuze stehen im Vorgarten Antoniusweg 3. Sie stammen wohl aus dem 30jährigen Krieg. Ein weiteres befindet sich ca. 500 m südlich des Dorfes an der alten Steige nach Oberkirchberg.

Die Illerflößerei

Man sollte sich vergegenwärtigen, daß die Iller durch viele Jahrhunderte ein reißender und gefährlicher Gebirgsfluß war, mit ständig wechselnden Kiesbänken, Felsenablagerungen, mit Stromschnellen, Wehren und dem rasch nach Wolkenbrüchen und Schneeschmelze im Juni einsetzenden Hochwasser. Manche Brücken waren voller Tücken, so auch die Fahrt durch die niedrige alte Brücke von Dietenheim und das Wehr von Oberkirchberg, wo der Flößer sein Meisterstück zu liefern hatte. Sein Floß stob metertief in den schäumenden Gischt hinab. Ein ausgestorbener Berufsstand, heute ab und zu eine Touristengaudi, der damals Mut, Geistesgegenwart, athletische Kraft und eine robuste Gesundheit verlangte. Das Sprichwort „Grob wie ein Floßer" besagt, daß er nicht nur grob oder hagebüchen im Umgang mit Seinesgleichen war, sondern mit Grobschlächtigem hantierte: mit schwimmenden Baumstämmen, auf denen wiederum Baumstämme, Bretterstapel, Fässer lagen, die ihm als Transportware anvertraut waren, eine klobige, sperrige Fuhre, nicht Zündholz, nicht Zahnstocher. 1869 landeten in Ulm noch 3192 Flöße an; 1892 nur 924, und die letzten, von den Ulmern kaum bemerkt, im Jahr 1918. Die Eisenbahn hatte sich durchgesetzt.

Erst durch die Industrialisierung des Illertals und dem damit verbundenen Bau von Stauwehren, Kanälen, Elektrizitätswerken, wurde der Fluß gezähmt. Dem Bau des Schutzdammes für die Wangener und Illerrieder Gemarkung – während des ersten Weltkrieges „Russendamm" geheißen, da Kriegsgefangene daran gearbeitet hatten – kam deswegen große Bedeutung zu. Er verhinderte Überschwemmungen und die damit verbundene ständige Veränderung des Flußbettes. Auch die Illerkorrektion nach 1850 zwang die Wasser in geregelte Bahnen. Der alte wilde Zustand ist heute noch in blinden Flußarmen und Altwassern abzulesen. Da wurde aus dem Allgäu Bauholz ins waldarme Donauried geflößt, Scheiterholz ging an Brauer, Bäcker und Ziegelbrenner, Hopfenstangen in die Holledau, Allgäuer Käse, ja eine kostbare Bibliothek wurde von Kempten bis Wien transportiert. Ab Allerheiligen waren in Fässern die Weinbergschnecken unterwegs, die aus Vorarlberg, vor allem per Pferdefuhrwerk aus den Schneckengärten des Großen Lautertals an die Iller gebracht wurden und auf dem Wasserweg nach Wien fuhren. „Die Iller ist eine rechte Landstraß" wurde im 17. Jh. geschrieben. Doch wehe, wenn die Herbstsonne brannte, dann krochen die Leckerbissen für Fasten vorzeitig aus und sprengten die Fässer. Vereinzelt fuhren Reisende mit, vor allem die Siedler ins Banat, und Tausende von Soldaten samt Kriegsmaterial in den Türkenkrieg.

Von Sonntag Oculi, dem dritten Fastensonntag, bis Sankt Kathrein am 25. Oktober wurde geflößt, denn dazwischen bestand Vereisungsgefahr. Die Wintermonate benutze der Flößer dazu, Holz zu schlagen und anzufahren. Er schnitt Weiden, bähte sie im Backofen, wand sie um Holzpflöcke, damit sie geschmeidig blieben. Sie wurden eisenfest und hielten immer vier Stämme, das Gestör, zusammen. Zwanzig Gestöre waren ein Floß, das zwei Mann erforderte. Der Name des Floßherrn stand darauf, damit dieser bei Uferbeschädigungen zur Rechenschaft gezogen werden konnte. Je nach Größe und Ladung hatten die Flöße ihre Namen erhalten: Flauder, Bädrische, Fechlin.

Vom Einbinden des Floßes hing die Sicherheit von Flößer und Frachtgut ab, denn schwimmen konnte damals weder ein Schiffsmann, noch ein Flößer. Auf diese Weise war man sicher, daß bei Unfällen keiner dem Gefahrenherd davonschwamm und sich in jedem Fall an sein Gefährt und damit an die transportierte Ware hielt. Der originelle Pfarrer von Kirchdorf an der Iller, Michael Ritter von Jung, der seine Leichenpredigten in Versform zur Laute sang, hat auch einem Illerflößer ins Grab gesungen, der am 12. November 1837 bei Dietenheim ertrunken war, und erst später begraben werden konnte. Dieser Ludwig Sander aus Aitrach sah plötzlich ein herrenlos daherschwimmendes Brett, und er wäre kein echter Allgäuer gewesen, hätte er nicht dieses ergriffen, um seinen Besitzstand rasch zu vermehren.

„Hier liegt der Leib von einem Floßer
in sanfter stiller Grabesruh.
Im tiefen Illerstrome schloß er
für diese Welt die Augen zu,
denn er verlor das Gleichgewicht
und so erlosch sein Lebenslicht...

Er fuhr daher in Gottes Namen
mit seinem Kameraden fort,
und als sie bis nach Kirchberg kamen,
dem so gefahrenvollen Ort,
so schwamm ein Brett dem Floße nah,
das er zu seinem Unglück sah..."

„Gott schütze die Reis" steht auf Flößerfahnen, und mit dem Gruß „In Gotts Nam" traten Schiffmann oder Flößer, die zur selben Zunft gehörten, ihre Reise zu Wasser an. In sechs Stunden von Aitrach, in sieben von Kempten aus wurde Ulm erreicht, bei Hochwasser in drei. Tags zuvor war das Floß zurechtgemacht worden und lag im Schleifloch bereit. Im Schein der Laterne schoß das Floß mit dem Schwall des angestauten Wassers in den Fluß und steuerte die Bahnmutter, also die Fahrtrinne an. Zuvor hatte die Familie gebetet, die Flößerin das Morgenessen aufgetragen. Je nach Jahreszeit gab es Schwarzmus mit Röstkartoffeln und im Sommer Buttermilch mit Brotbrocken. Beliebt und sättigend war auch das Allgäuer Stopfermus aus Weißmehl, das „bollen" und so dick beschaffen sein mußte, daß man den Abdruck eines Roßhufes – sollte sich ein Gaul in die Muskachel verirren – deutlich drauf abgezeichnet sehen könnte.

Die Flößer waren gute Naturbeobachter und Wetterpropheten. Die Größe und Zahl der unterwegs entdeckten Fische wuchs mit jedem Glas Wein am Ziel der Fahrt. „Drei Doppelliter, darf ich sagen, füllen erst en Flößermagen" hieß es, und von einem Schmiedsfeldener Glasbläser wurde erzählt, er sei, nachdem er einen riesigen Schnapsbuddel für einen Flößer geblasen hatte, tot umgesunken. Am Ziel der Reise, wenn die Fracht nicht weiterführte, also an der Ulmer Ziegellände angelangt, fuhren die Flößer mit dem Ruf „Fang auf" ans Ufer, woraufhin der Donauzoller samt Weib und Kindern sich bereitstellte, um das Seil aufzufangen, das Floß festzubinden. Nun machten sich die Flößer landfein, zogen aus der wasserdichten Tasche bessere Kleider an, trugen hellbrüne Wolljacken mit Hirschhornknöpfen. Einen schwarzen Seidenschal, durch welchen ein Siegelring gesteckt wurde, trug der reiche Floßherr. Mit hohen Stiefeln, großem schwarzem Hut, Hackel und Seil über der Schulter, war der Flößer im Stadtbild vertraut, und Flößer zu werden, war der Wunschtraum vieler Stadtkinder. Beim Holzhandel um 10 Uhr mit Vorteil tätig, gab er die Flößerzeche aus in der „Krone" dem „Storchen", dem „Hohentwiel" in Ulm, im „Schiff" in Neu-Ulm, dessen Wirt selbst diesem Berufsstand angehörte und von sich behauptete „G'fürcht und g'frora hots mi noch nie, soll oiner zu mir herkomma, i fürcht' koin, i fürcht'mi it für tausend Gulda."

Im Illertal erzählte man sich noch lange die Geschichte vom Flößer Josef Schaupp aus Kirchberg, der bei Brandenburg in der Iller verunglückt und erst nach zwanzig Minuten herausgezogen werden konnte. Der angeblich Tote wurde ins Haus des Flößers Graf in Brandenburg gebracht, wo er plötzlich zu sich kam und als erstes die ihn jammernd umstehenden Frauen mit kräftigen Ausdrücken anschrie und hinauswarf.

Es gab Flößerfamilien, die durch Jahrhunderte an der Iller entlang seßhaft waren: So in Kirchberg-Sinningen die Schaupp, Kracker, Bühler, Walker, Schemperle und Birk. Floßherren von Ansehen waren die Rommel und Scheuffele in Oberbalzheim, die Walcher in Unterbalzheim, die Graf in Brandenburg. Dietenheim hatte keine Flößerfamilien, aber auf dem Heimweg von Ulm zu Fuß kehrten die Flößer dort in der Wirtschaft zum „Kreuz" gerne ein, oder im „Mohren" zu Brandenburg, dem „Hirsch" zu Oberkirchberg, wo die Wirtin Lauterwein Flößerspätzle zubereitete, nach deren Genuß man den ganzen Tag nicht Hunger mehr verspürte.

Beim Floßer kehrten auch die reisenden Händler aus Österreich mit ihren Kraxen ein zum Nachtquartier, „die Greiner" allgemein geheißen nach dem Städtchen Grein in Oberösterreich, das hoch über dem Greiner Donaustrudel liegt. Man war gut Freund, die Iller und Donau entlang, in der allen Wasserfahrern bewußten stetigen Gefährdung.

Bei der alten Flößerwirtschaft zum „Mohren" in Brandenburg ragen noch Pfeiler aus dem Wasser, und dort wurde nach einem Hochwasser die barocke Steinplastik des Hl. Nepomuk, der dort vermutlich als Brückenheiliger gedient hatte, aufgefunden, von den Nachfahren der Flößerfamilie Graf in Reggliesweiler herausgeholt, restauriert und mit Unterstützung des rührigen Heimatvereins an der Auffahrt nach Brandenburg wieder aufgestellt.

Gemeinde Schnürpflingen

Schnürpflingen liegt im Weihungstal, 20 km südlich von Ulm und 537 m NN. Die Markung ist samt dem

Teilort Ammerstetten 10,73 qkm groß; 3,85 qkm davon sind bewaldet.

Der 1260 als „Snurpfällingen" bezeichnete Ort war im Mittelalter lange im Besitz der Besserer von Schnürpflingen, dem Ulmer Geschlecht der Besserer entstammend. Später kam der Ort in den Besitz des Klosters Wiblingen, danach an die Grafen Fugger-Kirchberg. 1806 wurde Schnürpflingen bayerisch, 1810 württembergisch und Teil des Oberamts Laupheim. Bei der Neueinteilung im Jahre 1938 kam Schnürpflingen zum Landkreis Ulm.

Schnürpflingen hatte 1854 erst 613 Einwohner. Anfang 1980 zählte es 1100 Bewohner, davon waren 87 Prozent katholisch und 10 Prozent evangelisch. Von den 443 erwerbstätigen Bewohnern arbeiten 159 in der Land- und Forstwirtschaft, 215 Erwerbspersonen sind Berufsauspendler. In Schnürpflingen selbst sind 237 Personen tätig. In 55 nichtlandwirtschaftlichen Arbeitsstätten arbeiten 133 Personen. Die 66 Landwirtschaftsbetriebe bewirtschaften 6,57 qkm landwirtschaftliche Nutzflächen.

Katholische Pfarrkirche Mariä Unbefleckte Empfängnis, eine gotische Kirche, die spätestens 1721 umgebaut und barockisiert wurde. Weitere Umgestaltung 1784. Die heutige Kirche wurde 1886 als neo-romanischer Bau von Oberamtsbaumeister Werkmann, Laupheim, errichtet. Von früheren Teilen blieb nur der gotische Turmfuß erhalten, der in einen viereckigen Turm mit Achteckteil und geschweiftem Kuppeldach übergeht. Madonna um 1490, Altargemälde von Konrad Huber, Weißenhorn.

Gemeinde Staig

Die Gemeinde Staig ist die Zusammenfassung der Teilgemeinden Altheim ob Weihung, Steinberg mit Essendorf sowie Weinstetten mit Staig und Harthausen. Die vormals selbständige Gemeinde Staig besteht also in dieser Rechtsstellung nicht mehr und der Name des einstigen Pfarrweilers „Steiga" ist auf die genannten Orte übertragen worden. Staig selbst liegt am Rand des Weihungstals. Im Mittelalter gehörte die Markung zur Grafschaft Kirchberg. 1507 konnte das Kloster Wiblingen die Ortschaft von der Ulmer Familie Haid, einer Lehensträgerin der Kirchberger Grafschaft, käuflich erwerben. Um 1806 kam Staig zu Bayern; 1810 wurde es württembergisch und dem Oberamt Laupheim zugeteilt. Bei der Neugliederung der Kreise im Jahr 1938 kam Staig zum Landkreis Ulm. Am 9. Oktober 1972 erfolgte die Neubildung der Gemeinde Staig, wobei die bisher selbständige Gemeinde Staig zu Weinstetten kam und die Teilorte Altheim ob Weihung, Steinberg und Weinstetten zur neuen Gemeinde Staig zusammengefaßt wurden.

Alte Pfarrkirche Maria Himmelfahrt. Die einstmals gotische Anlage scheint bereits verändert gewesen zu sein, als die Kirche 1868 abgebrochen wurde. 1869 erbaute Georg von Morlock, einer der bedeutendsten Architekten der Neugotik in Württemberg die neue Kirche in Backsteinbauweise. Von der früheren gotischen Kirche übernahm er den Turm. Die Ausstattung ist selten einheitlich und geschlossen aus der Erbauungszeit, das Äußere schön gegliedert. Die Kirche ist, da im Zustand des Zerfalls und für die Gemeinde zu klein geworden, nicht mehr in gottesdienstlichem Gebrauch. Als Kulturdenkmal eingestuft, hat ihre Erhaltung hohe Priorität erhalten.

Die neue katholische Pfarrkirche „Aufnahme Mariens in den Himmel" wurde zusammen mit dem dazugebauten Schul- und Sportzentrum 1974 eingeweiht. Bildwerke aus der alten Kirche wurden in die neue übernommen. So die um 1580 geschnitzte Kreuzigungsgruppe, die Skulpturen der Hl. Ottilie und Silvester um 1520, und der bäuerliche Viehpatron St. Wendelin, Anfang des 18. Jh.

Ortsteil Altheim ob Weihung

Altheim ob Weihung liegt 12 km südlich von Ulm, 523 m NN, mit einer Markungsfläche von 7,25 qkm im Hügelland der unteren Riß. Ein großer Teil, insgesamt 3,55 qkm, ist bewaldet.

In der Frühgeschichte lag der Ort an der Kreuzung zweier Römerstraßen und dürfte eine römische Siedlung gewesen sein. 1194 wurde Altheim ob Weihung erstmals urkundlich erwähnt. Von 1355–1744 gehörte der Ort fast ganz zum Kloster Wiblingen, später, um 1800, zur Grafschaft Kirchberg der Grafen Fugger-Kirchberg. 1938 bei der Neueinteilung der Kreise kam Altheim ob Weihung zum Landkreis Ulm. Am 1. Januar 1976 wurde es mit Staig vereinigt.

Im Jahre 1854 zählte Altheim ob Weihung erst 318 Einwohner. Ab 1945 trat eine starke Aufwärtsentwicklung ein. Anfangs 1977 hatte die Gemeinde 1062 Einwohner, davon 838 katholisch und 156 evangelisch. Von 399 erwerbstätigen Bewohnern des Jahres 1970 arbeiteten nur noch 50 in der Land- und Forstwirtschaft. Heute kann der Ort, dies läßt sich aus den 283 Berufsauspendlern schließen, als Arbeiterwohngemeinde bezeichnet werden. In der Gemeinde selbst sind 132 Personen erwerbstätig. In Altheim, das 35 nichtlandwirtschaftliche Arbeitsstätten mit 104 Beschäftigten aufweist, befindet sich ein Werk der Erdölwirtschaft. Die 34 Landwirtschaftsbetriebe bewirtschaften 2,88 qkm landwirtschaftliche Nutzflächen.

Katholische Filialkapelle (St. Helena), um 1650 erbaut und von Staig aus betreut. Sie besitzt mehrere Barockfiguren und eine spätgotische Madonna um 1490. Ca. 500 m südöstlich der Ortsmitte an der Straße nach Staig wurden zwei Steinkreuze in eine Grünanlage gestellt.

Ortsteil Steinberg

Steinberg liegt 15 km südlich von Ulm, 531 m NN, zwischen dem Weihungs- und dem Illertal. Mit dem

Teilort Essendorf besitzt es eine 6,03 qkm große Markung mit 1,38 qkm Wald.
Steinberg wechselte häufig seine Besitzer. Von den Herren von Steinberg ging der Ort an die Grafen von Kirchberg. Teile des Ortes gehören Ulmer Bürgern und dem Kloster Gutenzell. Schließlich übernahm das Kloster Wiblingen den Ort, der zur österreichischen Markgrafschaft Burgau gehörte. Mit dem Kloster Wiblingen kam Steinberg im Jahre 1806 zu Württemberg und war dem Oberamt Laupheim zugeordnet.
Bei der Neueinteilung der Kreise wurde Steinberg 1938 dem Landkreis Ulm zugeordnet. Am 1. April 1972 wurde Steinberg nach Staig eingemeindet.
Im Jahre 1854 zählte Steinberg noch 542 Einwohner, anfangs 1977 waren es bereits 739 Bewohner, davon 632 katholisch und 70 evangelisch. 60 der insgesamt 238 Erwerbstätigen arbeiten in der Land- und Forstwirtschaft, 140 Erwerbspersonen sind Berufsauspendler und arbeiten außerorts. In Steinberg selbst sind 104 Personen berufstätig; unter den 29 nichtlandwirtschaftlichen Arbeitsstätten mit 69 Beschäftigten befindet sich kein größerer Betrieb. 35 Landwirtschaftsbetriebe bewirtschaften eine 4,00 qkm große landwirtschaftliche Nutzfläche.

Katholische Pfarrkirche (St. Pankratius), die 1275 erwähnt wird. Der Neubau stammt von 1819, in welchem der sattelgedeckte, kreuzrippengewölbte und mit Staffelgiebeln und Bogenfriesen geschmückte spätgotische Glockenturm einbezogen wurde. Marienbild um 1820 von Konrad Huber, Weißenhorn.
Bei einer Feldweggabelung unweit der Straße nach Beutelreusch steht ein Steinkreuz, als „Schwedenkreuz" bezeichnet, inmitten einer Birkengruppe.

Ortsteil Weinstetten

Weinstetten liegt 14 km südlich von Ulm und 510 m NN, im Tal des Reichenbach und im Hügelland der unteren Riß. Seine Markungsfläche, zu der auch die Teilorte Harthausen und Staig gehören, beträgt 4,45 qkm. Nur ein geringer Teil, 25 ha, ist bewaldet.
Lange Zeit gehörte Weinstetten zur Grafschaft Kirchberg. Später wurde es teilweise fuggerisch. Ein anderer Teil des Orts wurde vom Kloster Wiblingen erworben. Staig ist schon 1127 urkundlich genannt, Harthausen bereits 1148 nachgewiesen, in einer Bulle von Papst Eugen III., in der die Widmungsbücher des Klosters Wiblingen aufgeführt sind.
Um 1800 befand sich Weinstetten im Besitz der Grafen Fugger-Kirchberg und war Teil der Grafschaft Kirchberg. Im Jahre 1806 kam der Ort zu Bayern und 1810 zu Württemberg, wo er dem Oberamt Laupheim zugeteilt wurde. Bei der Neueinteilung der Kreise kam der Ort 1938 zum Landkreis Ulm. Am 9. Oktober 1972 erfolgte die Umbenennung der Gemeinde Weinstetten in die neue Gemeinde Staig.
1854 zählte Weinstetten 385 Einwohner. Die Bevölkerung lebte von Feldbau und Viehzucht, dazu vom Holzmachen, Spinnen, Geflügelhandel sowie der Tätigkeit als Tagelöhner. Anfang 1977 hatte Weinstetten 725 Einwohner, davon 617 katholisch und 72 evangelisch. Von 273 erwerbstätigen Bewohnern arbeiten nur 60 in der Landwirtschaft; 174 Erwerbstätige sind Berufsauspendler, die zumeist in Ulm arbeiten. In Weinstetten selbst sind 120 Personen beschäftigt, 92 Personen sind in den 31 nichtlandwirtschaftlichen Arbeitsstätten tätig. Die vorhandenen 38 Landwirtschaftsbetriebe bewirtschaften eine 3,50 qkm große landwirtschaftliche Nutzfläche.

Katholische Filialkapelle (St. Wendelin), vermutlich 1640 erbaut.

103 Die Weihung südlich von Unterkirchberg.

The river Weihung south of Unterkirchberg.

104 Oberkirchberg. Schloß des Grafen Fugger-Oberkirchberg, von F. A. Bagnato in der 2. Hälfte des 18. Jh. erbaut.

Oberkirchberg. Castle of the Earl of Fugger-Oberkirchberg, built by F. A. Bagnato, 2nd half 18th century.

105 Oberkirchberg. Schloß des Grafen Fugger-Oberkirchberg. Hauptportal mit dem Wappen der Fugger.

Oberkirchberg. Castle of the Earl of Fugger-Oberkirchberg. Main portal with coat of arms of the Fugger family.

106 Unterkirchberg. Wegkapelle mit dem gegeißelten Heiland, vermutlich von Joh. Adam Hops, Mietingen, Mitte 18. Jh.

Unterkirchberg. Chapel at the roadside with scourged Saviour, probably by Joh. Adam Hops, Mietingen, mid-18th century.

107 Historisches Bild zur alten Illerbrücke in Unterkirchberg. Zeichnung um 1800 von Pfarrer Michael Braig. Auf der rechten Illerseite die Martinskirche mit Pfarrhof, am linken Ufer das alte Zollhaus; Brücke wurde 1807 zerstört.

Historical picture with old Iller bridge in Unterkirchberg. Drawing about 1800 by the parson Michael Braig. On the right bank of the Iller St. Martin's church with parsonage, on the left bank the old custom-house; the bridge was destroyed in 1807.

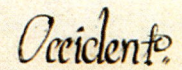

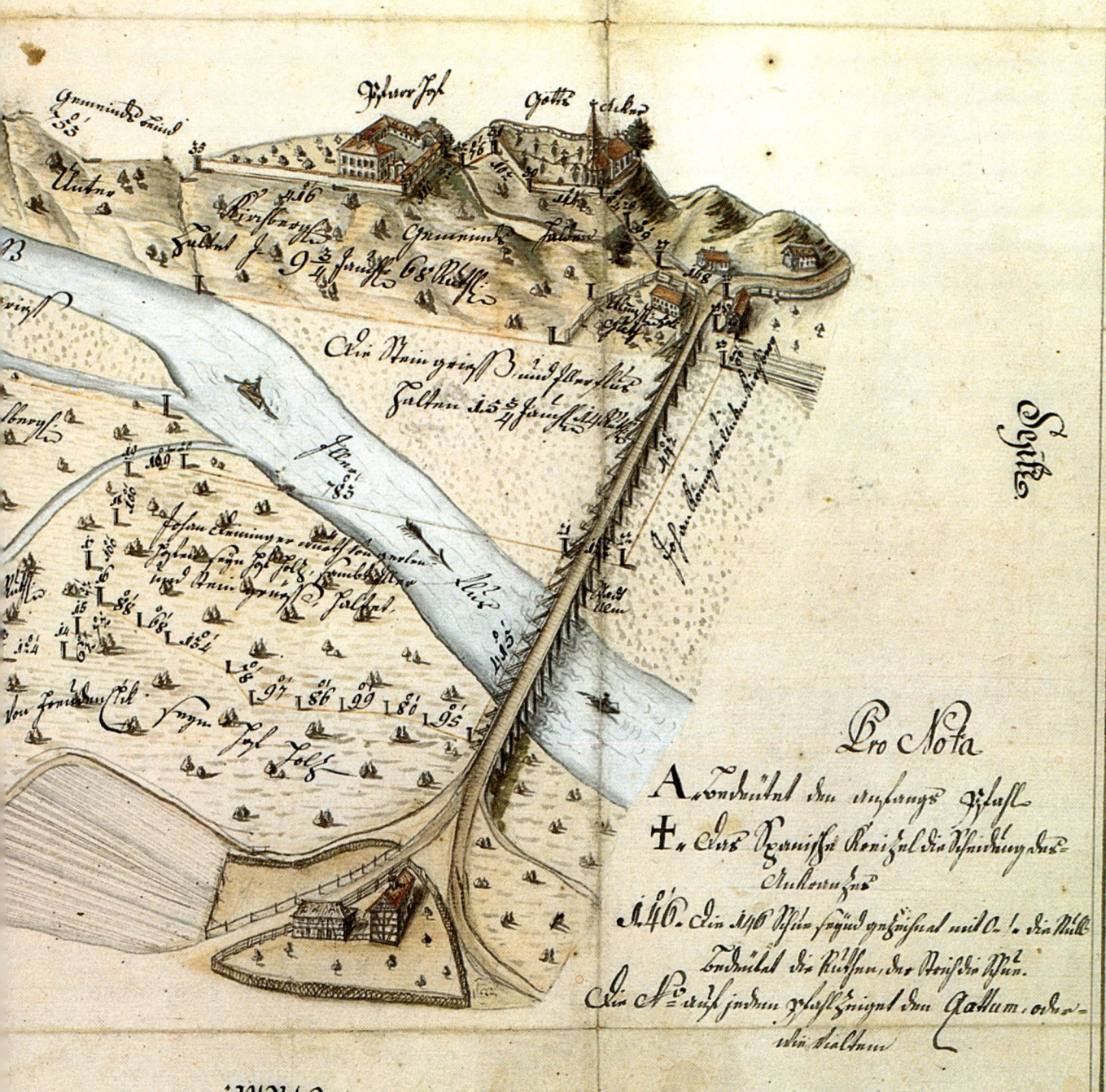

Occidens.

Oriens.

Meridies.

Pro Nota
A bedeutet den anfangs Zhast
† das Vgmisht Zeichen die Scheidung des Stukhen zur
N.46. die N.46 Zher begnad gnzeichnet mit O.! die Null
bedeutet die stukhen, der Reih der Nr.
Die Nr. auch zu den Zhast Zeignt die Gattum oder
sein Inhalten

108 Hüttisheim.
Pfarrkirche St. Michael
mit spätmittelalterlichem
Turm.

Hüttisheim.
Parish church of
St. Michael with
medieval steeple.

109 Schnürpflingen.
Pfarrkirche Mariä
Unbefleckte Empfängnis.

Schnürpflingen.
Parish church of the
Immaculate Conception.

110 Hüttisheim.
Pestheiliger St. Sebastian,
um 1510.

Hüttisheim.
Plague St. Sebastian,
about 1510.

111 Staig.
Pfarrkirche „Aufnahme Mariens in den Himmel", 1974 eingeweiht.
Hl. Martin als Bischof, um 1520.

Staig.
Parish church of „Mary's Reception into Heaven", consecrated in 1974.
St. Martin, bishop, about 1520.

112 Weinstetten.
Viehpatron St. Wendelin,
Anfang des 18. Jh.

Weinstetten.
Cattle patron-saint
St. Wendelin, early
18th century.

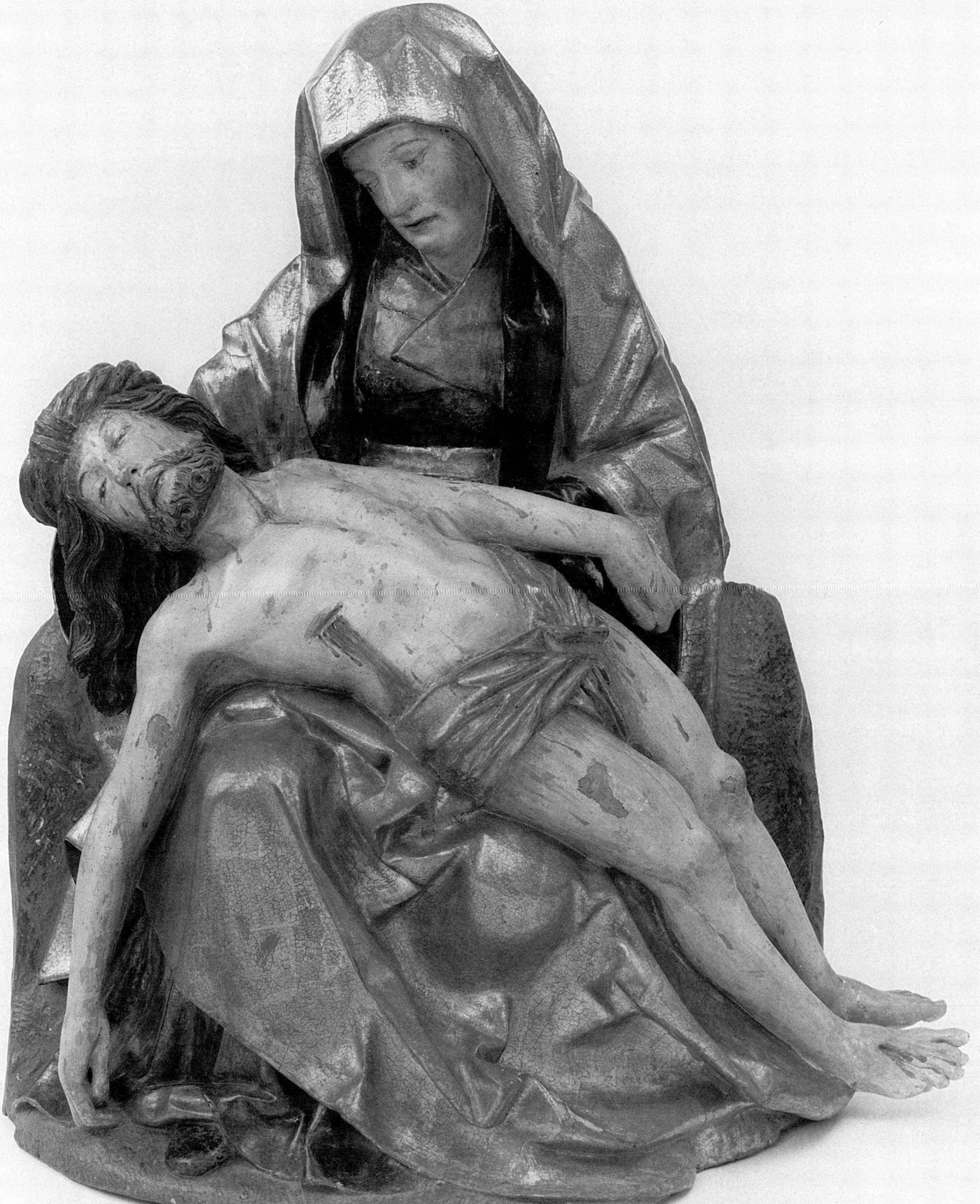

113 Steinberg.
Pfarrkirche
St. Pankratius. Pieta,
schwäbisch, zwischen
1580 und 1620 (sog.
Steinberger Madonna).

Steinberg.
Parish church
of St. Pancras. Pietà,
Swabian, between 1580
and 1620 (so-called
Steinberger Madonna)

114 Staig.
Pfarrkirche „Aufnahme
Mariens in den Himmel".
Kreuzigungsgruppe
um 1580.

Staig.
Parish church of
„Mary's Reception into
Heaven". Crucifixion
group about 1580.

115 Blick auf die Stadt Laichingen.

View of the city of Laichingen.

Verwaltungsraum Laichingen

Der Verwaltungsraum Laichingen bildet den nordwestlichen Abschluß des Alb-Donau-Kreises. Landschaftlich gehört er zur mittleren Kuppenalb, teilweise auch zum Naturraum Albuch und Härtsfeld. Alle Orte liegen sehr hoch, zwischen 655 und 815 m NN. Auf der Markung Westerheim ist auch der höchste Geländepunkt des Kreises, der 853 m hohe Heuberg.

Der Verwaltungsraum Laichingen ist 171,76 qkm groß; 36,41 qkm oder 22,5 Prozent sind bewaldet. Für den Naturfreund und Wanderer bietet er einige landschaftliche Reize, nicht zuletzt sehenswerte Höhlen bei Laichingen, Sontheim und Westerheim.

Nach den in den Jahren 1972—1975 vollzogenen Eingemeindungen und Zusammenschlüssen besteht der Verwaltungsraum Laichingen noch aus fünf Gemeinden mit zusammen 15 477 Einwohnern, darunter 908 Ausländern (5,9 Prozent). Die bedeutendste Gemeinde ist Laichingen mit 8531 Einwohnern, davon 685 Ausländer (8,0 Prozent). Mehrheitlich ist die Bevölkerung des Verwaltungsraums evangelisch. Sie setzt sich aus 10 696 Evangelischen (69,1 Prozent), 3736 Katholiken (24,1 Prozent) und 1045 „Sonstigen" zusammen. Westerheim ist die einzige Gemeinde mit überwiegend katholischer Bevölkerung (84,5 Prozent).

Von den 15 477 Bewohnern des Verwaltungsraums sind 7371 erwerbstätig. Von diesen arbeiten 1685 oder 22,9 Prozent in der Land- und Forstwirtschaft. 1691 Erwerbstätige arbeiten als Berufsauspendler außerhalb ihrer Wohngemeinden. Ihnen stehen nur 828 Berufseinpendler gegenüber. Im Verwaltungsraum selbst sind also 6508 Personen beschäftigt, davon 1673 in der Land- und Forstwirtschaft. Insgesamt 792 nichtlandwirtschaftliche Arbeitsstätten mit 4860 Beschäftigten sind vorhanden. Mit 44,3 Prozent ist der Anteil der weiblichen Beschäftigten sehr hoch, zumindest gegenüber den anderen Verwaltungsräumen. Dies liegt in der Struktur der Industrie begründet, in der das Textilgewerbe eine große Rolle spielt. Von diesen 4860 Beschäftigten arbeiten allein 3050 im verarbeitenden Gewerbe und 498 im Baugewerbe. Das gesamte Dienstleistungsgewerbe beschäftigt 1086 Personen. Die Stadt Laichingen allein hat 464 nichtlandwirtschaftliche Arbeitsstätten mit 2998 Beschäftigten. Fast zwei Drittel aller in nichtlandwirtschaftlichen Arbeitsstätten arbeitenden Personen sind also in der Stadt Laichingen tätig.

Land- und Forstwirtschaft geben dem Verwaltungsraum Laichingen auch heute noch das entscheidende Gepräge. Insgesamt 1252 land- und forstwirtschaftliche Betriebe gibt es, davon 920 Betriebe ohne Wald. Die landwirtschaftlich genutzte Fläche dieser Betriebe ist 114,74 qkm groß. Davon sind 70,34 qkm Ackerland und 43,97 qkm Dauergrünland.

Stadt Laichingen

Laichingen liegt an der Grenze der hügeligen Münsinger und der flacheren Blaubeurer Alb, auf Basalttuff. Es handelt sich dabei um den südöstlichen Ausläufer des Uracher Vulkangebiets. Die Stadt liegt 756 m NN und besitzt eine 25,24 qkm große Markung, von der 6,94 qkm bewaldet sind. In der Münsinger Oberamtsbeschreibung von 1912 ist Laichingen als „das größte Dorf der Alb" bezeichnet, das freilich nun doch seit 1950 zur Stadt erhoben ist.

Laichingen ist bereits im Jahr 861 urkundlich genannt. Doch wurden hier Siedlungsreste schon aus der Mittelstein- und Hallstattzeit entdeckt, auch ein alamannisches Grab samt Beigaben. Im Jahr 1103 ging die reiche St. Alban-Kirche in den Besitz des Klosters Blaubeuren. Im 13. Jh. wurde Laichingen helfensteinisch, im 14. Jh. württembergisch. 1364 erhielt Laichingen das Stadt- und Marktrecht mit hoher Gerichtsbarkeit. Zur Stadterhebung kam es jedoch damals nicht. Doch zeichnet es sich fortan durch Gewerbe, Wochenmarkt, Obergericht, Besitz eines Dorfsiegels sowie durch die große Einwohnerzahl aus, also durch Merkmale, die sonst Städten zukommen. „Anstatt einer Ortsbefestigung war der Kirchplatz durch eine hohe Umfassungsmauer mit Wehrgang, Schießscharten und Toranlage gesichert, eine in diesem Raum einmalige Kirchenbefestigung", berichtet das „Handbuch der historischen Stätten, 6. Band". Die Hausweberei, die hier schon im späten Mittelalter betrieben wurde, bestimmte wesentlich die Wirtschaft des Ortes. Im Zusammenhang damit stand ein ausgedehnter Flachsanbau. Durch seine Handweberei weithin bekanntgeworden, verdiente sich Laichingen durch seine spätere Leinen- und Wäscheindustrie zu Recht den Namen „Leinenstadt".

Aus den mittelalterlichen Beziehungen zur Stadt Ulm war es in Laichingen zum ausgedehnten Flachsanbau gekommen. Seine „ausbündig gute Ware" war am Ende des 16. Jh. berühmt. Der größere Teil dieses Flachses oder Garnes ging nach Ulm. Unter Herzog Friedrich I. von Württemberg entstanden dann in Laichingen selbst Webereien. Sie erlangten hier eine große Blüte. Im Jahr 1660 zählte man in Laichingen 160 Leinwandwebereien und im Jahr 1825 waren es sogar 214 Betriebe.

Im Jahr 1910 hatte Laichingen noch 478 landwirtschaftliche Betriebe, aber auch zahlreiche Gewerbeunternehmen, darunter in erster Linie Webereien und Textilbetriebe, aber auch eine Fabrik zur Herstellung von Zementröhren, eine Ziegelei, Dampfsägereien und auch schon eine eigene Zeitung, die „Schwäbische Albzeitung" sowie die „Süddeutsche Webereizeitung", dazu zentrale Handelsgeschäfte. Seit 1909 bestand in Laichingen auch ein eigenes Gaswerk.

Im Jahr 1900 zählte Laichingen 3188 Einwohner, Anfang 1980 bereits 5834 Einwohner, darunter rund 580 Ausländer (9,9 Prozent). Rund 73 Prozent sind evangelischer und 16 Prozent katholischer Konfession. 11 Prozent der Bevölkerung gehören anderen Religionsgemeinschaften an oder sind ohne Bekenntnis. Von den 2596 erwerbstätigen Bewohnern arbeiten nur noch 206 in der Land- und Forstwirtschaft. Weitere 246 Erwerbspersonen sind Berufsauspendler. Mit 517 Personen ist aber die Zahl der Berufseinpendler weit größer. In Laichingen selbst sind somit 2867 Personen beschäftigt.

Laichingen hat 318 nichtlandwirtschaftliche Arbeitsstätten mit 2404 Beschäftigten, davon 1140 Frauen. Im verarbeitenden Gewerbe und Industrie sind 1810 Personen beschäftigt. Im Ort sind 26 Industriebetriebe mit 10 und mehr Beschäftigten und zusammen 1545 Arbeitskräften. Leinen- und Frottierweberei, Werkzeug- und Maschinenbau stehen im Vordergrund, dazu Kunststoffverarbeitung, die Herstellung von Sportbekleidung und von Elektrogeräten.

Laichingen, ein altwürttembergischer Ort und Sitz des Unteramts Laichingen im Oberamt Münsingen, gehörte ab 1938 bis zur Eingliederung in den Alb-Donau-Kreis zum Landkreis Münsingen. Am 1. Januar 1972 wurde Suppingen, am 1. Januar 1975 Feldstetten und Machtolsheim nach Laichingen eingemeindet. Die 169 Landwirtschaftsbetriebe in Laichingen bewirtschaften 14,68 qkm landwirtschaftliche Nutzflächen.

Nahe des Orts befindet sich die Laichinger Tiefenhöhle, 1892 entdeckt und mit den anderen Albhöhlen nicht vergleichbar. Laichingen besitzt ein eigenes Museum für Höhlenkunde mit geologischen und zoologischen Funden. Die tiefe Schachthöhle, durch eine 25 m starke Dolomitschicht zu erreichen, besteht aus einer großen Halle mit 14 m Höhe und einer kleinen Halle mit 6 m Höhe. Prächtige Tropfsteingebilde zeichnen die umfangreiche Höhlenanlage aus.

Die evang. Pfarrkirche (St. Alban) ist die größte Kirche der Alb und als Kirchenburg mit Ringmauer, Wehrgang und Torburg mit drei hintereinander liegenden Bogentoren weitgehend erhalten geblieben. Eine solche Anlage bildete die letzte Zufluchtsstätte der Gemeindeangehörigen bei kriegerischen Ereignissen und ist, allerdings im kleineren Umfang nur, mit der Kirche im ummauerten Friedhof, in vielen Ortschaften der Alb deutlich ablesbar. Jede Familie besaß im Kirchturm einen Platz, um dort die kostbarste Habe in einer Truhe unterzubringen.

Dieses malerische Ensemble, dem die Häuser in Fachwerkbauweise der dahinter aufragenden Kirche mit Kuppelhaube Akzent verleihen, ist benachbart dem 1563 erbauten Rathaus.

Die Kirche im ummauerten Friedhof ist ein gotischer Saalbau mit eingezogenem, dreiseitig geschlossenem Chor und Strebepfeilern. 1604 wurde die Empore eingebaut, 1631–32 auf das gotische Sockelgeschoß des Turmes ein Achteck aufgesetzt. Heinrich Schickhardt lieferte dazu einen Entwurf, der allerdings nicht ausgeführt wurde. Altar und Kanzel entstammen noch dem 17. Jh. Im Kirchenschatz befindet sich eine prachtvolle Abendmahlkanne mit Platte, die 1687 vom Ulmer Goldschmied Johann Adam Kienlin in Blatt- und Rankenwerk getrieben, graviert und vergoldet ist.

Heimatmuseum:
Auf die Mauern der einstigen Torburg aufgesetzt und mit Fachwerk ausgestattet, wurde das heutige Heimatmuseum, welches der Höhlen- und Heimatverein im Jahr 1954 eingerichtet hat. Es stellt zugleich die Geschichte des ältesten Handwerks der Alb vor, der Handweberei bis zur industriellen Herstellung. Neben Webstühlen und Geräten zur Flachsverarbeitung und Garngewinnung ist hier besonders aufschlußreich die Einrichtung eines kleinbäuerlichen Weberhauses mit Hausrat und der unter der Stube liegenden Weberdunk. Sie war durch eine Falltür zu erreichen und spärlich beleuchtet, meist auch feucht, und diese Vorstellung des Arbeitsplatzes vermittelt die Dunk. Der Hinwendung der Weber zum Religiösen, ihrer tiefen Frömmigkeit pietistischer Atmosphäre, ist ein eigener Raum gewidmet mit Weberversen und -liedern. Hier wird die Erinnerung an den Dichter Daniel Mangold festgehalten, der 1853 in Laichingen geboren und 1935 dort verstorben ist. Mangold war ein Weber, wie es Hunderte auf der Schwäbischen Alb gab, dessen Lebensinhalt Genügsamkeit, Ordnungsliebe und Fleiß, und dem Müßiggang eine schwere Sünde war. Demut spricht aus einem alten Weberlied „wenn ich meinen Lohn bekomm, denk ich: All mein Gut und Fromm reicht nicht aus, vor Gott zu stehn. Gnade ist's, worum ich fleh."

Schon der biblische Vorname Daniel weist auf den Pietismus als Begleiterscheinung der evangelischen Kirche hin. Das Sinnieren am Webstuhl förderte die Religiosität, und so kam es, daß sich das Stundenwesen zu einem weiteren Merkmal für diese Gegend entwickelte. Mangold schrieb seine Gedichte auf mancherlei Zettel, deretwegen er den Takt seines Webstuhls anhielt. Alles, was er dichtete, Lyrik wie dramatische Werke, mußte er heimlich tun, denn seine Familie hielt nicht viel davon und verbrannte die Zettel. Er fand durch manchen Aufsatz erst spät Anerkennung. Das Wenige, das erhalten blieb, ist typisch für das Denken der Leute dort oben auf der rauhen Alb, denen im Leben wenig Schönes beschert wurde, und deren Lebensunterhalt auf den paar steinigen Äckern unter Mühen und Abrackern angebaut wurde. Die Weberei, „das Handwerk" früher genannt, gab sozial Schwachen, Alten und Kindern, die drauf angewiesen waren, eine bescheidene Verdienstmöglichkeit. Sie waren froh darum und sahen das Arbeiten im Kindes- oder Greisenalter nicht als negativ an.

Daniel Mangolds „Lob der Arbeit" drückt auf schöne Weise dies aus, und mit dem „Wirken" ist allgemein das Weben gemeint.

Wenn ich wüßte, daß schon morgen
Pochte an die Tür der Tod
Wollt ich doch noch heute ringen
Tapfer mit des Lebens Not.
Feierabend soll mir werden
Wann ich ruh im Schoß der Erden.

Arbeit war mir oft im Leben
Balsam gegen herbes Leid
Zuflucht, wenn mich hart bedrückte
Allzu rauh die Wirklichkeit.
Der Verdrossenheit Gedanken
Brachen an der Arbeit Schranken.

Unser aller Erdenleben
Würde kaum erträglich sein
Wär uns Arbeit nicht gegeben
Arbeit bis zum Totenschrein.
Ob auch Gram das Herz erfülle
Arbeit macht zuletzt es stille.

Drum so will ich fröhlich wirken
Eh sie kommt, die lange Nacht
Treu auf meinem Posten stehen
Bis das Tagwerk ist vollbracht.
Bis ich darf von Erdenmühen
Frei zur andern Heimat ziehn.

Das Abstoßen alles Leichten, Leichtlebigen, das Hintersinnige und die Neigung zur allegorischen Darstellung, stellt Mangold sprachlich fein dar im „Rabenspruch":

So lange noch die Raben
Den ersten Ton hier haben
Braucht keines sich zu mühen
Mit eigenen Melodien.

Mit Krächzen und mit Schreien
Die Vöglein sie bedräuen:
„Was soll der Singsang hier?
Schweigt! Oder singt wie wir".

Sein Gedicht „Am Webstuhl" ist voller Melodie und verhaltener Lebensfreude, die sich in Arbeit ausdrückt:

Fliege, Schifflein, rastlos fliege
Deine vorgeschriebne Bahn
Eil mit Weile, aber eile
So kommst du am Ziele an.

Blatt erklirre in der Lade
Sing ein Lied zu jedem Schlag
Von der Flüchtigkeit des Lebens
Und wie rasch es enden mag.

Geht, ihr Schäfte, auf und nieder
Wie die Wogen in der See
Ach so wechseln frohe Stunden
Mir noch oft mit trübem Weh!

Halt! Die Spul' ist abgelaufen
Und es steht der Webstuhl still.
Endet friedlich nur mein Leben
End es, wie und wann Gott will!

Diese dichterische Ader pulsierte bei manch anderen einfachen Leuten auf der Alb, und man erzählt sich noch heute, daß es solche gab, die bei besonderen Anlässen sich erhoben und aus dem Stegreif dichteten. Die Volkskundeforscherin Angelika Bischoff-Luithlen, im Laichinger Raum wohnhaft, hat ihrem umfangreichen Lebenswerk auch Lyrik beigegeben.
Ihr Gedicht „Dörfliche Beerdigung im Heuet" ist ein Beispiel dafür, mit welcher Selbstverständlichkeit der Tod ins Leben einbezogen wird. Wir suchen dies zu verschleiern und verdrängen den Gedanken aus unserer Existenz, während hier Tod und Leben völlig zusammengehen, der Friedhof als „Gottesgarten" bezeichnet wird. Jener Gottesacker, um das gebräuchlichere Wort zu benutzen, dem der Schwabe so viel Aufmerksamkeit und pflegende Liebe zuwendet.

Ein paar schwarze Gestalten
Im Sonntagshut
Mit dunkelbraunen Gesichtern,
In denen das Weiß des Auges
Unwirklich leuchtet:
Sie bringen einen schmalen
Blumensarg zu der Ruh.

Ein einfaches Leben verging.
Demütig im Schatten
Bleichte es in den Tod,
Der es ohne Gepränge
Fast verlegen empfängt:
Wer stirbt auch im Heuet?

Kaum bleibt die Zeit
Für ein kurzes Gebet.
Die Sonne lockt auf die Wiesen,
Pfingstrosen nicken
Im Gottesgarten, unbemerkt
Und ob der Kleinheit getröstet.

Ein schönes Ding, so ohne
Aufhebens sterben –
Leicht muß der Weg zu der Höhe sein,
Wenn die Gäste schon
Scheu entfliehn, ehe
Die Glocke läutet,
Und den Leib vergessen,
Ehe er noch versank.

Ortsteil Feldstetten

Feldstetten liegt auf der mittleren Kuppenalb, 10 km nordwestlich von Blaubeuren, an der Bundesstraße Ulm–Reutlingen, 765 m NN. Die Markung ist 13,47 qkm groß mit einem Waldanteil von 3,95 qkm.
Schon im 11. Jh. ist Feldstetten genannt, wo das Kloster Blaubeuren Güter besaß. Andere Klöster kamen als Grundbesitzer hinzu, darunter das Kloster Neresheim. Im Jahr 1383 fiel Feldstetten an Württemberg, wo es dem Unteramt Laichingen, danach dem Oberamt Münsingen zugeordnet war. Am 1. Januar 1975 wurde Feldstetten nach Laichingen eingemeindet.
Im Jahr 1834 zählte Feldstetten 746 Einwohner; im Jahr 1871 waren es schon 930 Bewohner. Nach Markung und Bevölkerung zählte der Ort zu den größten Gemeinden des Bezirks. Er wurde in der Münsinger Oberamtsbeschreibung von 1910 noch als „eines der ansehnlichsten Dörfer auf der ganzen Alb" bezeichnet. Im Jahr 1910, als die Gemeinde noch 794 Einwohner hatte, arbeiteten 76 Prozent der Bevölkerung in der Landwirtschaft. Außerdem gab es noch 36 bis 40 Leinenweber, die in Hausindustrie und ohne Gehilfen arbeiteten. Auch zwei Bierbrauereien waren im Ort ansässig. Anfang 1980 zählte Feldstetten 932 Einwohner, davon 803 evangelisch und 79 katholisch. 38 Ausländer wohnen hier. Von den 399 Erwerbstätigen arbeiten nur 134 in der Land- und Forstwirtschaft. Weitere 182 Erwerbstätige sind Berufsauspendler; dagegen kommen 82 Berufseinpendler hierher zur Arbeit. In 56 nichtlandwirtschaftlichen Arbeitsstätten arbeiten 211 Personen. Dazu gehören drei kleinere Industrieunternehmen mit etwa 60 Beschäftigten, in denen Textilien, Elektrogeräte und Vorhangschienen produziert werden. Die 96 Landwirtschaftsbetriebe bewirtschaften eine 7,70 qkm große landwirtschaftliche Nutzfläche.

Die evang. Pfarrkirche (St. Gallus) hatte einen Vorgängerbau im späten Mittelalter, wovon der quadratische Chorraum im Untergeschoß des Turmes mit Kreuzrippengewölbe und Wandgemälden des 14. und 15. Jh. zeugen. Sie wurden 1737 durch die Herzogl. Württembergischen Baumeister Mayer und Weyhing erweitert. Im oberen Teil der Ostwand haben sich Wandmalereien erhalten, so Christus am Kreuz mit Assistenzfiguren und den darunter sich befindlichen Aposteln; im oberen Teil der Nordwand ist Christus in der Mandorla mit Maria und Johannes dargestellt, darunter das Jüngste Gericht mit grausigen Teufeln. Im oberen Teil der Südwand kämpft St. Georg mit dem Drachen, darunter sind wiederum die Apostel. Aus der Spätgotik stammen das Chorgestühl, eine Türe, sowie der Taufstein.

Ortsteil Machtolsheim

Machtolsheim liegt zwischen Laichingen und Merklingen, nahe der Autobahn Ulm–Stuttgart, 726 m NN. Die Markung ist 16,75 qkm groß, davon 4,2 qkm Wald.

Machtolsheim ist schon 1204 urkundlich genannt. Es gehörte zur Grafschaft Helfenstein und hatte im 13. und 14. Jh. einen Ortsadel gleichen Namens. 1380 wurde der Ort an das Kloster Blaubeuren verpfändet und von diesem bereits 1387 an den Ulmer Patrizier Heinrich Krafft verkauft, der ihn 1397 dem Kloster schenkte. Der Kirchensatz ging 1482 und 1533 von den Helfensteinern an die Stadt Ulm und 1534 im Tausch ebenfalls an Blaubeuren. Ulm behielt danach nur den von Helfenstein im Jahr 1482 erworbenen Zoll. Machtolsheim gehörte um 1900 noch zum Klosteroberamt Blaubeuren. Unter württembergischer Oberhoheit wurde es sodann dem Oberamt Blaubeuren und ab 1938 dem Landkreis Ulm zugeordnet. Am 1. Januar 1975 wurde Machtolsheim nach Laichingen eingemeindet.

Im Jahr 1830 zählte Machtolsheim schon 634 Einwohner, sämtliche evangelisch. Die Bewohner ernährten sich vom Feldanbau, vom Spinnen und der Leinenweberei. Es gab im Ort noch 40 Leinenweber, dazu ein Hafner-Handwerk. Gute Hafnererde lieferte der naheliegende Wald. Anfang 1980 zählte Machtolsheim 1195 Einwohner, davon waren 70 Prozent evangelisch und 15 Prozent katholisch. Der Ausländeranteil beträgt 6 Prozent. Von den 579 erwerbstätigen Bewohnern arbeiten 198 in der Land- und Forstwirtschaft. Weitere 150 Erwerbspersonen sind Berufsauspendler. 42 Berufseinpendler kommen zur Arbeit in die Gemeinde. In Machtolsheim selbst sind 471 Personen beschäftigt. 60 nichtlandwirtschaftliche Arbeitsstätten mit 313 Beschäftigten sind im Ort, davon arbeiten 177 Personen im verarbeitenden Gewerbe. Darunter sind drei Industriebetriebe mit 136 Beschäftigten: ein Kunststoffwerk, eine Obstsaftkelterei und ein Textilbetrieb. 82 Landwirtschaftsbetriebe bewirtschaften eine 11,58 qkm große landwirtschaftliche Nutzfläche. Mit Unterstützung und unter maßgeblicher Beteiligung der Gemeinde entstand 1971 der Campingplatz „Heidehof" auf dem Markungsteil Buckenrainen, der sich rasch großer Beliebtheit erfreute. Er umfaßt heute 800 Stellplätze, die ständig gut belegt sind. Das gut gestaltete Gelände und die in die Landschaft passenden Gebäude und Freizeiteinrichtungen führten dazu, daß der Platz im Bundeswettbewerb „Vorbildliche Campingplätze in der Landschaft" im Jahr 1976 die höchste Auszeichnung erhielt.

Die Bemühungen der Einwohner um ein schönes Ortsbild fanden ihre Anerkennung in den Erfolgen im Wettbewerb „Unser Dorf soll schöner werden", die 1973 in der Bewertung als Landessieger von Baden-Württemberg und 1975 in der Verleihung einer Silbermedaille des Landes gipfelten.

Schließlich ist noch der markante Turm zu erwähnen, der zur Sicherung der Wasserversorgung errichtet wurde und eine Aussichtsplattform erhielt, die einen weiten Blick über die Landschaft gestattet.

Die evang. Pfarrkirche (Unsere liebe Frau) besitzt einen romanischen Turmsockel mit kräftigen gotischen Eckstreben. Aus der Gotik stammt auch der quadratische Chor mit Kreuzgewölbe und spitzem Chorbogen. Die Rippen des Gewölbes wurden dort durch Stukkierung in Gurte umgewandelt. Einen Gegensatz dazu bildet die prächtige Stuckdecke von 1712 des Degginger Stukkators und Bildhauers Johann Ulrich Schweizer, der auch die Stukkierung der Wallfahrtskirche Ave Maria in Deggingen geschaffen hat. Seine figürlichen Reliefs stellen dar: über dem Chorbogen das Lamm Gottes und das Wappen des Herzogtums Württemberg; in Medaillons ist die Erschaffung des ersten Menschenpaares dargestellt, der Sündenfall, die Auferstehung, das Jüngste Gericht, die Seligen im Himmel und die Verdammten in der Hölle. An den Wänden sind ebenfalls Stuckreliefs angebracht: eine Kreuzigungsgruppe, der Sämann sowie das Wappen von Württemberg. Die Empore wurde 1599 eingezogen. Die Gemälde auf ihrer Brüstung im Westen und Osten führen mehrmals diese Jahreszahl auf, doch werden sie von 14 Christus- und Apostelbildern von 1779 überlagert. Altar und Kanzel sind aus dem 18. Jh.; reizvoll ist auch die Orgel mit Rankenwerk und Vasen, die 1807 entstanden ist. An der Kanzel sind vier Holzfiguren der Kirchenväter angebracht, und gegenüber dieser Kanzel hängt das Epitaph des Pfarrers Magister Johann Ludwig Wagner, das ihn, seine Gattin und 17 Kinder darstellt, mit der Jahreszahl 1651.

Die Kirche wurde in den letzten Tagen des zweiten Weltkriegs in Brand geschossen, nachdem der Turm mit markantem Viereck und der über dem Dach sitzenden Laterne seit 1609 gleichgeblieben war. Der heutige Turm mußte wegen der gefährdeten Statik niedriger gehalten und anders gestaltet werden.

Ortsteil Suppingen

Suppingen liegt auf der Hochfläche der Alb, nördlich von Blaubeuren, an der Bundesstraße 28 Ulm–Reutlingen. Seine Markung ist 12,08 qkm groß, wovon 2,11 qkm bewaldet sind. Der Ort liegt 748 m NN.

Suppingen war lange Zeit helfensteinisch und wurde im Jahr 1447 an Württemberg verkauft. Der 1108 erstmals genannte Ort gehörte um 1800 zum Oberamt Blaubeuren und wurde 1938 dem Landkreis Ulm zugeordnet. Am 1. Januar 1972 wurde die Gemeinde nach Laichingen eingemeindet. Im 30jährigen Krieg war Suppingen vollständig zerstört worden.

Im Jahr 1830 zählte Suppingen 412 Einwohner, die als wohlhabend galten. Anfang 1980 hatte Suppingen 721 Bewohner, davon waren 85 Prozent evangelisch und 13 Prozent katholisch. Von den 359 erwerbstätigen Bewohnern arbeiten 150 in der Land- und Forstwirtschaft. 149 Erwerbspersonen sind Berufsauspendler. In Suppingen selbst sind 218 Personen beschäftigt. Außer einem Baugeschäft sind in Suppingen nur Kleinbetriebe angesiedelt. 75 Landwirtschaftsbetriebe bewirtschaften eine 8,87 qkm große landwirtschaftliche Nutzfläche.

Die evang. Pfarrkirche (St. Brigitta) hat noch aus der Erbauungszeit ihren spätgotischen Chor mit Kreuzrippen. Sie wurde später erweitert und verändert und mit einer Empore, an welcher Apostelbilder angebracht sind, versehen. Beachtlich ist ein Ölbild „Abraham opfert Isaak" mit Signatur „Joseph Wannenmacher Romano pictor de Tomerdingen fexit 1765", sowie ein Gemälde als Stifterbild, das die Kreuzigung zum Bildinhalt hat.

Ca. 1 km südöstlich von Suppingen am Feldweg bei „Santenhausen" steht, im Gebüsch fast versteckt, ein sog. Schäferstein als Denkstein mit der Inschrift „Denckmal des Bernhard Braun Schafknecht des Sch.(äfers) Mangold gbr. d. 17. Febr. 1839 in Hepsisau wurde neben seiner Herde vom Blitz erschlagen d. 11. August 1856", (die folgenden drei Zeilen sind unleserlich).

Ca. 1 km nordöstlich von Suppingen ist ein Grenzstein „bezeichnet" 1719 CB (Kloster Blaubeuren).

Volkslied, Schnitz, Anbinder und Tanzverse

Mir isch wohl, mir isch wohl,
mir isch älleweil so wohl!
wenn i Geld hau, fahr i Scheesa,
wenn i koins hau, mach i Besa!
(Scheesa = Chaise = Pferdekutsche)

„Wenn d'Schwoba lustig sind, singen sie ein trauriges Lied". Aus dieser Feststellung einer aufgeweckten jungen Handwerkersfrau von der Alb sind bereits die Gegensätze herauszuhören, denn die heimatlichen Lieder spiegeln deren Seele bei Freud und Leid, bei Arbeit und Festen, wider. Sie bewegen sich in der Spannung schwäbischer Gegensätzlichkeit, und das liegt dort so nah beieinander wie Berg und Tal.

Die gemütvollen, besinnlichen Lieder, in welchen von Heimat, Liebe, Scheiden und Wiederkehren die Rede ist, sind die beliebtesten, und der Älbler singt sie getragen und langgezogen, manche fast wie einen Choral so andächtig. Dafür soll das am meisten angestimmte „Im schönsten Wiesengrunde ist meiner Heimat Haus" gelten, in dem geschieden wird mit dem Wunsch, einst dort auch begraben zu werden.

Vom Gegensatz zwischen Liebe und Fröhlichkeit, Grabstein und Vergißmeinnicht, lebt das Volkslied „Horch was kommt von draußen rein, hollahi-hollaho", das in seiner Schlußstrophe viermal dieses frischmuntere hollahi-hollaho zwischen den Tod eingewoben hat.

Nun gibt es im Schwäbischen neben den Volksliedern auch Scherzlieder und übermütige Schelmenverse, mit denen man sich in heiterer Runde munter neckt, wo der eine den anderen mit noch Anzüglicherem oder Ortsneckereien übertrumpfen möchte, zur Unterhaltung eines ganzen Wirtshauses. Da scheinen die „Schnitze", meist vierzeilige lustige Verse, die als selbständige Liedlein mit eigener Melodie die Stimmung anfeuern, eine Eigenart der schwäbischen Alb zu sein. Diese Schnitze werden gerne auch an andere Lieder angehängt und nennen sich dann „Anbinder".

Sie tragen die Atmosphäre des vorangegangenen Liedes mit zwei oder mehreren Versen weiter, oder kehren diesen ins Gegenteil um. Jonas Köpf, der von 1935–1955 Lehrer und Dirigent des Chores in Suppingen war, hat in Gemeinschaftsarbeit mit Dorfbewohnern eine Sammlung dieser Lieder aufgezeichnet und als „Suppinger Liederbuch" veröffentlicht, und auch sein Nachfolger pflegte dieses Liedgut, das in einem geographisch eng umgrenzten Raum heimisch ist. Der Gemischte Chor Suppingen führt bis auf den heutigen Tag diese Tradition fort und trägt zu seinen Auftritten weit im Land herum die alte Suppinger Tracht: die Frauen und Mädchen mit Tuchrock, schwarzen, mit bunten Blümchen bestickten Samtleibchen über blütenweißem Sonntagshemd und ebensolcher Schürze, beides mit Spitzen und Biesen geschmückt, dem keckroten Seidenband mit steifer Schleife am Hals und der silbernen Miederkette. Die Sänger tragen zur schwarzen Bundhose weiße Strümpfe und weißes Hemd unter roter, mit Silberknöpfen geschlossener Weste. Sie sind alles gesangsprobte Laien: Arbeiter, Landwirte, Bäuerinnen, Lehrlinge und Schüler.

Was in Bayern die Schnadahüpfl, sind im Schwäbischen die Schelmaliedla und Tanzlieder, ein urwüchsiges Gewächs aus Spott und Ironie, voll Innigkeit, und manchmal sticht die Lust am Übertreiben hervor.

Wir wollen uns einmal Schnitze und Tanzverse zu Gemüte führen, denn überall auf der Alb war es Brauch, auf dem Tanzboden nach jedem Dreher, Schleifer, Polka oder Galopper einen Schnitz zu singen.

Da sind einmal die Ortsneckereien, da Festlichkeiten auch Gäste aus der Umgebung anziehen:

Mei Schatz, der isch von Scharastett
ond i von Ettlaschiaß,
er hot so dicke Wada ghett
ond i so dünne Füaß.

oder

Öpfinga, Dischinga, Donarieda,
o hätt i mei Schätzele,
wie wett i's liaba!

und so

Und Öpfinga, Dischinga, Pappelau zua,
wie danzet dia Baura,
wie klöpfet dia Schuah!

auch so

Ond i ben vo Ennabeura
vom ußersta Haus,
do hanget a Säckle
voll Knollamilch raus.
(Knollamilch = Quark)

Der „Schottische" hatte einen besonderen Takt, und bei dem folgenden werden die Leut um Merklingen geneckt, von denen man sagte, sie stammten aus dem

„Nudlagäu", da sie Dampfnudeln in mancherlei Zubereitung bevorzugten:

Dreimol Nudla, dreimol Nudla
ond amol en Stopfer,
s'geit koi schöners Mädle hia
als s'Uhramachers Tochter.
(Stopfer = Brei, Mus)

Auf den „Schleifer" oder „Ringlesrum", eine Walzerart wurde gereimt:

Und s'Braunbier ist bitter
und s'Weißbier ist süaß,
jetzt leg i meim tausiga Schatz
d'Händ unter d'Füaß.
(er hebt also das Mädchen
im Tanz in die Höhe)

Gerade übermütig stampft dieser Rhythmus:

Tanz Hansjörgle, tanz Hansjörgle,
d'Stiefela send no ganz, Hansjörgle,
tanz Hansjörgle, tanz,
d'Stiefela send no ganz!

Wenn eine Tanzwiederholung gewünscht wurde, klang das so:

No en sotta, no en sotta,
des isch grad a guater,
mei' Vatter leit ens Bubbele nei
und schloft bei meira Mueter...
(Bubbele = Bett)

Auch die Spielleute wurden angefeuert:

Mo sand denn d'Spielleut, d'Spielleut
daß ma's net hairt?
Dia sand en Krautgarta naus,
do tant se Grombiera raus!

Mo sand denn d'Spielleut,
daß ma's net hairt?
D'Spielleut sand Lumpa, dia spielet ums Geld
und wenn d'Spielleut net wäret, koi Freud' auf dr Welt!
(Grombiera = Kartoffeln)

Dann fliegen auch die Sticheleien zwischen tanzfaulen Burschen und „hockengebliebenen" Mädchen hinüber und herüber:

Hot so viel Buscht em Wirtshaus sitza
ond koiner hot s'Herz z'tanza!

darauf die Burschen:

Zwoi Hennela, zwoi Hennela,
dia tanzet mitanand,
ond koine hot koi Göckele,
des ischt a wahre Schand!

Dann tauchen auch wieder die Schnitz auf, die es als „Hockableiberliadl" auch in Österreich gibt, und die heut leider von dem Reißer „So ein Tag, so wunderschön wie heute" abgelöst wurden:

Wöll mer denn heut au wieder hoim?
noi, mr wöllet gar nemme hoim!
I gang et hoim bis Morga ischt
und bis mei' Muatter z'Morga ißt.
No kriag i glei, juhe, juhe!
a Schäle voll Kaffee,
No kriag i glei willkomm, willkomm
oi's um da Buckel rom!

Hat der Bursch dann unterwegs noch Halt gemacht, dann ist sein Wunsch begreiflich:

Heut nacht hots a Schnaile gschnia
mo-n-i bei meim Schatz be gwea.
Wenns jetzt no a Reagele tät,
daß ma doch des Gstäpf et säht!
(Schnaile gschnia = Schnee gefallen,
Gstäpf = Fußstapfen)

War die Festlichkeit gar eine Hochzeit, folgte zum Abschied der Ehrentanz des Brautpaares und der Tanzvers dazu:

Hopsa Liesele, d'Freud ist aus.
s'Kränzle ra und s'Häuble nauf!
s'Häuble wär jo ett so schwer,
wenn i nur no ledig wär...

Jetzt bist du halt g'heiret
jetzt bist du a Ma,
jetzt sieht die koi ledigs
schö's Mädle mai a.

Drauf wünscht man mit dem Anbinder Glück im Ehestand:

Jetzt wünsch' i der Braut und dem Bräutigam Glück
und daß all Dreivierteljaur a Kendergschrei gibt.

oder kürzer und augenzwinkernd:

Ebbes will i au no saga
hätt's jo schier vergessa:
wünsch' euch Glück ins Fedrabett
und Appetit zum Essa!

Hierauf zog die ganze Gesellschaft zum Haus des Brautpaares und sang davor gemeinsam den Choral „Auf Gott und nicht auf meinen Rat". Also auch hier wieder die Spannung zwischen Fröhlichkeit und feierlichem Ernst.
Mit allerlei Schnitz und Anbindern wirbt der Bursche weiter:
hier verhalten:

Drei Rosa im Garta
drei Ilga im Wald
im Sommer ischt's liable,
im Winter isch kalt.
(Ilge = Lilie, Schwertlilie)

dort forsch werbend:

Und druimol um d'Scheiterbeig
druimol ums Haus
und druimol en Pfiff getan,
Schwarze, guck raus!

Ein liebliches Lied mit zweierlei Anbinder, die zueinander im Gegensatz treten, ist „Da droben auf hohen Bergen, da steht ein goldenes Haus, da schauen ja alle Frühmorgen drei schöne Jungfrauen heraus; die erste heißet Susanne, die zweite Annamarei, die dritte, die darf ich nicht nennen, die soll ja mein eigen sein."
Und gleich wird im folgenden Anbinder der Name der Dritten verraten:

Rösele, Rosele, so hoißt mei Schatzele,
Rösele, Rosele, so hoißt mei Schatz.
Hoißt se net Rösele, so hoißt se doch Rosele,
Rösele, Rosele, so hoißt mei Schatz.

Diese bisher lyrische Galanterie wird mit dem folgenden Anbinder aufgehoben und gleitet ins Derb-Fröhliche; bleibt aber lieb:

Schatzele, Engele, no a kleins Wengele,
Schatzele, Engele, no a kleins Weng.
Schatzele! Wasele? L... mi am A . . . ele!
Schatzele! Wasele? L... mi am A . . . !

Zum Abschluß nochmal diese Gegensätzlichkeit:

Mag au a Lied so hoilig sei,
so ghairt a Stückle drei.
Ei Bauer, stand auf und füttre dein Schimmel
und prügle dei' Bäure, sonst kommst net in Himmel!

Gemeinde Heroldstatt

Ortsteil Ennabeuren

Ennabeuren liegt auf den Höhen der Münsinger Alb, von Blaubeuren etwa 13 km in nordwestlicher Richtung entfernt und 777 m NN. Mit seinem Teilort Breithülen ist die Markung 9,31 qkm groß. Mit 77 ha ist der Waldanteil sehr gering.

Ennabeuren, in dessen Umgebung keltische Scherben und alamannische Gräber entdeckt wurden, ist im Jahr 1092 erstmals urkundlich genannt (Oninburrin). Mehrfach wurde der Ort zerstört oder geplündert. Das Nebeneinander mehrerer Ortsherrschaften hatte immer wieder zu Streitigkeiten geführt. Darin lag auch der Grund, weshalb die Bevölkerung konfessionell geteilt blieb. So zählte Ennabeuren im Jahr 1910 bei einer Gesamtbevölkerung von 840 Personen 510 Evangelische und 330 Katholiken. Die Gemeinde, deren Bevölkerung damals zu 70,4 Prozent in der Landwirtschaft tätig war, wies 10 Handwerker, eine Brauerei und eine Ziegelei auf. 25—30 Bewohner betrieben den Hausierhandel mit selbstgefertigten Bürsten-, Korb- und Seilerwaren sowie mit Wachstüchern, Strickwaren und Spezereien.

Ennabeuren gehörte als altwürttembergisches Gebiet zum Oberamt Münsingen. Es wurde am 1. Oktober 1973 mit Sontheim zur neuen Gemeinde Heroldstatt vereinigt. Der Name Heroldstatt bezeichnete zuvor schon ein im Westen von Ennabeuren gelegenes Gewann.

Anfang 1980 zählte Ennabeuren 916 Einwohner, davon 525 evangelisch und 365 katholisch. In den letzten hundert Jahren blieb die Bevölkerungszahl fast unverändert. Von den 399 erwerbstätigen Bewohnern arbeiten nur noch 101 in der Land- und Forstwirtschaft. Dagegen sind 204 Erwerbspersonen als Berufsauspendler auswärts beschäftigt. In 39 nichtlandwirtschaftlichen Arbeitsstätten sind 126 Personen tätig. Zwei kleinere Industriebetriebe bestehen im Ort: eine Elektromotorenfabrik und ein Strickereibetrieb. Die 67 Landwirtschaftsbetriebe bewirtschaften 7,57 qkm Land.

Die evang. Kirche (zu den Hl. Kosmas und Damian) geht wahrscheinlich auf eine Anlage des späten 13. Jh. zurück. Der heutige Bau, eine einfache Saalkirche mit rechteckigem Chor und Stuckdecke mit Malereien im Schiff und kreuzgewölbten Chor, wurde 1756 erbaut und dabei auch der Turm mit Zwiebelhaube und Achteckgeschoß versehen. Eine gute Arbeit aus der Gotik ist die gemalte ehemalige Predella mit Gottvater und der Heiliggeisttaube im Zentrum. Dieser hält ganz sanft den Leichnam Christi, während zu beiden Seiten Maria und Johannes dessen Arme stützen. Diese Predella wurde in die 1937 neu erbaute Kath. Pfarrkirche St. Maria übernommen.

Ortsteil Sontheim

Sontheim liegt wie Ennabeuren auf den Höhen der Münsinger Alb, am Eingang zum langgezogenen und bis zum Achtal reichenden Tiefental, einem Trockental. Sehenswert ist die nahe Sontheimer Höhle mit ihren drei großen unterirdischen Hallen und schönen Tropfsteinen. Sie ist schon seit 1488 bekannt, 192 m lang und 60 m tief. Sontheim liegt 775 m NN und hat eine 12,57 qkm große Markung, wovon 2,88 qkm bewaldet sind.

Sontheim ist schon im Jahr 1108 als „Suntheim" urkundlich genannt. Es wurde früh württembergisch und gehörte zum Oberamt Münsingen. Großen Besitz hatte hier einst das Kloster Blaubeuren. Die Münsinger Oberamtsbeschreibung von 1912 rühmt „das reich mit Naturschönheiten gesegnete Dorf, von wo die Alpenkette von den bayerischen bis zu den Berner Alpen zu erblicken ist". 464 Einwohner zählte Sontheim schon im Jahr 1834, 627 Bewohner im Jahr 1871. Im Jahr 1910 waren es 611 Einwohner, davon 607 evangelisch. 80 Prozent der Bevölkerung lebte vom landwirtschaftlichen Ertrag. Unter Württemberg gehörte Sontheim zum Unteramt Laichingen, später zum Oberamt Münsingen. Am 1. Oktober 1973 wurde es mit Ennabeuren zur neuen Gemeinde Heroldstatt vereinigt.

Anfang 1980 zählte Sontheim, das sich nach 1945 gut entwickelte und einige Gewerbeunternehmen ansiedeln konnte, 1038 Einwohner, davon 852 evangelisch und 115 katholisch. 49 Ausländer leben im Ort. Von den 514 erwerbstätigen Bewohnern arbeiten nur 137 in der Land- und Forstwirtschaft. 95 Erwerbspersonen sind Berufsauspendler, denen jedoch 97 Berufseinpendler gegenüberstehen. In 39 nichtlandwirtschaftlichen Arbeitsstätten sind 368 Personen beschäftigt, davon 286 im verarbeitenden Gewerbe. Zwei industrielle Betriebe bestehen im Ort: ein Textil- und ein Maschinenbaubetrieb, dazu einige andere Mittelbetriebe für Ladeneinrichtungen und Wäscheartikel. 75 Landwirtschaftsbetriebe bewirtschaften eine 8,40 qkm große landwirtschaftliche Nutzfläche.

Die evang. Pfarrkirche (St. Petrus und Paulus) geht auf eine Kapelle aus dem 12. Jh. zurück. Sie wurde 1767 erbaut und in späterer Zeit verändert und erweitert.

Gemeinde Merklingen

Merklingen liegt auf der mittleren Kuppenalb, an der Autobahn Ulm—Stuttgart, 699 m NN und hat mit dem Weiler Widderstall, dem mit 787 m höchsten Punkt des ehemaligen Landkreises Ulm, eine 21,31 qkm große Markung mit einem Waldanteil von 6,46 qkm.
Als „Marchelingen im Flinagau" ist Merklingen schon im Jahr 861 urkundlich genannt. Es war später im Besitz der Helfensteiner und kam 1482 zu Ulm. Hier war Merklingen bis 1714 Sitz eines eigenen Amtes, bis dieses aufgehoben und dem Amt Nellingen zugewiesen wurde. Im Jahr 1802 wurde Merklingen zusammen mit Ulm bayerisch, 1810 württembergisch und gehörte danach zum Oberamt Blaubeuren. Bei der Neugliederung der Kreise im Jahr 1938 kam die Gemeinde zum Landkreis Ulm.
Im Jahr 1830 zählte Merklingen 670 Einwohner, davon 18 in Widderstall. In der Oberamtsbeschreibung von 1830 wird Merklingen als „ein ansehnlicher, wohlgebauter Ort" bezeichnet, dessen Einwohner wohlhabend sind und neben dem Feldbau die Leinenweberei betreiben. Damals gab es im Ort noch etwa 100 Weberstühle mit 37 Meistern und 36 Knappen. Heute wohnen in Merklingen 1410 Personen, davon sind 92 Prozent evangelisch und 6 Prozent katholisch. Von den 734 erwerbstätigen Bewohnern arbeiten 228 in der Land- und Forstwirtschaft. 238 Erwerbspersonen sind Berufsauspendler gegenüber 55 Berufseinpendlern, die zur Arbeit in den Ort kommen. 87 nichtlandwirtschaftliche Arbeitsstätten sind in Merklingen mit 427 Beschäftigten, davon 209 im verarbeitenden Gewerbe. Darunter befinden sich Industriebetriebe mit rund 100 Beschäftigten, eine Leinen- und Damastweberei, ein kunststoffverarbeitendes Unternehmen und ein Maschinenbaubetrieb. Die 115 Landwirtschaftsbetriebe bewirtschaften 12,54 qkm landwirtschaftliche Nutzfläche.

Der 61 m hohe Turm mit barocker Haube, welcher die evang. Pfarrkirche (zu den Hl. Drei Königen) weithin sichtbar überragt, gehört zu einer Kirche, die 1275 schon erwähnt wird. Aus dieser Zeit stammt wohl auch der Unterteil des Turms, der heute den Westeingang der Kirche bildet. Das Langhaus ist um 1500 entstanden, ein Saalbau mit flacher Felderdecke, Spitzbogenfenstern und dreiseitig geschlossenem netzgewölbten Chor. Dieser trägt an der Außenwand das Baudatum 1490. Im Schiff befinden sich an der West- und Nordseite Emporen mit Darstellungen aus dem Leben Christi, signiert und datiert J. L. Schneider, Geislingen, 1738.
Der Hochaltar mit der Inschrift ANO DOMINI 1510 AN. S. L. ist ein Kunstwerk von hohem Rang. Er birgt im Schrein ein achtfiguriges geschnitztes Relief mit der Beweinung Christi, Joseph von Arimathia und Nicodemus, die vier Frauen Maria und Magdalena, die Mutter Maria, dann Maria, die Mutter des Jakobus und des Joses, und Salome, von der angenommen wird, daß sie die Schwester der Mutter Maria war, sowie der tote Jesus und der Jünger Johannes. Die Figuren sind von Nikolaus Weckmann, oder aus dessen Werkstatt. Die gemalten Flügel zeigen auf den Außenseiten, über beide Tafeln hinweg, den Abschied Jesu von der Mutter, auf den Innenseiten, links die Kreuztragung und rechts die Auferstehung. Auf der Predella ist Jesus und seine Jünger. Die Malereien weisen auf Martin Schaffner hin, ohne aber dessen Erfindungsreichtum und Qualität zu besitzen; sie sind wohl in dessen Werkstatt entstanden.
2,5 km südöstlich von Merklingen befindet sich ein Grenzstein „bezeichnet" 1773 CB.

Gemeinde Nellingen

Nellingen liegt auf der mittleren Kuppenalb, am sog. Zigeunerhochsträß, 692 m NN. Früher führte hier die Salzstraße vorbei. Heute befindet es sich nahe der Autobahn Ulm—Stuttgart. Seine umfangreiche Markung von 28,81 qkm war die größte der Gemeinden des früheren Landkreises Ulm. Die Waldfläche beträgt 5,5 qkm.

Nellingen erhielt 1372 von Kaiser Karl IV. das Marktrecht mit Stock und Galgen. Es war Lehen des Klosters Ellwangen und im 13. Jh. im Besitz der Herren von Nellingen, dann der Grafen von Helfenstein. 1375 verkauften diese den Markt an das Kloster Blaubeuren, das ihn jedoch nur 10 Jahre halten konnte. Nach mehrfachem Besitzwechsel zog die Reichsstadt Ulm 1441/82 den Markt samt Zoll an sich. Nellingen wurde Amtssitz für die Gemeinden Aichen, Amstetten, Aufhausen, Merklingen, Nellingen, Oppingen, Türkheim und Wittingen. 1802 wurde Nellingen mit Ulm bayerisch, 1810 württembergisch und dort dem Oberamt Blaubeuren zugeordnet. Bei der neuen Kreisgliederung 1938 kam es zum Landkreis Ulm. Am 1. Januar 1975 wurde Oppingen nach Nellingen eingemeindet. Aus Nellingen stammte Joh. Albr. Widmannstetter (1506–1557), Humanist, Kanzler von Niederösterreich und Domherr in Regensburg.

Im Jahr 1830 zählte Nellingen 853 Einwohner, sämtliche evangelisch. Neben dem Feldbau wurde Schafzucht betrieben, auch die Bienenzucht. 26 Leinenweber gab es ebenfalls noch im Ort.

Die Gemeinde hat sich seither stark vergrößert und hatte Anfang 1980 1354 Einwohner, davon 1113 evangelisch und 152 katholisch. 27 Ausländer wohnen in Nellingen. Von den 716 erwerbstätigen Bewohnern arbeiten 229 in der Land- und Forstwirtschaft. 261 Erwerbspersonen sind Berufsauspendler, von denen viele in Laichingen arbeiten. 54 Berufseinpendler kommen zur Arbeit nach Nellingen. 70 nichtlandwirtschaftliche Betriebe mit 343 Beschäftigten gibt es im Ort, darunter ein kleinerer Industriebetrieb. Ein weiterer Mittelbetrieb ist die dortige Autobahnraststätte. 127 Landwirtschaftsbetriebe bewirtschaften eine 21,5 qkm große landwirtschaftliche Nutzfläche.

Die evang. Kirche (St. Andreas) aus dem Anfang des 15. Jh. ist noch im wesentlichen erhalten. Am Chorturm führt außen eine ummauerte Wendeltreppe empor, die um 1860 anläßlich der Renovation entstanden ist. Ein ausgedehnter, die ganze Kirche umfassender Wandmalereizyklus aus dem 15. Jh. mit den vier Evangelistensymbolen im Chorgewölbe, dem zentralen großen Wandgemälde mit der Darstellung des Jüngsten Gerichts, datiert 1492 an der Südseite des Kirchenschiffes, eine weitere, schwer deutbare Szene, sowie Apostelfiguren mit Maria und dem Schmerzensmann gehören zu den Sehenswürdigkeiten; die reichgeschnitzten Türflügel mit Blattwerk und Engel in streng abgegrenzten Feldern sind von einem unbekannten Meister Ende des 17. Jh. geschaffen.

Heimatmuseum. Im alten Schulhaus wurde in drei Zimmern ein kleines Heimatmuseum eingerichtet mit einer Küche und Wohnstube mit Tisch, Kästen, Bett und Wiege, mit Wandschmuck wie Konfirmanden- und Ehetafeln samt gerahmten Sprüchen für Bauer und Handwerker.

Truch und Kanapee

A feste Truch von Oicheholz
Zum Sitza drauf ischt s'Baura Stolz,
Und unta muaß a Türle nei',
Do ghairet Kapitalbriaf nei!

Meh weat ist's als a Kanapee,
Des ällweil, wenn mer's hebt in d'Höh,
Nex zoiga tuat, o arma Welt!
Als sechs Pfond Seegras ond koi' Geald.

(unbekannter Dichter)

Ortsteil Oppingen

Oppingen liegt 3 km östlich von Nellingen, 715 m NN und hat eine 6,96 qkm große Markung, wovon 1,3 qkm bewaldet sind. Es zählt zu den höchstgelegenen Orten des Alb-Donau-Kreises.

Nellingen gehörte im Mittelalter zum helfensteinischen Besitz und kam im 15. Jh. zu Ulm, wo es dem Amt Nellingen zugeordnet war. Mit Ulm wurde Oppingen vorübergehend bayerisch und ab 1810 württembergisch und Teil des Oberamts Geislingen. 1938 kam es bei der neuen Kreiseinteilung zum Landkreis Ulm. Am 1. Januar 1975 wurde Oppingen nach Nellingen eingemeindet.

Oppingen zählte schon immer zu den kleineren Gemeinden. Es zählte im Jahr 1840 nur 183 Einwohner, sämtliche evangelisch. Die Bewohner lebten hauptsächlich vom Ackerbau. Auf der Markung hatte es vorzügliche Töpfererde gegeben, die wagenweise und in Ballen verpackt nach Ulm geliefert wurde. Aber auch die Hafner von Schelklingen und Münsingen bezogen von hier ihre Töpfererde.

Anfang 1980 hatte Oppingen 168 Einwohner, davon 144 evangelisch und 13 katholisch. Von den 105 erwerbstätigen Bewohnern arbeiten 62 in der Land- und Forstwirtschaft und 31 gehen als Berufsauspendler andernorts zur Arbeit. In Oppingen selbst sind 75 Personen beschäftigt. 25 Landwirtschaftsbetriebe bewirtschaften eine 5,2 qkm große landwirtschaftliche Nutzfläche.

Die evang. Kirche (St. Michael) wurde 1591 umgebaut und im 18. Jh. verändert, ein flachgedeckter Saalbau mit quadratischem Chor und Emporen aus dem 17. Jh. Am Außenbau dominiert der quadratische Westturm mit auffallend hochgezogenem Satteldach mit Lisenen und Bogenfriesen. Eine kelchartige Form hat der Taufstein von 1612. Auf seinem sechseckigen Fuß ruht das Taufbecken, das über einen Rundbogenfries in ein Achteck übergeht. Bei der Erneuerung des Kirchenschiffs 1954 kam an der Holzdecke eine beinahe schwarz gehaltene Ornamentbemalung zum Vorschein mit der Inschrift „nelingen 1492".

Gemeinde Westerheim

Westerheim liegt am nördlichen Albrand, 8 km von Wiesensteig entfernt und 815 m NN. Es ist der höchstgelegene Ort im Alb-Donau-Kreis und hat eine 22,94 qkm große Markung, davon 5 qkm bewaldet. Im schönen Wandergebiet befindet sich auch die Schertelshöhle mit eindrucksvollen Hallen und Bodentropfsteinen.

Westerheim ist 861 erstmals urkundlich genannt. Es gehört zu einer Gruppe von Dörfern, die von Laichingen aus in Siedlungsvorstößen angelegt wurden. 1101 bis 1295 ist eine adlige Familie von Westerheim bezeugt. Bei der nahen Burg Egelsee, die nicht mehr vorhanden ist, stifteten die Herren von Ruck ein Kloster, das jedoch schon um 1085 nach Blaubeuren verlegt wurde.

Im Jahr 1842 zählte Westerheim bereits 941 Einwohner, davon 940 katholisch. Das Dorf war, wie die Oberamtsbeschreibung von 1842 berichtet, ziemlich weitläufig gebaut. „Der Boden ist rauh und steinig und daher nicht ergiebig. Doch sind die Einwohner wohlhabend und als gute Landwirte bekannt." Weberei und Spinnerei hatten lange den Haupterwerb der Bevölkerung gebildet. Erst mit der Einführung des Maschinengarns kam das Webereihandwerk zum Erliegen. Noch im April 1945 erlitt der Ort im Krieg schwerste Schäden.

Anfang 1980 hatte Westerheim 2137 Einwohner, darunter 82 Ausländer. Von ihnen sind 1759 katholisch und 304 evangelisch. Von den 970 erwerbstätigen Bewohnern arbeiten 240 in der Land- und Forstwirtschaft. Weitere 203 Erwerbspersonen sind Berufsauspendler. In Westerheim sind 795 Personen beschäftigt. In 84 nichtlandwirtschaftlichen Arbeitsstätten arbeiten 585 Personen, davon 343 in produzierenden Betrieben. Dabei sind 9 industrielle Unternehmen mit zusammen 363 Arbeitskräften. Textil- und Wäschefabrikation stehen im Vordergrund, dazu Fensterbau, Maschinenbau und Strickerei. 163 Landwirtschaftsbetriebe bewirtschaften eine 18 qkm große landwirtschaftliche Nutzfläche.

Westerheim hat sich durch die erfolgreiche Teilnahme an dem jährlichen Landeswettbewerb „Unser Dorf soll schöner werden" einen Namen gemacht. Mit dem gepflegten Albdorf sind ein das ganze Jahr über benütztes Alb-Camping als größter Wohnwagenstellplatz des Landes sowie eine Siedlung mit Ferienhäuschen verbunden. Westerheim ist auch ein vielbesuchter Skiort mit eigenen Liftanlagen.

Ein reizvolles Ensemble bildet die kath. Pfarrkirche (St. Stephan) mit behäbigem Kirchturm und Kuppel im ummauerten Friedhof zusammen mit dem Rundbogentor, auf dem in einer Nische St. Nepomuk grüßt, sowie dem Pfarrhaus in Fachwerkbauweise. Eine 1405 errichtete Kirche soll 1630 abgebrannt sein. Der Neubau erfolgte 1787–88. Sie besitzt eine doppelte Westempore und Deckengemälde aus dem 19. Jh. sowie einen zweigeschossigen mit Doppelsäulen bestandenen Hochaltar aus dem 18. Jh.

Die Gottesdienste werden in der 1975 erbauten kath. Pfarrkirche Christkönig abgehalten, und hierher wurden einige barocke Kunstwerke der St. Stephanskirche übertragen.

Etwa 2 km nordwestlich von der Ortsmitte im Bereich des nördlichen Mühlbergabhangs ca. 15 m vor der Abzweigung Neckartal, befindet sich ein Steinkreuz. An dieser Stelle sollen zwei Handwerksburschen begraben sein, die sich in einer Hungerszeit, einer Maus wegen, erschlagen hatten.

116 Laichingen.
Weite Straße mit dem
1563 erbauten
Rathaus und seinem
Dachreiterturm.

Laichingen.
Broad Street. Town-hall from 1563 with ridge-turret.

117 Laichingen.
Fachwerkhäuser, die zur ehemaligen Kirchenburg gehörten, seit 1954 Heimatmuseum dort untergebracht.

Laichingen.
Timber-framed houses, formerly part of the church fortifications. Since 1954 local museum.

118 Laichingen. Bauernstube im Heimatmuseum.

Laichingen. Peasant room in the local museum.

119 Laichingen. Heimatmuseum. Alte Feuerlöschfahrzeuge.

Laichingen. Local museum. Old fire-engines.

120 Laichingen.
Heimatmuseum. Webstuhl.

Laichingen.
Local museum. Loom.

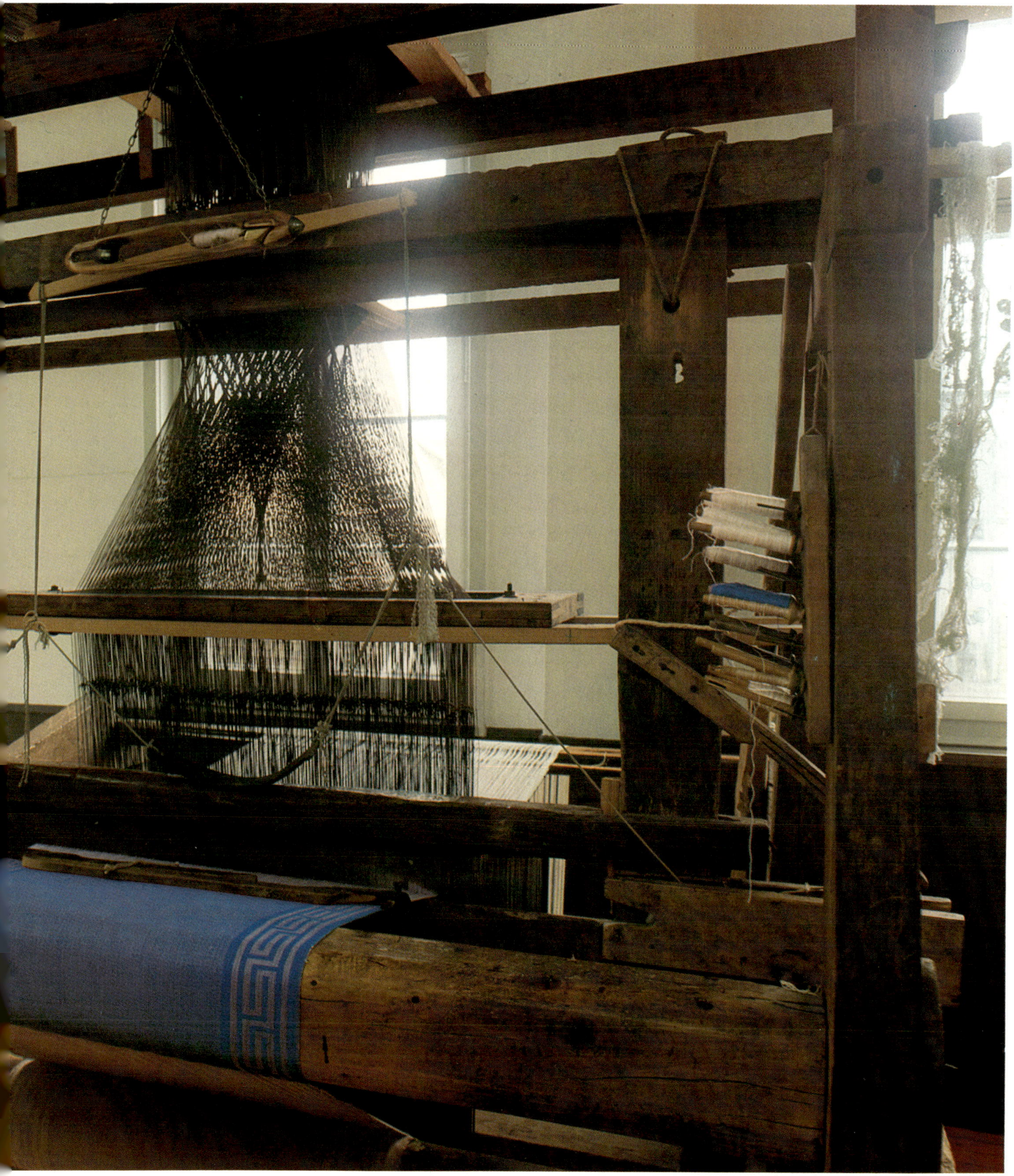

121 Tiefenhöhle bei Laichingen. Tiefste, für Besucher zugängliche Höhle (80 m) der Bundesrepublik.

Tiefenhöhle (deep cave) near Laichingen. Deepest cave (80 m) of the Federal Republic of Germany open to the public.

122 Machtolsheim.
Ortskern mit der evang. Pfarrkirche und Merklingen im Hintergrund.

Machtolsheim.
Centre of the village with protestant parish church and Merklingen in the background.

123 Machtolsheim. Ev. Pfarrkirche. Epitaph des Pfarrers Joh. Ludwig Wagner mit seiner Frau und 17 Kindern von 1651.

Machtolsheim. Protestant parish church. Epitaph of the parson Joh. Ludwig Wagner, his wife and 17 children; 1651.

124 Suppingen.
Ev. Pfarrkirche.
Ölgemälde Abraham
opfert Isaak von Joseph
Wannenmacher,
Tomerdingen von 1765.

Suppingen.
Protestant parish church.
Oil painting, Abraham
sacrificing Isaac, by
Joseph Wannenmacher,
Tomerdingen, 1765.

125   Ennabeuren.
Ev. Pfarrkirche
(St. Kosmas und
Damian), 1756 erbaut.

Ennabeuren.
Protestant parish church
of St. Cosmas and
Damian, built in 1756.

126   Blick auf
Sontheim.

View of Sontheim.

127 Feldstetten. Ev. Pfarrkirche (St. Gallus). Fresken aus dem 14./15. Jh. mit Christus, Maria und Johannes oben und dem Jüngsten Gericht im unteren Teil.

Feldstetten. Protestant parish church of St. Gallus. Frescoes, 14th/15th century, with Christ, Mary, and St. John above, and the Last Judgment below.

128 Campingplatz bei Westerheim auf der Albhochfläche.

Camping area near Westerheim on the Alb plateau.

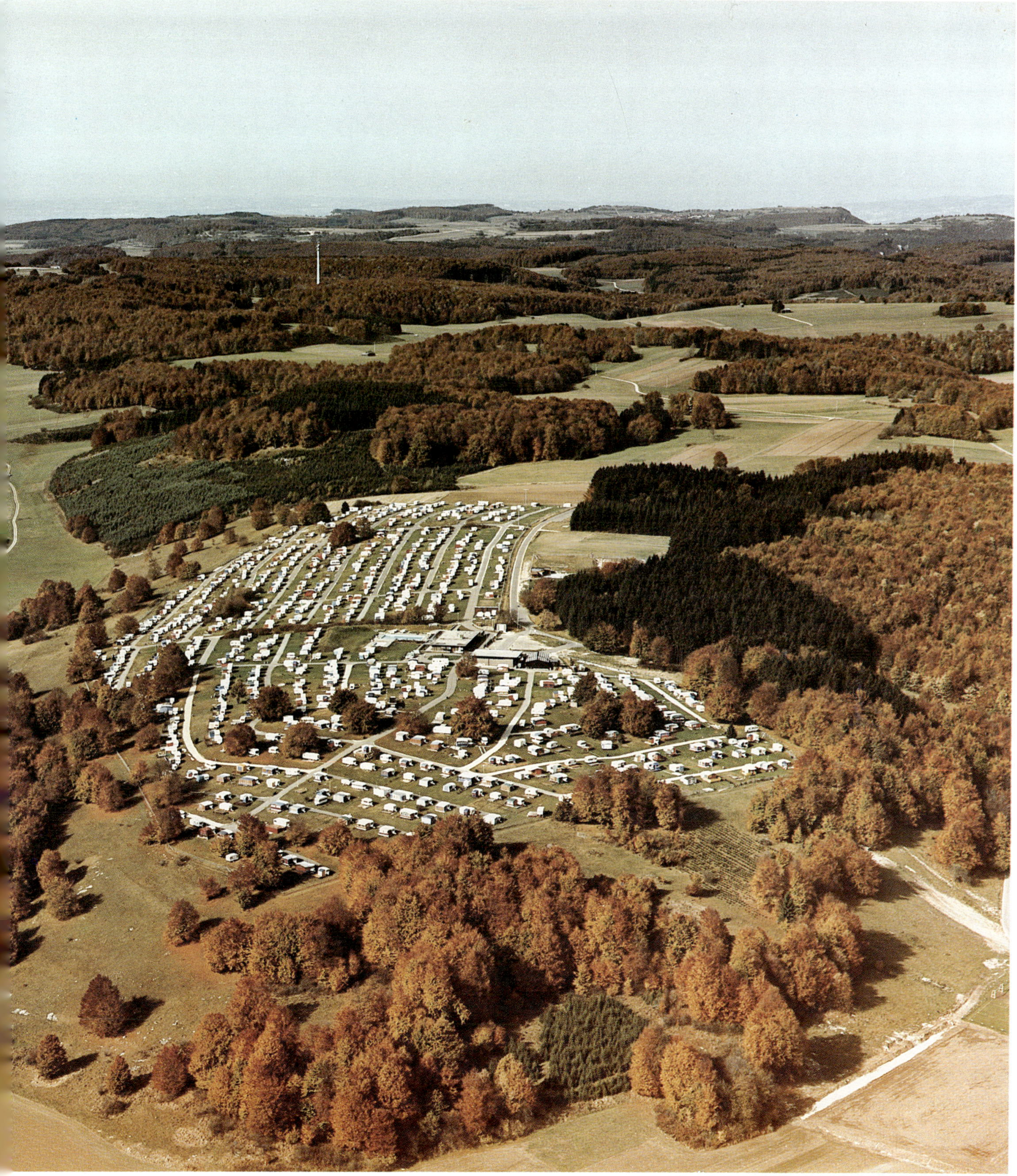

129 Zigeunerhochsträß bei Nellingen.

Gipsy plateau near Nellingen.

130 Landschaft zwischen Westerheim und Feldstetten.

Landscape between Westerheim and Feldstetten.

131 Blick auf Merklingen mit der evang. Pfarrkirche (Hl. Drei Könige).

View of Merklingen and the protestant parish church of The Three Magi.

132   Merklingen.
Ev. Pfarrkirche (Hl. Drei Könige). Hochaltarschrein von 1510. Beweinung Christi im Mittelteil, geschnitztes und gefaßtes Relief, von Nikolaus Weckmann oder aus dessen Werkstatt. Auf den Flügeln Kreuztragung und Auferstehung.

Merklingen.
Protestant parish church of The Three Magi, altarpiece of the high altar from 1510. Lamentation of Christ in the central panel; carved, mounted relief by Nikolaus Weckmann or from his workshop. On the side-wings Christ carrying the cross and resurrection.

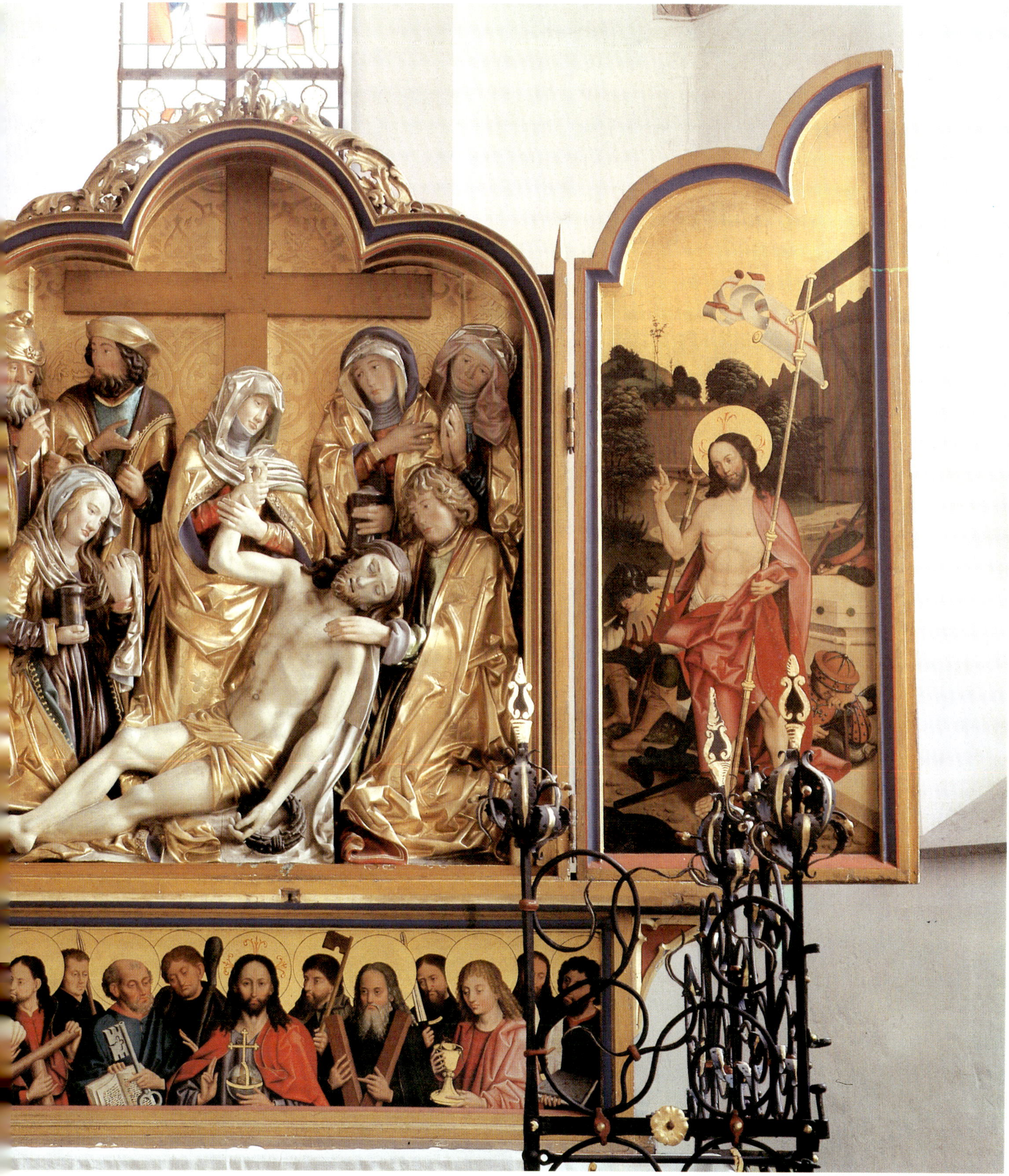

133 Schertelshöhle bei Westerheim.

Schertels cave near Westerheim.

134 Nellingen. Bauernstube im Heimatmuseum.

Nellingen. Peasant room in the local museum.

135 Nellingen. Denktafel des Fuhrmanns Christoph Ott im Heimatmuseum.

Nellingen. Memorial tablet of the carter Christoph Ott in the local museum.

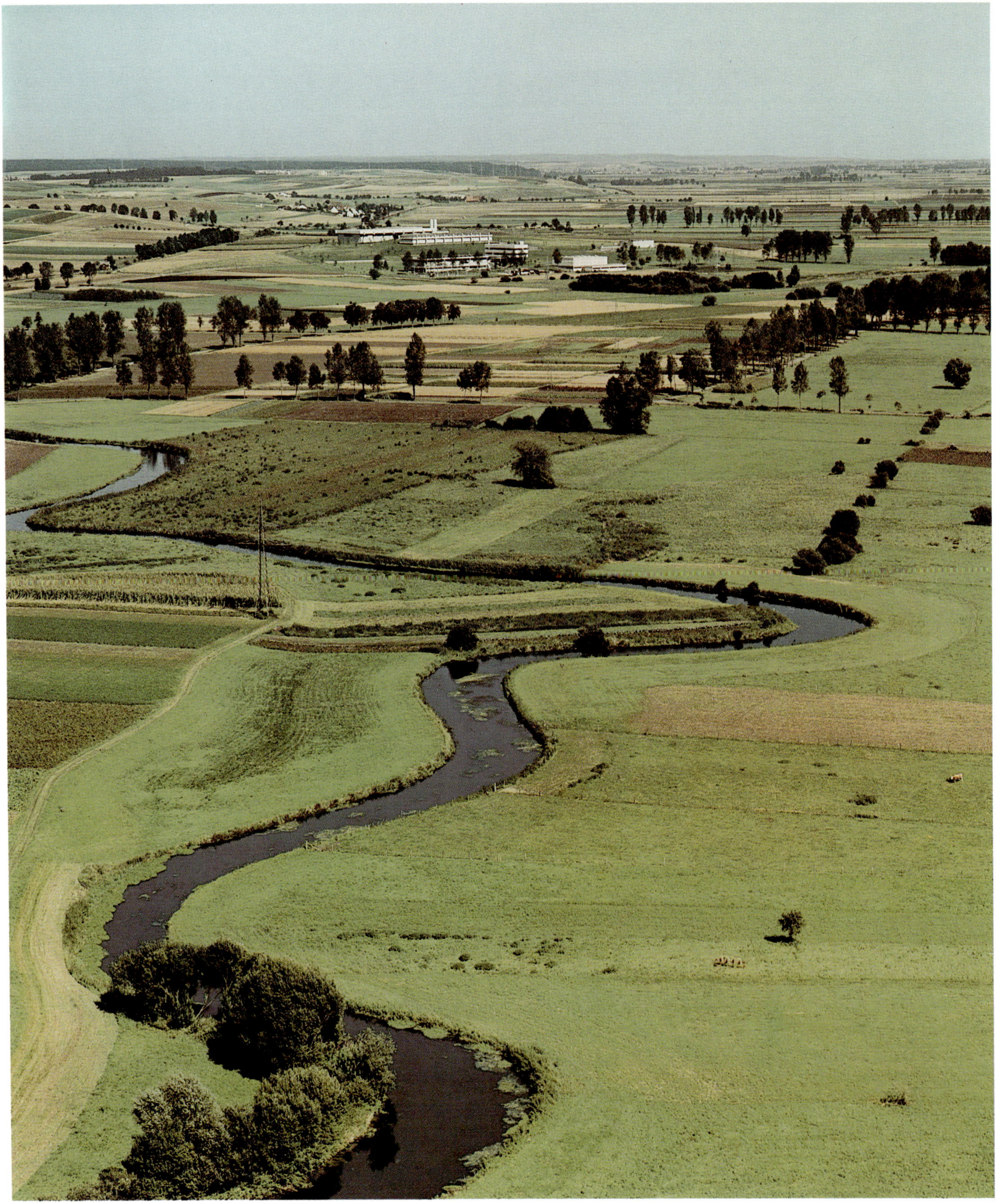

Verwaltungsraum Langenau

136 Landschaft bei Langenau mit dem Wasserwerk der Landeswasserversorgung im Hintergrund.

Landscape near Langenau with water-works of the state water-supply in the background.

Der Verwaltungsraum Langenau, 221,26 qkm groß, bildet den nordöstlichsten Teil des Alb-Donau-Kreises. Er liegt im Naturraum Lonetal-Flächenalb und zählt mit Ehingen zu den beiden größten Verwaltungsräumen. Die Höhenunterschiede zwischen den einzelnen Gemeinden liegen zwischen 450 und 609 m NN. Auf der Markung der Stadt Langenau liegt auch der tiefste Geländepunkt des Alb-Donau-Kreises, 450 m im Wilhelmsfeld, südöstlich von Langenau. Beliebte Wanderziele und Erholungsorte sind das romantische Lonetal, das Englenghai und das Hungerbrunnental.
Der Verwaltungsraum Langenau setzt sich aus 14 Gemeinden zusammen, die mit Ausnahme der Stadt Langenau bäuerliche Strukturen aufweisen und nur vereinzelte gewerbliche Mittelbetriebe haben. Am Jahresende 1976 zählte dieser Verwaltungsraum 20 499 Einwohner, darunter 1110 Ausländer (5,4 Prozent). Nicht weniger als 82 Prozent dieser Ausländer wohnen in Langenau. Die Bevölkerungsdichte ist mit 92,6 Einwohner je qkm nur gering. Selbst in der Stadt Langenau mit ihrer ausgedehnten Markung von 47,60 qkm kommen auf den qkm nur 196,5 Personen. Die meisten Bewohner des Verwaltungsraumes Langenau sind evangelisch, 14 171 oder 69,1 Prozent. 4938 Bewohner oder ein knappes Viertel sind katholisch. 1390 Bewohner gehören anderen Religionsgemeinschaften an oder sind ohne Bekenntnis. Rammingen ist die einzige Gemeinde im Verwaltungsraum, in der der katholische Bevölkerungsanteil mit 89,6 Prozent deutlich überwiegt.
Unter der Gesamtbevölkerung sind 9323 Erwerbstätige (45,5 Prozent). Davon arbeiten 2212 oder 23,7 Prozent in der Land- und Forstwirtschaft. Neben dieser starken landwirtschaftlichen Bevölkerung zeichnet den Raum seine hohe Zahl von Berufsauspendlern aus. Insgesamt hat er 3649 Berufsauspendler und 678 Berufseinpendler. Selbst die Stadt Langenau kann die ansässigen Erwerbspersonen nur teilweise am Ort selbst beschäftigen. Im Verwaltungsraum selbst sind 6312 Personen beschäftigt, von denen allein 3807 oder 60,3 Prozent in Langenau tätig sind. In insgesamt 761 nichtlandwirtschaftlichen Arbeitsstätten im Verwaltungsraum Langenau sind 4186 Personen beschäftigt. Weitaus am bedeutendsten ist der Arbeitsort Langenau. Dort befinden sich allein schon 417 nichtlandwirtschaftliche Arbeitsstätten mit 3083 Beschäftigten (73,7 Prozent). Daß die Stadt Langenau aber auch der Mittelpunkt von Handel und Verkehr ist, zeigt sich daran, daß von den 824 in diesem Wirtschaftszweig tätigen Erwerbspersonen des Verwaltungsraums nicht weniger als 81,3 Prozent in Langenau arbeiten.
Land- und Forstwirtschaft bestimmen sehr stark das Gesicht dieses Verwaltungsraums, der nicht weniger als 1169 land- und forstwirtschaftliche Betriebe aufweist. Sie bewirtschaften eine 146,96 qkm große landwirtschaftliche Nutzfläche, davon 105,41 qkm als Akkerland (71,7 Prozent) und 40,40 qkm als Dauergrünland (27,5 Prozent). Tierzucht und Milchwirtschaft ergänzen in allen Bauernhöfen die Wirtschaft. Mehr als ein Viertel der Markung des Verwaltungsraums, insgesamt 17,17 qkm, ist von Wäldern bedeckt.

Stadt Langenau

Langenau liegt am Fuß der Ostalb und am Rand eines weiten Donaurieds, 18 km nordöstlich von Ulm und 461 m NN. Mit seiner 47,60 qkm großen Markung war Langenau die größte Gemeinde im früheren Landkreis Ulm. Der Waldanteil beträgt 5,54 qkm.
Die Besiedlung des Raums Langenau reicht wohl vor die Zeitenwende zurück. Später setzte sich Langenau aus drei Dörfern zusammen, ein oberes, mittleres und unteres. Miteinander bildeten diese eine langgezogene Siedlung der Nau entlang. Diese lag an einer alten, in westöstlicher Richtung verlaufenden Römerstraße. Nach den Römern kamen die Alemannen in den Langenauer Raum. Urkundlich tritt Langenau 1003 erstmals auf. Pfalzgraf Manegold von Dillingen gründete bei seiner Eigenkirche St. Martin in „Nawe" ein Benediktinerkloster. Doch wurde dieses um 1125 nach Anhausen verlegt. Außer den Pfalzgrafen von Dillingen war auch das Kloster Reichenau hier begütert. 1150 hielt König Konrad III. hier eine Reichsversammlung ab. Auch befand sich dort eine der vier staufischen Landgerichtsstätten. Güterbesitz und wohl auch die Ortsherrschaft gingen später an die Herren von Albeck, 1245 an die Markgrafen von Burgau und 1289 an die Grafen von Werdenberg-Albeck über. 1301 verlieh König Albrecht dem Gafen Rudolf von Werdenberg für seine villa Langenau alle Freiheiten und Rechte der Reichsstadt Ulm. Doch wuchs der Markt Langenau trotz günstiger Lage und erneuter Stadtrechtsverleihung durch Kaiser Karl IV. (1376) nicht zur Stadt. 1377 wurden das halbbefestigte Ober-

und Unterlangenau an die Reichsstadt Ulm verkauft. Langenau wurde Sitz eines Oberamtmanns, dem die sog. Obere Herrschaft mit den Ämtern Langenau, Albeck, Bernstadt, Weidenstetten, Ettlenschieß und Ballendorf unterstand. In dem Marktort Langenau gab es die größte Zahl von Leinenwebern, die an die Barchent- und Leinwandschau nach Ulm lieferten. Bereits im 16. Jh. wuchsen Oberdorf, Markt und Unterdorf zu einer Siedlung zusammen. Mit der Aufhebung der Reichsstadt Ulm fiel auch Langenau an Bayern (1802) und später an Württemberg (1810). Langenau gehörte sodann zum Oberamt Ulm und ab 1938 zum Landkreis Ulm. Am 29. Februar 1972 wurden Albeck und Hörvelsingen, am 1. April 1972 Göttingen nach Langenau eingemeindet.

Im Jahr 1834 zählte Langenau schon 3018 Einwohner. 1895 waren es 3734 und 1910 3716 Einwohner. Um die Jahrhundertwende bestand noch eine umfangreiche Landwirtschaft, aber auch 349 stehende Gewerbebetriebe und 53 Hausierer, 9 Mahlmühlen, 3 Ziegeleien, 14 Bierbrauereien sowie ein Maschinenbaubetrieb. Bis 1939 stieg die Einwohnerzahl auf 4350 und im Jahr 1950 auf 6468 Einwohner. Nach dem Krieg siedelten sich viele Heimatvertriebene und Flüchtlinge dort an. Bei der Volkszählung 1961 hatte Langenau 7974 und im Jahr 1970 schließlich 8730 Einwohner. Am 1. Januar 1980 zählte Langenau 9109 Einwohner, darunter 896 Ausländer (9,8 Prozent). Davon waren 60,3 Prozent evangelisch und 28,7 Prozent katholisch. 11 Prozent gehörten anderen Religionsgemeinschaften an oder waren ohne Bekenntnis. Von den 4148 im Jahr 1970 gezählten erwerbstätigen Bewohnern arbeiteten nur noch 379 in der Land- und Forstwirtschaft. Allein 1338 Erwerbspersonen gingen in andere Gemeinden, vor allem nach Ulm als Berufsauspendler zur Arbeit. Ihnen standen allerdings 508 Berufseinpendler gegenüber. In Langenau selbst waren 3318 Personen beschäftigt. In den 339 nichtlandwirtschaftlichen Arbeitsstätten waren 2856 Personen tätig, davon 1310 im verarbeitenden Gewerbe, 508 im Baugewerbe, 639 in Handel und Verkehr sowie 257 in den übrigen Dienstleistungsunternehmen und in freien Berufen. Heute hat Langenau 14 Industriebetriebe mit 1000 Beschäftigten, Wolltücher, Berufskleider, Leder, Schuhwaren, Werkzeugmaschinen, Betonteile und andere Erzeugnisse werden in diesen Werken produziert. Dazu kommen namhafte Baubetriebe und einige bedeutende Großhandelsunternehmen. Doch ist auch heute noch die Landwirtschaft in Langenau von Bedeutung; 180 Landwirtschaftsbetriebe bewirtschaften eine 25,60 qkm große landwirtschaftliche Nutzfläche.

Wer sich der Stadt Langenau nähert, dem fällt der hohe Kirchturm der evang. Pfarrkirche (St. Martin und Hl. Maria) auf, auf dessen Viereck-Untergeschoß ein Oktogon mit einfachen Gesimsen und geschweifter Haube mit akzentuierter Laterne sitzt. Inmitten der Flachlandschaft zwischen Donau und Albrand bildet er ein Wahrzeichen. Die Pfarrkirche gehört ebenso zum mittleren Bereich der langgezogenen Stadt, die aus zwei oder drei Einzelsiedlungen zusammengewachsen ist, wie der benachbarte Pfleghof, das Ulmer Amtshaus rechts des Ortsbaches und wie auf der linken Seite das ehemalige Gerichts-, Kauf- und Kornhaus, das heutige Rathaus. Dieser Teil der Stadt unterscheidet sich deutlich von den kleinmaßstäblichen Seldner- und Weberhäusern entlang den breiten baumbestandenen Straßen.

Da ist an der Hauptstraße gelegen das ehem. Ulmische Amtshaus, ein Traufenhaus mit drei Geschossen, das am Türsturz die Jahreszahl 1610 trägt und in der Mitte des 17. Jh. aufgestockt wurde. An seiner Hofseite mit dem Aufzugshaus liegt das Fachwerk frei.

Am Marktplatz steht das Rathaus, das im 15. Jh. von Ulm erbaut, 1870/71 in der heutigen äußeren Form verändert wurde, mit vortretendem Treppenanbau und seinem gewalmten Schieferdach. Das große Satteldach wird von einem gußeisernen Dachständer aus dem Ende des 19. Jh. gekrönt, welcher die Form eines gotischen Dachreiters hat.

Innerhalb der Gesamtanlage des ehemaligen Pfleghofes des Klosters Anhausen liegt das sog. „Freihäusle" auf dessen Südmauer. Es hat auf quadratischem Grundriß ein niedriges Untergeschoß, darüber das Obergeschoß mit Loggia, hölzernem Brüstungsgitter und Walmdach. Daneben befindet sich in der sog. Mönchsmauer das Freitörle, eine stichbogige Pforte mit dreifach gestaffeltem Aufbau, die um 1591 entstanden sein dürfte. Diese kleine Gebäudegruppe ist insofern interessant, als der Pfleghof eine „Freiung", also ein Asylrecht besaß, das 1443 durch ein kaiserliches Privileg bestätigt und 1607 in einem Vertrag zwischen Ulm und Württemberg erneuert wurde. Dies bedeutete, daß ein verfolgter Straffälliger hier mehrere Tage vor gerichtlicher Verfolgung geschützt war, allerdings nicht bei hochgerichtlichen Fällen.

Die Stadt besaß auch ein zweites Pfarrhaus, das ehem. Untere Helferhaus in der Langen Straße, das 1700 erbaut wurde, ein zweigeschossiges Eckhaus mit Fachwerk und Krüppelwalmdach. Für die neugeschaffene evang. Helferstelle wurde 1544 ein Haus gegenüber dem Pfarrhaus eingerichtet. Es ist ein zweigeschossiges Eckhaus mit hohem Satteldach, auf dem ein sog. „Guckahürle", also ein kaminartiger Aufbau zum Ausschauhalten, wie dies manche Ulmer Bürgerhäuser noch heute aufweisen, sitzen hat. Das Fachwerk liegt nur im vorderen Hausteil frei. Hier befindet sich seit 1939 das über alle Stockwerke gehende Heimatmuseum.

Der heutigen evang. Pfarrkirche (St. Martin und Hl. Maria) gehen mindestens vier Bauperioden voraus, deren älteste im 7. Jh. nachgewiesen werden kann. Auch der heutige Bau ist keine Einheit, sondern das Resultat verschiedener gotischer Etappen, barocker Veränderungen und Erneuerungen aus den letzten hundert Jahren. Das dreischiffige gotische Langhaus wurde in mehreren Bauvorgängen 1376–1400 erbaut, 1668/69 durch den Einbau der Emporen durch die Ulmer Werkmeister Leonhard und Martin Buchmiller zu einem protestantischen Predigtraum umgestaltet. Im Zusammenhang mit dem barocken Umbau wurde die Kirche einheitlich ausgestattet: die Kanzel mit der Engelsfigur als Träger, der Schalldeckel mit Säulchen und geschnitzter Bedachung, darin die Sitzfigur des Apostels Petrus mit zwei Schlüsseln auf dem Schoß zum Himmel aufblickend. Auf der Bedachung steht die Holzskulptur des Joh. Evangelist, vielleicht aus der Werkstatt von H. U. Hurdter, wie beim Taufdeckel. Der Taufstein aus grauem Sandstein trägt das Meisterzeichen des Mathäus Böblinger, um 1477/80. Der Taufdeckel ist ungefaßt, um 1668/69. Im offenen Gehäuse aus acht Säulchen befindet sich die Taufgruppe aus ungefaßtem Lindenholz, signiert mit „IUH" – wohl Johann Ulrich Hurdter, Ulm.

Das Altarretabel ist zweigeschossig mit Schnitzwerk, Säulen und den großen Figuren Moses und Aaron, um 1668/69. Im Auszug zwischen dem hochovalen Bild der Kreuzigung schweben reizvolle Engel mit weitausgebreiteten Flügeln. Das Altarbild ist mit „Kirner pinxit 1824" signiert und stellt in Anlehnung an barocke ulmische Vorbilder das Abendmahl dar.

Zum barocken Chorgestühl gehört auch der „Ambt-Stuhl", um 1670.

Die evang. Pfarrkirche (St. Leonhard, zeitweise St. Salvator) stammt im Kern wohl aus dem 15. Jh. und wurde im Laufe der Jahrhunderte mehrfach verändert. Der Dachreiter am Ostende des Satteldaches wurde 1883 aufgesetzt. Außer der barocken Kanzel ist die Ausstattung neu.

Die Friedhofskirche St. Peter stammt wahrscheinlich aus der Romanik und wurde in der Gotik vergrößert, 1796 profaniert und seit 1850 als Friedhofskirche benutzt. Mit ihrem flachgeneigten Satteldach, dem schlanken Westturm mit quergestelltem Satteldach und Vierkantfialen ist sie ein schlichter Zweckbau samt der Ausstattung, die teilweise aus der Leonhardskirche stammt.

In den Jahren 1966–68 wurde die Kath. Kirche zur Schmerzhaften Muttergottes erbaut und mit zwei Bildwerken aus dem 16. und 18. Jh., einem Kruzifix und einem Hl. Joseph mit Jesuskind, ausgestattet.

Das Heimatmuseum entstand aus der Initialzündung seines Schöpfers August Heckel heraus, denn als 1932 in Langenau alemannische Bodenfunde gemacht wurden, gewann er Bürgermeister und Gemeinderäte für den Plan eines Heimatmuseums als Bewahrungsort für gefährdetes Kulturgut aus dem einstigen Ulmer Reichsstadtgebiet. Als Lehrer und späterer Rektor hatte August Heckel guten Kontakt zur Bevölkerung, verzichtete auf Reisen, führte keinen Gesangschor, und konzentrierte sich nur auf Heimatgeschichte und das Sammeln. Bereits im Jahr 1938 konnte sich die Langenauer Sammlung als „die beste und reichhaltigste auf dem Gebiet der Volkskunst und Volkskunde in Württemberg" bezeichnen, und es ging dem Gründer und Betreuer seiner Sammlungen vor allem darum, die reiche geschichtliche Vergangenheit des Handwerks darzustellen. In den verschiedenen Geschossen des ehemaligen Helferhauses sind nun untergebracht die Funde aus der Altsteinzeit, der Bronze- und Hallstattzeit, römische und alemannische Ausgrabungen der Umgebung. Einen großen Umfang und überraschende Vollzähligkeit weisen die Wohnungseinrichtungen im 1. Stock auf, angefangen beim geschwungenen Wachstuchsofa, dem Kanapee, den bemalten und geschnitzten Truhen und Kästen bis zum Ofen mit Sockelstein und den in Wasseralfingen gegossenen Ofenplatten mit biblischen- und Darstellungen aus dem Bauernleben, vor allem aber den altwürttembergischen Wappen. Diese heute für den offenen Kamin so begehrten Ofenplatten gaben Anlaß zu dem Kinder-Abzählvers: „Gitter, Gäbele, Vögele, Fisch – Büble (Mädle) du bisch", wobei die Rauten von Teck als „Gitter", die württ. Hirschhörner als „Gäbele", der Adler auf der Reichsturmfahne als „Vögele", und die Barben von Mömpelgard als „Fisch" bezeichnet werden. Zwei Schlafstuben, die Möbel aus Empire und Barock, Bilder, Uhren u. a. betrachtet der Besucher voller Hochachtung, denn nichts behielt August Heckel für sich, alles kam in „sein" Museum, worin er auch seine Freizeit verbrachte. Dank seines guten Verhältnisses zu Konditormeister Renz – er sprach stets vom „Renzafrieder" – kam dessen komplette Sammlung alter Springerlesmodel, sowie Geräte und der kleine Kaufladen ins Museum, wie auch andere Handwerkerstuben und -geräte, sowie bäuerlicher Hausrat und Fahrnis, deren Anwendung und Entwicklung im Lauf der Jahrhunderte von August Heckel erforscht und publiziert wurde.

Bei dieser Gelegenheit ist auch eines Dichters zu gedenken, der neben Gedichten, Liedern und Romanzen aus Anlaß der Ulmer Münsterfeste 1877 und 1890 in schriftdeutsch und Mundart sich als Geschichtsforscher im Ravensburger Raum und Verfasser von Schulbüchern einen Namen gemacht hat: Tobias Hafner, geboren 1833 in der Eisenbahnwirtschaft zu Langenau, wurde er evang. Volksschullehrer im Schwarzwald, in Pappelau und Ravensburg. Er wählte das Pseudonym Sebastian Spundle, seltener Isidor Versifex. Der Siebzigerkrieg und der vaterländische Donner haben ihn sicherlich als glühender Patriot zum Dichten inspiriert und dafür hat er manche Ehrung erfahren. Er hat dabei auch Verse gefunden, die mit knappem sicheren Strich karikieren, so in der Küchenatmosphäre der „Soldatenliebe":

Stand bei Hitz und Kälte
Bei dir an der Gelte,
Gab so manchen Kuß
Dir am Wasserguß.

Muß jetzt von dir scheiden,
Muß dich lange meiden,
Wahr' im Herzen mir
Stets ein gut Quartier!

Liebchen hats versprochen,
Liebchen hats gebrochen,
Hans ist ausmarschiert,
Fritz wird einquartiert.

oder beim „Nachtwächter von Langenau":

*Was hampelt und bampelt die Straße herab
Einspännig, einrädrig, zweibeinig im Trab?
Das ist des Nachtwächters besorgliche Frau,
Kutschiert den Wächter von Langenau.*

*Er hat sich betrunken der Nachtwächtersmann,
So, daß er nicht stehen und gehen mehr kann;
Das Dienstchen, das wackelt, wenn er nicht zur Zeit
Die nächtlichen Stunden durch Langenau schreit.*

*Da kommt denn sein Weibchen in ängstlichem Lauf
Und ladet ihn sanft auf den Schiebekarren auf,
Fährt fort und hält da und hält dort wieder an:
„Jetzt rufe die Stunde, mein Christian!"*

*So ruft er die Zehne, die Elf und die Zwölf
Und fühlt sich behaglich bei diesem Behelf;
Dem Weibchen, dem freilich gings wohl etwas hart
Bei dieser so seltsamen Nachtwächtersfahrt.*

*Und spottet und lacht man: auch über die List,
Das Dienstchen dem Wächter geblieben doch ist.
O Weiber, an List und Erfindungsgeist
Mit Recht man euch unerschöpflich preist!*

Ortsteil Albeck

Albeck liegt 10 km nordöstlich von Ulm, an der Bundesstraße 19 Ulm–Heidenheim, 506 m NN. Die Markung ist mit den Teilorten Osterstetten und Stuppelau 9,51 qkm groß. Davon sind nur 1,02 qkm bewaldet. Entstehung und Namen verdankt Albeck einer Burg auf dem markanten Eck am Albrand gegen Langenau. Das Hochadelsgeschlecht der Herren von Albeck, auf einem in Ulm tagenden Gericht der Pfalzgrafen von Dillingen schon 1128 bezeugt, im 13. Jh. auch Grafen von Albeck genannt, hatte auf der Ulmer Alb ausgedehnten Besitz. Witegeow von Albeck, verheiratet mit einer Gräfin Bertha von Helfenstein, gründete 1183 das Augustinerchorherrenstift St. Michael auf dem Michelsberg in Ulm und 1190 mit seinem Bruder Berengar, Domherr in Augsburg, das Chorherrenstift Steinheim am Albuch. Nach Erlöschen des Mannesstammes um 1245 gingen Burg und Herrschaft Albeck durch die Erbtochter Adelheid an Markgraf Heinrich von Werdenberg-Sargans. Von dem verschuldeten Graf Heinrich von Werdenberg-Albeck erwarb die Reichsstadt Ulm 1383 die Burg und schließlich die ganze Herrschaft. Die Burg, Sitz eines Vogts und einer ständigen Besatzung, sowie die sich anschließende Siedlung wurden durch Mauern, drei Tortürme und zwei Straßenschutztürme befestigt. Albeck hatte als Markt einige Bedeutung und war Stapelplatz am Handelsweg Ulm–Nürnberg. Als Vorwerk der Festung Ulm wurde es 1635 von den Kaiserlichen niedergebrannt und das Schloß 1704 von französischen und bayerischen Truppen zerstört.
1802 wurde Albeck bayerisch, 1810 württembergisch und dem Oberamt Ulm zugeordnet. Am 29. Februar 1972 wurde es nach Langenau eingemeindet.
In den letzten hundert Jahren hatte Albeck eine neue Aufwärtsentwicklung zu verzeichnen. Von 542 Einwohnern um 1871 wuchs der Ort bis Anfang 1980 auf 1097 Bewohner, davon waren 71 Prozent evangelisch und 21 Prozent katholisch. Von den 424 erwerbstätigen Bewohnern arbeiten nur 125 in der Land- und Forstwirtschaft. Albeck kann mit seinen 238 Berufsauspendlern heute als Arbeiterwohngemeinde bezeichnet werden. In Albeck selbst sind 196 Personen beschäftigt. Größere gewerbliche Betriebe sind nicht vorhanden. 49 Landwirtschaftsbetriebe bewirtschaften 7,30 qkm landwirtschaftliche Nutzfläche.

Die ältesten Teile der Burg Albeck gehen wohl in die staufische Zeit zurück. Schon der Name „Ecke der Alb", also Albeck, akzentuiert ihre Lage auf einem Felsvorsprung. Nach wechselvollen Schicksalen und Zerstörung, nach der Eroberung durch Bayern und Franzosen im Jahr 1704 wurde die Burg als Amtshaus (Schloß) durch den Ulmer Oberwerkmeister Heinrich Hacker nach Gutachten von Joh. Matthäus Faulhaber wieder aufgebaut. Dabei wurden die Wohn- und Wirtschaftsgebäude um den Hof herum neu errichtet, wie dies die „Repraesentation von 1727" wiedergibt. Die Anlage war Sitz der ulmischen Vögte, wurde später Pfarrhaus, Sitz eines Forstamtes und diente nach Abbruch und Umbau in den Jahren 1805 und um 1900 als Wohnung. Der heutige Zustand weist auf der Südseite eine staufische Schildmauer auf. Der an den massiven Eck-Rundturm mit Zinnenkranz sich anlehnende Bau geht auf den barocken Wiederaufbau zurück. Die evang. Filialkirche (St. Jakob) ist im Kern mittelalterlich. Sie wurde nach dem Brand von 1704 von Oberwerkmeister Heinrich Hacker unter Umgestaltung von Chor, Gewölbe und Turmoberteil auf den stehengebliebenen Umfassungsmauern neu aufgebaut und in späterer Zeit verändert. Der schlichte Bau mit dem vom Schiff abgesetzten Chor hat auf seiner Südseite einen gedrungenen quadratischen Turm mit Pyramiddach. Die erhaltene Ausstattung stammt größtenteils von 1706 und darin sind u. a. enthalten drei Ölbilder des Ulmer Stadtmalers Georg Friedrich Pfantzelt mit den Themen: Sündenfall, Liebe Gottes und der Allein gerechtmachende Glaube. Die Gedächtnistafel für Pfarrer Joh. Adam Ott, gest. 1703, nimmt in allegorischer Darstellung Bezug auf die Zerstörung Albecks im Jahr 1704 und den kurz zuvor erfolgten Tod dieses Pfarrers. Epitaphien des ulmischen Patriziats, das Abendmahlbild auf dem Altar, sowie Apostelbilder auf den Emporen ergänzen die Ausstattung.

Ortsteil Göttingen

Göttingen liegt in einer Mulde der Ulmer Alb, zwischen Albeck und Kloster Elchingen, 489 m NN. Die Markung ist 9,23 qkm groß; nur 36 ha sind bewaldet. Göttingen gehörte ebenfalls zur Herrschaft Albeck und kam 1383 mit Albeck zu Ulm. Im spanischen Erbfolgekrieg richteten 1704 bayerische und französische Truppen große Schäden im Ort an. Auch im Franzosenkrieg 1805 hatte Göttingen durch die Franzosen und Bayern stark zu leiden, „so sehr, daß Kaiser Napoleon, als ihm Pfarrer Baur seine Not schilderte, demselben 100 Napoleons d'or zustellen ließ", wie die Oberamtsbeschreibung von Ulm, 1897, berichtet. Seit 1810 ist Göttingen württembergisch und war dem Oberamt Ulm zugeteilt, ab 1938 dem Landkreis Ulm. Am 1. April 1972 wurde es nach Langenau eingemeindet.

Göttingen zählte im Jahr 1871 noch 399 Einwohner. Anfang 1980 hatte es 836 Bewohner, davon waren 60,5 Prozent evangelisch und 35 Prozent katholisch. Von den 307 erwerbstätigen Bewohnern arbeiten 103 in der Land- und Forstwirtschaft. 155 Erwerbspersonen sind Auspendler. In Göttingen selbst sind 157 Personen beschäftigt. Größere Gewerbebetriebe sind nicht vorhanden. 43 Landwirtschaftsbetriebe bewirtschaften eine 6,31 qkm große landwirtschaftliche Nutzfläche.

Die evang. Pfarrkirche (St. Justina) ist eine mittelalterliche Wehranlage, die, außer der Friedhofsmauer, noch den zweigeschossigen Torbau, den sog. „Gigel" in Fachwerkbauweise besitzt. Dieses Gebäude neben dem rundbogigen Hausteinportal wird als Wächter- oder Zehenthäuslein bezeichnet und diente zeitweise als Mesnerwohnung. Von der früheren gotischen Kirche ist noch der Turm mit Lilienfries unterhalb des Traufgesimses erhalten. Er hat ein leicht aufgeschossenes Pyramidendach. Der Chor wurde von den Veränderungen in barocker Zeit nicht berührt. An seiner Nordwand befindet sich eine Sakramentsnische um 1460 aus Kalkstein mit spätgotischer Zierarchitektur und feinem Relief im Kielbogenfeld, welches das Schweißtuch der Hl. Veronika, gehalten von einem Engel, zeigt. Über dem Altar mit schwerem Schnitzwerk und Abendmahlsbild um 1699 war früher ein Auferstehungs-Christus aus Lindenholz angebracht, der vom Meister des Ackeraltares, Ulm, um 1480/85, stammt. Er befindet sich jetzt in einer Nische über der Sakristeitüre. In der Kath. Filialkirche aus neuerer Zeit ist eine ulmische Madonna, um 1480/90 entstanden.

Ortsteil Hörvelsingen

Hörvelsingen liegt 2 km westlich von Albeck, in einem Kessel sowie am Hang des Bergs „Ofenloch", 523 m NN. Mit dem Teilort Witthau und dem Hof St. Nikolaus ist die Markung 8,71 qkm groß, hiervon sind lediglich 62 ha bewaldet.

Hörvelsingen wird 1219 erstmals urkundlich genannt. Es gehörte zur Herrschaft Albeck, ehe es mit Albeck 1383 zu Ulm kam. Es zählte danach zur Oberen Herrschaft der Reichsstadt Ulm. In den Kriegen 1704, 1796, 1800 und 1805 hatte der Ort sehr zu leiden. 1803 wurde Hörvelsingen bayerisch, 1810 württembergisch und zählte hier zum Oberamt Ulm, ab 1938 zum Landkreis Ulm. Am 29. Februar 1972 wurde Hörvelsingen nach Langenau eingemeindet.

Hörvelsingen hat sich in den letzten hundert Jahren gut entwickelt. 1871 hatte es noch 372 Einwohner. Anfang 1980 zählte die Gemeinde 530 Einwohner, davon waren 73 Prozent evangelisch und 15 Prozent katholisch. Von den 212 erwerbstätigen Bewohnern des Jahres 1970 arbeiteten nur 80 in der Land- und Forstwirtschaft. 100 Erwerbspersonen waren Berufsauspendler. In Hörvelsingen selbst waren 136 Personen beschäftigt. Größere Gewerbeunternehmen sind nicht vorhanden. 41 Landwirtschaftsbetriebe bewirtschaften 6,33 qkm landwirtschaftliche Nutzflächen.

Die evang. Pfarrkirche (St. Martin) ist im Unterbau des Chores romanisch, Schiff, Chorgewölbe und Oberteil des Turmes samt Helm sind gotisch, wohl um 1490. Am Fuß einer Anhöhe und im ummauerten Friedhof gelegen, nimmt sich das steile Satteldach mit dem wuchtigen quadratischen Turm und seinem achtseitigen spitzen Pyramidenhelm dominierend aus der Dachlandschaft des Dorfes aus. Im Inneren haben sich Wandmalereien aus verschiedenen Epochen erhalten. Im Chor romanische Weihekreuze, aus der Spätgotik Reste an allen vier Schiffwänden. An der Chorbogenwand befindet sich in der oberen Hälfte das Jüngste Gericht, um 1490, über dem Scheitel des Bogens die Halbfigur Christi zu dessen Seite je ein schwebender, zum Gericht blasender Engel, sowie Maria und Johannes, etwas kleiner dann, je sechs sitzende Apostel als Fürbitter dargestellt sind. In der darunterliegenden Zone sind die Seligen, und auf der anderen Seite die Verdammten, sowie Stifterfiguren mit Wappenschildern. In den Chorbogenleibungen befinden sich die klugen und die törichten Jungfrauen in Zeittracht, wobei die törichten die reizvolleren sind. Die übrigen Schiffswände haben Wandmalereifragmente (Nord); Schmerzhafte Muttergottes (Süd) sowie an der Westseite das Martyrium des Hl. Veit, volkstümlich auch „Veit im Häfele" geheißen, und des Hl. Sebastian. Das Altarblatt hat als Hauptbild die Kreuzgruppe, darüber Rundbilder mit Gottvater und Heilig-Geist-Taube.

Gemeinde Altheim/Alb

Altheim/Alb mit seinen Teilorten Söglingen und Zähringen liegt am Fuß eines waldbedeckten Höhenzugs, 23 km nördlich von Ulm und 609 m NN. Zur Markung gehört auch das Erholungsgebiet des Hungerbrunnentals. An klaren Tagen bietet es eine weite Fernsicht über den ganzen östlichen Teil der Ulmer Alb bis hin zu den Alpen. Die Markung ist 25,77 qkm groß, wovon 6,40 qkm bewaldet sind.

Altheim/Alb ist seit 1225 urkundlich nachweisbar. Es kam 1385 mit der Grafschaft Werdenberg-Albeck an die Reichsstadt Ulm, „Dorf, Lüt und Gut". Es hatte Marktrecht und war Sitz eines ulmischen Amtmanns, von 1700 ab eines Oberforstmeisters. Auf der Ebene südlich des Dorfes siegte Graf Eberhard von Württemberg am 7. April 1372 in der ersten Schlacht des schwäbischen Städtekriegs, bei der der Städtehauptmann Heinrich Besserer von Ulm fiel. 1803 wurde Altheim/Alb mit Ulm bayerisch, 1810 württembergisch und Teil des Oberamts Ulm.

Aus Altheim/Alb stammen: Joh. Georg von Seutter (1769—1833), Reorganisator des ulmischen und württ. Forstwesens und Begründer der staatswirtschaftlichen Forstkunde; Konrad Dietrich Haßler (1803—1873), Orientalist, Bundestagsabgeordneter und Landeskonservator.

Der durch die „Bachmeierkarte" bekanntgewordene Wolfgang Bachmeier lebte volle fünfzig Jahre in Altheim. Er ist in Ulm 1595 geboren, war zuerst Lehrer am ulmischen Gymnasium, dann Pfarrer in Jungingen, zuletzt in Altheim. Während dieser Zeit fertigte er u. a. die Landkarte des ulmischen Gebiets und starb 1685 im Alter von fast 90 Jahren in Ulm.

Altheim/Alb zählte schon immer zu den großen Gemeinden der Alb und hatte 1871 bereits 1120 Einwohner. Anfang 1980 zählte die Gemeinde 1398 Einwohner, davon waren 85,1 Prozent evangelisch und 10,7 Prozent katholisch. Von den 692 erwerbstätigen Bewohnern arbeiten 215 in der Land- und Forstwirtschaft. 338 Erwerbspersonen sind Berufsauspendler, die größtenteils in Ulm tätig sind. In Altheim/Alb selbst sind 367 Personen beschäftigt. Es gibt 67 nichtlandwirtschaftliche Arbeitsstätten mit 205 Beschäftigten, darunter jedoch keine größeren Betriebe. 102 Landwirtschaftsbetriebe bewirtschaften eine 13,47 qkm große landwirtschaftliche Nutzfläche.

Die evang. Pfarrkirche (Hl. Maria) wird schon 1293 genannt, der untere Teil des Turmes ist wohl staufisch (Buckelquader). Unter Verwendung einer früheren Anlage erfolgte durch Heinrich Hacker „civis et lapicida Ulmensis", 1696, ein weitgehender Neubau des Schiffs samt Veränderung des Chores unter Beibehaltung des gotischen Ostturmes, in dessen Untergeschoß der Chorraum, Chorbogen und Kreuzgewölbe erhöht wurde. Das Obergeschoß des quadratischen Turmes wurde reich gegliedert, das Glockengeschoß mit Lisenen und flachen Kielbogen versehen. Interessant ist die freistehende Uhrtafel mit geschweifter Abdeckung auf der Südseite des Turmblatts. Durch die erhöhte Lage im alten ehemaligen Wehrfriedhof bietet diese Kirche einen imposanten Anblick. Trotz mancher Veränderungen in späteren Jahrhunderten, zuletzt 1974—75, ist das Kircheninnere bemerkenswert einheitlich durch die Ausstattung, ein helles Saal-Schiff mit Flachdecke aus Fichtenholz, deren Füllung Rautenfelder mit Rosetten in der Mitte bildet. Das Hochaltarbild von Joh. Michael Bayer, Ulm, signiert, und das Abendmahl darstellend, ist flankiert von zwei korinthischen Säulen und trägt das Wappen der Besserer. Auf dem Gesims steht der Auferstandene mit erhobener Rechten und Kreuzfahne. Das feine Altargitter ist von 1696. Den Wappen nach waren die Besser'sche und die Krafftische Stiftung am Altar beteiligt. Als Kanzelträger fungiert die qualitätvolle Engelsfigur aus dunklem Nußbaum, wohl von Joh. Christian Braun, Ulm, geschaffen. Sie hält in der einen Hand eine Wappenkartusche, mit der Linken greift sie zur Kanzelkonsole hinauf. Der sechseckige Kanzelkorb ist prächtig mit Fruchtbüscheln und Akanthusblättern verziert; auf dem ähnlich gestalteten Deckel steht die Skulptur des Moses. Der Taufstein entspricht in seinem künstlerischen Anspruch der übrigen Ausstattung. Auf seinem 1780—81 geschnitzten Deckel, den Joh. Joseph Anton Grünwald, Günzburg, geschaffen und Johannes Meeroth, Ulm, gefaßt hat, befindet sich in einer stilisierten Wasser-Felslandschaft die Figurengruppe der Taufe Christi mit Taube darüberschwebend. Die prächtige Orgel von 1712 und 1820 ist von reichen Schnitzereien umrahmt, zwischen denen Engelsputten drall und etwas schwerfällig schweben.

Bis zur Restaurierung im Jahr 1974 hatte sich die originale Bestuhlung von 1696 weitgehend erhalten, und diese war für viele Kirchen auf der Alb typisch in folgender Anordnung:

die Frauen zu beiden Seiten des Mittelgangs, die Männer unter und auf der Empore, oben vor allem die Ledigen (nördlich der Orgel). Bei der Kanzel (in gutem Sichtwinkel vom Pfarrer) befand sich der „Bubenstall", voran die größeren, die Läutebuben, die vom Mesnersitz an der Ostwand überwacht wurden. Anschließend an die östlichen Reihen der Nordseite saßen die Schulmädchen. Besondere Plätze hatten die Honoratioren: in der Südostecke die Angehörigen des ulmischen Forstamts; gegenüber der Kanzel die Frauen von Pfarrer und Lehrer in den östlichen Bankreihen. In der vorderen Reihe und auf der Empore vorne befanden sich Plätze für den Bürgermeister, für die Gemeinde- und Kirchengemeinderäte, und hinter den ledigen Männern hatte der Büttel seinen Platz. Da war Ordnung gewährleistet! Und Ruhe!

Am Chorbogen hängt ein Gekreuzigter, um 1500, nach Art der Kruzifixe des Michel Erhart, doch weniger sensibel geschnitzt. Wappentafeln des ulmischen Patriziats aus dem 17. Jh. sowie Grabsteine des 17. und 18. Jh. ergänzen die Ausstattung.

Beherrschend im Ortsbild an der Kehre der Kirchstraße ist das ehemalige Ulmische Amts- und Forsthaus mit hohem Giebel, zwei Obergeschossen und einem hochgezogenen Untergeschoß.

Etwa 700 m östlich von Zähringen beim Feldweg „Katzensteigle" befindet sich ein Steinkreuz. Nach der Überlieferung sollen sich dort zwei Schäfer wegen eines Mädchens erstochen haben.

Gemeinde Asselfingen

Asselfingen liegt 8 km östlich von Langenau, am Abhang der schwäbischen Alb, 504 m NN. Seine Markung ist 12,84 qkm groß, davon 1,37 qkm Wald. 2 km nordwärts erhebt sich der Hohlestein mit der Bärenhöhle, aus der neben Mammut- und Nashornresten über hundert Schädel von Höhlenbären, dazu reiche Kulturreste aus altpaläolithischer Zeit geborgen werden konnten.

Asselfingen ist 1294 erstmals urkundlich genannt. Ab 1576 kam der Ort zunehmend in ulmischen Besitz und gehörte schließlich ganz zur Oberen Herrschaft der Reichsstadt Ulm. 1803 wurde der Ort bayerisch, 1810 württembergisch und Teil des Oberamts Ulm, ab 1938 des Landkreises Ulm.

Kaum verändert hat sich in den letzten hundert Jahren die Einwohnerzahl von Asselfingen, das 1871 noch 654 Bewohner zählte. Anfang 1980 waren es 753 Einwohner, davon waren 90 Prozent evangelisch und 10 Prozent katholisch. Von den 390 erwerbstätigen Bewohnern arbeiten 180 in der Land- und Forstwirtschaft. 154 Erwerbstätige sind Berufsauspendler. In Asselfingen selbst sind 238 Personen beschäftigt. Unter den 27 nichtlandwirtschaftlichen Arbeitsstätten mit 78 Beschäftigten ist auch ein kleinerer Industriebetrieb. 85 Landwirtschaftsbetriebe bewirtschaften eine 11,38 qkm große landwirtschaftliche Nutzfläche.

Die evang. Pfarrkirche (St. Pantaleon, Schutzpatron der Ärzte) ist im Kern ein spätromanischer Bau aus dem 12. oder Anfang des 13. Jh. Davon sind der Chorturm bis in Traufhöhe des Schiffes mit Apsis sowie Teile der Sakristei, vor allem der Westgiebel des Schiffs, erhalten. Um 1500 wurde der Turm mit spätgotischem Satteldach, Giebel mit Blendgliederung und Fialen erbaut. Der eingezogene Chor, der von außen als schlichter Rundbau mit Ostfenster erscheint, besitzt Wandmalereien aus der zweiten Hälfte des 13. Jh. mit folgenden Darstellungen: im Apsisgewölbe Christus in der Mandorla mit je zwei Evangelistensymbolen an den Seiten; darunter befindet sich ein etwa 1 m hoher Bildstreifen mit Kreuzigung, Synagoge und Ekklesia, Maria und Johannes, der gute Schächer, sowie nicht erkennbare fragmentarische Gestalten.

Gemeinde Ballendorf

Ballendorf liegt auf der sog. Niederen Alb, zwischen dem unteren Hungerbrunnental und dem Lonetal, 545 m NN. Die Markung ist mit dem Teilort Mehrstetten 14,21 qkm groß, davon 3,83 qkm Wald.

Ballendorf ist schon 1143 urkundlich genannt und gehörte zur Grafschaft Albeck. 1385 kam es durch Kauf von „Dorf, Lüt und Gut mit aller Zubehörde" zur Reichsstadt Ulm. Neben der Landwirtschaft spielten hier in früheren Zeiten die Spinnerei und Weberei eine bedeutende Rolle. Eine namhafte Persönlichkeit aus Ballendorf war Bruder Chunrat von Ballendorf, ab 1353 Konventherr des Ulmer Wengenklosters und ab 1376 dessen Propst.

In den letzten hundert Jahren hat sich die Bevölkerung von Ballendorf an Zahl wenig verändert. Im Jahr 1871 zählte der Ort 551 Bewohner. Anfang 1980 waren es 616 Bewohner, davon 582 evangelisch und 25 katholisch. Von den 271 erwerbstätigen Bewohnern arbeiten 126 in der Land- und Forstwirtschaft. 52 Erwerbstätige sind Berufsauspendler. In Ballendorf selbst sind 195 Personen tätig. Unter den 23 nichtlandwirtschaftlichen Arbeitsstätten mit 90 Beschäftigten ist auch eine kleinere Armaturenfabrik. 65 Landwirtschaftsbetriebe bewirtschaften 8,70 qkm landwirtschaftliche Nutzfläche.

Die evang. Pfarrkirche (Hl. Martin) erfuhr 1580 und 1885 eine durchgreifende Veränderung, nachdem, wie der Turmunterbau des 13. Jh. beweist, eine ältere Anlage dort gestanden hatte. Die Holzdecke im Schiff wurde 1885 angebracht und gegenüber der vorherigen erhöht. An der Nordwand des Schiffs oberhalb des Emporenbodens, sowie von der Westwand bis zum Ostfenster, haben sich sieben zum Teil fragmentarische Wandmalereien aus der Mitte des 14. Jh. mit Darstellungen aus der Jugend Christi und einem Tierfries erhalten. Die barocken Emporen stellen das Glaubensbekenntnis dar. Deren letztes Bild ist signiert „JGE Fecit", was wohl auf den Maler Johann Gottfried Enßlin, Heidenheim, hinweist. Drei Darstellungen von Artikeln des Augsburger Bekenntnisses an der Nordempore sind im mittleren Bild signiert „G. Frid. Pfantzelt pinxit 1748", also der Ulmer Stadtmaler.

Die Kirche ist zum Teil noch mit hohen Mauern versehen, die den schönen Friedhof abgrenzen. Eine größere Anzahl hölzerner Grabkreuze, die auf ältere Vorbilder zurückgehen, wurden seit Jahrzehnten von derselben Schreinergeneration in bunt bemalter Holzarbeit hergestellt. Sie sind eine Besonderheit, wie diejenigen einer Zainiger Kunstschmiedefamilie.

Gemeinde Bernstadt

Bernstadt liegt 15 km nördlich von Ulm, nahe dem Lonetal und an der Straße Langenau–Geislingen, 551 m NN. Die Markung ist 13,94 qkm groß mit einem Waldanteil von 3,80 qkm. Im Lonetal, zwischen Bernstadt und Nerenstetten, ragt mächtig ein Fels auf, in welchem sich zwei tiefe Grotten befinden, wo alt- und steinzeitliche Funde und Scherben aus römischer Zeit ausgegraben wurden (Fohlenhaus).

An die südlich der Römerstraße, später der Heerstraße gelegene Burg mit Kirche schloß sich durch Zusammenschluß von Einzelgehöften nahe der Straße das Dorf mit dem „Platz", einem 1549 erbauten Schloß und dem Amtshaus an. Im 13. und 14. Jh. hieß der Ort Berolfstat oder Berunstat. Burg- und Ortsherren waren die vom 12. bis 16. Jh. bezeugten Ritter von Berolfstat. Die hohe Gerichtsbarkeit lag bei der Grafschaft Werdenberg-Albeck und kam 1383 mit dieser an Ulm. Bis Ende des 16. Jh. brachte Ulm auch den dortigen, stark zersplitterten Güterbesitz fast ganz an sich. Im 17. und 18. Jh. mußte es Güter und Niedergerichtsbarkeit den seit 1549 seßhaften Herren von Besserer überlassen. Durch Erbteilungen zerfiel die Schloßherrschaft im 19. Jh. 1824 erwarb die Gemeinde das Schloß. 1803 wurde Bernstadt bayerisch und 1810 württembergisch und Teil des Oberamts Ulm, 1938 des Landkreises Ulm.

Bernstadt, das im Jahr 1871 noch 785 Einwohner hatte, zählte Anfang 1980 schon 1645 Bewohner, davon waren 74 Prozent evangelisch und 24 Prozent katholisch. Von den 637 erwerbstätigen Bewohnern arbeiten nur 153 in der Land- und Forstwirtschaft. Bernstadt ist eine Arbeiterwohngemeinde mit 370 Berufseinpendlern. In Bernstadt selbst sind 280 Personen beschäftigt. In 57 nichtlandwirtschaftlichen Arbeitsstätten sind 142 Personen tätig. Größere gewerbliche Betriebe sind nicht vorhanden. Die 64 Landwirtschaftsbetriebe bewirtschaften eine 8,58 qkm große landwirtschaftliche Nutzfläche.

Die evang. Pfarrkirche (St. Lambert) wird urkundlich 1241 erwähnt und hat noch Teile des romanischen Baues erhalten, so den Chor (heutige Sakristei) und die unteren Teile des Turmes. Romanisch sind auch die Flachreliefs des ehemaligen Chorbogens mit Tierdarstellungen. Neubau von Chor und Schiff erfolgte 1486. Dieses Datum befindet sich an der Sakramentsnische mit dem originalen schmiedeeisernen Türchen aus Rautengitter. Nachdem durch Kriegseinwirkung 1704 die Kirche abbrannte, erfolgte 1707 der Neubau mit flachgedecktem Schiff und dreiseitig geschlossenem Chor mit Kreuzrippengewölbe. Der Altar ist zweigeschossig und reich geschnitzt, wie auch die Kanzel mit der Engelsfigur als Träger. Der Taufstein von Heinrich Hacker, Ulm, hat einen geschnitzten, von einer gefaßten Figurengruppe gekrönten Deckel, 1706 von Christoph Benz und dem Bildschnitzer Johann Lesle, Gmünd, gearbeitet. An der Emporenbrüstung befindet sich eine Folge von 14 Bildern, gestiftet 1708 von Albrecht Heinrich Besserer, u. a. mit Christus und dreizehn Aposteln (mit Mathias und Paulus).

Das ehemalige Schloß und jetziges Rathaus wurde 1549 als „Lusthaus" durch Georg Besserer von Rohr erstellt und nach Brandschatzung im Jahr 1688 unter Verwendung der Umfassungswände wieder aufgebaut. Es ist ein viergeschossiger Bau mit Walmdach und vier Eck-Erkern, die über drei Geschosse gehen und mit Zwiebelhauben gedeckt sind. An der Ostseite befindet sich ein Mittelerker über dem rundbogigen Portal.

Gemeinde Börslingen

Börslingen liegt 8 km nordwestlich von Langenau, oberhalb des Lonetals, 560 m NN. Die Markung ist 5,89 qkm groß, davon sind 1,35 qkm bewaldet.
Börslingen ist 1357 erstmals urkundlich genannt als „Berislingen", d. i. Ort der Nachkommen eines Berizo. Es war Teilgemeinde von Ballendorf und wurde erst 1810 selbständige Gemeinde. Aus der Zeit des spanischen Erbfolgekriegs berichtet die Ulmer Oberamtsbeschreibung von 1897: „1796 ließ man durch die Schulkinder den Franzosen das Essen aufs Feld bringen, während man die erwachsenen Töchter die ganze Zeit über verborgen hielt."

In den letzten hundert Jahren ist die Einwohnerzahl abgesunken. Im Jahr 1871 zählte Börslingen noch 190 Bewohner, Anfang 1980 nur noch 152 Einwohner, davon 142 evangelisch und 9 katholisch. Von den 97 erwerbstätigen Bewohnern arbeiten 68 in der Land- und Forstwirtschaft. Die 22 Landwirtschaftsbetriebe bewirtschaften eine 4,49 qkm große landwirtschaftliche Nutzfläche.

Die evang. Filialkirche wurde nach der Reformation 1554 erbaut und hat also keinen Kirchenpatron. Sie ist ein schlichter kleiner Bau mit aufgesetztem Turm, dessen hohes Satteldach quer zum Schiff gestellt ist. Die auf zwei Seiten eingezogenen Emporen haben einen Zyklus der sieben Vaterunserbitten aus dem späten 17. Jh. mit reizvoller Malerei, z. B. bei der 4. Bitte „Unser täglich Brot gib uns heute" sitzt eine Frau in antikisierendem Gewand in einer Landschaft und hält im Arm eine Garbe, während zu ihren Füßen ein Früchtekorb prangt.

Die Nordempore trägt sechs Bilder: die vier Evangelisten und Moses, sowie Salvator, weisen auf den Ulmer Stadtmaler Kleemann hin.

Gemeinde Breitingen

Breitingen liegt im Lonetal, 10 km westlich von Langenau, 522 m NN. Die Markung ist nur 2,90 qkm groß, wovon 72 ha bewaldet sind.
Bis 1385 gehörte Breitingen den Grafen von Werdenberg-Albeck, um dann durch Kauf an Ulm überzugehen, „das Wiler, Lüt und Gut mit aller Zubehörde".
Breitingen, das im Jahr 1871 noch 163 Einwohner hatte, zählte Anfang 1980 213 Bewohner, davon waren 89 Prozent evangelisch und 10 Prozent katholisch. Von den 98 erwerbstätigen Bewohnern arbeiten 48 in der Land- und Forstwirtschaft. 43 Erwerbspersonen sind Berufsauspendler. In Breitingen selbst sind 55 Personen beschäftigt. 21 Landwirtschaftsbetriebe bewirtschaften eine 3,14 qkm große landwirtschaftliche Nutzfläche.

Gemeinde Holzkirch

Holzkirch liegt frei auf der sog. Niederen Alb, 12 km nordwestlich von Langenau, 590 m NN. Die Markung ist 8,14 qkm groß, davon sind 1,39 qkm bewaldet.
Holzkirch gehörte einst zur Herrschaft Albeck. Von den dortigen Grafen von Werdenberg wurde es 1385 an Ulm verkauft, „Dorf, Lüt und Gut, sonderlich die Sölde, da Korenwurme buwet, und auch die Kirchensatz mit Widem, Widemhöfen und Zehnten".

Holzkirch hat sich in den letzten hundert Jahren in seiner Einwohnerzahl kaum verändert. Es zählte im Jahr 1871 331 Einwohner und Anfang 1980 noch 274 Bewohner. Ackerbau und Viehzucht bildeten den Haupterwerb einst und jetzt. Um 1910 lebten viele Bewohner auch von der Gewinnung von Pflaster-, Schotter-, Portland- und Kalksteinen. Von den 274 Bewohnern sind 88,7 Prozent evangelisch und 8,7 Prozent katholisch. Von den 150 erwerbstätigen Bewohnern arbeiten 70 in der Land- und Forstwirtschaft. 59 Erwerbspersonen arbeiten andernorts als Berufsauspendler. In Holzkirch selbst sind keine namhaften Gewerbebetriebe. Die 30 Landwirtschaftsbetriebe bewirtschaften eine 5,0 qkm große landwirtschaftliche Nutzfläche.

Bei der evang. Pfarrkirche (St. Barbara) ist von der spätromanischen Anlage noch der Turmsockel erhalten, während Schiff und Chor im letzten Viertel des 15. Jh. entstanden sein dürften, wie die Jahreszahl 1486 auf den ehemaligen Wandmalereien im Schiff besagt. Charakteristisch ist der fünfgeschossige, mit Schlitzfenstern versehene Westturm mit seinem mittelalterlichen Rhombendach und Schieferdeckung, der massig aus dem ummauerten Friedhof herausragt. Das Schiff hat eine spätgotische vertäferte Decke, die um 1486 wohl entstanden ist. Die Emporenanlage ist in mehreren Etappen entstanden und hat Kapitele mit geschnitztem Laubwerk und bemalten Kartuschen: links den Sündenfall, rechts die Allegorie des Glaubens, 1715 von Christoph Löhle, Geislingen, gemalt. An der Emporenbrüstung befinden sich Gemälde mit Darstellungen aus der Kindheit Jesu und der Passion. Am Ostende der Schiffnordwand ist die ehem. Orgelempore von 1758, die auf zwei gedrechselten Säulen mit vortretendem Mittelteil musizierende Engelsputten, gemalt von Joh. Schneider, Geislingen, 1764, hat. Der Hochaltar hat als Gemälde, wie die meisten evang. Albkirchen, das Abendmahl, hier mit der Signatur des Joh. Stölzlin, Ulm, um 1662. Die reichverzierte Kanzel wird von einer Engelsfigur in reicher Gewandung und großen Flügeln gestützt. Mit einer Figurengruppe um 1760 in Holz geschnitzt ist der Taufstein bedeckt. Von dem spätgotischen, um 1486 entstandenen Gestühl sind noch Teile vorhanden. Denkmäler und Epitaphien des 17. Jh. ergänzen die reiche Ausstattung, unter der noch ein Ölgemälde deswegen bemerkenswert ist, weil es die Kirchenpatronin St. Barbara als reichgekleidete vornehme Dame nach der Mode aus der Mitte des 18. Jh. darstellt, die in der Hand Kelch und Hostie hält. Joh. Schneider, Geislingen, hat sie gemalt.

Gemeinde Neenstetten

Neenstetten liegt 20 km nördlich von Ulm, auf der Niederen Alb, 582 m NN. Seine Markung ist 8,29 qkm groß, wovon 1,98 qkm bewaldet sind.

Als „Nanstetten" ist der Ort 1225 erstmals urkundlich genannt. 1366 verkaufte Graf Heinrich von Werdenberg „Dorf, Lüt und Gut mit Bännen, Zehnten, Vogtei, Vogtrechten und aller ander Ehaft in und Rechte" an die Stadt Ulm, welche einen Amtmann in das Dorf setzte. 1802 wurde Neenstetten bayerisch, 1810 württembergisch und hier Teil des Oberamts Ulm, ab 1938 des Landkreises Ulm.

Neenstetten hat sich in den letzten hundert Jahren nur wenig verändert. Es zählte 1871 schon 517 Einwohner und Anfang 1980 668 Bewohner, davon 610 evangelisch und 48 katholisch. Von den 340 erwerbstätigen Bewohnern arbeiten 136 in der Land- und Forstwirtschaft. 97 Erwerbspersonen sind Berufsauspendler, im Gegensatz zu 32 Einpendlern, die nach Neenstetten zur Arbeit kommen. In Neenstetten selbst sind 275 Personen tätig. In 29 nichtlandwirtschaftlichen Arbeitsstätten sind 146 Personen beschäftigt. 2 größere Baugeschäfte sind hier angesiedelt. 60 Landwirtschaftsbetriebe bewirtschaften 5,90 qkm landwirtschaftliche Nutzflächen.

Neenstetten hat seinem großen Dorfplatz den Namen „Hans Heberle-Platz" gegeben und dadurch die Erinnerung festgehalten an den durch seine Chronik bekanntgewordenen Schuhmacher und Seldner, welcher am 28. Mai 1597 dort geboren und am 27. Februar 1677 in Neenstetten gestorben ist. Als dörflicher Geschichtsschreiber hat er mit seinem „Zeytregister", das die Jahre von 1618 bis 1672 umfaßt, eine zeitgenössische Darstellung aus dem 30jährigen Krieg geschaffen, eine landesgeschichtliche Quelle von großem Wert, die vor allem der Geschichte der ulmischen Herrschaft im 30jährigen Krieg gilt. Aus dieser Zeit liegen nur wenige verwertbare Chroniken vor, welche die Nöte und Drangsale der kleinen Leute verläßlich schildern. Nicht nur der Feind, sondern auch die vermeintlich Verbündeten hausten schlimm. Die von der Reichsstadt vorgewarnten Bürger zogen in den Schutz ihrer Mauern mit all ihrer Habe, und wenn das nicht möglich war, innerhalb der bewehrten Kirchhofmauern, welche als „Wehrkirchen" auf der Alb noch heute davon Kunde geben. Ein Abriß aus der Heberle-Chronik gibt einen Eindruck davon:

„Weil wir aber für keinen feündt hielten, und wir auch von der oberkeit nicht gewarnet worden, hatten wir alles bey einand, roß und vüch und alle haußgeret, all unser armut. Da fallen sie unß in das landt, blündern unß all unsere armut. Sie haben die leit ubel geschlagen, etliche erschossen, erstochen und zu todt geschlagen. Kein fleckh war so starckh, der sich kundt erwehren, wiewol das selbig etliche haben angefangen, aber es hatt ubel außgeschlagen. Wie dan mir das selbig zu Weidenstetten haben angefangen, aber es ist unß mißlungen, dan wir haben uns zwen tag erwert, und manchen dapfferen hauffen reiter abgetrieben, all unser vüch und ross in kirchoff, all unsere armut in die kirchen getragen. Aber es hatt nit geholffen. Dan weil wir unß lang gewehret, haben sie das dorff angezündet und fünff heüßer und fünf stedel abgebrandt. Da daß geschehen ist unser sach verlohren. Da last ein jeder sein wehr falen und der seine zu geloffen. Da komen die reiter, etliche hundert, zu unß herein, blündern, rauben und nehmen alles hinweg, was sie füehren und tragen kundten, vüch und roß muaß alles weg, was sie kenden ertapen, das wenig roß und vüch in dem landt gebliben ist."

Anm.: Heberle arbeitete nach Rückkehr von seiner Wanderschaft als Schuhmacher in Neenstetten, zog nach seiner Heirat 1627 in ein Söldgut nach Weidenstetten und kam später wieder zurück nach Neenstetten ins väterliche Anwesen. Er ist infolge der Kriegsereignisse zehnmal nach Ulm geflüchtet.

Die evang. Pfarrkirche (St. Ulrich) liegt im ummauerten Friedhof. Ihr einfaches Schiff unter steilem Satteldach wird beherrscht vom Ostturm, dessen unterer Teil aus der Mitte des 13. Jh. stammt und in späterer Zeit verändert und mit einer kupferbedeckten Zwiebelhaube versehen wurde. Das Schiff hat eine Stabfelderdecke und zwei Emporen, von welchen die westliche Apostelbilder von Christoph Lehle (?), Geislingen, um 1700 hat, und die Südempore acht Bilder aus der Jugend Christi von F. Dirr, Erbach, 1866/67. Der einfache Altar mit Abendmahlbild von Hans Stölzlin, Ulm, 1652, trägt ein spätgotisches Kruzifix. Besonders reich ist die Kanzel gestaltet, deren Bildhauerarbeiten wohl von Christian Friedr. Braun, die Schreinerarbeiten vielleicht von Andreas Narcis, beide Ulm, um 1725, stammen.

Gemeinde Nerenstetten

Nerenstetten liegt 4 km nördlich von Langenau, nahe dem Lonetal und dem Englenghai, 513 m NN. Die Markung ist 6,06 qkm groß, wovon 1,86 qkm bewaldet sind.
Nerenstetten, einst zur Herrschaft Albeck gehörend, kam 1383 zu Ulm. Bei der Mediatisierung der Reichsstadt wurde auch Nerenstetten 1802 bayerisch und 1810 württembergisch, wo es dem Oberamt Ulm, ab 1938 dem Landkreis Ulm zugeordnet war.
In den letzten hundert Jahren blieb die Einwohnerzahl konstant. Im Jahr 1871 zählte Nerenstetten 288 und Anfang 1980 wiederum 289 Einwohner, davon waren 236 evangelisch und 28 katholisch. Von den 143 erwerbstätigen Bewohnern arbeiten 83 in der Land- und Forstwirtschaft. 42 Erwerbstätige sind Berufsauspendler. In Nerenstetten selbst sind 101 Personen beschäftigt. 34 Landwirtschaftsbetriebe bewirtschaften 4,19 qkm große landwirtschaftliche Nutzflächen.

Die evang. Filialkirche (St. Magnus) ist im Kern wohl spätmittelalterlich, ein schlichter Kapellenbau, der im 18. Jh. einen Dachreiterturm erhalten hat. Die Ausstattung ist neu bis auf den Taufstein, welcher 1750 datiert und mit Schrift versehen ist.

Gemeinde Öllingen

Öllingen liegt 5 km nordöstlich von Langenau, 532 m NN und hat eine 8,09 qkm große Markung, wovon 1,75 qkm bewaldet sind.
Öllingen wird schon 1143 unter den gräflich-dillingischen Stiftungsgütern des Klosters Neu-Anhausen genannt. Der Ort zählte weiterhin zur Herrschaft Albeck. 1383 erwarb Ulm von diesen den Ort. Mit Ulm wurde er 1802 bayerisch und 1810 württembergisch und Teil des Oberamts Ulm und ab 1938 des Landkreises Ulm.
Auch die Einwohnerzahl von Öllingen blieb in den letzten hundert Jahren konstant. Sie betrug im Jahr 1871 390 und 383 Anfang 1977. Von diesen waren 322 evangelisch und 39 katholisch. Von den 201 erwerbstätigen Bewohnern arbeiten 91 in der Land- und Forstwirtschaft und 64 als Berufsauspendler. In Öllingen selbst sind 139 Personen tätig. 39 Landwirtschaftsbetriebe bewirtschaften 5,69 qkm landwirtschaftliche Nutzflächen.

Die evang. Pfarrkirche (St. Martin oder St. Ulrich) hat seit romanischer Zeit einige Umbauten erfahren und liegt im hoch ummauerten Friedhof, ein gutes Beispiel einer Wehranlage. Der hohe, bis über den Schiffsfirst reichende quadratische Turmunterbau hat über dem Oktogon mit Gesimsen eine kupfergedeckte Zwiebelhaube. 1975 wurden Fragmente von Wandmalereien aufgedeckt, u. a. vier Apostelkreuze. Der hölzerne Taufstock, wohl 1682 entstanden, trägt eine Stifterinschrift; die Westemporen zeigen Brustbilder Christi und der Apostel, dreizehn an der Zahl (mit Mathias und Paulus, ohne Matthäus), welche 1769 von Joh. Schneider, Geislingen und (oder) 1772 vom Ulmer Stadtmaler Nikolaus Kleemann gemalt wurden. Beherrschend überragt den ganzen Innenraum der Gekreuzigte über dem Altar, eine gefaßte Holzskulptur, die um 1520 in der Werkstatt oder dem Umkreis von Gregor Erhart geschaffen wurde.

Gemeinde Rammingen

Rammingen liegt 5 km östlich von Langenau, an den südlichen Ausläufern der Alb, 512 m NN. Die Markung ist mit dem Teilort Lindenau 14,04 qkm groß. Davon sind 1,58 qkm bewaldet.
Rammingen ist 1127 als „Ramungen" (Ort des Ramo) bezeichnet. Von der im Ort befindlichen Burg ist nichts mehr vorhanden. Burg und Dorf waren Lehen der Herren von Albeck und deren Erben, Lehensleute seit dem 12. Jh. die Herren von Ramungen, später Bürger in Ulm, Giengen, Biberach und Rottweil und bis ins 17. Jh. in württembergischen Diensten. Die Burg wurde von der Reichsstadt Ulm 1393 zerstört. Besitztum in Rammingen hatten das Kloster Kaisheim, dem 1286 die Pfarrkirche St. Georg geschenkt und 1312 inkorporiert wurde, sowie die Reichsstadt Ulm und die Klöster Anhausen, Herbrechtingen und

Elchingen. Um 1800 zählte Rammingen zum Reichskloster Kaisheim; es wurde 1810 württembergisch und Teil des Oberamts Ulm, ab 1938 des Landkreises Ulm.

Rammingen hat sich in den letzten hundert Jahren stark vergrößert. Es zählte 1871 noch 557 Einwohner und ist bis Anfang 1980 auf 975 Bewohner angewachsen, davon waren 86 Prozent katholisch und 10 Prozent evangelisch. Von den 443 erwerbstätigen Bewohnern arbeiten 113 in der Land- und Forstwirtschaft. 226 Erwerbspersonen sind Berufsauspendler. 20 Berufseinpendler kommen zur Arbeit in die Gemeinde, wo insgesamt 237 Personen beschäftigt sind. 31 nichtlandwirtschaftliche Arbeitsstätten haben 96 Beschäftigte. Darunter befindet sich ein kleineres Fahrzeugbauunternehmen. 60 Landwirtschaftsbetriebe bewirtschaften eine 9,00 qkm große landwirtschaftliche Nutzfläche.

Von der kath. Pfarrkirche (St. Georg) ist der Turm bis unter das Glockengeschoß wohl romanisch. Im frühen 16. Jh. wurden Chor und Turmoberteil neu gebaut. Das 1895 abgebrochene Schiff war sicherlich mittelalterlich und mußte dem Neubau durch Joseph Cades, Stuttgart, mit rotem Backstein im Stile der Spätstufe der Neugotik weichen. So bietet diese Kirche heute einen Anblick, der von der üblichen Bauweise der Albkirchen abweicht. Die Ausstattung mit Altar und Kanzel ist neu. Im Chor hängt ein Kruzifix aus der Werkstatt oder eher der Nachfolger Multschers Mitte des 15. Jh. An Gemälden sind vorhanden: eine Anbetung der Hirten, um 1720, vielleicht von Joh. Kaspar Sing, Augsburg, und die beiden zusammengehörigen Ölbilder des Hl. Leonhard und der Pieta, die von Konrad Huber, Weißenhorn, noch ganz in der spätbarocken Tradition gemalt wurden, wie auch seine Kreuzwegstationen, um 1806 entstanden.

Unmittelbar westlich der Kirche haben sich Reste des ehemaligen Burgstalls, im Volksmund „Burstel" genannt, erhalten, deren quadratischer Turm aus Quadern stark verwittert und samt einem Stück Mauer seit 1393 Ruine ist.

200 m südlich von Lindenau hat ein Steinkreuz unter einer alten Linde seine Aufstellung erhalten, das ehedem als Grab eines französischen Offiziers an anderer Stelle stand, 1970 verschwunden war, und nach Aufruf vom 14. 9. 1977 schon am 20. 9. 1977 zurückgebracht wurde, ein schönes Beispiel dafür, daß das Verständnis auch für kleinere Denkmale der Geschichte vorhanden ist.

Gemeinde Setzingen

Setzingen liegt 5 km nördlich von Langenau, in einer kleinen Talmulde und nahe der Einmündung des Hungerbrunnentals in das Lonetal, 502 m NN. Die Markung ist 8,43 qkm groß, davon 3,10 qkm Wald.
Setzingen ist 1143 erstmals urkundlich genannt und gehörte zur Herrschaft Albeck. 1383 kam es an die Stadt Ulm und verblieb dort bis 1803, wo es bayerisch wurde. 1810 kam die Gemeinde zu Württemberg und zum Oberamt Ulm, ab 1938 zum Landkreis Ulm.
Setzingen zählte im Jahr 1871 noch 369 Einwohner. Anfang 1980 waren es 538 Bewohner, davon 471 evangelisch und 42 katholisch. Von den 255 erwerbstätigen Bewohnern arbeiten 102 in der Land- und Forstwirtschaft. 104 Bewohner sind Berufsauspendler gegenüber 11 Einpendlern. Setzingen hat insgesamt 162 Beschäftigte. Größere Gewerbebetriebe sind nicht im Ort. 50 Landwirtschaftsbetriebe bewirtschaften 5,13 qkm landwirtschaftliche Nutzflächen.

Die in der Anlage romanische evang. Pfarrkirche (St. Bartholomäus) wurde im 15. und 18. Jh. erneuert und verändert. Dabei erhielt der Turm anstelle seines gotischen Helmes den heutigen Satteldachabschluß, behielt aber den gotischen Lilienfries. Im Inneren wurden 1958 Reste von Wandmalereien verschiedener Epochen freigelegt: ein monumentaler Christophorus aus dem 13. Jh.; Passionszyklus und Szenen aus dem Leben Christi aus dem 14. Jh. Der hölzerne Taufstock von 1672 ist mit schwerem Schnitzwerk verziert.

Gemeinde Weidenstetten

Weidenstetten liegt auf der Ulmer Alb, an der Kreuzung der Straßen Ulm—Gerhausen und Langenau—Geislingen, 586 m NN. Die Markung ist mit den Teilorten Schechstetten und Distelhof 17,22 qkm groß, darunter sind 7,92 qkm Wald.
Weidenstetten war einst ebenfalls im Besitz der Herrschaft Albeck und kam 1385 mit „Dorf, Lüt und Gut mit Vogtei und Vogtrechten" an die Reichsstadt Ulm. Es war danach Sitz eines Ulmer Amtmanns. 1803 wurde Weidenstetten bayerisch, 1810 württembergisch und Teil des Oberamts Ulm, ab 1938 des Landkreises Ulm.
Weidenstetten hatte im Jahr 1871 schon 735 Einwohner und zählte zu den größeren Gemeinden. Es ist bis Anfang 1980 auf 1010 Einwohner angewachsen, von denen 80 Prozent evangelisch und 18 Prozent katholisch waren. Von den 515 erwerbstätigen Bewohnern arbeiten nur 140 in der Land- und Forstwirtschaft. Weidenstetten hat sich zu einer Arbeiterwohngemeinde entwickelt mit 246 Berufsauspendlern. 18 Erwerbstätige kommen als Einpendler zur Arbeit in die Gemeinde. Weidenstetten selbst hat 287 Beschäftigte. In 46 nichtlandwirtschaftlichen Arbeitsstätten sind 176 Personen beschäftigt, davon 94 im verarbeitenden Gewerbe. Darunter sind vier kleinere Produktionsstätten mit zusammen 90 Beschäftigten. 61 Landwirtschaftsbetriebe bewirtschaften 8,49 qkm landwirtschaftliche Nutzflächen.

Die evang. Pfarrkirche (St. Peter und Paul) geht im Kern auf eine gotische Anlage zurück. 1801/02 wurde nach Einsturz der Turm neu gebaut und beherrscht mit seinem dreigeschossigen Achteck und mächtiger kupfergedeckter Zwiebelhaube weithin die Umgebung. Die Kirche liegt im ummauerten Friedhof. Sie wurde 1861/62 durch den Münsterbaumeister Ferdinand Thrän, Ulm, verändert und restauriert, und hat in dieser Zeit die Westempore erhalten mit Bildern der vier Evangelisten, signiert 1647, sowie Paradies, Kalvarienberg, Auferstehung und Himmelfahrt Christi. Im Chor befindet sich die Leihgabe aus der Kirche in Lehr mit Christus als Weltenrichter, umgeben von Engelsputten, den links und rechts zu Gericht blasenden Engeln, unten mit dem Erzengel Michael, der die Seligen ins lichtgelbe Paradies in den Wolken weist, und rechts den Verdammten mit erschreckten Gesichtern und Gebärden, denen im Hintergrund unter Gewitter der Höllenrachen mit Teufeln dreut, signiert Christ. Resch, fexit 1701. Epitaphien, Wappentafeln und Grabsteine aus verschiedenen Jahrhunderten ergänzen die Ausstattung, worunter die Bildepitaphien der Pfarrer aus dem 18. Jh. sehr reizvoll und von den Ulmer Stadtmalern G. Fr. Pfantzelt und C. N. Kleemann gemalt sind. Sie zeigen die Dargestellten in zeitgenössischer ulmischer Tracht.

Von dem früheren Gestühl wurde aus zwei verschiedenen und beschädigten Stühlen ein Doppelstuhl neu zusammengestellt. Dieser ist an der Rückwand signiert mit der Jahreszahl 1699, an der Brüstung mit 1734. Er steht im Altarraum als Zeugnis für die ehemaligen Richterstühle für das ehemalige Gemeindegericht. In den Dörfern des Ulmer Reichsstadtgebiets vom 14. bis ins 19. Jh. war der Amtmann die starke Hand der Herrschaft, und ihm zur Seite stand der Anwalt. Das „Gericht", also die Vertretung der Gemeinde, setzte sich aus bis zu 12 Richtern zusammen und war aus Bauern und Seldnern zusammengesetzt. Es entsprach keineswegs einem Gericht von heute. Es hatte gewisse Aufgaben, für welche die Gerichte heute zuständig sind, wahrgenommen. Kraft ihres Amtes hatten diese ehrenamtlichen Richter Ansehen und besaßen in der Kirche eigene Richterstühle. Ihr Amt entspricht heute dem Ehrenamt eines Gemeinde-Kirchen- oder Pfarrgemeinderats.

Schafschur

„Acht Tag vor der Schur sind d'Schäfer narret, acht Tag nach der Schur ihre Schaf"

Ein altersträbes Schaffell, zwei Weckgläser mit Inhaltsangabe „Hammel 1946", ein handgesponnenes und gewobenes Sofakissen von verblichenem Reiz, eine Kiste Kernseife, die aus übriggebliebenem Hammelfett gesotten wurde und feingeschabt jeder Waschmaschine den Garaus gemacht hätte, ein schwarzes Schäferhemd, sowie einige Briefumschläge mit der Anschrift „Schafhalter in Ulm" erinnern an unseren Viehbestand während der Lebensmittelmarkenzeit. Zwei Schafe mit einem roten „B" am Halse aufgemalt, trotteten am Beginn unserer lebenden Notation im großen Haufen einer Stammschäferei im Witthau bei Albeck. Man sagt als Schafhalter, der wir damit waren, nicht Herde, sondern Haufen, auch wenn es drei- bis vierhundert Stück sind. Der Schäfer zieht mit seiner Herde, so ist oft zu lesen und im Bilde zu erblicken, ein Urbild vergangener Zeiten, bei welchem uns Ludwig Uhlands „Schäfers Sonntagslied" — das ist der Tag des Herrn, ich bin allein auf weiter Flur ... — einfällt, oder das liebe alte Sprüchlein von den „Schäflein zur Linken tut Glück dir winken".

Wir aber sprachen fachgerecht: der Schäfer fährt. Und „da Pferch noreschlaga", das klang für uns aus dem Mund des Schäfervetters wie Waldhorntöne im Mondenschein. Unser Tierbestand vermehrte sich nur sehr gemächlich. Er kam nie über ein Dutzend hinaus, obwohl man bei Schafmüttern meist zu Zwillingen gratulieren darf. Girgl, der Schäfer, sorgte dafür, daß das Gleichgewicht gehalten wurde zwischen den eigenen Schafen, die er im Haufen seines Brotherrn laufen hatte. Diesen stieß nie etwas zu. Dagegen waren die seines Brotherrn eher anfällig und unfallbedroht. Doch die unsrigen hatten öfters zerbrechliche Knochen und mußten notgeschlachtet werden. Sie warfen selten Zwillinge, sie verirrten sich gern oder rannten direkt in die Hände von Bösewichten oder Feinschmeckern. Denn es war ja die schlechte Zeit gleich nach dem Krieg, wo manche Unbescholtenen, darunter auch wir, in finstrer Nacht schwarz schlachteten.

Girgl im zerbeulten Hut, unter dem ein goldener Knopf im Ohr blinkte, über dem Schnurrbart Sperberblick. Girgl mit malerisch umgehängtem Mantel überm langen Schäferhemd. Girgls gellender Pfiff nach dem Hund, und wenn dieser nicht sofort wirkte, sein Urlaut aus der Steinzeit, der über das vielstimmige mäh-mäh rollte. Girgl an der Schippe lehnend. Er zählte zum lebenden Inventar der Alblandschaft und stand gewissermaßen bereits unter Naturschutz wie Rasso, von dem wir nur durch sein wütendes Kläffen erfuhren, wo Kopf und wo Schnauze war. Über seinem Schäferkarren flatterten unsichtbar die Denksprüche, die wir so nach und nach von ihm herausgelockt hatten, wenn ihm zum Reden zumute war. Er war einsilbig und hatte trockenen Humor, der völlig ernsthaft daherkam:

„Neunundneunzig Schafe geben hundert Spitzbuben". „Wer länger leit als sieben Stund' ist fäuler als ein Schäferhund". „Bienen und Schafe ernähren den Mann im Schlafe". „Schäferleben hat Gott gegeben, aber das Pferchschlagen bei der Nacht hat der Teufel g'macht". „Entweder sind alle Schäfer Lumpa oder alle Lumpa Schäfer, und wenn alle Lumpa Schäfer wäret, könnt ma vor lauter Schäfer nemme laufa".

Diese und noch mehr, heut vielfach vergessenen Sprüche, halten sich an der Erfahrung fest, die im engumgrenzten Bereich sich bewegt und sich um geringfügige Dinge dreht. Damals waren die Ösch noch nicht reguliert und es gab viele Feldraine und Brachäcker zu beweiden. Trotzdem waren die Kleeäcker manchmal auf einen Meter Breite abgefretzt. Gut Nacht um sechse, da hat der Bauer geflucht! Und so kleine Rachsüchteleien, wenn dem Schäfer etwas nicht paßte, die nahm man nicht lange krumm, denn manchmal war auch die Bäurin schuld. Wo die Pferchnacht im Schäferkalender eingetragen war, da hatte der Schäfer Kost auf dem Hof. Es wurde ihm, da seine Zeiten sich nach der Herde zu richten hatten, extra aufgetischt, Eier eingeschlagen oder abends Pfannkuchen gebacken. Doch an dem Sauerkraut, das früher die Hauptnahrung war, da hatte er sich, wenn es dem Frühling zuging, weidlich abgegessen. Und so klingt der Anbindervers, den man auf der Alb gesungen hat, sehr selbstbewußt: „I ben der Schäfer vo Pappelau und wia i Kost kriag so pferch i au".

Früher hatte Girgl, wie auch andere Schäfer, draußen Socken gestrickt, damit die Zeit verstrich. Ein Anblick wie aus dem Bilderbuch, den die Albwanderer im Foto festhalten wollten. Das wurde ihm dann zu bunt.

Alle Jahre gleich nach den Eisheiligen wurden wir von Girgls Frau, der „Schäferlies vo Berastadt", im Range einer Oberschererin, durch Postkarte geladen „ma hat Schafschur am...". Einen Tag zuvor waren die Schafe in der Lache, wie man dort die Hüle nennt, gewaschen und im Stall warmgehalten worden. Beim ersten Hahnenschrei setzten sich die Lies mit ihrem Dutzend junger Schafschererinnen mit dem Fahrrad in Marsch, oder sie wurden vom Leiterwagen mit beidseitig angebrachten „Sitzbrittern" abgeholt. Munter trabten die Rosse davor unter hundert Tagwerk Morgenhimmel. Sie schwatzten, und auf dem Heimweg wurde gesungen. Es waren wehmütig langgezogene Lieder, die mit einem freundlichen und nicht bösgemeinten Schlenker endeten „wenn oiner a stoinigs Äckerle hot, derzua en hölzerna Pfluag, und hot a grätigs Weib derhoim, no hot er z'kratzet gnuag", oder „Dui wau en Schäfer liabt, dui hat zwoi Glück, zwoi Glück. Dui kriagt mit em Stecka Schläg', ond mit der Schipp."

Diese putzmuntere Fuhre Weiberleut, von denen die älteren Tracht trugen, saß dann am Stubentisch des Schafhalters und löffelte aus der großen Schüssel Kaffeesuppe mit Brotbrocken, aber erst, wenn die Lies als Respektsperson ihren Löffel eingetunkt hatte. Der Tröpfelweg zog sich am Schluß wie Strahlen über den großen Tisch. Wir saßen dann „em Sofa dussa", also am Tisch des Bauern, wo jeder sein Häfele Kaffee vor sich hatte. Dann ging es hinaus in den Stadel, wo im Kreis die Schererinnen mit Lederschurz auf dem Wollsäckle hockten, das an den Beinen zusammengebundene Schaf erwarteten, festklemmten und schoren. Die Wolle wurde nicht stückweise, sondern im ganzen Vlies, Schäpper genannt, abgenommen. Achtzehn Schafe zu scheren bis zum Mittagessen, und danach dieselbe Menge, das schaffte nur eine erfahrene Schererin ohne Blasen zu bekommen. Bauer, Knecht und Schäfer heizten dabei ihren Breamakessel, die Tabakspfeife, tüchtig ein, denn der Bocksgestank war inzwischen beachtlich geworden. Beim Vesper, das in den Stadel hinausgebracht wurde, meist einmal um den Laib herum geschnittenes Butterbrot, kreiste der blaugraue Mostkrug, und mit ihm kreisten die Neuigkeiten aus den Dörfern:

„Hasch au ghairt, dui heets mit deamt?", worauf die Antwort folgte: „ond wenn dr Schnellzug en Schuurz a'hett, tät er dem au no nochlaufa". Die Lies lächelte, denn sie hatte Grübchen im Gemüt und kannte die Leut. Eine ihrer Philosophien mag davon zeugen: „wenn der Herrgott Mucka schickt, läßt er hinterher au d'Frösch hopfa".

Beim Hammelbraten mit Knöpfla und Salat lobte sie dessen Güte „der isch so mürb wia dr Neenstetter Herrgott, und der ischt em Tischeck verbraiselet (abgebröselt)". Und als sie auf ein Tannenreislein biß, das dem Braten die unvergleichliche Würze verlieh, fiel ihr ein „Mausdreck ist kein Kümmel und Kuhdreck kein Spinat".

Die Schulkinder standen inzwischen neugierig ob des alljährlichen Festtags der Schafschur im Stadel herum, und die Schafe draußen im Stall riefen in ihrem mageren weißrosa Flaum nicht wie gewohnt ihr mäh-mäh. Sie jammerten und barmten „mei Häs, mei Häs!"

137 Langenau.
Stillgelegtes Wasserrad
an der Nau.

Langenau.
Water-wheel at the Nau
no longer in operation.

138 Langenau.
Heimatmuseum.
Schlafstube mit
Himmelbett, Wiege
und bemaltem
Bauernschrank. Im
Nebenzimmer
gußeiserner Ofen.

Langenau.
Local museum. Bedroom
with four-post bed,
cradle and painted
peasant wardrobe. Cast-
iron stove in the back
room.

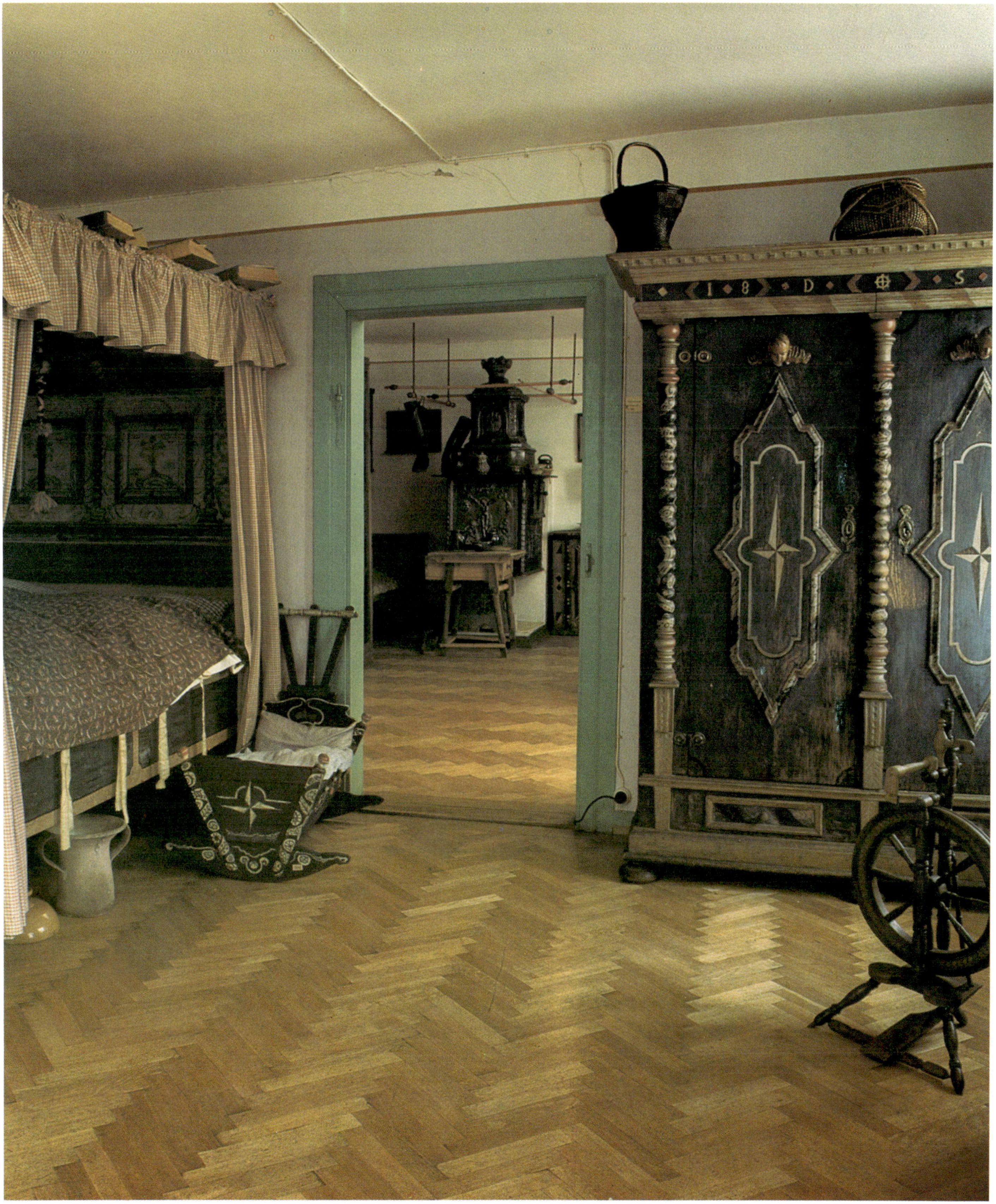

139 Langenau.
Quelltopf
„Löffelbrunnen" mit
ehemaligem Gerberhaus.

Langenau.
Lake „Löffelbrunnen"
with former tannery.

140 Langenauer Ried.

Bent near Langenau.

141 Rammingen.
Ehemaliger Burgstall aus dem 12. Jh.

Rammingen.
Former stable of a castle from the 12th century.

142 Langenauer Ried.
Bent near Langenau.

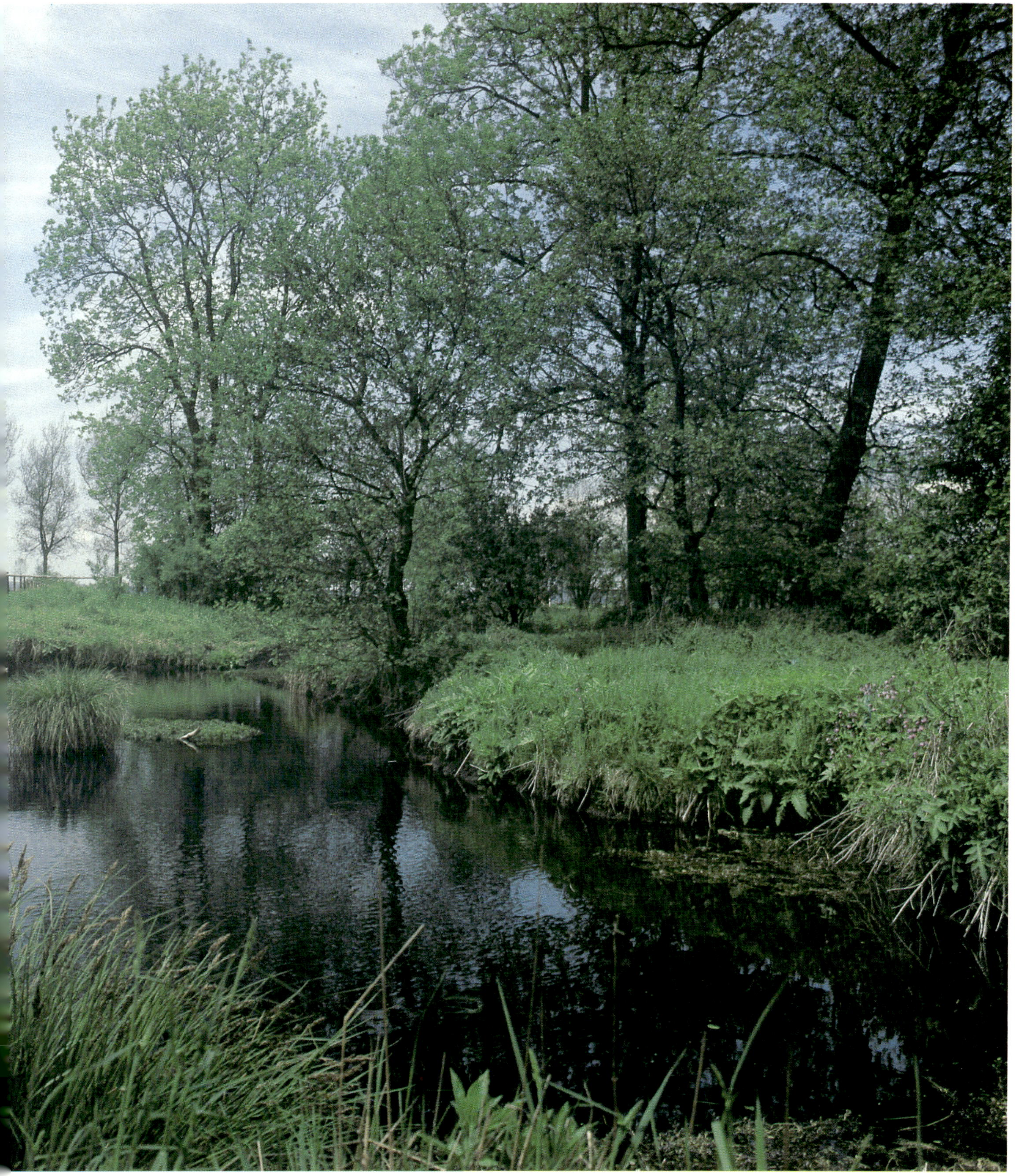

143 Asselfingen.
Ev. Pfarrkirche
(St. Pantaleon).

Asselfingen.
Protestant parish church
of St. Pantaleon.

144 Öllingen.
Ortsansicht mit der ev.
Pfarrkirche (St. Martin
oder Ulrich).

Öllingen.
View of the village with
protestant parish church
of St. Martin or Ulrich.

145 Gassental bei Altheim/Alb.

Gassen valley near Altheim/Alb.

146 Schäfer mit seiner Herde bei Altheim/Alb.

Shepherd with his flock near Altheim/Alb.

147 Altheim/Alb.
Ev. Pfarrkirche
(Hl. Maria). Geschnitzte
Kanzel aus Nußbaum mit
Engel als Kanzelträger,
vermutlich von Joh.
Christian Braun, Ulm.

Altheim/Alb.
Protestant parish church
of St. Mary. Carved
walnut pulpit supported
by an angel, probably by
Joh. Christian Braun,
Ulm.

148 Weidenstetten. Richterstuhl, signiert 1699 und 1734, im Altarraum der ev. Pfarrkirche (St. Peter und Paul).

Weidenstetten. Judge's seat, signed 1699 and 1734, in the altar room of the protestant parish church of St. Peter and Paul.

149 Neenstetten. Ev. Pfarrkirche (St. Ulrich) mit Fachwerkhaus und ehemaliger Molkerei.

Neenstetten. Protestant parish church of St. Ulrich with timberframed house and former dairy.

150 Neenstetten. Ev. Pfarrkirche (St. Ulrich) mit Stabfelderdecke, Emporen und Kanzel um 1725.

Neenstetten. Protestant parish church of St. Ulrich with panelled ceiling, galleries and pulpit, about 1725.

151 Holzkirch. Ev. Pfarrkirche (St. Barbara) mit Abendmahlbild von Joh. Stölzlin, Ulm, um 1662.

Holzkirch. Protestant parish church of St. Barbara with picture of the Lord's Supper by Joh. Stölzlin, Ulm, about 1662.

152 Hörvelsingen. Ev. Pfarrkirche (St. Martin).

Hörvelsingen. Protestant parish church of St. Martin.

153 Schafherde bei Hörvelsingen.

Flock of sheep near Hörvelsingen.

154 Bernstadt.
Ev. Pfarrkirche
(St. Lambert) im
ummauerten Friedhof.

Bernstadt.
Protestant parish church
of St. Lambert in the
walled-in cemetery.

155 Aquarellierte Zeichnung von Schloß Albeck von 1727 (Stadtarchiv Ulm).

Water-coloured drawing of Albeck castle from 1727 (municipal archives, Ulm).

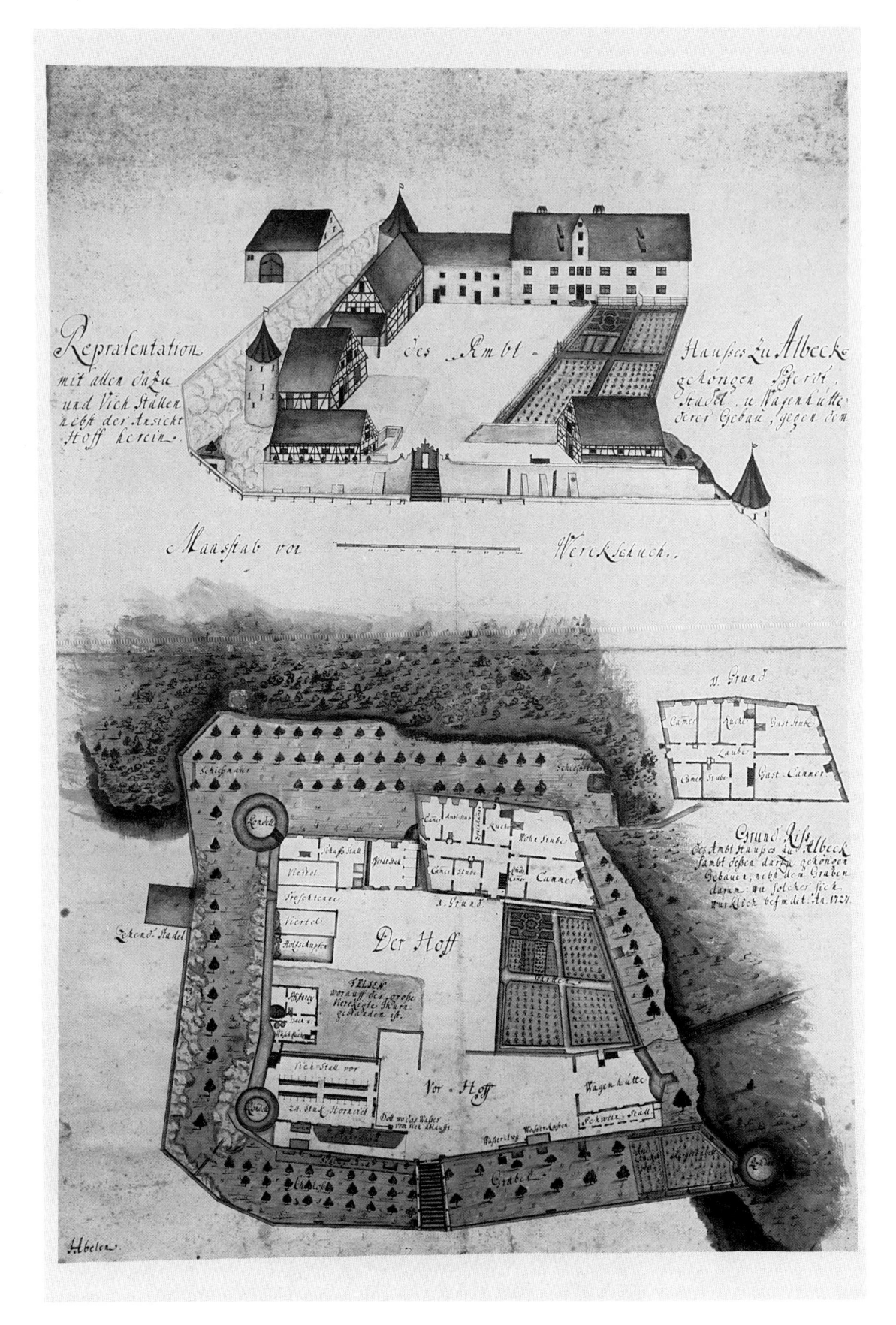

156 Albeck.
Ortsansicht mit Schloß.

Albeck.
View of village and castle.

157 Albeck.
Ev. Kirche (St. Jakob), von Heinrich Acker 1704 umgestaltet.

Albeck.
Protestant parish church of St. Jacob, remodelled by Heinrich Acker in 1704.

158 Blick auf Urspring.

View of Urspring.

Verwaltungsraum Lonsee

Der Verwaltungsraum Lonsee bildet die nördliche Spitze des Alb-Donau-Kreises. Er ist 96,30 qkm groß und umfaßt nach den in den Jahren 1972 und 1975 erfolgten Eingemeindungen von Bräunisheim, Hofstett-Emerbuch, Stubersheim, Reutti und Schalkstetten nach Amstetten und der Eingemeindung von Radelstetten nach Lonsee sowie den Vereinigungen von Ettlenschieß, Halzhausen, Luizhausen und Ursprung mit Lonsee nur noch die Gemeinden Amstetten und Lonsee.

Der Verwaltungsraum liegt auf der Schwäbischen Alb, dem Naturraum Albuch und Härtsfeld. Die Höhenunterschiede reichen von 542 bis 713 m NN.

Ende 1976 zählte der Verwaltungsraum 6240 Einwohner, darunter 471 oder 7,5 Prozent Ausländer. Auf einen Quadratkilometer kommen 64,8 Einwohner. Die Besiedlung ist also aufgelockert. Nur die Gemeinden Amstetten und Lonsee sind mit 167,3 bzw. 184,9 Einwohner je qkm dichter besiedelt. Der größere Teil der Bevölkerung ist evangelisch: 4415 Personen oder 70,8 Prozent. 1380 oder 22,1 Prozent sind katholisch. 445 Bewohner oder 7,1 Prozent gehören anderen Gemeinschaften an oder sind bekenntnislos. Von den 6240 Einwohnern sind 2788 oder 44,7 Prozent erwerbstätig. Von diesen arbeiten 794 oder 28,5 Prozent in der Land- und Forstwirtschaft. 1259 Erwerbspersonen oder 45,2 Prozent sind Berufsauspendler. Da der Verwaltungsraum aber nur 393 Berufseinpendler hat, ist dieser weitgehend als Arbeiterwohnkreis geprägt. Im Verwaltungsraum Lonsee selbst sind 1922 Personen beschäftigt, davon 787 oder 41,0 Prozent in der Land- und Forstwirtschaft. 245 nichtlandwirtschaftliche Arbeitsstätten mit 1266 Beschäftigten sind im Verwaltungsraum Lonsee. Von diesen sind 742 im verarbeitenden Gewerbe und Industrie tätig. Das Baugewerbe beschäftigt nur 61 Personen. Handel und Verkehr sowie die übrigen Dienstleistungen haben 302 Beschäftigte.

Land- und Forstwirtschaft geben dem Verwaltungsraum das Gepräge. Insgesamt 441 land- und forstwirtschaftliche Betriebe sind vorhanden, die eine 52,94 qkm große landwirtschaftliche Fläche nutzen. Hiervon sind 40,33 qkm Ackerland und 12,42 qkm Dauergrünland.

Von der 96,30 qkm großen Markung des Verwaltungsraums Lonsee sind 16,99 qkm oder 18,2 Prozent Wälder, die von 69 staatlichen und privaten Forstbetrieben bewirtschaftet werden.

Gemeinde Amstetten

Amstetten liegt am nördlichen Albrand, 5 km südlich von Geislingen/Steige und an der Bahnlinie Stuttgart—München, 623 m NN. Die Markung ist 10,36 qkm groß, davon 1,58 qkm Wald. Amstetten besteht aus zwei Ortsteilen, dem älteren „Dorf", das abseits der Bahnlinie und der Bundesstraße 10 liegt, sowie dem Ortsteil „Bahnhof", dem eine Reihe von Industrie- und Gewerbeunternehmen das Gepräge geben und der sich insbesondere nach 1945 rasch entwickelte.
Amstetten ist 1275 erstmals urkundlich genannt. Es gehörte zur Herrschaft der Grafen von Helfenstein. 1396 kam es mit der helfensteinischen Herrschaft zu Ulm und war Teil der sog. Unteren Herrschaft. 1803 wurde Amstetten mit Ulm bayerisch, 1810 württembergisch und dem Oberamt Geislingen zugeordnet. Bei der neuen Kreisgliederung 1938 kam es zum Landkreis Ulm. Am 1. März 1972 wurde Hofstett-Emerbuch und Stubersheim, am 1. Dezember 1973 Bräunisheim und am 1. Januar 1975 Reutti und Schalkstetten nach Amstetten eingemeindet. Amstetten zählte 1871 erst 402 Einwohner. Schon bis 1939 wuchs die Bevölkerung auf 613 Personen an. Den größten Zuwachs erhielt Amstetten ab 1945, verursacht durch einige industrielle Neuansiedlungen. Anfang 1980 zählte Amstetten 1966 Einwohner, davon waren 57,64 Prozent evangelisch und 31 Prozent katholisch. Etwa 160 Personen sind Ausländer. Von den 718 erwerbstätigen Bewohnern arbeiten nur noch 85 in der Land- und Forstwirtschaft. 290 Erwerbspersonen sind Berufsauspendler. Doch kommen andererseits 190 Berufseinpendler in die Gemeinde zur Arbeit. In Amstetten selbst sind 618 Personen beschäftigt. In 60 nichtlandwirtschaftlichen Arbeitsstätten sind 562 Personen beschäftigt, davon 404 in verarbeitenden Industrie- und Gewerbebetrieben. Darunter befinden sich 7 Industriebetriebe mit 362 Beschäftigten. 39 Landwirtschaftsbetriebe bewirtschaften 7,40 qkm landwirtschaftliche Nutzflächen.

Die evang. Pfarrkirche (St. Laurentius) liegt im befestigten Friedhof und wurde 1498–1499 wohl an Stelle einer älteren Anlage, von welcher noch Teile des Westturmes erhalten sind, erbaut. Im Schiff wurden an der Nordwand Reste von spätgotischen Wandmalereien mit Darstellungen aus dem Marienleben aus dem Ende des 14. Jh. freigelegt. An der Emporenbrüstung befinden sich Gemälde aus dem 17. Jh. Altar, Kanzel und Taufstein stammen aus der Mitte des 18. Jh. Besonders reizvoll sind in der Nachbarschaft der Kirche Gebäude mit schieferverkleideten Giebeln aus der zweiten Hälfte des 19. Jh. und ebensolchen Dächern. Neueren Datums sind die evang. Friedenskirche und die kath. Erlöserkirche.

Ortsteil Bräunisheim

Bräunisheim liegt auf der Stubersheimer Alb, 7 km östlich von Geislingen, 677 m NN. Die Markung ist mit der Teilgemeinde Sontbergen 5,84 qkm groß. Davon sind 0,6 qkm Wald.
Bräunisheim gehörte schon 1459 mit Teilen und ab 1480 ganz zur Reichsstadt Ulm. Sontbergen folgte 1496 nach Ulm, an welches die helfensteinischen Grafen den Ort schon 1382 verpfändet hatten „alle Lüt und Gut ze Sontbergen, waß sie da haben oder gehabt sullen oder mügen". 1803 wurde Bräunisheim bayerisch, 1810 württembergisch und Teil des Oberamts Geislingen, ab 1938 des Landkreises Ulm. Am 1. Dezember 1973 wurde Bräunisheim nach Amstetten eingemeindet.
Bräunisheim blieb in den letzten hundert Jahren fast unverändert. Es zählte 1871 259 Einwohner und Anfang 1980 waren es noch 199 Bewohner, davon waren 87,2 Prozent evangelisch und 12,7 Prozent katholisch. Von den 128 erwerbstätigen Bewohnern arbeiten 76 in der Land- und Forstwirtschaft. 36 Erwerbspersonen sind Berufsauspendler, fünf Erwerbspersonen kommen als Einpendler in den Ort. In Bräunisheim selbst sind 97 Personen beschäftigt. 28 Landwirtschaftsbetriebe bewirtschaften 3,0 qkm landwirtschaftliche Nutzflächen.

Die evang. Pfarrkirche (St. Petrus) ist eine mittelalterliche Chorturmanlage, die 1590 vergrößert und verändert wurde. Das Ölgemälde im Altar ist eine Kopie nach einem Stich von Jan Sedeler.

Ortsteil Hofstett-Emerbuch

Hofstett-Emerbuch liegt 3 km östlich von Amstetten, auf der Stubersheimer Alb, 675 m NN. Die Markung ist 5,41 qkm groß, davon 0,71 qkm Wald.
Hofstett-Emerbuch gehörte zur Herrschaft der Helfensteiner Grafen und wurde von diesen 1396 an die Stadt Ulm verkauft. Auch das Kloster Söflingen und das Ulmer Wengenkloster waren hier begütert. 1803 wurde Hofstett-Emerbuch mit Ulm bayerisch, 1810 württembergisch und dem Oberamt Geislingen zugeordnet, ab 1938 dem Landkreis Ulm. Am 1. März 1972 wurde die Gemeinde nach Amstetten eingemeindet.
Die Bevölkerung von Hofstett-Emerbuch hat sich in den letzten hundert Jahren kaum verändert. Im Jahr 1871 zählte der Ort 238 Bewohner. Anfang 1980 waren es 253 Einwohner, 89,29 Prozent evangelisch und 4,3 Prozent katholisch. Von den 111 erwerbstätigen Bewohnern arbeiten 63 in der Land- und Forstwirtschaft. 43 Erwerbspersonen sind Berufsauspendler. In Hofstett-Emerbuch selbst sind 69 Personen beschäftigt. 28 Landwirtschaftsbetriebe bewirtschaften eine 3,87 qkm große landwirtschaftliche Nutzfläche.

Die evang. Filialkirche (St. Bartholomäus) besitzt im Untergeschoß des Glockenturmes noch ein gotisches Kreuzgratgewölbe. An der Emporenbrüstung ist die ganzfigurige Reihe der Apostel gemalt.

Ortsteil Reutti

Reutti liegt 5 km südlich von Amstetten, auf der Albhochfläche, 658 m NN. Es hat eine 6,46 qkm große Markung, davon sind 1,25 qkm bewaldet.

Reutti ist schon 1108 urkundlich genannt anläßlich der helfensteinischen Vergabung an das Kloster Blaubeuren. 1382 wurde Reutti von den Grafen von Helfenstein an Ulm verpfändet und 1396 an die Reichsstadt verkauft. 1803 wurde Reutti mit Ulm bayerisch, 1810 württembergisch und Teil des Oberamts Ulm, ab 1938 des Landkreises Ulm. Am 1. Januar 1975 wurde Reutti nach Amstetten eingemeindet.

Auch Reutti zählt zu den Gemeinden, deren Bevölkerungszahl in den letzten hundert Jahren stagnierte. Im Jahr 1871 hatte es 177 Einwohner und Anfang 1980 sodann 195 Einwohner, davon waren 88,6 Prozent evangelisch und 10,3 Prozent katholisch. Von den 116 erwerbstätigen Bewohnern arbeiten 77 in der Land- und Forstwirtschaft. 31 Erwerbstätige sind Berufsauspendler. In Reutti selbst sind 88 Personen beschäftigt. Die 24 Landwirtschaftsbetriebe bewirtschaften eine 4,62 qkm große landwirtschaftliche Nutzfläche.

Im ummauerten Friedhof liegt die im Spätmittelalter begonnene, wohl gegen Beginn des 16. Jh. vollendete evang. Filialkirche (St. Ägidius und Katharina). Sie wurde 1843 und 1964 wesentlich verändert, ein schlichter kleiner Bau unter spätgotischem steilen Satteldach. Der gedrungene Turm hat ein Pyramidendach. 1964 wurde die spätklassizistische-biedermeierliche Ausstattung durch eine neue ersetzt. An der neuen Empore sind sieben Apostelbilder aus dem 18. Jh., sowie an den Wänden Gemälde aus dem frühen Bestand, u. a. Abendmahl Christus, vier Evangelisten, in die neue Ausstattung übernommen worden.

Ortsteil Schalkstetten

Schalkstetten liegt 7 km östlich von Geislingen auf der Stubersheimer Alb, 678 m NN. Die Markung ist 8,97 qkm groß, davon 1,29 qkm Wald.

Schon im Jahr 1090 ist Schalkstetten urkundlich genannt. Es gehörte zu den helfensteinischen Besitzungen, ehe es 1396 zu Ulm kam. 1803 wurde es mit Ulm bayerisch, 1810 württembergisch und Teil des Oberamts Geislingen, ab 1938 des Landkreises Ulm. Am 1. Januar 1975 wurde Schalkstetten nach Amstetten eingemeindet.

Schalkstetten hat sich in den letzten hundert Jahren nur wenig verändert. 1871 hatte es 313 Einwohner und Anfang 1980 352 Bewohner, davon waren 92,31 Prozent evangelisch und 7,41 Prozent katholisch. Von den 188 erwerbstätigen Bewohnern arbeiten 85 in der Land- und Forstwirtschaft und 80 Erwerbspersonen sind Berufsauspendler. In Schalkstetten selbst sind 109 Personen beschäftigt. Die 33 Landwirtschaftsbetriebe bewirtschaften 5,98 qkm landwirtschaftliche Nutzflächen.

Die evang. Pfarrkirche (St. Maria und St. Veit) besteht seit dem 13. Jh. in Teilen. Das Untergeschoß des Turmes ist gotisch.

Ortsteil Stubersheim

Stubersheim, 12,72 qkm groß, liegt auf einem der höchsten Punkte der Stubersheimer Alb, 693 m NN und 6 km östlich von Amstetten.

Stubersheim gehörte einst ebenfalls zu den helfensteinischen Besitzungen und kam 1396 durch Kauf an Ulm. Mit ihm wurde es 1803 bayerisch, 1810 württembergisch und Teil des Oberamts Geislingen, ab 1938 des Landkreises Ulm. Am 1. März 1972 wurde Stubersheim nach Amstetten eingemeindet.

Die Bevölkerung von Stubersheim hat in den letzten hundert Jahren nur wenig zugenommen. Der Ort zählte 1871 323 und Anfang 1980 355 Bewohner; 85 Prozent waren evangelisch und 12 Prozent katholisch. Zur Wohnbevölkerung zählten auch 21 Ausländer. Von den 167 erwerbstätigen Bewohnern arbeiten 57 in der Land- und Forstwirtschaft. 76 Erwerbstätige sind Berufsauspendler. Doch kommen 24 Erwerbspersonen als Berufseinpendler nach Stubersheim, das also im Ort selbst 115 Beschäftigte hat. Größere gewerbliche Betriebe sind nicht vorhanden. Die 32 Landwirtschaftsbetriebe bewirtschaften 3,7 qkm große landwirtschaftliche Nutzflächen.

Die evang. Pfarrkirche (St. Johannes der Täufer) stammt aus der Gotik und hat im Chorgewölbe noch Kreuzrippen.

Gemeinde Lonsee

Lonsee liegt an der Bahnlinie Ulm–Stuttgart, unterhalb des Lone-Ursprungs, 561 m NN und in einer Talenge. Die Markung ist 6,41 qkm groß mit 1,88 qkm Waldanteil.

„Luwense" war 1268 im Besitz des Pfalzgrafen Rudolf von Tübingen. Seine Erben, die Grafen von Helfenstein, verpfändeten 1392 Lonsee an die Reichsstadt Ulm. Der Ort war damals mit Mauern und Tortürmen befestigt, ohne danach als Stadt bezeichnet zu werden. Ulm erwarb weiteren Grundbesitz und tauschte auch das Patronat der Marien-Pfarrkirche ein, die, eine Schenkung des Klerikers Werner und einer Luitgard vor 1108, seit 1456 dem Kloster Blaubeuren inkorporiert war. Lonsee war auch Sitz eines Ulmer Amtmanns und Zollstation zwischen Ulm und Geislingen. Mit Ulm kam Lonsee 1803 zu Bayern und 1810 zu Württemberg. Am 1. April 1972 wurden Ettlenschieß, Halzhausen und Luizhausen mit Lonsee vereinigt. Am 1. Januar 1975 wurde Radelstetten nach Lonsee eingemeindet; zum gleichen Zeitpunkt wurde auch noch Urspring mit Lonsee vereinigt.

Lonsee nahm vor allem nach 1950 eine lebhafte Entwicklung. 1871 hatte es erst 376 Einwohner. Anfang 1977 zählte Lonsee aber schon 1185 Bewohner, davon 590 evangelisch und 415 katholisch. Unter der Bevölkerung waren 196 Ausländer (16,5 Prozent). Von den 499 erwerbstätigen Bewohnern arbeiten nur 36 in der Land- und Forstwirtschaft. Lonsee hat heute eine gewerbliche Struktur und ist zudem Arbeiterwohngemeinde. 275 Bewohner arbeiten als Berufsauspendler andernorts. Zugleich kommen 138 Berufseinpendler in die Gemeinde zur Arbeit. In Lonsee selbst sind 362 Personen beschäftigt. In den 56 nichtlandwirtschaftlichen Arbeitsstätten sind 381 Personen tätig, davon 256 in Industrie- und Handwerk. Drei Industriebetriebe mit fast 200 Beschäftigten sind im Ort: ein Betonwerk, dazu ein Schotterwerk und die Filiale einer Schuhfabrik. Die 21 Landwirtschaftsbetriebe bewirtschaften 2,77 qkm landwirtschaftliche Nutzflächen.

Der schwere dreigeschossige, mit vier Giebeln und schiefergedecktem Rhombenhelm versehene Turm der evang. Pfarrkirche (Hl. Maria) geht in seinem Kern auf das 12. Jh. zurück. Auf seiner Südseite befinden sich unterhalb der Glockenstube derbe steinerne Maskenköpfe aus der Erbauungszeit im 12. Jh. 1699 wurde das Schiff unter steilem Satteldach erneuert und erhöht, und 1863 lieferte der Ulmer Münsterbaumeister Ferdinand Thrän den Entwurf für die darauffolgende Neugestaltung der Kirche, in neogotischem Stil. An der Nordwand des Kirchenschiffs wurden 1963 spätgotische Wandmalereien freigelegt: ein Passionszyklus in zwei Bildstreifen aus der 1. Hälfte des 14. Jh. Altar, Kanzel, Taufstein und Orgel sind neugotisch. Das Altarblatt mit der Darstellung der Kreuzigung nach einem Kupferstich von Martin Schongauer malte 1884 F. Dirr, Erbach. An der Westempore sind neun Bilder aus dem Leben Christi aus dem 18. Jh. von Christoph Kleemann in Ulm. An der Südseite des Langhauses befinden sich steinerne Grabdenkmäler, u. a. der Familie Frieß aus dem 16. und 17. Jh.

Ortsteil Ettlenschieß

Ettlenschieß liegt auf der höchsten Albterrasse des früheren Landkreises Ulm, 6,5 km südöstlich von Geislingen und 658 m NN. Es lag an der einstigen Salzstraße Geislingen–Langenau. Die Markung, 9,95 qkm groß, ist auf einer Fläche von 4,15 qkm bewaldet. Ettlenschieß ist 1333 erstmals urkundlich genannt. Der Ort dürfte aber weit älter sein. 1385 wurde Ettlenschieß, bis dahin im Besitz der Grafen von Werdenberg, an Ulm verkauft. 1656–1773 saßen hier ulmische Amtsleute. Später wurde Ettlenschieß durch seine Fabrikation von hölzernen Spindeln bekannt, die nach allen Richtungen lebhaften Absatz fanden und auch zu Tausenden ab Ulm die Donau abwärts geliefert wurden. Erst mit dem Aufkommen der Spinnräder kam dieser Erwerbszweig hier in Ettlenschieß zum Erliegen. 1803 wurde der Ort mit Ulm bayerisch, 1810 württembergisch und Teil des Oberamts Ulm, ab 1938 des Landkreises Ulm. Am 1. April 1972 wurde Ettlenschieß mit Lonsee vereinigt.

Ettlenschieß zählte 1871 erst 278 Einwohner. Anfang 1977 waren es 401 Bewohner, davon 383 evangelisch und 18 katholisch. Von den 193 erwerbstätigen Bewohnern arbeiten 86 in der Land- und Forstwirtschaft. 77 Erwerbstätige sind Berufsauspendler. In Ettlenschieß selbst sind 120 Personen beschäftigt. Namhafte gewerbliche Unternehmen sind nicht vorhanden. Die 35 Landwirtschaftsbetriebe bewirtschaften 5,02 qkm landwirtschaftliche Nutzflächen.

Die evang. Pfarrkirche (St. Georg und Bernhard) wurde wohl um die Mitte des 14. Jh. erbaut, und liegt im ummauerten Friedhof. Der Turm hat einen steilen vierseitigen Helm und weist nur wenig Schallöffnungen mit Schlitzen auf und ist neuerdings mit Kupfer eingedeckt. Veränderungen fanden im 18. Jh. statt, eine durchgreifende 1965, bei welcher Wandmalereien im Chor und an Nord- und Ostwand aufgedeckt wurden: Fünf Szenen eines Passionszyklus aus der Mitte des 14. Jh., sowie in den Leibungen des Ostfensters zwei Heiligenfiguren. Das Altarblatt, eine Kreuzgruppe mit Maria und Johannes, stammt wohl aus dem 17. Jh., die Seitenfiguren sind im Umriß ausgesägt und bemalt. An der Südwand des Langhauses befinden sich steinerne Denkmäler des 18. Jh. Beachtlich ist der Kirchenschatz mit qualitätvollem Taufgerät aus dem Anfang des 18. Jh., sowie Abendmahlkannen u. a.
Von dem Wirtshaus zum „Hirsch" gibt es eine reizvolle Darstellung, Feder und Deckfarben, gezeichnet von Jak. Früeholz in Geislingen 1829 (Stadtarchiv Ulm).

Ortsteil Halzhausen

Halzhausen liegt nahe dem Lone-Ursprung, an der Straße Langenau–Geislingen, 550 m NN. Zusammen mit dem Teilort Sinabronn ist die Markung 8,41 qkm groß. Davon sind 1,73 qkm Wald.
Halzhausen ist schon 1108 urkundlich erwähnt. 1382 wurde der helfensteinische Ort zusammen mit Lonsee, Urspring und Reutti an die Reichsstadt Ulm verpfändet und 1396 an sie verkauft. 1534 ging auch noch der dortige Besitz des Klosters Blaubeuren in ulmischen Besitz. Mit Ulm wurde Halzhausen 1803 bayerisch, ab 1810 württembergisch und Teil des Oberamts Ulm, ab 1938 Teil des Landkreises Ulm. Am 1. April 1972 wurde Halzhausen mit Lonsee vereinigt.
Die Bevölkerungszahl von Halzhausen blieb vom Jahr 1871–1945 fast unverändert. Es hatte 1871 noch 312 Bewohner. Nach 1945 wuchs die Gemeinde und hatte Anfang 1977 506 Einwohner, davon 341 evangelisch und 147 katholisch. 30 Ausländer gehören heute zur Wohnbevölkerung. Von den 230 erwerbstätigen Bewohnern arbeiten nur 67 in der Land- und Forstwirtschaft. Die meisten Erwerbspersonen, nämlich 141, sind Berufsauspendler. In Halzhausen selbst sind 89 Personen beschäftigt. Die 31 Landwirtschaftsbetriebe bewirtschaften 6,07 qkm landwirtschaftliche Nutzflächen.

Sinabronn

Die evang. Filialkirche (Hl. Kreuz) ist in ihrem Kern mittelalterlich mit gedrungenem Ostturm. Das Altarkreuz ist spätbarock.

Am Gasthof zum „Hirsch" befindet sich ein Wirtshausschild des 18. Jh.

Ortsteil Luizhausen

Luizhausen liegt an der Bundesstraße 10 Ulm–Stuttgart, auf halber Strecke zwischen Ulm und Geislingen, 624 m NN. Seine Markung ist 5,89 qkm groß, davon 1,05 qkm Wald.

Luizhausen, 1275 „Lutolzhausen" genannt, war helfensteinisches Lehen der Herren von Westerstetten. Wenig später ging die Lehensherrlichkeit an die Grafen von Württemberg über. 1485 verkaufte Ulrich von Westerstetten den Ort an die Stadt Ulm. 1803 wurde er mit Ulm bayerisch, 1810 württembergisch und Teil des Oberamtes Ulm, ab 1938 des Landkreises Ulm. Am 1. April 1972 wurde Luizhausen mit Lonsee vereinigt.

Luizhausen hat seine Einwohnerzahl in den letzten hundert Jahren kaum verändert. Es zählte 1871 noch 241 Einwohner. Anfang 1977 waren es 227 Einwohner, davon 206 evangelisch und 16 katholisch. Von den 103 erwerbstätigen Bewohnern arbeiten 69 in der Land- und Forstwirtschaft. 27 Erwerbstätige sind Berufsauspendler. In Luizhausen selbst sind 81 Personen beschäftigt. Die 30 Landwirtschaftsbetriebe bewirtschaften 4,28 qkm landwirtschaftliche Nutzflächen.

Die evang. Pfarrkirche (St. Michael) ist im Kern mittelalterlich. Sie wurde 1787, 1862, zuletzt 1965 verändert. Das Altarretabel hat eine Kreuzigungsdarstellung des Ulmer Stadtmalers Christoph Nikolaus Kleemann von 1791. Von ihm stammen auch Ölbilder an der Westempore und Kirchenwänden.

Ein ansprechendes Ensemble bildet das Pfarrhaus mit barockem Backhäuschen und Zehntstadel aus dem 17. Jh. Das Gasthaus zum „Löwen" aus dem 16. Jh. war Poststation.

Ortsteil Radelstetten

Radelstetten liegt 5 km südwestlich von Urspring, 686 m NN. Seine Markung ist 5,03 qkm groß, davon 1,65 qkm Wald.

Radelstetten gehörte wie seine Nachbargemeinden schon früh zur Reichsstadt Ulm und war hier dem Amt Bermaringen zugeteilt. 1803 wurde es bayerisch, 1810 württembergisch und dem Oberamt Blaubeuren zugeordnet. 1938 kam Radelstetten zum Landkreis Ulm. Am 1. Januar 1975 wurde es nach Lonsee eingemeindet. Radelstetten erlebte schon einmal eine Zeit, in der es nur Teilgemeinde war. Nachdem es unter Württemberg lange zu Scharenstetten gehört hatte, erlangte es erst 1829 seine Selbständigkeit. Obwohl Radelstetten zu den kleinsten Gemeinden im alten Landkreis Ulm zählte, sind aus ihr doch zwei Landtagsabgeordnete hervorgegangen. Landwirt Heinrich Stooß gehörte schon ab 1924 dem württembergischen Landtag an; er war auch nach 1945 wieder Mitglied dieses Parlaments. Zudem war Stooß viele Jahre Präsident des württembergischen Bauernverbandes und der erste Bundestagsabgeordnete des Wahlkreises Crailsheim. Sein Landtagsmandat übernahm 1964–1972 der Radelstetter Bürgermeister Christian Leibing.

Radelstetten hatte in den letzten hundert Jahren eine konstante Einwohnerzahl. Es zählte 1871 noch 144 Bewohner. Zum Jahresanfang 1977 hatte es 149 Einwohner, davon 131 evangelisch und 11 katholisch. Von den 65 erwerbstätigen Bewohnern arbeiten 46 in der Land- und Forstwirtschaft. Die 23 Landwirtschaftsbetriebe bewirtschaften 3,61 qkm landwirtschaftliche Nutzflächen.

Die evang. Kirche (St. Martin) untersteht seit dem 17. Jh. dem Pfarrer von Scharenstetten. Sie wurde an Stelle einer älteren Vorgängerkirche 1837–61 neugestaltet.

Ortsteil Urspring

Urspring liegt an der Bundesstraße 10 Ulm–Stuttgart, an der Bahnlinie Ulm–Stuttgart, 564 m NN. Seinen Namen hat es von der Lone, die mitten im Dorf aus einem 6 m tiefen und 8 m breiten Quelltopf entspringt. Die Markung ist 7,64 qkm groß, wovon 2,75 qkm bewaldet sind.

In der Haldensteinhöhle oberhalb des Quelltopfes der Lone hat man Reste der Altsteinzeitjäger gefunden. In Urspring war später ein Grenzkastell des Alb-Limes. Das Kastell lag 0,5 km östlich des Ortes über dem Lonetal. Die Flur „Ringacker" oberhalb der Bahnstrecke erhielt ihre Bezeichnung von den wallartigen Resten der Kastellmauer; das Kastell war 132 x 135 Meter groß. Bis ins 18. Jh. stand auf dem Platz des Kastells eine St. Agatha-Kapelle. Wie Lonsee ging auch Urspring durch Kauf von den Helfensteinern an die Stadt Ulm über. 1803 wurde Urspring bayerisch, 1810 dann württembergisch und Teil des Oberamts Ulm, ab 1938 des Landkreises Ulm. Am 1. Januar 1975 wurde Urspring mit Lonsee vereinigt.

Urspring hat seine Einwohnerzahl in den letzten hundert Jahren verdoppelt. Es zählte 1871 erst 346 Bewohner. Anfang 1977 hatte Lonsee dagegen 670 Einwohner, darunter 45 Ausländer. Hiervon waren 483 evangelisch und 137 katholisch. Von den 270 erwerbstätigen Bewohnern arbeiten nur 47 in der Land- und Forstwirtschaft. Urspring ist mit 167 Berufsauspendlern zur Arbeiterwohngemeinde geworden. Zugleich weist es 21 Berufseinpendler auf, die hier beschäftigt sind. In Urspring selbst arbeiten somit 124 Personen. In den 23 nichtlandwirtschaftlichen Arbeitsstätten der Teilgemeinde sind 90 Personen beschäftigt. Unter diesen ist als Mittelbetrieb eine Landmaschinen-Reparaturwerkstätte. Die 25 Landwirtschaftsbetriebe bewirtschaften 3,34 qkm landwirtschaftliche Nutzflächen.

Nachdem die alte Pfarrkirche im Jahr 1850 durch den Bau der Staatseisenbahn, die unmittelbar an ihr vorbeifuhr, Schäden erlitten hatte, wurde sie abgebrochen. Es entstand 1858—60 der Neubau der evang. Pfarrkirche (Hl. Agatha) an anderer Stelle nach dem Entwurf des Ulmer Münsterbaumeisters Ferdinand Thrän. Die einheitliche neugotische Ausstattung nach Entwürfen Thräns wurde 1969 verändert oder beseitigt. Neu aufgestellt wurde ein Kruzifixus, um 1465, wohl ulmischer Herkunft. Im Kirchenschiff befinden sich barocke Gemälde, ein Abendmahl und ein Ecce Homo. Reizvoll in der Zusammenstellung von antiker Gewandung und Ulmer Tracht ist das Erinnerungsbild an Elisabeth Regina Wohllaib von 1722, das die fünf klugen Jungfrauen darstellt, unter denen sich die Verstorbene befindet.

Der ehem. Gasthof zum „Adler" hat ein schönes Fachwerk vom Ende des 18. Jh. Es liegt dem Quelltopf der Lone gegenüber.

Wasser in jedwedes Bürgers Haus
Die Wasserversorgung auf der Alb

Wenn ein Bub, appetitlich wie ein geschältes Ei, mit tropfnassem Haar von der Dusche kommt, seine Schwester das Abendgeschirr am heißen Wasserhahn spült, die Mutter Bezüge und Laken von der Wäschespinne abnimmt und diese riesige Schierlingsdolde als Zierde eines Sommertags zusammenklappt, wenn danach der Vater zum Übungsabend der Freiwilligen Feuerwehr strebt, wo er lernt, in Blitzeseile die B-Schlauchleitung am Hydranten festzuschrauben, oder den A-Schlauch in eine der letzten Hülen oder den Dorfbach zu tauchen, um von dort Löschwasser abzusaugen, dann denkt keiner aus dieser Familie je daran, daß es eine Zeit gab, in welcher dies alles nicht möglich gewesen wäre. Und diese Zeit überspannt nur hundert Jahre.

Wir sind verwöhnt, und das „Wasser in jedwedes Bürgers Haus", wie dies ein Schild von einst an einem zentralen Pumpwerk besagt, wurde uns zur Selbstverständlichkeit.

Die Trockenheit auf der Albhochfläche bildete durch Jahrhunderte hindurch ein heikles Kapitel des Lebens dort oben, und die Beschaffung des raren Wassers für Mensch und Vieh war eine ständige drückende Sorge der Bewohner. Der sparsame Umgang mit Wasser war dadurch bedingt, daß es dort so gut wie keine Gewässer gab, aus denen der Bedarf gedeckt werden konnte. Die Durchlässigkeit des Bodens schloß im Gebiet der Jurakalke die Möglichkeit größerer Wasseransammlungen aus. Das Kalkgestein läßt Regenwasser rasch versickern und erst tiefer im Tal aus den Quellen wieder hervortreten. Diese Quellen sind dazu noch ungünstig verteilt, und so war die Bevölkerung auf die Pumpbrunnen der Dörfer angewiesen, die meist auch kein Quell- sondern Zisternenwasser schütteten und in Trockenzeiten oder winters nur spärlich speisten.

Mit Hilfe einer hölzernen Rinne, die vom Hausdach herab in eine mit Ton ausgeschlagene Zisterne mündete, wurde Regen- und Schneewasser gesammelt. Dieses Dachwasser war im Sommer wochenlang das einzige Naß, und wenn es gar war, mußte der Bewohner der Albhochfläche mit dem Fuhrwerk weit in die Täler „ins Wasser fahren", um in Fässern das kostbare Gut den Berg herauf zu transportieren, im Winter mit dem Wasserschlitten. Für durchziehende fremde Pferde und anderes Vieh mußte dann im Dorf für ein Maß Wasser 10—12 Kreuzer bezahlt werden.

Eine landschaftsbezogene Besonderheit bilden die Hülen, Hülben oder Lachen genannt, die als Feldhüle fürs Vieh außerhalb lagen, oder als Dorfhüle den Mittelpunkt bildeten. Diese Hülen wurden seit alter Zeit durch Aushub des Bodens und Verdichtung mit einem Lettenbelag hergerichtet. Zwei- bis dreimal am Tag wurde das Vieh dorthin zum Tränken geführt. Daß dabei auch Kuhpflattern und Harn hineinplatschten, war unvermeidbar, und auf diese Weise war die Hüle meist keine Zierde, sondern ein Eldorado für Mücken, Schnaken, Kröten und Frösche. Außer der Überschwemmungsgefahr nach einem Wolkenbruch war dies der Grund, weshalb die nächsten Häuser weiter entfernt von der Dorfhüle standen.

War sie im Winter zugefroren, schlug der Zimmermann mit der Axt ein Schöpfloch, das Wannenloch, ins Eis, woraus das Wasser in große Gelten geschöpft, heimgeschleppt und fürs Vieh erwärmt wurde. Die Dorfjugend hatte auf dem Hüleneis dann eine grandiose Schleifetse mit langem Anlauf, und das war, außer Schlittenfahren, der beliebteste Wintersport.

Es ist nun ganz interessant, alte Oberamtsbeschreibungen danach zu durchforsten, wie die einzelnen Gemeinden mit ihrem Wasser zurandekamen. Es seien nur einige aus einer Vielzahl herausgegriffen:

Ettlenschieß, 1786: „Die größte Unbequemlichkeit scheint der gänzliche Mangel an lebendigem Wasser zu sein. Aber die Innwohner wie ihr sämtliches Vieh, fühlen ihn so wenig, daß sie, sonderheitlich letzteres, wenn sie auch können, keine lebendige Wasser lieben und suchen. Sie sammeln Regen und Schneewasser in vielen Zisternen und haben gemeinschäftlich drei Gemeindebrunnen. Sie sind bey ihrem Tranke stark und gesund und werden einige öfters sehr alt."

Tomerdingen, 1830: Das Feld ist fruchtbar, aber an Wasser ist auch hier Mangel. Trink- und Kochwasser wird nur sparsam aus dem Gemeindebrunnen ausgeteilt.

Machtolsheim, 1830: „. . . es hat gute aber wie gewöhnlich meist mit Stroh bedeckte Häuser, drei Schildwirtschaften, 1 gut eingerichtete Brauerei und eine ansehnliche Markung, aber kein anderes als Dachwasser. Für das Vieh und zum Bierbrauen sind 7 Hülen, hier gemeiniglich Wasserställe genannt, angelegt; bei ganz trockener Witterung muß das Wasser aus der fernen Blau geholt werden."

Man hat also gelernt, am Wasser zu sparen. In die Waschschüssel wurde morgens nur eine Bodendecke voll geschüttet, darin erst Gesicht und dann die Hände gereinigt, der Rest ins Gärtle geschüttet wie auch alles Spülwasser, sofern dies nicht die Schweine erhielten. Am großen Waschtag wurden in derselben Seifenbrühe hintereinander gewaschen: Weißleinen, Bettwäsche, Zwillich, Grobleinen und Blauhemd, Schürzen, Säcke, und mit dem fabelhaften Rest die Kellerstiegen geputzt. Am Abend desselben Tages war Badetag in der Waschküche, erst wurden zu mehreren die kleinen Mädle in den Zuber gesteckt, hernach folgten einzeln die älteren. Dann wurde abgeschaumt, der Stöpsel etwas gezogen, warmes Wasser nachgegossen für die Buben, und am Schluß weichte der Vater genüßlich seine Hühneraugen darin auf.

Es war also eine verständnisvolle Geste, wenn der Frau Pfarrer von ihrer Gemeinde ein Faß Wasser ins Kindbett verehrt wurde, denn bei dieser Wasserknappheit war das tägliche Windelkochen eine Kunst. Nicht umsonst ist der Schnitt des Blauhemds, der auch der Fuhrmannskittel genannt wird, aus fester blauer Baumwolle mit bestickter Schulter und ebensolchem angekrausten Halsbündchen (die Laichinger hatten schwarze, das Ulmer Land rote, die Zaininger weiße Stickerei) so geschickt, daß sein Träger dies auf vielerlei Weise tragen kann: Ist vorne alles verkleckert, wird anschließend diese Seite auf dem Buckel getragen, denn da sieht es der Gegenüber nicht. Schaut das Hemd insgesamt trüb aus, wird die Innenseite nach außen gekehrt, denn sie ist ja verstürzt genäht und auch bestickt. Der Vorgang wird wiederholt, und dann wird es allmählich Zeit zum Waschen. Der frische Albwind, die gute Luft, die bei der Arbeit auf dem Feld durch diese Arbeitstracht blies, sorgten schon für Hygiene, und gröbere Stoffe, wie sie dort gewoben und getragen wurden, verschmutzten weniger als die feineren. Es störte auch niemanden, wenn die Gläser einer Hochzeitsgesellschaft, oder beim großen Leichenschmaus, alle in einer einzigen „Zoina" oder Wanne aus Kupfer, durchgespült wurden.

Als gegen Ende des letzten Jahrhunderts ein Schultheiß von der Alb beim König Karl von Württemberg wegen einer finanziellen Hilfe zur neuen Wasserversorgung vorsprach und die Problematik der Hülen als Verbreiter von Krankheitserregern hervorhob, setzte er treuherzig bescheiden hinzu „Majestät, für uns täts scho no, aber s'Vieh saufts nemme."

Die Hülen dienten nicht zuletzt der Brandbekämpfung als Löschwasserreservoir. Die Oberamtsbeschreibungen sprechen um 1830 davon, daß die meisten Bauernhäuser noch strohgedeckt waren und erst im Jahr 1912 wird dort berichtet, daß das Strohdach am Verschwinden sei. Was tun, wenn es brennt und die Hüle ausgetrocknet war? Bis Wasser herangeführt war, wurden die dem Brandherd benachbarten Strohdächer mit Mist beschichtet, um sie gegen Strahlhitze und Flugfeuer widerstandsfähiger zu machen. Aus Mist wurden Dämme aufgeworfen, um Bachwasser zu stauen oder das vom Brandherd abfließende Löschwasser aufzufangen zur Wiederverwendung.

All diese Widrigkeiten und Erschwerungen haben die Sehnsucht der Albbewohner nach vorbeirauschenden Bächlein, seine Vorliebe für Brunnenschmecker und Wünschelrutengänger in vergangener Zeit unterstützt, den Aberglauben genährt, daß mit einem Scheit Birkenholz oder einem Brotlaib das Wasser eines Brunnens wieder rein würde. Sie haben seine Phantasie beflügelt, doch ihn auch aufgeschlossen gemacht für den Plan der Albwasserversorgung, Trink- und Nutzwasser aus den Tälern mittels Pumpwerken zu den hochgelegenen Ortschaften hinaufzuheben. Als im Jahr 1867 der spätere Baudirektor Karl von Ehmann, der in England und Amerika praktische Erfahrungen gesammelt hatte, mit der genialen Idee an die Öffentlichkeit trat und eine gruppenweise Wasserversorgung vorschlug, spaltete sich die Bevölkerung in „Trockene", die am alten Zustand festhielten, und in „Nasse", die den Plan unterstützten. Die erste Gruppe im damaligen Oberamt Münsingen, von 1869–1871 durchgeführt, bewährte sich hervorragend, und danach war es leichter, die folgenden Werke der Albwasserversorgung in Angriff zu nehmen. Zehn Jahre später waren einhundert Ortschaften in neun Wasserversorgungsgruppen mit reinem Trinkwasser versorgt.

Das am Blautopf in Blaubeuren aufgestellte steinerne Denkmal gilt den Schöpfern dieses Werkes und hat neben den Portraits der drei Staatstechniker, Oberbaurat Dr. O. Groß, Baudirektor Karl von Ehmann und Oberbaurat H. von Ehmann, die Inschrift „Den Schöpfern der Albwasserversorgung und vielen anderen Wasserwerken in Württemberg, den drei verdienstvollen Staatstechnikern für das öffentliche Wasserversorgungswesen, gewidmet 1950. Vereinigung der Wasserversorgungsverbände."

Manche Hülen oder Lachen sind inzwischen zugeschüttet, manche wurden als ansprechende Grünanlagen oder reizvolles Feuchtbiotop gestaltet und angenommen. Die Namen der Vogtslache in Neenstetten, der Langen Lache in Ettlenschieß, der Kapellenlache in Ballendorf, und andere sind noch geläufig. Die Erinnerung an diese halten die Dorffeste wach, die sich Hülenfest, Weiherfest nennen. Den nettesten Namen haben sich die Scharenstetter dafür ausgesucht, denn sie heißen ihr Fest „Fluigahock" in Erinnerung daran, daß stehende Gewässer im Dorf mit allerlei Plagen verknüpft waren. Überall dort wird der Durst mit Bier gelöscht, das heute nicht mehr mit dem Wasser aus einer Lache gebraut werden muß. Also zum Wohl allerseits!

159 Landschaft bei Urspring.

Landscape near Urspring.

160 Blick von der Wacholderheide des Salenberg auf Lonsee.

View from the juniper heath of Mount Salenberg onto Lonsee.

161 Lonsee.
Ev. Pfarrkirche
(Hl. Maria).

Lonsee.
Protestant parish church
of St. Mary.

162 Ansicht des Wirtshauses „Zum Hirsch" in Ettlenschieß. Federzeichnung mit Deckfarben von Jakob Früeholz, Geislingen, 1829 (Stadtarchiv Ulm).

View of the Stag Inn in Ettlenschieß. Pen-and-ink gouache by Jakob Früeholz, Geislingen, 1829 (municipal archives Ulm).

...es in Ettlenschieß.   Eigenthümer desselben Joh. Scheel.

163   Hüle am Ortsausgang von Ettlenschieß (Lange Lache).

Pond at the main road leading out of Ettlenschieß, the so-called Long Pond.

164 Bräunisheim.
Gußeiserner Brunnen.

Bräunisheim.
Cast-iron well.

165 Trockental zwischen Ettlenschieß und Amstetten.   Arid valley between Ettlenschieß and Amstetten.

166 Amstetten.
Ev. Pfarrkirche (St. Laurentius), 1498–99 erbaut,
mit spätgotischen Wandmalereien.

Amstetten.
Protestant parish church of St. Laurentius, 1498–99,
with late gothic wall paintings.

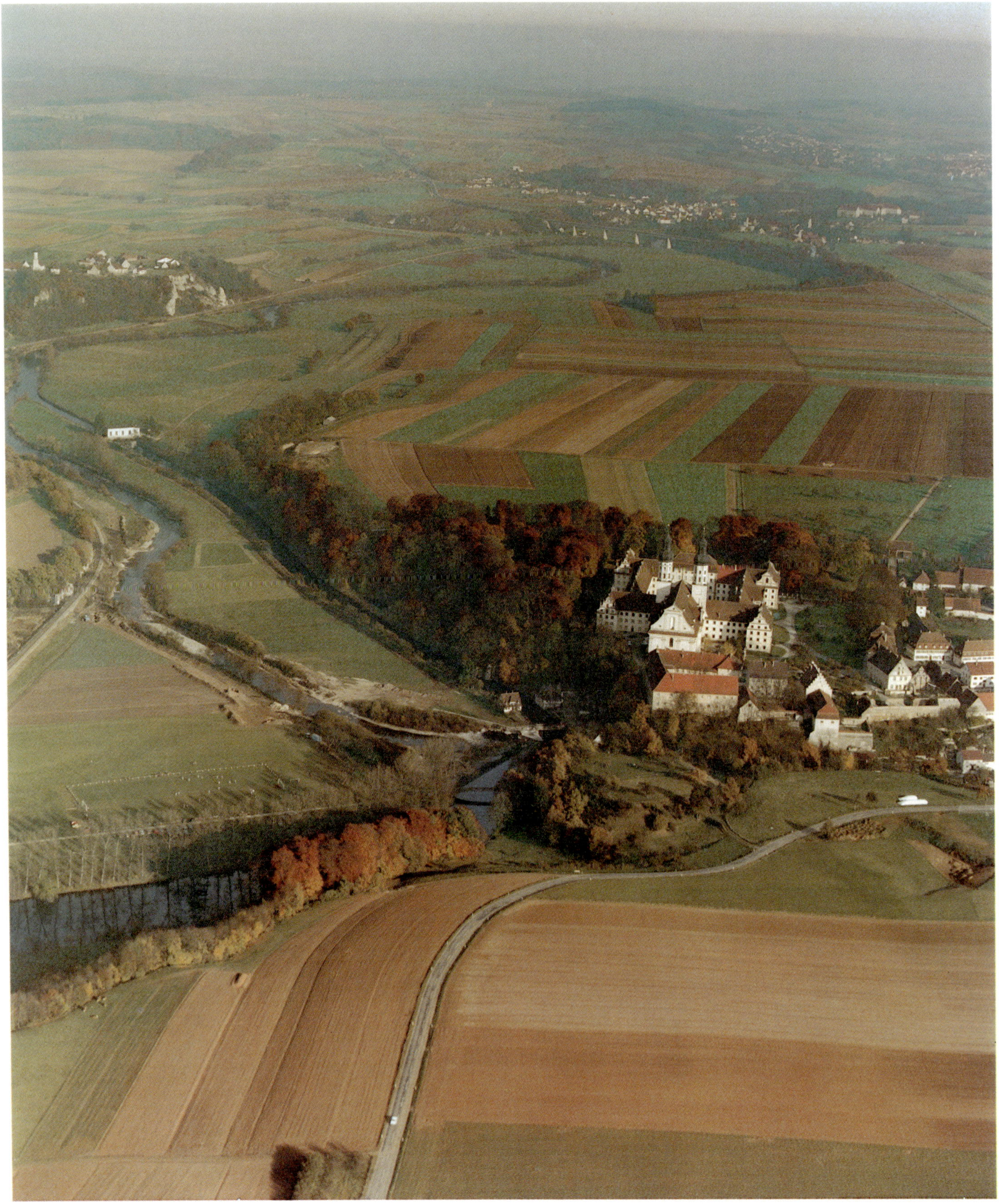

Verwaltungsraum Munderkingen

167 Blick auf Obermarchtal mit Kirche und Klosteranlage; im Hintergrund links Neuburg/Donau und rechts Untermarchtal.

View of Obermarchtal with church and monastery buildings; in the background Neuburg/Donau to the left and Untermarchtal to the right.

Der Verwaltungsraum Munderkingen liegt an der südwestlichen Grenze des Alb-Donau-Kreises. Er ist 122,48 qkm groß und umfaßt Teile des Hügellandes der unteren Riß sowie Teile der mittleren Flächenalb, weshalb ihn auch große Höhenunterschiede, zwischen 503 und 657 m NN, kennzeichnen. In großen Windungen durchfließt die Donau den Verwaltungsraum von Westen nach Osten. Das Große Lautertal, dessen unterer Teil zum Verwaltungsraum zählt, gehört zu seinen vielen landschaftlichen Reizen.

Der Verwaltungsraum Munderkingen, der sich aus der Stadt Munderkingen und zwölf weiteren Gemeinden zusammensetzt, zählte Anfang 1977 insgesamt 13 037 Einwohner. Auf den Quadratkilometer kommen somit 106,5 Einwohner. Die Stadt Munderkingen weist mit 371,8 Bewohnern je qkm die höchste Bevölkerungsdichte auf. Unter der Gesamtbevölkerung sind 968 oder 7,4 Prozent Ausländer. Fast drei Viertel der Bevölkerung, 74,8 Prozent sind katholisch. Der Anteil der Evangelischen beträgt 20,5 Prozent. 620 Bewohner oder 4,7 Prozent gehören anderen Religionsgemeinschaften an oder sind ohne Bekenntnis. Von den 13 037 Bewohnern sind 5732 oder 44,0 Prozent erwerbstätig, davon 1422 in der Land- und Forstwirtschaft (24,8 Prozent). 1520 Erwerbstätige arbeiten außerhalb ihrer Wohngemeinden als Berufsauspendler, andererseits zählt der Verwaltungsraum 927 Berufseinpendler. Damit sind im Verwaltungsraum selbst 5139 Personen beschäftigt. Das produzierende Gewerbe zählt 2503 Beschäftigte, von denen 2038 ihren Arbeitsplatz in Munderkingen oder Rottenacker, den beiden wirtschaftlichen Schwerpunkten, haben. In Handel und Verkehr sind 366 Personen, in den anderen Dienstleistungsunternehmen und freien Berufen sind 846 Personen beschäftigt. Untermarchtal mit seinen klösterlichen Einrichtungen tritt hier neben der Stadt Munderkingen hervor.

Insgesamt 521 nichtlandwirtschaftliche Arbeitsstätten gibt es im Verwaltungsraum, davon allein 224 in der Stadt Munderkingen. In ihnen sind 3597 Personen beschäftigt, davon 2139 in der Stadt Munderkingen (59 Prozent) und 690 in Rottenacker (19 Prozent). Während der Anteil der weiblichen Beschäftigten in den nichtlandwirtschaftlichen Arbeitsstätten des Verwaltungsraumes 38,7 Prozent ausmacht, liegt er in Untermarchtal mit 63,7 Prozent deutlich höher. Auch dies hängt mit dem dortigen Kloster und seinen angeschlossenen Dienstleistungsunternehmen zusammen.

Große Bedeutung haben im Verwaltungsraum Munderkingen die Land- und Forstwirtschaft. 731 land- und forstwirtschaftliche Betriebe mit einer 76,64 qkm großen landwirtschaftlich genutzten Fläche sind vorhanden. Hiervon werden 44,14 qkm als Ackerland und 31,71 qkm als Dauergrünland genutzt. Zudem ist der Verwaltungsraum sehr waldreich. Die Waldfläche beträgt 33,20 qkm, das sind 27,1 Prozent der gesamten Markung.

Gemeinde Emeringen

Emeringen liegt am Südabhang der Schwäbischen Alb, nahe der Donau, im Tälchen der Braunsel, 3 km westlich von Obermarchtal, 574 m NN. Die Markung ist 7,54 qkm groß, davon 2,88 qkm Wald.

Emeringen wird um 1100 in Verbindung mit dem dortigen Ortsadel urkundlich genannt. Bereits 1292 kaufte dort das Kloster Zwiefalten Güter und erweiterte danach seinen Besitz in Emeringen immer mehr. Ende des 17. Jh. gehörte das ganze Dorf zum Kloster Zwiefalten. Als der Ort zu Beginn des 19. Jh. zu Württemberg kam, wurde er dem Oberamt Münsingen zugeordnet. Bei der Neueinteilung der Kreise kam er 1938 zum Landkreis Ehingen.

Emeringen zählt zu den Gemeinden, deren Einwohnerzahl in den letzten hundert Jahren eher rückläufig verlief. Es zählte 1871 noch 216 Einwohner und 170 Anfang 1977, davon waren sämtliche katholisch. Von den 97 erwerbstätigen Bewohnern arbeiten 67 in der Land- und Forstwirtschaft. 22 Erwerbspersonen sind Berufsauspendler. In Emeringen selbst sind 75 Personen beschäftigt. 27 Landwirtschaftsbetriebe bewirtschaften eine 3,56 qkm große landwirtschaftliche Nutzfläche.

Die kath. Pfarrkirche St. Urban wurde 1625 weitgehend umgebaut. Sie bildet mit ihrem spätgotischen Sakramentshaus an der Nordwand und dort stehendem Turm mit Satteldach und Staffelgiebel zusammen mit dem Pfarrhof und seinem Eichenholzfachwerk eine gute Baugruppe. Zum Kirchhof führt ein Rundbogenportal mit Pieta in der Nische aus dem 18. Jh. Die Innenausstattung der Kirche ist neugotisch.

Die kath. Kapelle St. Joseph ist ein spätgotischer Bau, der im 18. Jh. verändert und 1854 renoviert wurde. Sie besitzt einen dreiseitig geschlossenen Chor und über

der Westwand einen Dachreiter mit geschwungener Haube.
An einer Wegegabelung am südlichen Dorfausgang an der Straße nach Zwiefaltendorf steht ein Steinkreuz, das in der Überlieferung als „Schwedenkreuz" aus dem 30jährigen Krieg bezeichnet wird.

Gemeinde Emerkingen

Emerkingen liegt 3 km südlich von Munderkingen und 13 km südwestlich von Ehingen, auf alpinem Geröll über dem torfigen Donauried, 530 m NN. Die Markung ist 7,40 qkm groß, davon nur 0,20 qkm Wald.
Bei Emerkingen wurden bedeutende römische Funde gemacht. Auch ein römisches Kastell wird hier vermutet. Innerhalb der römischen Baureste wurden Alamannische Reihengräber entdeckt. Schon von 805 an wurden in Emerkingen (Antarmarhingas) Urkunden der Alaholfinger für das Kloster St. Gallen ausgestellt. Die Herren von Emerkingen, die später hier saßen, waren Vasallen vieler Herrengeschlechter, 1293 auch als Reichsministerialen, gelegentlich auch als Grafen. Sie gelten als die Gründer der Stadt Munderkingen. 1369 wurde die Herrschaft an die Freyberg verkauft, und ging dann an die Herren von Stein über. 1445 erwarb Österreich die Hälfte des Orts. Mit diesem Teil wurden 1729 die Grafen von Stadion belehnt, die im 19. Jh. auch die andere Hälfte erwarben. Von der mittelalterlichen Burg steht heute nur noch der als Glokkenturm verwendete Bergfried, der von den Bewohnern „Römerturm" genannt wird. Unter württembergischer Oberhoheit kam Emerkingen zum Oberamt Ehingen und 1938 zum Landkreis Ehingen.
Emerkingen zählte 1871 noch 544 Einwohner. Die Bevölkerung hat sich danach nur wenig vermehrt. Anfang 1980 waren es hier 591 Einwohner, 516 katholisch und 62 evangelisch. Von den 255 erwerbstätigen Bewohnern arbeiten 118 in der Land- und Forstwirtschaft. 101 Erwerbspersonen sind Berufsauspendler, während in Emerkingen selbst 159 Personen beschäftigt sind. Im Ort hat sich ein kleinerer Betrieb für Kältemechanik niedergelassen. 52 Landwirtschaftsbetriebe bewirtschaften 6,80 qkm landwirtschaftliche Nutzflächen.

Von der Burg der Herren von Emerkingen steht nur noch ein Rest dieser mittelalterlichen Schloßanlage, im Volksmund der „Römerturm" genannt.
Die kath. Pfarrkirche St. Jakobus ist im Kern spätgotisch, so das Turmuntergeschoß und der Unterbau des Chores. Das Schiff wurde 1893 errichtet, und aus dieser Zeit datiert auch der Turm mit seinem achtseitigen Pyramidendach. Aus der früheren Kirche ist eine Madonna mit Kind, um 1450, die barock gefaßt wurde, erhalten, und aus dem 18. Jh. ein Kruzifix.
Auch die Kapelle St. Wolfgang ist ein spätgotischer Bau, der im 18. Jh. stark verändert wurde, denn Turm- und Fensterform entsprechen dem barocken Baustil von 1710–1717. Die Ausstattung überrascht wegen ihrer Reichhaltigkeit: Da ist das Hochaltarbild mit dem seltenen Thema „Die sieben Zufluchten" (Dreifaltigkeit, Kreuzigung, Hl. Altarsakrament, Muttergottes als Fürbitterin und die drei Erzengel Gabriel, Michael und Raffael). Der Hochaltar selbst ist mit der Zahl 1717 signiert von Joh. Baptist Hops aus Mietingen, dem auch die Holzskulpturen der Hl. Wolfgang, Konrad und Ulrich, sowie die Engel und Puttenköpfe zuzuschreiben sind. Über dem Altar befindet sich das Wappen der Familie von Stein von 1482 (drei Wolfsangeln und blauweiße Rauten).
Die Flachdecke hat eine gemalte Felderung. Im Rahmen der Restaurierung im 20. Jh. wurden Wandmalereien aus der ersten Hälfte des 17. Jh. entdeckt und freigelegt. Es handelt sich um einen Zyklus, der einmal den ganzen Raum geprägt hat: Leiden Christi, Schweißtuch der Veronika, Auferstehung und an den Chorwänden Gerichtsszenen. An der rechten Chorwand befindet sich in einem Rokokoschrein eine bäuerliche Muttergottes des 13. Jh. Die Kirchenwände schmücken mehrere Holzbildwerke von Heiligen aus dem 18. Jh.
Im Rathaus befindet sich eine Meldetafel aus der Zeit vor 1914. Solche Tafeln befanden sich an den Ortseingängen. Sie gaben für den Fall einer Mobilmachung Auskunft, zu welchem Kriegstruppenteil ein Landwehrmann einrücken mußte und waren gültig bis zum 1. Weltkrieg. Ihr Mast war in alten württembergischen Landesfarben schwarz-rot gestreift, die Schrift war schwarz auf weißem Grund.

Gemeinde Grundsheim

Grundsheim liegt 14 km südwestlich von Ehingen zwischen Nebenbächen der Stehen, 532 m NN. Die Markung ist 3,90 qkm groß, davon 0,99 qkm Wald.
Grundsheim hatte im 11. und 12. Jh. Ortsadel. 1383 wurden die Herren von Stadion auch Besitzer von Grundsheim. Danach wechselten die Herrschaften mehrfach, bis das Haus Thurn und Taxis 1789 das Dorf käuflich erwarb. 1806 kam Grundsheim zu Württemberg und zum Oberamt Ehingen, 1938 zum Landkreis Ehingen.
Die Bevölkerungskurve von Grundsheim verlief in den letzten hundert Jahren eher rückläufig. 1871 zählte der Ort 312 Einwohner. Anfang 1980 waren es nur noch 224 Bewohner, davon waren 90 Prozent katholisch und 5 Prozent evangelisch. Von den 129 erwerbstätigen Bewohnern arbeiten 63 in der Land- und Forstwirtschaft. 98 Erwerbspersonen sind Berufsauspendler. In Grundsheim selbst sind 48 Personen beschäftigt. 27 Landwirtschaftsbetriebe bewirtschaften 3,10 qkm landwirtschaftliche Nutzflächen.

Die kath. Pfarrkirche St. Martin liegt mit dem Pfarrhaus und Dorf in reizvoller Lage auf einer Kuppe. Die Kirche geht auf eine ältere Anlage zurück und wurde in ihrer jetzigen Gestalt 1720 erbaut und 1863 erneuert. Sie besitzt einen gut erhaltenen Innenraum mit einheitlicher Ausstattung. Der Hochaltar trägt das Wappen Bissingen, welche Ortsherren und Erbauer der Kirche waren, sowie Holzbildwerke von Joh. Baptist Hops, Mietingen. Der Hl. Joseph und der Hl. Antonius, beide mit Kind, sind von Hops, 1720 signiert J. H. Das Altarblatt im nördlichen Seitenaltar mit der Verehrung des Kreuzpartikels ist von Joh. Bergmayer, Biberach, von 1727. Der Turm besitzt auf seinem viereckigen Untergeschoß ein achteckiges Glockengeschoß, das von einer eleganten Zwiebelhaube gekrönt wird.

Gemeinde Hausen am Bussen

Hausen am Bussen liegt in einem kleinen Tal, 3 km südlich von Munderkingen, 530 m NN. Die Markung ist mit den Teilorten Ober- und Unterwachingen sowie Schupfenberg 3,53 qkm groß, davon 40 ha Wald. Hausen am Bussen gehörte zur Herrschaft Emerkingen. Im 30jährigen Krieg erlitt es große Schäden, „es standen danach nur noch 3 Gebäude und war nur noch 1 Bauer vorhanden", berichtet die Beschreibung des Oberamts Riedlingen von 1827. 1803 kam Hausen am Bussen in den Besitz der Thurn und Taxis und 1806 unter württembergische Hoheit, wo es dem Oberamt Riedlingen zugeteilt war. 1938 kam der Ort bei der Neugliederung der Kreise zum Landkreis Ehingen.
Hausen gehörte schon immer zu den kleineren Gemeinden. Es hatte 1871 nur 140 Einwohner. Anfang 1980 waren es 216 Einwohner, davon waren 206 katholisch und 9 evangelisch. Von den 143 erwerbstätigen Bewohnern arbeiten 74 in der Land- und Forstwirtschaft. 58 Erwerbspersonen sind Berufsauspendler. In der Gemeinde selbst sind 85 Personen beschäftigt. 20 Landwirtschaftbetriebe bewirtschaften 2,03 qkm landwirtschaftliche Nutzflächen.

Die kath. Pfarrkirche St. Martin ist auf dem ummauerten Friedhof nach einer Bauinschrift 1617 entstanden, geht jedoch auf eine ältere Anlage zurück. 1720–30 wurde sie barockisiert und neu ausgestattet. Decke von Schiff und Chor haben Regencestukkaturen. Als eine dem Prämonstratenser-Reichsstift Marchtal inkorporierte Kirche hat sie einige Wappen der Äbte dieses Klosters: Über der Sakristei das Wappen Abt Johann Englers mit zwei Engeln von 1617; am Hochaltar das Wappen Abt Edmunds, und an dem in feiner Scagliola-Arbeit geschmückten Antependum des rechten Seitenaltars das Wappen von Abt Adalbert mit der Jahreszahl 1705–11. Solche farbigen Einlegearbeiten in poliertem Stuck sind in dieser Gegend kaum anzutreffen. Sie wirken wie Marmor: hier dargestellt Maria mit dem Kind zwischen Blüten-Vogel- und Blattornamenten in feinster Farbabstimmung. Von den qualitätvollen Holzbildwerken ist eindrucksvoll der spätgotische Marientod, in dem die Gesichter der Apostel eigenartig verloren und traurig hervortreten, außerdem eine Muttergottes aus der Multscherwerkstatt um 1450/60 und aus derselben Zeit der Hl. Sebastian. Büsten des Joh. d. Täufers und der Hl. Barbara aus dem 17. Jh., sowie eine reizvolle Schutzengelgruppe von 1730–40 und aus derselben Zeit eine volkstümliche Martinsgruppe ergänzen die Ausstattung. Neuerdings wurden noch vier Evangelienbüsten aus dem 18. Jh. an der linken Chorwand angebracht, die bisher deponiert waren. Im Vorzeichen dieser äußerlich bescheidenen, mit beachtlicher Innenausstattung versehenen Kirche befindet sich ein Kruzifix aus dem Beginn des 17. Jh., und dort ist auch die schöne barocke Tür.
Auch in diesem Dorf hat sich, wie in Emerkingen, eine militärische Meldetafel erhalten, die im Rathaus ihre Aufstellung gefunden hat.

Gemeinde Lauterach

Lauterach liegt 12 km südlich von Ehingen, in das untere Tal der Lauter eingebettet und von bewaldeten Höhenzügen umgeben. Mit den Teilorten Neuburg, Reichenstein und Talheim liegt es in einer sehr reizvollen Landschaft, 516 m NN. Die Markung ist 13,76 qkm groß, wovon 6,30 qkm bewaldet sind.
Lauterach gehörte den Herren von Stein. Auch das Kloster Zwiefalten hatte hier Grundbesitz. Neuburg, 1171 „Nuinburch", d. i. neue Burg, genannt, gehörte wohl mit der „alten Burg" Marchtal einst den Alaholfingern, später den Grafen von Berg (bei Ehingen). Reichenstein hieß schon 1276, ehe die Herren von Stein hier saßen, „Richenstein". Anfang des 18. Jh. waren Graf Fugger und Freiherr von Freyberg-Hürbel die Grundherren. Unter württembergischer Hoheit kam Lauterach 1806 zum Oberamt Ehingen und 1938 zum Landkreis Ehingen.
Die Bevölkerung von Lauterach hat sich in den letzten hundert Jahren an Zahl kaum verändert. Es zählte 1871 schon 492 Einwohner und Anfang 1977 waren es 449 Bewohner, davon 386 katholisch und 61 evangelisch. Von den 206 erwerbstätigen Bewohnern arbeiten 114 in der Land- und Forstwirtschaft. 62 Erwerbspersonen sind Berufsauspendler. In der Gemeinde selbst sind 146 Personen beschäftigt. 52 Landwirtschaftbetriebe bewirtschaften 6,00 qkm landwirtschaftliche Nutzflächen.

Die kath. Filialkirche Maria Himmelfahrt wurde um 1600 erbaut.
Unmittelbar südwestlich der Straßenkreuzung Lauterach–Untermarchtal–Neuburg–Mundingen steht unter einer mächtigen Linde ein Steinkreuz, mit 17 CBM 71 (Caspar, Melchior, Balthasar) bezeichnet. In der Überlieferung ist es als „Schwedenkreuz" bekannt.
Ein weiteres Kreuz befindet sich zwischen Lauterach und Neuburg am sog. Kirchweg unter einer Linde, ein Kreuzfragment 400 m westlich von Neuburg am Bergvorsprung über der Mündung der Großen Lauter in die Donau. Es gilt in der Überlieferung als „Schwedenkreuz".

Neuburg

Aus einer romanischen Burgkapelle, die in verschiedenen Jahrhunderten umgebaut wurde, zuletzt in der Mitte des 19. Jh., hat sich die Pfarrkirche zum Hl. Michael entwickelt. Ein frühbarocker Grabstein mit Stifterfamilie, sowie das Kirchengestühl und das Triumphkreuz sind aus dem Hochbarock vorhanden. Die Ausstattung der Altäre ist neueren Datums.

Reichenstein

Die Filialkapelle St. Katharina mit Dachreiter und Kuppel ist um 1730 erbaut. Der spätbarocke Altar mit den beiden heiligen Frauen Barbara und Katharina, das Triumphkreuz mit Maria und Johannes, sowie ein Vesperbild könnten aus der Werkstatt des Joseph Christian stammen. Die Gruppe der Marienkrönung ist aus dem Anfang des 18. Jh.

Stadt Munderkingen

Munderkingen liegt am Südrand der Alb, in eine Donauschleife eingebettet, 9 km südwestlich von Ehingen, 516 m NN (Kirche). Die Markung ist 13,08 qkm groß, wovon nur 64 ha bewaldet sind. Seit 1870 ist Munderkingen an die Eisenbahnlinie Ulm–Riedlingen angeschlossen.

Alamannische Reihengräber weisen auf eine frühe Besiedlung hin. Eine „Marche Mutariheshuntari" wird 792 erstmals erwähnt. Ein Muntarich gab der Grafschaft Muntricheshuntera den Namen für das spätere Mundrichingen. Schon vor 1266 wurde die Stadt gegründet, wohl von den Herren von Emerkingen, die sie schon um 1297 an Österreich verkauften. Mit Österreich war Munderkingen danach mehr als fünf Jahrhunderte eng verbunden. Schon 1297 ist Munderkingen als Stadt bezeichnet. Von den Habsburgern erhielt sie als Zeichen ihrer Bedeutung immer mehr Rechte, so 1375 den freien Abzug, 1379 die Befreiung von auswärtigen Gerichten und 1442 den Blutbann. 1405 wurde ein Kauf- und Rathaus errichtet. Das heutige Rathaus stammt von 1563. 1516 wurde Munderkingen eine der vier vorderösterreichischen Direktorialstädte. Es war schon früh ein befestigter Ort, der wiederholt in Kriege hineingezogen wurde. Dabei verlor die Stadt ihre vormalige Bedeutung, an deren Spitze zunächst ein Ammann stand. Doch spätestens seit 1610 hatte der Bürgermeister einen höheren Rang. 1805 mußte dann auch Munderkingen von den Österreichern an Württemberg übergeben werden. Es wurde dem Oberamt Ehingen und 1938 dem Landkreis Ehingen zugeordnet, nachdem Munderkingen 1810–1817 Sitz eines eigenen Unteramts war, zu dem die Gemeinden Emerkingen, Grundsheim, Kirchen, Lauterach, Obermarchtal, Oberstadion, Oggelsbeuren, Untermarchtal und Unterstadion gehörten. Aus Munderkingen stammen verschiedene Äbte der Klöster Zwiefalten und Marchtal, auch der Dialektdichter Carl Weitzmann (1767–1828).

Landwirtschaft und Handwerk bestimmten den Charakter von Munderkingen auch im 19. und beginnenden 20. Jh. Noch in den Jahren 1820–40 stand der Flachsanbau im Vordergrund, ebenso Spinnen und Sticken. Das hier erzeugte Lichtergarn fand bis in die Schweiz, in Nürnberg und Wien regen Absatz, wie die Oberamtsbeschreibung von Ehingen (1895) berichtet. Auch noch im Jahr 1890 war eine ausgedehnte Landwirtschaft vorhanden. Der Hopfenanbau ging damals zurück und der Obstanbau wurde verstärkt. Damals gab es daneben ein vielseitiges Gewerbe, Mühlen, Brauereien, Gerbereien, eine Blechwarenfabrik und die Bürstenfabrikation. Schon im 13. Jh. hatte Munderkingen 1800 Einwohner. Die Bevölkerungszahl scheint sich in den folgenden Jahrhunderten bis in die Neuzeit nur unwesentlich verändert zu haben. Im Jahr 1890 hatte die Stadt 1861 Einwohner und auch im Jahr 1939 waren es 1840 Bewohner. Nach 1945 setzte eine beachtliche Vermehrung ein und 1950 zählte die Stadt schon 2270, im Jahr 1970 gar 4583 Bewohner. Anfang 1980 hatte Munderkingen 4877 Einwohner. Von der Gesamtbevölkerung sind 3638 katholisch und 621 evangelisch. Von den 2006 erwerbstätigen Personen arbeiten nur noch 64 in der Land- und Forstwirtschaft. 370 Erwerbspersonen sind Berufsauspendler. Diesen stehen aber mehr Einpendler, nämlich 621 gegenüber. Die Stadt hat sich also zu einem zentralen Arbeitsort entwickelt und weist 2168 hier beschäftigte Personen auf. Insgesamt 224 nichtlandwirtschaftliche Arbeitsstätten mit 2139 Beschäftigten sind vorhanden, davon 1246 im verarbeitenden Gewerbe einschließlich Industrie. 162 Beschäftigte hat das Baugewerbe, 278 Handel und Verkehr. 147 Personen sind im übrigen Dienstleistungsgewerbe und den freien Berufen tätig. Heute weist Munderkingen 15 Industriebetriebe mit rund 1200 Beschäftigten auf, darunter ein Betrieb für Präzisionstechnik, ein Metallwerk, ein Unternehmen für kunststoffverfahrenstechnische Maschinen, eine Miederwarenfabrik, Betriebe für Metallwaren-, Textil-, Bürstenwaren, Kunststoffverarbeitung und Kunststickerei. Dazu hat Munderkingen noch 26 Landwirtschaftsbetriebe mit 4,57 qkm landwirtschaftlichen Nutzflächen.

Hier wurde 1832 Karl Joseph Schmid geboren. Der Gastwirtssohn wurde Rechtsanwalt und war von 1861–1872 Stadtschultheiß in Munderkingen. 1887–1893 war Joseph von Schmid württembergischer Staatsminister des Innern. Er starb 1893.

Die ehemals vorderösterreichische Stadt umfließt die Donau in einer Schleife, und in ihren Wassern spiegelt sich sehr wirkungsvoll die malerische Silhouette der hochgiebligen Häuserfronten. Von der steinernen Brücke aus führt der Weg zum Marktplatz, wo das Rathaus mit seinem feingegliederten Giebel steht, welches im Jahr 1563 von Baumeister Dionys Ruoff, der damals auch Bürgermeister war, erbaut wurde. Nach einem Brand blieb der charaktervolle Giebel stehen und bildet nun zusammen mit den Giebeln der Altstadthäuser ein harmonisches Ensemble. An der Frontseite des Rathauses ist noch der alte Pranger in einer ca. 2,5 m liegenden Ausmuldung zu sehen, auf deren Hintergrund ein Bild den Vollzug einer Strafe darstellt.

Den Marktbrunnen von 1570 mit wappenhaltendem Löwen schuf, wie die beiden weiteren Brunnenfiguren aus dieser Zeit, den Dionys vor der Stadtpfarrkirche und den Martinus, Leonhard Baumhauer. Zur Fastnachtszeit belebt sich der Platz um den Löwenbrunnen, denn dort findet einer der Höhepunkte statt: der Brunnensprung der Trommgesellen in das mit Rudern aufgewühlte Wasserbecken. Der in Munderkingen geborene Dichter Carl Weitzmann beschreibt dies beim „Lob des Munderkingers" folgendermaßen:

„Zu Faschingszeiten,
Da trägt er als Trommelgesell
Bei Trommel und Pfeife den Degen zur Seiten.
Tanzt hoch auf dem Brunnengestell,
Trinkt Vivat dem Kaiser mit Neckarwein,
Trinkt Vivat dem Liebchen und springt hinein."

Auffallende Bauwerke sind der durch sein prächtiges Fachwerk beeindruckende Zwiefalter oder Mochentaler Hof sowie das ehemalige Spital, das mit seinem hohen Staffelgiebel an das zur selben Zeit (1563) erbaute Rathaus erinnert. Der stattliche Pfarrhof, 1706/07 entstanden als Wohnung der die Pfarrei besorgenden Konventualen, diente auch als Sommersitz und Residenz der Äbte des Prämonstratenser-Reichsstifts Marchtal; ein dreigeschossiger hochbarocker Bau mit risalitartig vorspringenden Flügelbauten, deren Giebel dreigeteilt und mit Voluten ausgestattet sind. Die 1680 erstellte Pfarrscheuer ist von bedeutender Wirkung im Stadtbild. Das Innere dieses Pfarrhofs ist reich gestaltet mit eingelegten Türen, getäfelter Decke und Stukkaturen von 1711. Diese haben Landschaftsdarstellungen in Medaillons, Blätter- und Blumengirlanden und über den Türen stukkierte Wappenkartuschen.

Die kath. Stadtpfarrkirche St. Dionysius auf dem höchsten Punkt des Städtleins wurde schon 1275 erwähnt und war dem Kloster Marchtal inkorporiert. An Stelle und mit Teilen einer älteren Anlage wurden 1500—1510 Schiff und Chor erbaut, 1699 und 1905 erneuert. Über dem rundbogigen Toreingang befindet sich eine Uhr mit Stuckumrahmung mit der Jahreszahl 1738. Von der ursprünglichen Ausstattung haben sich sechs Altäre, die teilweise erneuert und mit älteren Skulpturen und Bildern geschmückt wurden, erhalten. Das Hochaltarblatt, die Darstellung der thronenden Muttergottes, die vom Stadtpatron Dionysius und dem Hl. Norbert, Petrus, Paulus, Joh. d. Täufer verehrt wird, schuf Matthäus Zehender 1694, und er hat die Stadt Munderkingen als Hintergrund genommen. Eine edle Arbeit ist das spätgotische Holzrelief „Christus als Schmerzensmann", der seinen Mantel über die 14 Nothelfer breitet. Sie ist nach 1500 in der Werkstatt von Daniel Mauch entstanden. An den Schiffswänden befinden sich acht spätgotische Tafelbilder mit Darstellungen aus der Passion Christi und aus der Dionysiuslegende, die wohl auch aus einer Ulmer Werkstatt kommen. Die frühbarocke Kanzel mit späteren Dekorationselementen soll 1701 von Biberach hierher verbracht worden sein. Chorgestühl, Sakristeischränke, Dreisitz sind um 1740 zu datieren. Charakteristisch ist der Kirchturm, vor allem durch seinen Spätrenaissanceaufsatz: ein Achteck mit Blendnischen und Säulen in drei sich stark verkürzenden Geschossen, über die der Schweifhelm des Spätbarock als Haube gestülpt wurde.

Die Frauenbergkirche zur Hl. Maria steht am Ort, wo in der ersten Hälfte des 14. Jh. ein Marienbild aufgefunden wurde. Eine ältere Kapelle wurde 1715 beim Brand beschädigt. Der Neubau erfolgte dann 1722 und die Restaurierung 1867. Die Außenwand des Chores und der Sakristei zeigen im Osten einen drei- bzw. zweigeteilten Volutengiebel. Der Westturm mit kreuzgewölbter Vorhalle, viereckigem Untergeschoß, achteckigem zweigeschossigem Aufbau und Kuppelhaube, blickt weit hinaus ins Land, denn diese Kirche ist Wallfahrtskirche, mit Wand- und Deckenmalereien von Franz Joseph Gerber, Munderkingen um 1722. Das Gnadenbild auf dem Hochaltar, eine schmerzhafte Muttergottes mit Goldkrone im Strahlenkranz, ist spätgotisch mit späteren Beigaben. Neben Heiligenskulpturen aus dem Barock ist ein Rosenkranzbild von 1751 ganz interessant, auf welchem eine Prozession vor dem Hintergrund der Stadt Munderkingen zur Frauenbergkirche dargestellt wird.

Gemeinde Obermarchtal

Obermachtal liegt 13 km südwestlich von Ehingen, 539 m NN hoch, an der Bundesstraße 311 Ulm—Freiburg und am rechten Uferhang der Donau. Weithin sichtbar sind die beiden Barocktürme der Klosteranlage. Die Markung ist 19,85 qkm groß, davon 6,09 qkm Wald.

Zahlreiche Grabhügel aus vorgeschichtlicher Zeit wurden hier entdeckt, auch alemannische Reihengräber und römische Münzen. In der frühschwäbischen Zeit ist von der Geschichte Marchtals, so hieß der Ort bis in die neuere Zeit, manches dunkel. Die dortige Alteburg gilt als Stammsitz der schwäbischen Herzogsfamilie der sogenannten Alaholfinger. Reste der Wallanlagen sind noch über dem Donauufer gegenüber dem Kloster zu erkennen. Jenseits der Donau liegt Neuburg (Gemeinde Lauterach) mit der ehemaligen Burgkapelle und der Pfarrkirche St. Michael. Vor 776 gründete ein Halahof und dessen Gemahlin Hitta hier ein kleines benediktinisches, St. Gallen unterstehendes Kloster St. Peter, wie aus einer Urkunde hervorgeht. Später ging das Kloster ein. 1011 entstand unter Herzog Hermann III. ein Chorherrenstift. Über die Grafen von Bregenz kam das Besitztum an Pfalzgraf Hugo von Tübingen, der anstelle des Stifts 1171 ein Prämonstratenser-Chorherrenstift zu Ehren der Hl. Maria und Petrus errichtete. Bis zum Jahr 1273 war auch noch ein Frauenstift angegliedert. Vögte waren der Bischof von Konstanz, dann die Grafen von Berg und schließlich Österreich. 1440 wurde die Propstei zur Abtei, 1500 zur Reichsabtei erhoben. Zehn Pfarrdörfer der Umgebung bildeten den reichen Grundbesitz des Klosters. Unter Abt Nikolaus Wierith, Generalvikar der schwäbischen Ordensprovinz der Prämonstratenser erfolgte am 18. April 1686 die Grundsteinlegung für die neue Kirche. Nach 15jähriger Bauzeit wurde sie 1701 geweiht. Der Bau der mächtigen Klosteranlage erfolgte 1674–1769.

Das Jahr 1770 brachte für Obermarchtal ein historisches Ereignis. Die österreichische Erzherzogin Marie Antoinette machte auf ihrer Reise von Wien nach Paris hier im Kloster Station. Am 20. April 1770 war sie aus Wien abgereist und kam über Altötting, Augsburg und Ulm am 1. Mai nach Obermarchtal. Ihr Reisewagen war von 57 Begleitwagen umgeben. Die vorderösterreichischen Kreisstände von Ulm bis Altbreisach hatten für diese Reise eine eigene Straße angelegt, später die Dauphinéestraße genannt. Nur eine Nacht dauerte ihr Aufenthalt; denn schon am 16. Mai war die Hochzeit der fünfzehnjährigen Tochter Maria Theresias mit Ludwig XVI. von Frankreich in Versailles festgelegt. Das Brautkleid der Erzherzogin wird noch, als Meßgewand verarbeitet, im Kloster Marchtal gezeigt.

1802 fiel die Abtei samt ihrem umfangreichen Grundbesitz an den Fürst von Thurn und Taxis „als Ersatz für den Verlust linksrheinischen Besitztums". Für die Abtei war dies, wie Gebhard Spahr in „Oberschwäbische Barockstraße I" berichtet, noch ein Glück. Denn so entging die nach Ausmaß und baugeschichtlichen Sehenswürdigkeiten mächtige Klosteranlage dem Los so vieler geistlicher Besitzungen, auf Abbruch verkauft und niedergerissen zu werden.

Die auffallend schöne Lage des Klosters Marchtal schilderte 1784 der St. Gallener Stiftsbibliothekar Hauntinger anschaulich: „Das Stift liegt auf einem hohen Felsen, gerade neben der Donau, die sanft in der Tiefe vorbeifließt, hat herrliche Gebäude und wird rundherum von einem überaus großen Garten umfangen. Der Garten selbst wechselt auf die angenehmste Art mit Wasser, das durch eigene Druckwerke von der Donau hinaufgetrieben wird, mit Alleen und Gebüschen von großen Buchswänden, mit Baumschulen, Lusthäuschen, Blumen- und Kräuterpartien ab."

Die Gemeinde Obermarchtal kam 1805 unter württembergische Hoheit und wurde hier dem Oberamt Ehingen, 1938 dem Landkreis Ehingen zugeordnet. Obermarchtal zählt schon lange zu den größeren Gemeinden der Region. Es hatte im Jahr 1871 bereits 949 Einwohner und zählte ohne das am 1. April 1972 eingemeindete Reutlingendorf Anfang 1977 1099 Bewohner, davon 961 katholisch und 106 evangelisch. Von den 579 erwerbstätigen Bewohnern sind 224 in der Land- und Forstwirtschaft (39 Prozent). 119 Erwerbstätige sind Berufsauspendler. In Obermarchtal selbst sind 497 Personen beschäftigt. In den 49 nichtlandwirtschaftlichen Arbeitsstätten sind 240 Personen tätig, davon 132 im verarbeitenden Gewerbe und 28 im Baugewerbe. Darunter sind drei Industriebetriebe mit 120 Arbeitskräften, unter ihnen ein größeres Sägewerk. Die 82 Landwirtschaftsbetriebe bewirtschaften 11,64 qkm landwirtschaftliche Nutzflächen.

Als Wahrzeichen der Landschaft grüßt der mit einer Mauer umgürtete Komplex des ehemaligen Prämonstratenserklosters und freien Reichsstifts Marchtal mit den Doppeltürmen seiner Abteikirche. Sie liegt auf derselben Höhe wie die Bundesstraße, doch wer vom tiefer gelegenen Donautal hinaufschaut, dem erscheint sie weit imposanter. Für die ausgezeichnet erhaltene und neuerdings wieder restaurierte Anlage hat wohl das fürstäbtliche Stift Kempten Pate gestanden: der erste große Klosterbau von Vorarlberger Baumeistern, wo ebenfalls vor das Rechteck der Klosteranlage die Kirche gestellt ist.

Die mit geschweifter Kuppel und Laterne versehenen Türme bilden den Übergang zur Vierflügelanlage mit Eckpavillons, der Mauerbrüstung an der zur Donau abfallenden Seite, dem Torbau im Süden und den Wirtschaftsgebäuden im Westen. Dazwischen sind geometrisch aufgeteilt die Wege und Grünanlagen, welche im 18. Jh. nach dem Muster französischer Schloßparks gestaltet wurden und Bewunderung erweckt hatten. Sie gaben der ganzen in sich geschlossenen Gebäudegruppe den Charakter einer Residenz.

Die vier Trakte mit drei Geschossen sind in mehreren Etappen über fast 70 Jahre hin entstanden mit dem Baubeginn des Westflügels mit Kapitelsaal und Sakristei. Daran schloß sich an der Nordflugel, und seit 1737 der Südflügel, während der östliche Teil des Konventbaues und der Ostflügel von 1747–53 von dem Deutschordensbaumeister Giovanni Gaspare Bagnato erbaut wurde. Hier befindet sich im Parterre das Sommer-Refektorium, das als Spiegelsaal mit Stukkaturen, Wand- und Deckenmalereien eine Perle des Rokoko ist. Bagnato hat hier in Verbindung mit dem Stukkator Francesco Pozzi und dessen Söhnen, sowie dem Maler der Fresken an Decke und Wänden, Joseph Ignatius Appiani, einen Raum geschaffen, der mehr fürstlich als klösterlich wirkte, wären nicht die Fresken nach einem inhaltlich vorgegebenen Programm gemalt, in dessen Mittelpunkt der Triumph des Ordensheiligen Norbert über die Irrlehre des Tanchelin gefeiert wird.

Im Südtrakt wurde der Theatersaal des I. Stockwerks, jetzt St. Norbertus-Saal, mit reizvollem Regence-Stuck in rosa, weiß und hellgrün, zwei Säulen vor der Bühne, über deren Eingang sich die rosa Stuckmarmordraperie schwingt, ausgestattet. Das Vorhandensein von stukkierten Musikemblemen weist diesen lichten Raum als Musiksaal aus, denn gerade in Marchtal wurde viel musiziert, und aus seinem Konvent gingen Komponisten wie Isfried Kayser, Sixtus Bachmann, Augustinus Pell u. a. hervor. Die Stuckornamente lösen sich auf in kleine Rosen, die „Rose von Marchtal", deren Bedeutung darin lag, daß alles, was unter dieser Rose gesprochen wurde, nicht nach außen dringen durfte. Diese Rose ist in allen mit Stuck versehenen Räumen vorhanden gewesen. In diesem Raum wurde aus Anlaß des Aufenthalts der Erzherzogin

Maria Antonia von Österreich vom 1. auf den 2. Mai 1770, die sich mit großem Gefolge auf der Brautfahrt von Wien nach Versaille befand, das von Sebastian Sailer verfaßte Festspiel „Beste Gesinnungen schwäbischer Herzen" von Klosterschülern aufgeführt. Die Dauphinee und spätere Königin Marie Antoinette, Gattin Ludwigs XVI. von Frankreich, bewohnte Gemächer des Ostflügels, welcher, wie die übrigen für die große Suite von etwa 300 Personen, ohne die vom Prälaten geladenen Gäste der Umgebung und die jeweils zum Empfang abgestellten Ehrenformationen, mit 350 Zug- und 20 Reitpferden und 57 Wagen, in der Zeit vom 14. März bis 30. April 1770 auf Hochglanz gebracht wurden. Der Abt ließ hierzu Künstler und Handwerker heranholen, die bereits beim Neubau der einzelnen Trakte und ihrer Ausstattung beteiligt waren, so Franz Anton Mesner aus Saulgau u. a. In Erinnerung an diesen Besuch heißt das Eckzimmer mit Wandtäferung und der mit bezaubernden Rokokoszenen bemalten Bildtapete das Marie Antoinette-Zimmer. Diese Wandbespannung stellt jedoch nicht den ursprünglichen Zustand dar. Sie wurde vor ca. 50 Jahren aus einem bayerischen Schloß nach Obermarchtal übertragen.

Aus den Anfängen des Klosterbaues, den vermutlich die Erbauer der Kirche, Christian Thumb, und nach ihm dessen Bruder zusammen mit Franz Beer durchgeführt haben, stammt der Kapitelsaal im Westflügel mit seinem von Franz Schmuzer stukkierten Tonnengewölbe und dem prachtvollen hochbarocken Chorgestühl des Tiroler Bildschnitzers Andreas Etschmann von 1705—1711. Dieses geniale Werk mit verschwenderisch reichem Rankenwerk, mit mythischen Figuren und dem Wappen samt Abtskrone des Bauherrn Abt Friedrich Herlin hat nichts Vergleichbares im süddeutschen Raum. Der Abt selber ist an der Spitze seines Konvents auf dem Gemälde von J. M. Weller dort zu sehen, wie er im Angesicht seines Klosters der Gottesmutter huldigt, und das schwarzweiße Hündlein als liebenswürdiges Haustier Abt Friedrich gegenüber Front macht. Außer dem Altar befindet sich in diesem Raum noch das beachtliche Spätrenaissancegrabmal des Abtes Joh. Hess von Melchior Binder.

Die westlich gegenüber der Kirche sich befindlichen Ökonomiegebäude, Speicher, Ställe, das Bräuhaus mit seinem Staffelgiebel, entsprechen der Bedeutung dieses Reichsstifts, wie auch der Torbau, der dem Ankommenden den herrschaftlichen Bereich, nämlich den Sitz des Reichsprälaten und Territorialherrn, anzuzeigen hatte.

Die Kloster- und heutige Pfarrkirche St. Petrus und Paulus hatte einen Vorgängerbau aus der Zeit der Klostergründung von 1171. Als ein Neubau ins Auge gefaßt wurde, schloß der Abt im Jahr 1686 einen Vertrag mit Michael Thumb aus Bezau in Vorarlberg. Nach dessen Tod führten sein Bruder Christian Thumb und sein Vetter Franz Beer den Bau weiter. Das Baudatum am Chorbogen hat die Jahreszahl 1692. Es ist also festzuhalten, daß die Kirche vor der neuen Klosteranlage entstand. Im Gegensatz zu den großen und dominierenden Klosterkirchen der Benediktiner in Zwiefalten, Weingarten, Ottobeuren, Neresheim, Wiblingen, tritt sie in Marchtal vor dem Klosterkomlex zurück und ihre Fassade ist eher schlicht. Dafür ist, sobald man eintritt, der Raumeindruck dieser tonnengewölbten Hallenkirche, deren Seitenschiffe durch Wandpfeiler in zweigeschossige Joche aufgegliedert werden, mit Kapellen unten und den darüberliegenden Emporen, überwältigend. Für diesen Eindruck bestimmend sind auch die einzigartigen Stukkaturen von Johannes Schmuzer aus Wessobrunn, 1689—1701 anstelle der Deckenfresken, wie sie andere Klosterkirchen haben, geschaffen. Ihr plastisches Weiß, das Braungold der Altäre und die feinen Raumproportionen bestimmen den Raum. Reicher und dichter stukkiert als das Schiff ist der dreijochige Chor. Am Chorgestühl des Laienbruders Paul Speisegger aus Marchtal ist seine Freude an Einzelheiten anzumerken. Er ist auch der Schöpfer des Hochaltars, dem Andreas Etschmann die Kolossalplastiken der Hl. Augustinus und Norbert zu beiden Seiten beigegeben hat. Johann Heiß, Memmingen, malte das große Hochaltargemälde mit dem Martyrertod der beiden Kirchenpatrone Petrus und Paulus.

Wer, den Hochaltar im Rücken, nun den Blick zur Orgel des Joh. Nepomuk Holzhay, die um 1784 entstanden ist, wendet, dem öffnet sich ein Raum von verhaltener Pracht in Weiß beim Spiel von Licht und Schatten, das die Fensterführung auf dem Stuck erzielt. Schaut er tiefer, etwa in Höhe des Altartisches, so erzielt das filigrane Chorgitter des Marchtaler Dorfschmieds Hans Rieger, das dieser um 1690 nach französischem Entwurf geschmiedet hat, eine Perspektive von ungewöhnlicher Prägung.

Schön und gelöst sind die Stuckmarmoraltäre der Chorseitenräume von Franz Xaver Schmuzer, die um 1759 entstanden. Im Querschiff befinden sich Rosenkranz- und Sakramentsaltar mit Blättern von Matthäus Zehender. In den Kapellen des Querschiffs stehen die Altäre der Hl. Alexandra und Theodora, und in denjenigen der Nordseite sind sie den Heiligen Ursacius, Tiberius, Johannes d. Täufer und Sebastian gewidmet. Die Altarblätter stammen von G.A. Machein und K. Stauder.

An der Südseite befinden sich die Altäre für die Heiligen Agatha, Antonius mit Altarblatt von M. Zehender, Norbertus und Pius. Diese Altäre bergen manche Kostbarkeiten, so eine Muttergottes mit Kind im Strahlenkranz, um 1480 entstanden; eine ergreifende Pieta mit schmerzdurchfurchtem Gesicht, die von zwei Engeln flankiert wird, um 1520 entstanden; eine Mutter Anna mit der jungen Maria, die auf dem Kopf einen Kranz voll Rosen trägt, Schmerzensmann mit Flammenzeichen um das Haupt, aus dessen Wundmalen Blutstränge in die von Putten gehaltenen Kelche fließen. Gedenksteine und steinerne Grabmale der Äbte ergänzen die Geschichte dieses altberühmten Klosters. Am 1. Juli 1973 erwarb die Diözese Rottenburg das ehemalige Prämonstratenserstift, das im Dezember 1802 in den Besitz der Fürsten Thurn und Taxis übergegangen war, und am 8. September 1978 wurden nach Umbau der Südflügel und die Repräsentationsräume von der Kirchlichen Akademie der Lehrerfortbildung für die Katholischen freien Schulen der Diözese Rottenburg/Stuttgart bezogen.

An der Straße Obermarchtal–Luppenhofen wurde auf dem Gewand „Kreuzacker" ein beschädigtes Steinkreuz ausgegraben.

Datthausen
Auf der linken Seite der Bundesstraße Obermarchtal–Riedlingen befindet sich auf halber Strecke zwischen Obermarchtal und Datthausen bei Einmündung des Hasentales ein Stück der alten Dauphinée oder Devotionsstraße, welche Ende 1769 / Anfang 1770 aus Anlaß der Brautfahrt der Marie Antoinette von den vorderösterreichischen Kreisständen von Ulm nach Altbreisach angelegt wurde. Sie ist nach dem Muster französischer Chausseen mit je einer Baumreihe an den Seiten, 24 Fuß Breite, 2 Fuß Überhöhung und 5–6 Fuß breiten Gräben errichtet worden, und heute Fahrweg.

Die 1720 erbaute Filialkapelle St. Georg besitzt in den beiden Stuckfiguren, der Schmerzensmutter und dem Hl. Josef, hervorragende Werke des Meisters Joseph Christian um 1768.

Soldatenfriedhof Gütelhofen
Am Rand eines Buchenwaldes liegt der Soldatenfriedhof, an dessen Eingang zwei Schildwachhäuschen mit achteckigen Kuppeldächern unter Linden stehen. Er wurde von dem Marchtaler Klosterförster Jäger für die im Militärspital Obermarchtal 1814/15 verstorbenen Soldaten aus Deutschland, Rußland, Ungarn, Polen angelegt. Es sind dort nicht nur Soldaten aus den napoleonischen, sondern auch aus den beiden Weltkriegen von 1914/18 und 1939/45 beigesetzt. Obeliskendenkmal und Kruzifix geben dem Waldfriedhof eine stimmungsvolle Würde.

Ortsteil Reutlingendorf
Reutlingendorf liegt auf einer Hochfläche rechts der Donau, 17 km südwestlich von Ehingen, 591 m NN. Die Markung ist 6,70 qkm groß, wovon 2,11 qkm bewaldet sind.
Reutlingendorf ist schon 790 urkundlich als Besitz des Klosters St. Gallen genannt. 1419 kam der Ort an das Kloster Obermarchtal. Aus dem Schwedenkrieg wird berichtet, daß die Einwohner ihr Dorf verlassen mußten und eine Viertelstunde entfernt in Höhlen wohnten. 14 bis 15 unterirdische Höhlen sollen es gewesen sein, von denen zwei noch um 1827 sichtbar waren und zimmerartige Aufteilungen erkennen ließen. Unter württembergischer Hoheit seit Anfang des 19. Jh. gehörte der Ort zum Oberamt Riedlingen und ab 1938 zum Landkreis Ehingen. Am 1. April 1972 wurde Reutlingendorf nach Obermarchtal eingemeindet.

Die Einwohnerzahl von Reutlingendorf blieb in den letzten hundert Jahren fast unverändert. 1871 zählte der Ort 257 Einwohner. Anfang 1977 waren es 242 Bewohner, davon 239 katholisch und zwei evangelisch. Von den 124 erwerbstätigen Bewohnern arbeiten 76 in der Land- und Forstwirtschaft. 25 Erwerbstätige sind Berufsauspendler. In Reutlingendorf selbst sind somit 99 Personen beschäftigt. 33 Landwirtschaftsbetriebe bewirtschaften 4,26 qkm landwirtschaftliche Nutzflächen.

Die kath. Pfarrkirche St. Sixtus stammt aus dem Mittelalter und wurde im Barock gebaut. Aus der frühen Kirche ist vorhanden das gotische Chorgewölbe, ein wappenverziertes Seitenportal, sowie die ungefaßte Skulptur des Kirchenpatrons. Eine schöne Steinmetzarbeit mit der Jahreszahl 1603 ist der Taufstein mit Blumenornamenten, Puttenköpfen und dem Wappen des Klosters Marchtal, zu dem die Pfarrei gehörte. Rechts neben dem Chor beeindruckt eine Pieta durch den sich ergreifend darstellenden Schmerz, Maria blickt weinend auf den toten Sohn und wischt sich mit dem Tränentuch die Augen. Zwei gutgemalte Ölbilder befinden sich an den Schiffswänden; eine Heilige Barbara mit Kanone, und gegenüber die sehr realistische Enthauptung Papst Sixtus II.

Neben dem Eingang erinnert eine Gedenktafel an Sixtus Bachmann, der nach Aufhebung des Klosters Marchtal bis zu seinem Tod am 18. Oktober 1825 Pfarrer von Reutlingendorf war und im gegenüberliegenden Pfarrhaus mit Stall für 6 Kühe, Strohkammer, Hühner und Schafen wohnte, ein Beispiel dafür, wie Pfarrherr und Pfarrpersonal sich selbst in früheren Jahrhunderten versorgten. Sixtus Bachmann zählte zu den begabtesten Klosterkomponisten des schwäbischen Barock. Darüber hinaus ist er der erste Biograph seines Ordensbruders Sebastian Sailer. Er hat dessen Werke gesammelt und herausgegeben. Josef Siegmund Bachmann, der den Klosternamen Sixtus erhielt, ist am 18. Juli 1754 in Kettershausen/Schwaben als Sohn des gräfl. Fugger'schen Schulmeisters geboren, trat mit 17 Jahren ins Prämonstratenserkloster Marchtal ein und leitete dort lange Zeit die Musikpflege. Er galt als hervorragender Orgelkenner und -spieler, als Komponist, dessen Werke schon zu seinen Lebzeiten im Druck erschienen. Er ist auch auf andere Weise in die Musikgeschichte eingegangen. Sein Großvater mütterlicherseits, Franz Josef Schmöger war Musikus und Schulmeister in der Wallfahrt Markt Biberach/Schwaben. Dort fand der bekannte Orgelwettstreit zwischen dem damals 10jährigen Wolfgang Amadeus Mozart und dem um zwei Jahre älteren Sixtus Bachmann am 6. November 1766 statt. Das Wunderkind Mozart und die musikalische Frühbegabung Bachmann spielten nacheinander, und ein Zeitgenosse äußerte sich „Jeder tat sein äußerstes, um dem andern den Vorzug streitig zu machen und für beide fiel der angestellte Wettstreit sehr rühmlich aus."

Gemeinde Oberstadion

Oberstadion liegt nahe dem Stehenbach, 526 m NN, 15 km südlich von Ehingen. Die Markung ist 3,42 qkm groß, hiervon sind nur 0,20 qkm bewaldet.

Die Familie von Stadion ist in Oberstadion schon 1275 genannt. Sie teilte sich im 14. und 18. Jh., wurde 1686 in den Reichsfreiherrn- und 1711 in den Grafenstand erhöben. Sie stellte mehrere bedeutende Bischöfe, so Christoph von Augsburg (1478–1543), den Hoch- und Deutschmeister Johann Kaspar (1567–1641), den kurmainzischen Kanzler Johann Philipp (1652–1741), besonders aber den kurmainzischen Minister Friedrich (1691–1768), den Gönner Wielands auf Schloß Warthausen sowie den österreichischen Reformminister Johann Philipp (1763–1824). Das stattliche Schloß in Oberstadion steht vermutlich auf dem Grund einer älteren Burg. Es wurde 1466 erbaut und im 18. Jh. verändert. Es beherrscht mit seinem Schloßpark das Dorfbild. Fast ununterbrochen blieb es in Familienbesitz, zuletzt in der Linie Thannhausen. 1809 kam Oberstadion unter württembergische Hoheit und wurde Teil des Oberamts Ehingen, ab 1938 des Landkreises Ehingen. Am 1. Januar 1972 wurde Mundeldingen, am 1. November 1972 Moosbeuren und am 1. Januar 1974 Hundersingen nach Oberstadion eingemeindet.

Oberstadion zählte im Jahr 1871 erst 383 Einwohner. Es vermehrte sich erst nach 1945 und hatte Anfang 1977 473 Bewohner, davon 47 Ausländer. 391 Bewohner sind katholisch und 46 evangelisch. Von den 192 Erwerbspersonen arbeiten nur 43 in der Land- und Forstwirtschaft. 70 Erwerbspersonen sind Berufsauspendler. Doch kommen zugleich 48 Berufseinpendler zur Arbeit ins Dorf, so daß in Oberstadion 170 Personen beschäftigt sind. In 24 nichtlandwirtschaftlichen Arbeitsstätten, darunter eine kleinere Maschinenfabrik, sind 107 Personen beschäftigt. 31 Landwirtschaftsbetriebe bewirtschaften 2,68 qkm landwirtschaftliche Nutzflächen.

Schloß: Der mächtige, barockisierte, aus dem Geviert des heutigen Schlosses hervortretende abgerundete Turm unter Mansarddach, trägt die Jahreszahl 1535. An den als Wehrbau errichteten Turm wurde 1756–1777 von Graf Joh. Philipp von Stadion das Schloß angebaut, ein viereckiger Bau mit Lichthof. An der Ostseite hat er im Dreieckgiebel das Stadion-Wappen, das Portal mit darüberliegendem Balkon mit Eisengitter. Im Schloßhof steht die ehemalige Domänenkanzlei mit Eckpilaster, Volutenportal und Mansarddach.

Die kath. Pfarrkirche St. Martin wurde 1473 erbaut und erfuhr 1782 eine Umgestaltung, ein einschiffiges Langhaus mit Netzgewölbe und beidseits 5 Seitenkapellen zwischen den eingezogenen Streben. Die beiden östlichen Seitenkapellen vor dem Chor wurden später querschiffartig erweitert. Sie tragen, wie auch der Chor, Netzgewölbe. Der vortretende Westturm, dessen Turmdach 1808 abgebrannt und 1846 erneuert wurde, hat im Untergeschoß eine Vorhalle mit Kreuzgewölbe.

Die Ausstattung der Kirche ist einzigartig. Eine Fülle von Tafelbildern und Schnitzfiguren, allerdings nicht mehr in ihrem ursprünglichen Zusammenhang, zeigen das Repertoire Ulmer Werkstätten in der zweiten Hälfte des 15. Jh. unter anderem: Auf dem Hochaltar zwei Flügel mit Darstellungen der Kreuztragung und Grablegung, welche stilistisch mit dem 1496 entstandenen Ennetacher Altar von Jörg Stocker übereinstimmen. Auf der Rückseite einzelne Heiligenfiguren. Am Marienaltar von 1458 sind Tafeln der Passion und Heiliger von Jakob Acker, dazu Figuren einer Muttergottes zwischen den Hl. Katharina und Agnes, die zur Werkstatt Hans Strigels d. Ä. Beziehung haben. Am Annenaltar, 1520 von Jörg Stocker d. J., Tafeln des Hl. Michael und Figuren der Anna Selbdritt, der Hl. Barbara und Katharina, sowie Reliefs der Hl. Sebastian und Christophorus. Die Veitsaltartafeln sind ulmischer Herkunft um 1500, und außerdem zwei Frühwerke der jüngeren Syrlinwerkstatt: Das Chorgestühl von 1486 mit je einer Sitzreihe an den Wänden ist signiert in gotischer Minuskel „Jorg Surlin zu Ulm 1486", und mit demselben Namen und der Jahreszahl 1489 signiert, der figürliche Grabstein des Hans von Stadion, ein von zwei Löwen getragenes aufrechtstehendes Wandgrab mit Ritterfigur in Relief, die Linke am Schwert, in der Rechten den Streitkolben, zu Häupten und Füßen Wappenschilder.

Hier wäre noch zu erwähnen, daß der Jugendschriftsteller und spätere Domkapitular Christoph von Schmid (geb. 1768, gest. an der Cholera in Augsburg 1854) ein gutes Jahrzehnt, von 1816–1827 die Patronatspfarrei Oberstadion versehen hat. Noch lange nach dessen Weggang wurde in den Häusern Stadions für den Menschenfreund und Wohltäter ein abendliches Vaterunser gebetet, und der im nahen Kirchbierlingen wirkende letzte Abt von Marchtal, Friedrich von Walter, war Christoph von Schmid in Freundschaft verbunden.

Vor der Kerkerkapelle an der Straße Mühlhausen–Moosbeuren steht ein Steinkreuz, welches als „Schwedenkreuz" bekannt ist.

Ortsteil Hundersingen

Hundersingen liegt im Tal des Mühlbachs, 14 km südwestlich von Ehingen und 517 m NN. Die Markung ist 3,34 qkm groß. Davon sind 0,42 qkm bewaldet.

Hundersingen gehörte zum Rittergut Oberstadion und kam 1809 zu Württemberg, wo es dem Oberamt Ehingen, ab 1938 dem Landkreis Ehingen zugeteilt war. Am 1. Januar 1975 wurde es nach Oberstadion eingemeindet.

Hundersingen zählt zu den Gemeinden, deren Einwohnerzahl sich in den letzten hundert Jahren nur wenig verändert hat. Im Jahr 1871 hatte Hundersingen 230 Einwohner. Anfang 1977 zählte der Ort noch 203 Bewohner, davon 198 katholisch und 5 evangelisch.

Von den 118 Erwerbstätigen arbeiten 62 in der Land- und Forstwirtschaft. Weitere 42 Personen sind Berufsauspendler. In Hundersingen selbst sind 83 Personen beschäftigt. Die 29 Landwirtschaftsbetriebe bewirtschaften 2,98 qkm landwirtschaftliche Nutzflächen.

Die kath. Pfarrkirche St. Johann Baptist und Joh. Evangelist bestand schon im Mittelalter und wurde 1788 neu erbaut. Ulmischer Herkunft dürfte die Skulptur der Muttergottes mit den beiden Kirchenpatronen sein.

Ortsteil Moosbeuren

Moosbeuren liegt 14 km südwestlich von Ehingen, am Zusammenfluß von Stehen und Ellighofer Bach, 519 m NN. Die Markung ist 8,02 qkm groß mit einem Waldanteil von 1,21 qkm.
Moosbeuren gehörte teilweise zur Herrschaft Warthausen, teilweise zur Herrschaft Stadion. Seit 1591/97 gehörten „Schloß und Dorf samt den vier Höfen zu Hausen, auch zwei Höfe und einer Söl zum Berg" dem Herrn Schenk von Stauffenberg. Um 1700 ging dieser Besitz an die Familie Stadion und blieb dort bis 1809. Danach kam Moosbeuren zu Württemberg und war Teil des Oberamts Ehingen, ab 1938 des Landkreises Ehingen. Am 1. November 1972 wurde Moosbeuren nach Oberstadion eingemeindet.
Moosbeuren zählte 1871 noch 446 Einwohner, einschließlich der Teilorte Aigendorf, Hausen ob Rusenberg und Rusenberg. Anfang 1977 hatte Moosbeuren 270 Einwohner, 234 katholische und 19 evangelische. Von den 166 erwerbstätigen Bewohnern arbeiten 89 in der Land- und Forstwirtschaft. 57 Erwerbstätige sind Berufsauspendler, die andernorts arbeiten. In Moosbeuren selbst sind 115 Personen beschäftigt. 57 Landwirtschaftsbetriebe bewirtschaften 6,90 qkm landwirtschaftliche Nutzflächen.

In der alten, im 18. Jh. barockisierten Kapelle St. Maria ist aus dem Vorgängerbau der Grabstein des Georg Schenk von Stauffenberg von 1608 erhalten, eine kleine Beweinungsgruppe aus dem Rokoko, sowie im Hochaltar von 1730/40 die Muttergottes zwischen den Hl. Katharina und Barbara.

Ortsteil Mundeldingen

Mundeldingen liegt am rechten Ufer der Stehen, 13 km von Ehingen entfernt und 515 m NN. Die Markung ist 5,74 qkm groß, davon 1,99 qkm Wald. Zu Mundeldingen gehört auch der Teilort Mühlhausen.
Mundeldingen ist 1227 erstmals urkundlich genannt. Es gehörte Lehensleuten der Truchsessen von Warthausen und der Grafen von Landau. Später besaßen die Grafen von Stadion den Ort als österreichisches Lehen, ab 1493. 1809 kam Mundeldingen zu Württemberg und war Teil des Oberamts Ehingen, ab 1938 des Landkreises Ehingen. Am 1. Januar 1972 wurde es nach Oberstadion eingemeindet.

Mundeldingen hat sich in der Bevölkerungszahl in den letzten hundert Jahren kaum verändert. Es hatte 1871 316 Einwohner und Anfang 1977 noch 296 Einwohner, davon 244 katholisch und 15 evangelisch. In Mundeldingen wohnen 32 Ausländer. Von den 119 erwerbstätigen Bewohnern arbeiten 74 in der Land- und Forstwirtschaft. 43 Personen sind Berufsauspendler. In Mundeldingen selbst sind 77 Personen beschäftigt. 37 Landwirtschaftsbetriebe bewirtschaften 4,18 qkm landwirtschaftliche Nutzflächen.

Gemeinde Rechtenstein

Rechtenstein liegt malerisch schön über dem linken Donauufer, wo sich der Fluß zwischen hohen Felsen durchdrängt. Ehingen ist 15 km nordöstlich gelegen. Das 516 m NN gelegene und mit dem Teilort Brühlhof eine 3,77 qkm große Markung aufweisende Rechtenstein ist mit 1,37 qkm reich mit Wald versehen.
In der Höhle unter der Burgruine wurden vorgeschichtliche und römische Funde gemacht, auf der Markung auch alamannische Reihengräber entdeckt. Hier war der Stammsitz der erstmals im 12. Jh. genannten, in mehrere Linien verzweigten Herren von Stein. Eine dieser Linien war später auch auf der ursprünglichen wartsteinischen Dienstmannenburg Reichenstein (Gemeinde Lauterach), deren Bergfried das Lautertal überragt. In Rechtenstein waren es zuerst zwei Burgen, die beide 1410 von Württemberg gekauft und dann verpfändet und weiterverliehen wurden. Nach dem Aussterben des Rechtensteiner Stammes 1743 wurde die Herrschaft verteilt und kam schließlich 1835 an Thurn und Taxis. Ab 1809 stand Rechtenstein unter württembergischer Oberhoheit und gehörte zum Oberamt Ehingen, ab 1938 zum Landkreis Ehingen.
In den letzten hundert Jahren hat sich die Bevölkerung von Rechtenstein vermehrt. Es hatte im Jahr 1871 erst 219 Einwohner. Anfang 1980 waren es 300 Bewohner, davon 260 katholisch und 30 evangelisch. Von den 131 Erwerbstätigen arbeiten nur 41 in der Land- und Forstwirtschaft. 31 Personen sind Berufsauspendler, 17 Personen kommen als Einpendler zur Arbeit nach Rechtenstein. In Rechtenstein selbst sind somit 117 Personen beschäftigt. In 16 nichtlandwirtschaftlichen Arbeitsstätten arbeiten 81 Personen. Zwei Industriebetriebe, eine Wirk- und Strickwarenfabrik und eine Handelsholzstoffabrik haben sich im Ort niedergelassen. Die 15 Landwirtschaftsbetriebe bewirtschaften 2,20 qkm landwirtschaftliche Nutzflächen.

Auf langgezogenem schmalen Bergrücken ragen zwei einander zugeordnete und doch so verschiedene Baudenkmale als markante Silhouette über dem Donautal auf: die Ruine der einstmals mächtigen Burg Rechtenstein, und die kath. Pfarrkirche St. Georg, die wohl anstelle einer anderen Vorgängerkirche im Jahr 1744 erbaut wurde. Aus dieser Zeit besitzt sie ihre einheitliche Ausstattung. Östlich vom leicht eingezogenen Chor befindet sich der Turm mit viereckigem Untergeschoß, darüber achteckigem Glockenturm mit bogenförmig gekröpftem Gesims, niedriger Kuppel und langgezogener Spitze. Zwei reich dekorierte Seitenaltäre mit Stifterwappen von Stein und Freyberg besitzen als Mittelpunkt Holzbildwerke beachtlicher Qualität: rechts eine gute Muttergottes um 1500, und links ein Vesperbild um 1400, bei dem der Leichnam Christi beinahe aufrecht auf dem Schoß der Mutter sitzt. Auf der Südseite des mit Regence-Stukkaturen versehenen Schiffs ist auf einer von Engelsköpfen bekrönten Barockkartusche die Darstellung der Kirche und Burgruine, um 1744 entstanden, zu sehen. Darin sind die sehr seltenen und im schottischen Pilgergewand dargestellten „heiligen drei Elenden" Archus, Herennius und Quartanus.

Gemeinde Rottenacker

Rottenacker liegt 7 km südwestlich von Ehingen, am Donauufer und an der Bahnlinie Ulm—Freiburg, 530 m NN. Die Markung ist 10,29 qkm groß mit einem Waldanteil von nur 0,48 qkm.
Rottenacker tritt zuerst als Ort einer Versammlung der stauferfeindlichen Partei des schwäbischen Adels unter Herzog Welf um 1093 auf. Bereits 1095 wurde es erstmals in einer Schenkungsurkunde der Pfalzgrafen von Tübingen genannt. Ein späterer Landtag unter staufischer Leitung (1116) und mehrere landgerichtliche Entscheidungen bis 1299 erweisen Rottenacker als bedeutsamen Ort des Herzogtums Schwaben. Vor dem 14. Jh. war Rottenacker Filiale der ursprünglich alaholfingischen Pfarrei Neuburg. Durch Schenkungen der Pfalzgrafen von Tübingen war neben anderen Klöstern vor allem das Kloster Blaubeuren in Rottenacker begütert, das dort allmählich seinen Besitz abrundete. So kam Rottenacker 1447 unter die Oberhoheit von Württemberg, das an dieser, später protestantischen Exklave, vielleicht auch in Erinnerung an die alte Bedeutung des Ortes, festhielt. Von Rottenacker stammte auch Konrad Sam, der Mitreformator der Reichsstadt Ulm. Im 30jährigen Krieg erlitt Rottenacker große Schäden. Nur sieben Haushalte des Ortes sollen überlebt haben. Zuwachs erhielt Rottenacker danach aus der Schweiz und aus Tirol. Bei der Neugliederung des Landes kam Rottenacker zum Oberamt Ehingen, ab 1938 zum Landkreis Ehingen.
Rottenacker hatte schon immer eine zahlreiche Einwohnerschaft. Im Jahr 1871 zählte es 1215 Einwohner. Im Jahr 1890 waren es 1186 Bewohner, davon 1162 evangelisch. Schon damals gab es hier einige wichtige Industriebetriebe, darunter eine Weberei, die Rupfensäcke für die naheliegenden Zementwerke erzeugte. Dazu gab es damals in Rottenacker eine Hadernfabrik, eine Strumpfwarenfabrik, ein Zementmahlwerk und ein Fabrikationsunternehmen von Zementwaren. Anfang 1980 hatte Rottenacker 1893 Einwohner, darunter 95 Ausländer. Von der Gesamtbevölkerung sind 1373 evangelisch und 457 katholisch. Von den 774 erwerbstätigen Bewohnern arbeiten 118 in der Land- und Forstwirtschaft. 231 Erwerbspersonen sind Berufsauspendler. Etwa ebensoviele kommen als Einpendler hierher zur Arbeit. 74 nichtlandwirtschaftliche Arbeitsstätten gibt es in Rottenacker mit 690 Beschäftigten, davon 494 im verarbeitenden Gewerbe und 86 im Baugewerbe. Drei Industriebetriebe mit rund 500 Beschäftigten sind hier angesiedelt, die Kunststoffe, Metallwaren und Trikotwaren herstellen. Die 65 Landwirtschaftsbetriebe bewirtschaften 7,60 qkm landwirtschaftliche Nutzflächen.

Die evang. Pfarrkirche (Hl. Wolfgang) wurde 1485 erbaut und im 18. Jh. verändert. Der sattelgedeckte nördlich vom Chor aufragende Turm hat noch, wie der Chor, ein Netzgewölbe. Eine dominierende Stellung nimmt die Orgel mit barockem Gehäuse mit Rokokokartusche und Schnitzereien im Chor ein, vor welcher der prachtvoll geschnitzte Gekreuzigte, der wohl aus der Werkstatt von Michel Erhart um 1500 stammt, aufgestellt ist.

Gemeinde Untermarchtal

Untermarchtal liegt 10 km südwestlich von Ehingen, an der Donau und an der Bahnlinie Ulm—Freiburg, 524 m NN. Die Markung ist 5,61 qkm groß, wovon nur 0,58 qkm bewaldet sind.
Untermarchtal ist um 1100 in einer Schenkungsurkunde erstmals genannt. Es gehörte den Herren von Steußlingen, die hier auch eine Burg hatten. Da Burg und Dorf später zur Hälfte österreichisches Lehen waren, dürften wohl die Grafen von Berg entsprechenden Anteil an der Herrschaft besessen haben. Von den Herren von Stein wurden Burg und Dorf 1442 an Dietrich Speth von Ehestetten verkauft. Als die Linie Speth-Untermarchtal 1662 erlosch, ging der Besitz an die Speth-Zwiefalten. 1887 erwarb der Rottweiler Kaufmann Franz Joseph Linder diese Liegenschaften, um sie der Kongregation der Barmherzigen Schwestern (Vinzentinerinnen), deren Mutterhaus sich erstmals noch in Schwäbisch Gmünd befand, zunächst zur Errichtung eines Schwestern-Erholungsheims, eines Hauses für geistliche Pensionäre und einer Mädchenanstalt zu überlassen. 1891 wurde dann das Mutterhaus von Gmünd nach Untermarchtal verlegt, nachdem die Kongregation auch rechtlich Eigentümerin von Schloß und Gut geworden war.
Die Bevölkerung von Untermarchtal ist mit diesen Niederlassungen stark angewachsen. Es hatte 1871 erst 370 Einwohner, davon aber nur 290 männliche und 728 weibliche. Dieses Verhältnis ist auf das Kloster mit seinen angeschlossenen Einrichtungen zurückzuführen. Unter der Gesamtbevölkerung sind 37 Ausländer. 948 Bewohner sind katholisch und 51 evangelisch. Von den 394 erwerbstätigen Bewohnern arbeiten nur 56 in der Land- und Forstwirtschaft. 142 Erwerbspersonen sind Berufsauspendler. 16 Einpend-

ler kommen hierher zur Arbeit. In Untermarchtal sind somit 268 Personen beschäftigt. Der überwiegende Teil der Beschäftigten arbeitet im Dienstleistungsgewerbe. Größere Gewerbebetriebe bewirtschaften 3,72 qkm landwirtschaftliche Nutzflächen.

Das ehemalige Schloß der Herren von Speth wurde 1573–1576 über dem Donauufer erbaut und ist seit 1891 Mutterhaus der Kongregation der Barmherzigen Schwestern vom Orden des Hl. Vinzenz von Paul. Das frühere Schloß ist ein dreigeschossiger stattlicher Bau mit Eck-Erkern, hohem Mittelgiebel und Satteldach. Der Runderker ist neu. Über dem Südportal befindet sich das Allianzwappen Speth-Öttingen-Wallerstein, 1842, und oben Allianzwappen mit Baudaten 1573–1576. Das Innere des Schlosses ist mehrfach verändert. Im Anfang des 18. Jh. wurde das repräsentative Treppenhaus mit geschnitztem Balustergeländer und Stuckplafond, außerdem Stukkaturen in Flur und Zimmern des Obergeschosses angebracht. Diese erinnern in ihren figürlichen und landschaftlichen Motiven an jene im Pfarrhof von Munderkingen. Im großen Saal des 1. Geschosses zeigt die gemalte Leinwandtapete aus dem frühen 19. Jh. Ansichten von fürstlich wallersteinischen Besitzungen, dazu Marmorkamin aus dem Empire.

Von der um 1465 angeblich errichteten Vorgängerkirche der kath. Pfarrkirche St. Andreas ist nichts mehr vorhanden. Ein Neubau fand vermutlich 1613 statt, dem Veränderungen 1880–1888 nachfolgten. Die Ausstattung wurde erneuert unter Verwendung älterer Bildwerke, so am nördlichen Chorpfeiler Maria mit Kind im Strahlenkranz aus der Mitte des 18. Jh., eine Kreuzigungsgruppe des Frühbarock von Zacharias Binder, Ehingen, das hochbarocke Vesperbild an der Südschiffswand, sowie das aus dieser Zeit herrührende sehr naturalistische Kruzifix u. a. Epitaphien der Familien Speth und Verwandtschaft aus dem 17. Jh. ergänzen die reiche Ausstattung.

Ungefähr 0,5 km nordwestlich der alten Ortsgrenze befindet sich auf einer Anhöhe in Nähe der Bundesstraße nach Deppenhausen ein Steinkreuz mit abgebrochenem Kopf.

Neue Kirche. Anstelle der alten Rosenkranzkirche wurde 1972 eine neue Kirche mit demselben Patrozinium in eigenwilliger Bauform nach Art von Le Corbusiers Wallfahrtskirche Ronchamp mit Ausstattungsstücken aus der Spätgotik, einer Pieta und einem Kruzifixus erstellt.

Gemeinde Unterstadion

Unterstadion liegt über dem Munderkinger Ried, 10 km südwestlich von Ehingen, 503 m NN. Die Markung ist 8,87 qkm groß, wovon 2,14 qkm bewaldet sind.

Unterstadion gehörte zur Herrschaft Emerkingen und kam 1369 an die Herren von Freyberg, danach an die Grafen von Stein. Um 1800 teilten sich die Freiherren von Stein und die Grafen von Stadion in den Ort, der 1809 zu Württemberg kam und hier dem Oberamt Ehingen, ab 1938 dem Landkreis Ehingen zugeordnet war. Zur Gemeinde gehört noch der Teilort Bettighofen.

Die Einwohnerzahl von Unterstadion blieb in den letzten hundert Jahren konstant. Es zählte 1871 schon 504 Einwohner und Anfang 1977 waren es 563 Bewohner, davon 551 katholisch und 10 evangelisch. Von den 261 Erwerbstätigen arbeiten 94 in der Land- und Forstwirtschaft. Weitere 103 Bewohner sind Berufsauspendler; 19 Berufseinpendler kommen hierher zur Arbeit. In Unterstadion sind somit 177 Personen beschäftigt. 49 Landwirtschaftsbetriebe bewirtschaften 5,50 qkm landwirtschaftliche Nutzflächen.

Die kath. Pfarrkirche St. Maria Schnee wurde anstelle einer Vorgängerkirche des 15. Jh. im 17. und 18. Jh. erbaut und verändert. Hier haben sich Reste eines spätgotischen Hochaltars, eine Muttergottes, die Hl. Barbara und Katharina, Petrus und Paulus, Martin, Jakobus und Georg erhalten.

Gemeinde Unterwachingen

Unterwachingen liegt am Dobelbach, 4 km südlich von Munderkingen und 520 m NN. Die Markung ist 2,60 qkm groß, darunter 39 ha Wald.

Unterwachingen erlitt im 30jährigen Krieg sehr große Schäden. „Von ganz Unterwachingen war nach dem Krieg nur noch 1 Haus und 1 Bauer übrig" berichtete die Oberamtsbeschreibung Riedlingen von 1827. 1803 kam der Ort an Fürst Thurn und Taxis, nachdem es zuvor österreichisch war. 1806 kam der Ort unter württembergische Oberhoheit und gehörte dem Oberamt Riedlingen an, ab 1938 dem Landkreis Ehingen. In den letzten hundert Jahren hat sich die Einwohnerzahl von Unterwachingen nur wenig verändert. Im Jahr 1871 zählte der Ort 138 Einwohner. Anfang 1980 waren es 149, davon 139 katholisch und 9 evangelisch. Von den 85 erwerbstätigen Bewohnern arbeiten 45 in der Land- und Forstwirtschaft. 34 Bewohner sind Berufsauspendler. In Unterwachingen selbst sind 51 Personen beschäftigt. 16 Landwirtschaftsbetriebe bewirtschaften 2,10 qkm landwirtschaftliche Nutzflächen.

Reizvoll und idyllisch ist die Außenansicht der kath. Pfarrkirche St. Kosmas und Damian mit ihrem Turm mit starker Gesimseinteilung am achteckigen Glockengeschoß und niedriger gedrückter Kuppelhaube mit Laterne, und dem daneben stehenden, durch einen gedeckten Gang mit dem Chor verbundenen Pfarrhaus in Fachwerkbauweise. Die Kirche steht im ummauerten Friedhof. Von der älteren Anlage ist nichts mehr vorhanden. Dafür ist der Neubau von 1754 durch den Deutschordensbaumeister Giovanni Gaspare Bagnato und dem Stukkator Guiseppe Pozzi, die beide damals beim Klosterbau in Obermarchtal beschäftigt waren, von hoher Qualität. Die Steintafel am Pfarrhof mit der Inschrift „NIKOLAUS ABBAS MARCHTALLENSIS ANNO MDCLXXXIX" und das Wappen außen an der Chorwand der Kirche weisen auf die Erbauer hin: die Äbte Nikolaus Wierith (1661–1691) und Edmund II Sartor (1746–1768) von Marchtal.

Das Innere dieser Kirche ist ein verklärter Raum durch die hervorragende Zusammenarbeit des Architekten Bagnato, des Stukkators Pozzi und des Malers Josef Wegscheider aus Riedlingen. Nach dem Chorbogen öffnet sich der Chor in gleicher Breite wie das Schiff, zu beiden Seiten des Hauptaltars sind Oratorien eingezogen. Das zentrale Deckengemälde des Schiffs hat das Martyrium des Ärztebrüderpaares Kosmas und Damian zum Thema. Ein weiteres breitovales Deckenfresko schildert die wunderbare Rettung eines 1755 vom Baugerüst gefallenen Maurers und ist mit „Joseph Ignati Wegscheider pinxit 1756" signiert. Dieser Maler schuf auch die Bilder im Stuckrahmen der schräg gestellten Seitenaltäre, sowie das Hochaltarblatt mit den Kirchenpatronen, über dessen Auszug sich elegant und den ganzen Raum beherrschend, eine grüne Draperie schwingt. Ein gefaßter Gekreuzigter am Hochaltar, sowie die Büsten der Kirchenpatrone am rechten Seitenaltar weisen auf Josef Christian oder seinen Mitarbeiterkreis hin. Die reich stukkierte Kanzel mit Evangelistensymbolen am Korb, auf dem Deckel ein Putto mit Gesetzestafeln, trägt die Inschrift „Herr Johann Caspar Pangnatto Baudirektor zu Altshausen", wobei dieser Baumeister wohl den Entwurf gemacht und Pozzi ihn ausgeführt haben dürfte. Hier, wie in den Auszügen der Altäre, sind die Stukkaturen geradezu überschäumend duftig und graziös.

Drei Mundartdichter: Sebastian Sailer,
Carl Borromäus Weitzmann, Michel Buck

Heimat und Dialekt sind wichtige Teile unserer Wirklichkeit, und mit der Sprache bekennt der Mensch seine Heimat. Auch wer die Schriftsprache spricht, zeigt im Lautklang und Wortschatz, woher er kommt. Ehrwürdiger und älter als diese ist die Mundart, und hier treffen wir auf engbegrenztem geografischen Raum ein Dichterkleeblatt: Sebastian Sailer, Carl Borromäus Weitzmann und Michel Buck. Sie sprachen und schrieben oberschwäbisch, wie es zwischen der oberen Donau und dem Bodensee in mannigfacher Abwandlung noch heute heimisch, in vielen zeitbezogenen Ausdrücken allerdings auch überaltert ist. Der bekannteste ist

Sebastian Sailer.

Er ist am 12. Februar 1714 in Weißenhorn als Sohn des Fugger'schen Sekretärs geboren und wurde Johann Valentin getauft. Mit 16 Jahren kam er ins Prämonstratenser-Reichskloster Marchtal, legte dort Profeß ab und erhielt den Klosternamen Sebastian. Nach dem Studium der Theologie wurde er Lehrer an der Ordenshochschule und versah danach u. a. die Pfarreien Reutlingendorf und Dieterskirch, wo er 16 Jahre lebte, bis ihn eine Krankheit ins Kloster zurückrief und er am 7. März 1777 dort verstarb. Als Prediger war er berühmt und in Städten, an Höfen, in den großen Abteien Süddeutschlands, der Schweiz und Mähren gefragt. Ihm wurde die Ehre zuteil, in der Wiener Augustinerhofkirche zu predigen und von Kaiserin Maria Theresia empfangen und ihren Kindern vorgestellt zu werden. Dort lernte er die junge Erzherzogin Maria Antonia kennen, welcher er dann vier Jahre später sein Festspiel anläßlich ihrer Brautfahrt nach Frankreich und Aufenthalt in Marchtal widmete.

Sailer war umfassend gebildet und außerordentlich sprachbegabt. Er las und sprach französisch und italienisch, verstand spanisch und war nicht unbewandert in orientalischen Sprachen. Sein Hauptwerk ist die Chronik seines Klosters in drei Teilen, in welcher er auf dessen Pröbste und Äbte besonders eingeht und sie treffend charakterisiert. Bekannter ist er durch seine Dialektdichtungen, ja er gilt als Vater der schwäbischen Mundartdichtung und hat dieser den Boden geebnet. In seinen drei biblischen Komödien, deren erste „Die Schöpfung des ersten Menschen, der Sündenfall und dessen Strafe" zugleich auch die beliebteste heute ist, erscheint Gottvater urwüchsig und beschreibt die Erschaffung der Welt und der ersten Menschen, als ob er einen großen Hof umtriebe und nebenher Schultheiß wäre. Er freut sich, während er den Lehm von den Händen wischt, wie hübsch „der Kerle" ihm gelungen ist und ermuntert ihn „Gib Patschhand, sag: Grüeßana Gott!"

„Gugg, hoscht jo a Härle als wia a Parocka,
a wackers Schnautzbätle, a G'säß au zum Hocka.
Da hoscht scheane Wada und Schenkala dra',
da muescht mar halt weara a sauberer Ma'.
A kugelrunds Bäuchle, an Rucka dahinda,
a Hälsle, ma soll jo koi netters itt finda.
A Goscha, zwoi Auga, zwoi Auhra, a Nas',
an Schoitel, a Blassa, gelt Odam! i ka's!"

Als Adam dann unter Niesen erwacht, wünscht ihm Gottvater nach alter Gewohnheit aus der Pestzeit, da manche Pestarten mit heftigem Niesen begannen, „Healf dar Gott!" (Helf dir Gott). Adam grüßt respektvoll „G'lobt sey Jesas Chrischt!" so wie man auf dem Land Pfarrer und Ordensfrau begrüßte.

Dann folgt Eva und der Sündenfall mit Ausweisung aus dem Paradies und Gottvaters Zorn, daß Eva von nun an ihrem Manne untertan sein muß. Sie bettelt und barmt:

„O was kommt gau' über mi!
Vor Furcht und Schreacka nimma g'sieh.
Lau'ts gnädig a'laufa;
I will Ui andere Äpfel kaufa,
oder, wenn Ar's weand hau',
will i darfür uf da Bussa gauh'."

Solche Zeitschnitzer wie die Bußwallfahrt auf den Bussen zur Zeit des Paradieses sind bei Sailer nicht selten und geben seinen Komödien Würze. Doch Gottvater entgegnet ihr barsch:

„Brauch noits i,
bet' nu' für di!
Waa't nu', da weascht as büassa
und in Schmeaza deine Kinder gebäara müassa;
und no darzua, gib di nu' drei'
deim Ma – ewig untergeaba sei'.

Worauf Eva ihr herzzerreißendes Klagelied über die untergeordnete Stellung nach der Vertreibung anstimmt und dabei die ganze Arbeit einer Bäuerin der damaligen Zeit aufzählt:

„O Jeggerle! was fällt Ui ei',
was fangat ar no a,
daß i soll untergeaba sei',
und diena gar mei'm Ma!
Suppa, Knöpfla, Spatza kocha,
Schpüala, schaffa ganze Wocha,
und darnoh zum Lauh'
d'Moischterschaft itt hau!"

Über Butterrühren, Kerzengießen, Schmalzaussieden, Kinderwiegen und dem Refrain, die Meisterschaft nicht zu haben, wehrt sich Eva zum Schluß sehr heftig und stellt ihre Forderung:

„Goht Odam auf da-n-Acker naus,
ka'n-ar dett Moischter sei;
dahoimat aber und im Haus
g'hairt d'Moischterschaft no mei'.
Orna, schaffa und befeahla
g'hairt dar Frau zua, und im sealla
b'schtoht ihr ganzer Lauh',
und dees will i hau'!"

Sailers Menschenkenntnis, seine Erfahrung als Ortspfarrer, der auf strenge Zucht in seiner Gemeinde hielt, übermitteln uns ein genaues Bild aus dem bäuerlichen Leben des ausgehenden 18. Jh.
Ergötzlich wird in der geistlichen Komödie „Luzifers Fall" der Kampf der guten Engel gegen den aufrührerischen Luzifer und seinen Genossen geschildert.
Der dritten biblischen Komödie „die Heiligen drei Könige" setzte Sailer seine Bauernkomödien gegenüber: die sieben Schwaben oder die „Hasenjagd", den Schwäbischen Sonn- und Mondfang, sowie die Schultheißenwahl zu Limmelsdorf, bei welcher er sehr kritisch sich mit der Stellung eines Gemeindevorstehers auseinandersetzt.
Sein jüngerer Ordensbruder Sixt Bachmann hat das Verdienst erworben, Sailers Arbeiten zu sammeln und nach seinem Tode zu veröffentlichen. Zu Sailers Lebzeiten wurde nur das Festgedicht auf Marie Antoinettes Brautzug gedruckt.

Ein engerer Landsmann von Sebastian Sailer, da auch Vorderösterreicher wie dieser, ist

Carl Borromäus Weitzmann.

Er gilt als dessen bedeutendster Nachfolger. Seine zeitliche Gebundenheit tritt stärker in seiner Dichtung in Erscheinung. Er war ein Mensch des Sturm und Drangs, dem ausklingenden Barock noch in Tradition verbunden, der aufkeimenden Romantik aufgeschlossen. Die Zeit politischer Ungewißheiten nach der französischen Revolution und ihren Folgen hat auch sein Schaffen geprägt. Viele seiner Gedichte sind Gelegenheitsgedichte und Spottverse, mit denen er bei seiner Umgebung aneckte und Unverständnis hervorrief, so daß er geschmäht und von vielen verkannt wurde. Das Glück hatte ihm keine Rosen gestreut.
Er ist am 26. Juni 1767 in Munderkingen als Sohn des ehemaligen preußischen Regimentsarztes und späteren Stadtphysikus geboren. Durch seine Mutter, die verwitwete Hirschwirtin Katharina Neher aus Munderkingen, hat er schwäbisches Blut in den Adern. Nach seiner Gymnasialzeit in Ehingen und Konstanz studierte er in Wien Philosophie und Rechtswissenschaft, und hier empfing er Eindrücke im Zeichen der Aufklärung und der josephinischen Reformen, die sein weiteres Leben prägten. Nach seiner Rückkehr wurde er als Sekretär der vorderösterreichischen Landstände in Ehingen angestellt, verheiratete sich und hatte mit seiner Frau, einer Tochter des ehem. K. und K. Obristen von Eggenfeld zwölf Kinder, von denen sechs im Kindesalter starben. Als Vorderösterreich an Württemberg kam, trat er, erst 43 Jahre alt, in den Ruhestand und nahm eine Rechtsanwaltspraxis in Ehingen auf. Seine Freundschaft mit dem Bruder des König Friedrich I, Herzog Heinrich, der im ehemaligen Kloster Wiblingen residierte, brachte ihn in Konflikt, und seine Neigung, die Schwächen und Eigenbröteleien seiner Mitbürger in Versen aufs Korn zu nehmen, führte zur Konfiszierung der ersten Ausgabe seiner Werke.
Gekränkt durch seine Satiren, reagierten seine Munderkinger böse und warfen eine Strohpuppe, die Weitzmann darstellen sollte, in die Donau. Vor allem beruhte die Abneigung in der kritiklosen Weiterverbreitung haltloser Anschuldigungen, vor denen sich auch honorige Zeitgenossen, wie Joh. Baptist Pflug, der Biberacher Genremaler, nicht zurückhielten. Auf diese Weise hat die Nachwelt kein ausgewogenes Bild

des Dichters erhalten, und Weitzmann erfuhr erst spät die Würdigung, die er zurecht verdient.

Nahezu von Mund zu Mund geht heute noch bei geselligen Veranstaltungen Weitzmanns fünfzehnstrophiges Gedicht „Der Ausfall der Munderkinger", in dem die Franzosenfurcht von 1798 Blüten treibt und das Heldentum seiner Landsleute persifliert wird:

„Auf auf ihr Burger, stauhd ins Gwehr,
d'Franzosa rucket ei!
Se breachet scho wie's Muathes Heer
beim Kuglaweth det rei.
Ihr Burger, fasset Mut und List,
Sonst goht es hinterfür,
Verkloibet 's Thoar mit Dreck und Mist,
und theand da Riegel für!"

Die Stadt hatte im Lauf ihrer Geschichte viel Kriegsdrangsal erlitten, und als im September 1796 während acht Stunden 20 000 Franzosen durch die Stadt marschierten, waren die Bürger verängstigt, so daß der Bürgermeister sie beruhigen mußte.

Wie bei Sailer, so treten auch in Weitzmann's Werk die schwäbischen Heiligen drei Könige auf. Er schildert Herodes als schwäbischen Pantoffelhelden, der von seiner Frau ausgeschimpft wird, die jetzt für die „drui Kerle" ein Nachtessen richten muß, und der Tyrann Herodes bettelt dann bei seinem Haustyrannen, der grad ausgehen möchte:

„O Heazkäferle! Schicka hoi dein Waga,
Grad laud si drei arabische Koiser asaga,
Die über da Mittag dobleibet;
Oh, däs ist a Aihr, dui ist it z'bschreibet!"

worauf sie losfeuert:

„Daß di 's Weatter in Grundsboda verschla!
Du Krautfreasser, du Aushauser, du Lumpapapa!
Jawohl, drei arabische Koiser!
Worum weast uf der Stell it kreuzlahm und hoiser!
Däs wearet arabische Koiser sei,
Die wie d'Böck stinket vom Bräntawei.
Bist a Esel? Bist narrig? Bist blind?
Host koi Weib? koi Famili? koi Gsind?
Wit dei Zuig ällz zum Feanster naus keia?
O Jeses! I moi, i müaß Fuiriau schreia!"

In diesem Stück kommt die pausbackig-saftige Arie des König Herodes auf das Sauerkraut vor:

„Wenn die andere Potetata
Schwere Krieg und Händel haud,
Länder steahlet und um d'Staata
D'Schellasau rumschlaga laud,
Bin i oadele, brav und aihrle
Und guck in mei Ofaraihrle
Zua meim g'wärmta Kächele Kraut.

Auch eine schwäbische Bauernoper hat Weitzmann gedichtet „Das Welt-Gericht oder der schwäbische Jupiter in seinem Grimme". Hier wird König Friedrich I als schwäbischer Herrgott, und Graf Dillen in einer andern dramatischen Figur lächerlich gemacht. Es ist eine Satire auf den „dicken Friedrich", vor dessen absoluten Willen selbst ein Napoleon sich beugen gelernt hatte (Holder, Geschichte der schwäb. Dialektdichtung).

Sebastian Sailer schildert in seiner „Schöpfung" den Anfang, Weitzmann das Ende der Schöpfung. Hier üben heidnische Götter christliche Funktionen aus, und hier werden mit beißender Ironie die Mängel der Zeit aufgespießt. Dabei kommen die Soldaten gut weg, weniger die Ärzte, Bäcker, Müller, Wirte und Prälaten. Die landläufige Auffassung des einfachen Menschen vom Jenseits gibt hier der Chor der Genien wieder:

„Ihr Mändla, stauhd z'säma und lobet de Herra.
Posaunet und theand auf de Geigla reacht scherra..."

Man glaubt sich dabei in die lichte Heiterkeit oberschwäbischer Barockkirchen versetzt, wo die Putten flügelschwirrend Draperien halten, und andere ihre Instrumente anstimmen.

Und wenn dann der Tod erscheint:

„Stauhd auf, stauhd auf, ihr faule Schwänz!
Ihr Beattelleut und Exallenz!
Vergeasset Haut und Knocha it
Und neahmet uire Sünda mit,
Brr dumdumdum Brr dumdumdum..."

dann wird der Höllenrachen aufgetan, den die Albkirchen aus gotischer Zeit in ihren Fresken haben. Doch Weitzmanns Teufel sind barocke Teufel, sie brechen in Jubelgeschrei aus:

„Heisa! Hopsa! Schwaze Brüader!
In der Höll goht's lustig zua.
Füllet d'Kessel, schüttet wieder
Schweafel, Peach und Gift darzua.
Streichet d'Schwänz und wetzet d'Hoara
Tanzet um das Kessel her –
So goht's lustig heut und moara.
Vivat Moister Luzifer!"

Schwerer verständlich ist der Dialekt von

Michel Buck.

An der Bussenruine erinnert eine Gedenktafel mit dem Albvereinskennzeichen an Dr. Michel Richard Buck, „dem verdienten schwäbischen Forscher und Dichter." Neben seinem Arztberuf befaßte sich Michel Buck mit Forschungen über Brauchtum, Familien-, Orts- und Flurnamen, den medizinischen Volks-

und Aberglauben, und gab seine erste Sammlung mit seinem Freund Prof. Anton Birlinger, heraus. Dieser führte ihn auch bei Ludwig Uhland ein. Aus diesen Forschungen erwuchs wie selbstverständlich der Mundartdichter, der mit verhalten gedämpftem Humor, dem Ironie oder Spottlust fernbleibt, das Leben auf den Dörfern des Oberlandes mit großer Freude am Detail beschreibt. Der Dichter reiht sich unter seine Bauern ein und schreibt in ihrem Dialekt. Dieser ist, da er örtlich umzäunt und durch Bucks Forschungen untermauert ist, echt landschaftsgebunden. Das ist sein großer Wert, doch für die weite Verbreitung der Gedichte Michel Bucks ein Hemmschuh, da ihnen der Ertinger Erdgeruch anhaftet.

Michael Richard Buck wurde als ältester Sohn eines Bauern am 26. September 1832 in Ertingen geboren und dem Erzengel, der seinen Namenstag benachbart hat, „nachtäuft". Von schwächlicher Natur und vielseitig interessiert, gab er keinen Bauern ab. Über die Biberacher Lateinschule und das Konvikt in Ehingen führte sein Bildungsweg zum Studium der Medizin in Tübingen, mit dem Abschlußexamen. Er begann als praktischer Arzt in Munderkingen und wechselte über Königseggwald, wo er sich verheiratete, in rascher Reihenfolge die Praxis Hohentengen, Altshausen und Aulendorf, um 1874 als Oberamtsarzt in Ehingen eine gesicherte finanzielle Stellung zu beziehen. Wie er in seinen Erinnerungen schreibt, hatte es ein Landarzt schwer, denn trotz Aufklärung und heraufziehendem Aufbruch des technischen Zeitalters, das Buck vorausahnte, vertrauten sich die Leute lieber Quacksalbern, Gesundbeterinnen und Wallfahrterinnen an, die am Gnadenort gegen Entgelt dann für Kind und Rind zu beten versprachen. Die glückliche Ehe Bucks wurde durch den Tod dreier seiner vier Kinder beschattet und er war die letzten Jahre seines Lebens von einem schweren Nierenleiden befallen, an dem er im Alter von 56 Jahren am 15. September 1888 verstarb. Nach seinem Tod erschien sein Gedichtband „Badenga", das schwäbische Wort für Schlüsselblumen.

Seine Eindrücke aus der Kindheit faßt Buck auf wunderbare Weise bei der Schilderung des Feierabends zusammen:

Obeds

Wenn i uffam Tannablock
Obeds voar meim Häusle hock,
Rauch mein Schwaza Reiter,
Und im Gätle so betracht
S Kopfsalätle fei' und gschlacht
Und die andre Kräuter,
Rätich, Randich, Bauhna, Köhl,

Sonnabluama dött zum Öl,
Schnittlaub do und Manglat,
Und im Hof mei' kleine War
Voar mer tanzat Paar und Paar
Und mei' Graußer danglat,
S Weib am Head beim Kocha stoht
Und mei' Väah zum Brunna goht,
D Kälble tant rabouscha,
Und mei' Schuir mit Frucht ischt vol,
Tuari – und des glaubscht mer wohl –
Mit koim König touscha.

Erklärung der wichtigsten Dialektausdrücke:
Schwaaza Reiter = Rauchtabak
Gätle = Gärtchen
Randich = Rote Rüben
Manglat = Mangold
Graußer = Großer
rabouscha = Mutwill treiben

Der weite Blick vom Bussen inspiriert Buck zu einem Landschaftsgemälde:

Siehscht du d'Schnaiberg dött am Himmel,
Wo se aufstahnt uffam Boda?
S'Land drum, des da Riesaschimmel
Bärig naufgoht bis an d'Knota?

Seall ischt d'Schweiz und des ischt Schwoba,
S'Milland s'oi und s'Brotland s'ander –
So hot jedes seine Goba.
Jetzt, no welam tuat mers ahnder?

Siehni dött da Schnai so glüaha,
In der Obedsonn vergloschta,
Siehni do des Land so blüaha,
Ka'n a Liabe do verroschta

Gega deam do, wia ge diesem?
Doch a Salamo, was tuat ar?
Närrle, dear liabts oifach zwiesem,
Wia sei' Vater und sei' Muater.

Erklärung der wichtigsten Dialektausdrücke:
Schnaiberg = Schneeberge
Bärig = kaum
Knota = Knöchel
Milland = Milchland
welam = welchem
ahnder = verlangt mich mehr
vergloschta = verglühen
zwiesem = zweifach

168 Munderkingen. Ehemaliges Heiliggeistspital. Westlicher Bauteil von 1549.

Munderkingen. Former Holy Ghost Hospital. Western part from 1549.

169 Munderkingen. Rathaus, 1563 von Baumeister Dionys Ruoff erbaut.

Munderkingen. Town-hall, built in 1563 by the architect Dionys Ruoff.

170 Munderkingen. Zwiefalter oder Mochentaler Hof mit Fachwerk und geschnitzten Ornamenten von 1744.

Munderkingen. Zwiefalten manor with framework and carved ornaments from 1744.

171 Munderkingen.
Marktbrunnen von 1570
mit wappenhaltendem
Löwen.

Munderkingen.
Market fountain from
1570 with lion holding
coats of arms.

172 Fastnachtsumzug in Munderkingen mit den „Kügele" aus Ehingen.

Carnival procession in Munderkingen with the „Kügele" from Ehingen.

173 Fastnachtsumzug in Munderkingen mit den „Schloßfratzen" aus Obermarchtal.

Carnival procession in Munderkingen. With the „Schloßfratzen" from Obermarchtal.

174 Munderkingen.
Altstadt mit
Fachwerkhäusern und
Martinsbrunnen.

Munderkingen.
Old part of the town with
timber-framed houses
and Martin's fountain.

175 Munderkingen. Stadtpfarrkirche St. Dionysius. Ölberggruppe aus gebranntem Ton, 16. Jh., über dem Südportal.

Munderkingen. Town parish church of St. Dionysius. Over the south portal group on the Mount of Olives in burnt clay, 16th century.

176   Munderkingen.
Stadtpfarrkirche
St. Dionysius. Hochaltar
mit Gemälde der
thronenden Muttergottes
von Matthäus Zehender,
1694.

Munderkingen.
Town parish church of
St. Dionysius. Altar-piece
(high altar) with painting
of the enthroned Holy
Virgin by Matthäus
Zehender, 1694.

177 Munderkingen. Pfarrhof, 1706–1707 erbaut als Sommersitz der Äbte von Marchtal.

Munderkingen. Parsonage, built in 1706–1707 as summer residence of the abbots of Marchtal.

178 Emeringen. Ortsansicht mit der Kath. Pfarrkirche St. Urban.

Emeringen. View of the village and the catholic parish church of St. Urban.

179 Emeringen.
Rundbogenportal mit
Pieta in der Nische
aus dem 18. Jh. am
Friedhofeingang.

Emeringen.
Round arch portal and
pietà, 16th century,
in the niche over the
cemetery entrance.

180 Emerkingen. Kapelle St. Wolfgang. Hochaltar von Joh. Baptist Hops, Mietingen, von 1717 mit dem Altarbild „Die sieben Zufluchten". Über dem Altar das Wappen der Familie von Stein, 1482.

St. Wolfgang's chapel. High altar by Joh. Baptist Hops, Mietingen, from 1717 with altar-piece „The seven Refuges". At the top the coat of arms of the family von Stein, 1482.

181   Emerkingen.
Kapelle St. Wolfgang. Sitzende Muttergottes aus dem 13. Jh., in einem Rokokoschrein an der rechten Chorwand.

Emerkingen.
St. Wolfgang's chapel. Seated Madonna, 13th century, in a rococo shrine at the right choir wall.

182   Hausen a. Bussen.
Kath. Pfarrkirche St. Martin. Muttergottes aus der Werkstatt des Hans Multscher, Ulm, um 1450/60.

Hausen a. Bussen.
Catholic parish church of St. Martin. Madonna from the workshop of Hans Multscher, Ulm, about 1450/60.

183 Grundsheim.
Kath. Pfarrkirche
St. Martin. Hochaltar mit
dem Kirchenpatron
und Wappen Bissingen,
18. Jh.

Grundsheim.
Catholic parish church of
St. Martin. High altar
with the church's patron-
saint and the coat
of arms of Bissingen.

184 Hausen a. Bussen. Kath. Pfarrkirche St. Martin. Vier Evangelistenbüsten aus dem 18. Jh.

Hausen a. Bussen. Catholic parish church of St. Martin. Busts of four evangelists, 18th century.

185 Hausen a. Bussen. Kath. Pfarrkirche St. Martin. Scagliola-Arbeit (farbige Einlegearbeit in poliertem Stuck) auf dem Antependum des rechten Seitenaltars mit Wappen Abt Adalberts (1705–11) von Marchtal.

Hausen a. Bussen. Catholic parish church of St. Martin. Scagliola work (coloured inlay in polished stucco) on the antependium of the right side-altar with coat of arms of the abbot Adalbert von Marchtal (1705–11).

186 Hausen a. Bussen. Meldetafel aus der Zeit vor 1914. Sie gab für den Fall einer Mobilmachung Auskunft, zu welchem Truppenteil ein Landwehrmann einrücken mußte.

Hausen a. Bussen. Registration tablet from the time before 1914. In case of mobilization in yielded information as to which part of the troops a militia-man had to join.

**Oberamt Riedlingen,
Pfarrdorf Hausen.
I. Bataillon Ravensburg.
2. Württ. Landwehr-Regiments Nr. 120.
1. Kompagnie Riedlingen.**

187 Emerkingen. Meldetafel aus der Zeit vor 1914.

Emerkingen. Registration tablet from the time before 1914.

**Oberamt Ehingen,
Dorf Emerkingen.
I. Bataillon Ehingen.
8. Württ. Landwehr-Regiments Nr. 126.
3. Kompagnie Ehingen.**

188 Neuburg.
Ortsansicht mit der
Pfarrkirche zum
Hl. Michael.

Neuburg.
View of the village and
St. Michel's parish
church.

189 Obermarchtal.
Ehemaliges
Prämonstratenser-
Kloster. Kirche
1686−1701 erbaut.

Obermarchtal.
Former
Praemonstratensian
monastery. Church built
in 1686−1701.

190 Obermarchtal. Ehem. Klosterkirche St. Petrus und Paulus. Blick vom Chor ins Seitenschiff mit Stukkaturen von Joh. Schmuzer (1689–92) und der Orgel von Joh. Nepomuk Holzhay (1784).

Obermarchtal. Former monastery church of St. Peter and Paul. View from the choir into the nave with stuccoes by Joh. Schmuzer (1689–92) and the organ by Joh. Nepomuk Holzhay (1784).

191 Obermarchtal. Ehem. Klosterkirche St. Petrus und Paulus. Schmerzensmann mit Flammenzeichen, aus dessen Wundmalen Blutstränge in die von Engeln gehaltenen Kelche fließen, 17./18. Jh.

Obermarchtal. Former monastery church of St. Peter and Paul. Sorrowful Christ with flame-signals and wounds from where blood-streams are flowing into chalices held by angels, 17th/18th century.

192 Obermarchtal. Ehemaliges Prämonstratenserkloster. St. Norbertus-Saal (früher Theatersaal) mit Regence-Stukkaturen.

Obermarchtal. Former Praemonstratensian monastery. St. Norbert's hall (former theatre room) with Régence stuccoes.

193 Obermarchtal. Ehemaliges Prämonstratenserkloster. Gemälde von J. M. Weller im Kapitelsaal des Westflügels, das Abt Friedrich Herlin an der Spitze seines Konvents darstellt.

Obermarchtal. Former Praemonstratensian monastery. Painting by J. M. Weller in the chapterhall of the west wing depicting the abbot Friedrich Herlin at the head of his convent.

194 Obermarchtal.
Ehem. Prämonstratenserkloster. Sommer-Refektorium (Spiegelsaal) im Ostflügel von Giov. Casp. Bagnato 1747 erbaut.

Obermarchtal.
Former Praemonstratensian monastery. Summer refectory (hall of mirrors) in the east wing, built by Giov. Casp. Bagnato in 1747.

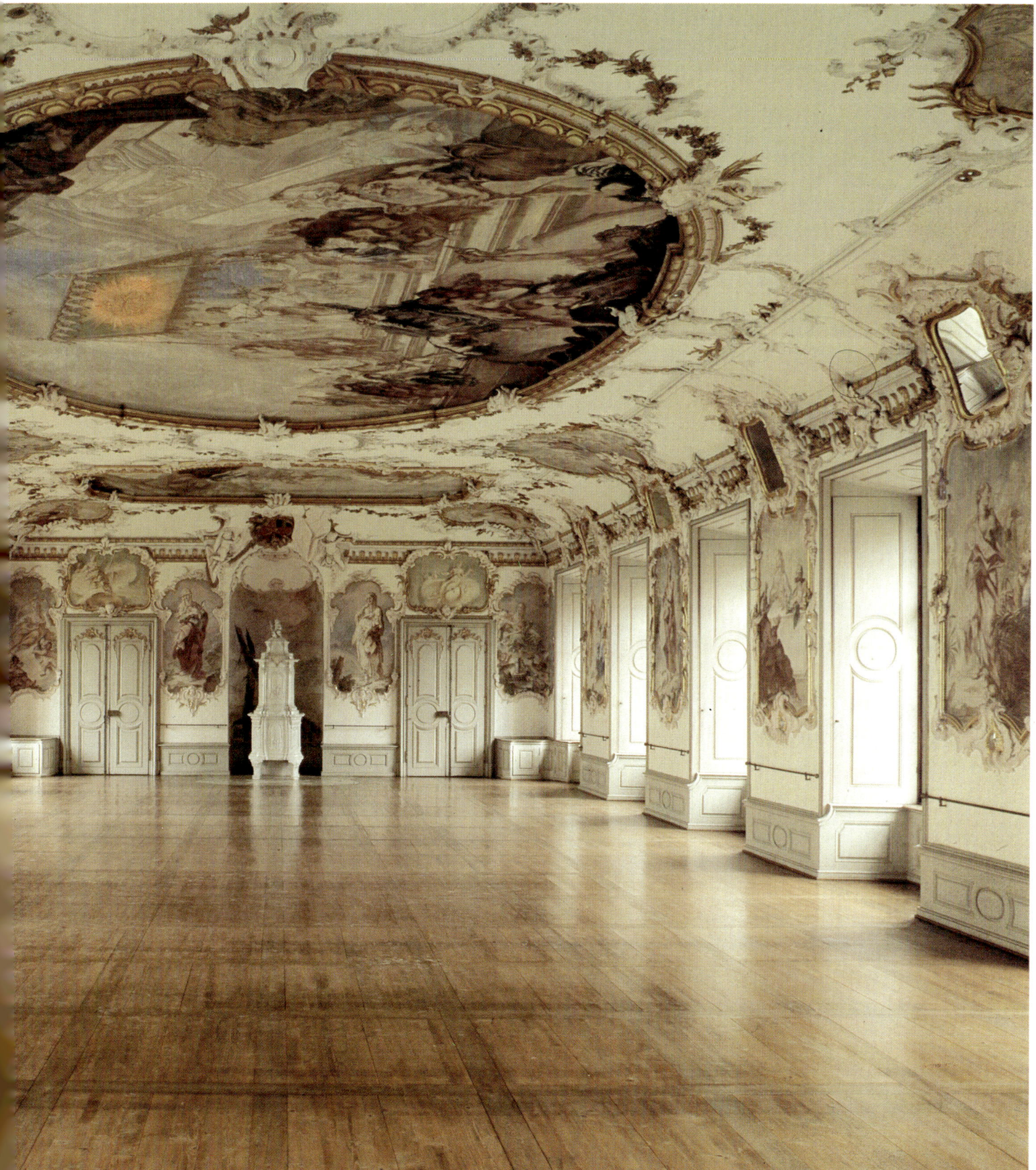

195 Obermarchtal. Ehem. Klosterkirche St. Petrus und Paulus. Chorgestühl von Paul Speisegger aus Marchtal, um 1690 entstanden.

Obermarchtal. Former monastery church of St. Peter and Paul. Stalls by Paul Speisegger, Marchtal, about 1690.

196 Obermarchtal. Ehemaliges Prämonstratenserkloster. Barockes Chorgestühl des Tiroler Bildschnitzers Andreas Etschmann, von 1705–1711, im Kapitelsaal des Westflügels.

Obermarchtal. Former Praemonstratensian monastery. Baroque stalls by the Tyrolean carver Andreas Etschmann, 1705–1711, in the chapterhall of the west wing.

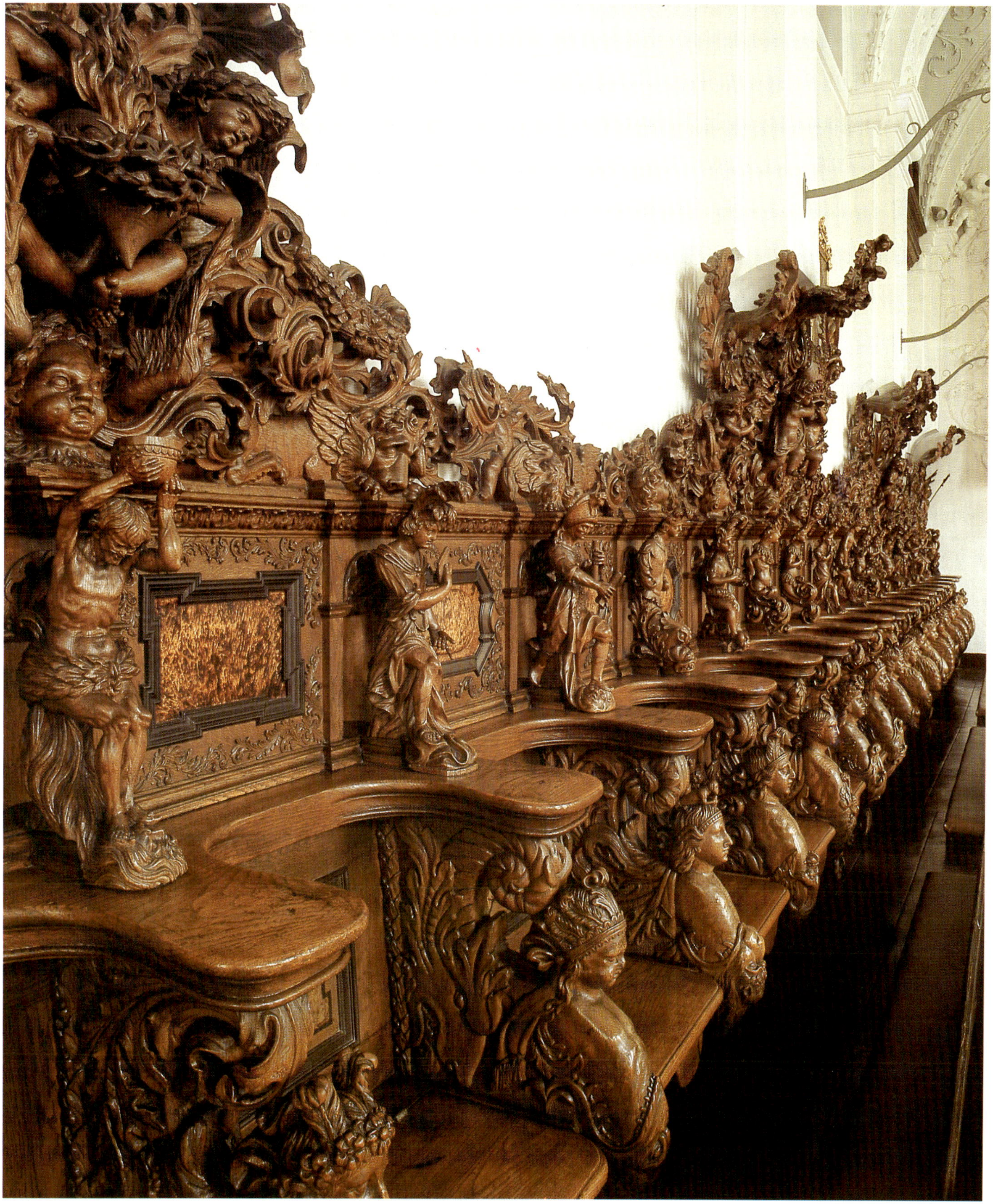

197 Untermarchtal.
Schloß der Herren von Speth.

Untermarchtal.
Castle of the Lords of Speth.

198   Reutlingendorf.
Kath. Pfarrkirche
St. Sixtus.

Reutlingendorf.
Catholic parish church of
St. Sixtus.

199   Reutlingendorf.
Kath. Pfarrkirche
St. Sixtus. Taufstein mit
Blumenornamenten,
Puttenköpfen und dem
Wappen des Klosters
Marchtal, 1603.

Reutlingendorf.
Catholic parish church of
St. Sixtus. Font with
flower ornaments, heads
of putti, and the coat of
arms of Marchtal
monastery, 1603.

200 Oberstadion.
Kath. Pfarrkirche
St. Martin. Aufgang
zur Empore.

Oberstadion.
Catholic parish church
of St. Martin. Staircase
to the gallery.

201 Oberstadion. Kath. Pfarrkirche St. Martin. Hochaltarflügel mit Darstellung der Grablegung, von Jörg Stocker, 1496.

Oberstadion. Catholic parish church of St. Martin. Side panel of the high altar with depiction of the Interment, by Jörg Stocker, 1496.

202 „Geisterhöhle" bei Rechtenstein, mit Blick auf die Donau.

"Ghost's cave" near Rechtenstein, with view of the Danube.

203 Rottenacker.
Evang. Pfarrkirche (Hl. Wolfgang).

Rottenacker.
Protestant parish church of St. Wolfgang.

204 Unterwachingen. Kath. Pfarrkirche St. Kosmas und Damian, 1754 erbaut.

Unterwachingen. Catholic parish church of St. Cosmas and Damian, built in 1754.

205 Unterwachingen. Kath. Pfarrkirche St. Kosmas und Damian. Gottvater mit Heilig-Geist-Taube, umringt von Putten, Stukkatur von Franz Pozzi über dem Altarauszug.

Unterwachingen. Catholic parish church of St. Cosmas and Damian. God, the Father, and the Holy Ghost as dove, surrounded by putti, stuccoes by Franz Pozzi over altar-piece.

206 Unterwachingen. Kath. Pfarrkirche St. Kosmas und Damian. Deckengemälde des Schiffs mit der Darstellung des Martyriums von Kosmas und Damian.

Unterwachingen. Catholich parish church of St. Cosmas and Damian. Painted ceiling in the nave depicting the martyrdom of Cosmas and Damian.

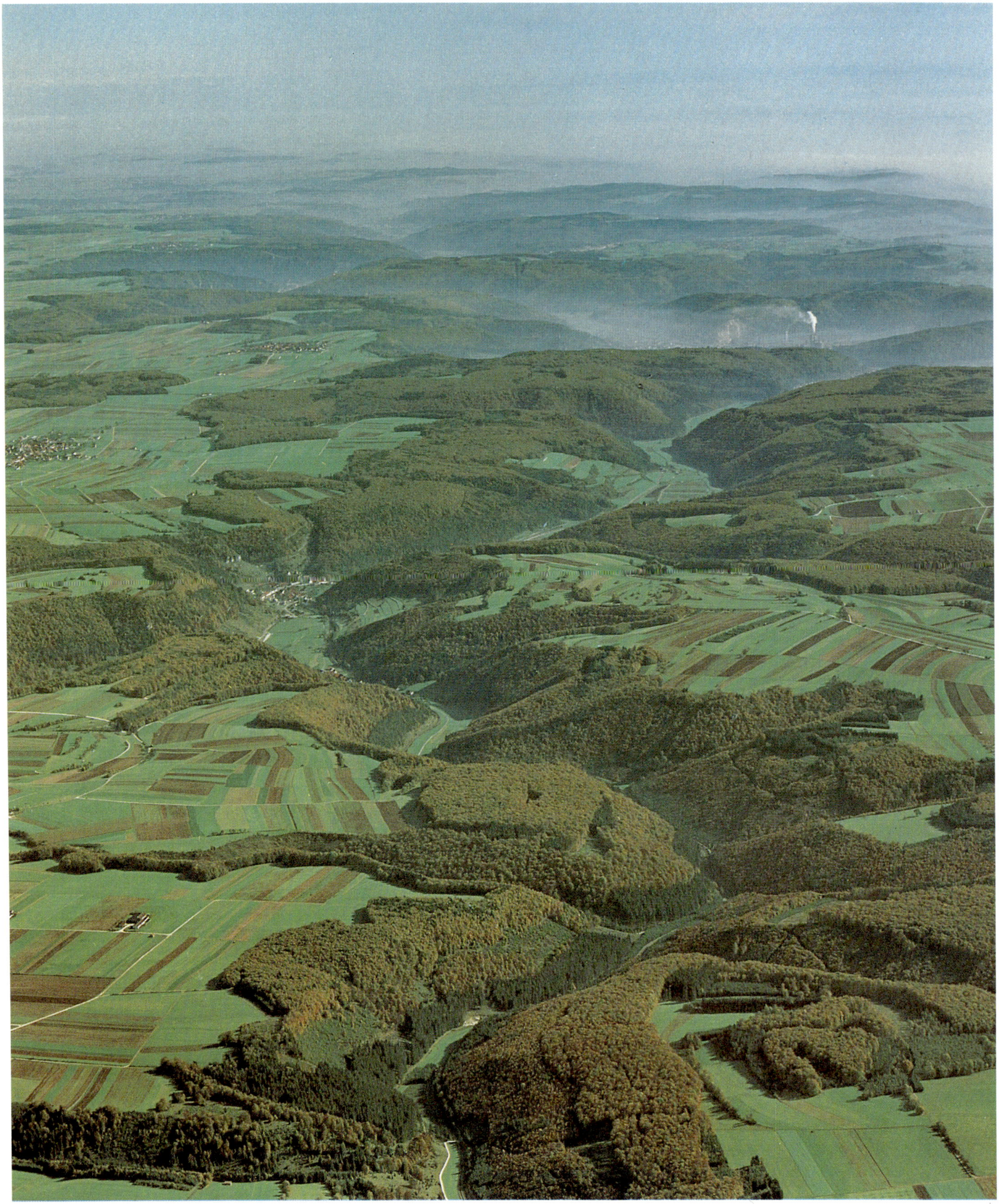

Verwaltungsraum Schelklingen

207 Landschaft bei Schelklingen mit dem Tal der Schmiech und dem Ort Hütten in der Bildmitte.

Landscape near Schelklingen with the Schmiech valley and the village Hütten in the centre of the picture.

Der Verwaltungsraum Schelklingen, 72,80 qkm groß, liegt teils in den Tälern der Schmiech und der Ach, reicht aber auch weit auf die Höhen der mittleren Flächenalb hinauf, von 528 m bei Schelklingen bis 790 m NN bei Ingstetten. Nach den in den Jahren 1972 bis 1975 vollzogenen Eingemeindungen und Vereinigungen besteht der Verwaltungsraum Schelklingen nur noch aus der Stadt Schelklingen.

Landschaftlich gehört er zu den reizvollsten des Alb-Donau-Kreises. Beliebte Wandergebiete und Naherholungsziele sind das idyllische Schmiechtal und die Waldschlucht des Bärentals mit den Ruinen Hohenjustingen und Muschenwang.

Ende 1976 zählte der Verwaltungsraum Schelklingen 6524 Einwohner, darunter 297 Ausländer (4,5 Prozent). Mit 89,6 Bewohnern je qkm ist er nur dünn besiedelt. Mehr als die Hälfte (54 Prozent) der Gesamtbevölkerung wohnt in der Stadt Schelklingen. Die Bevölkerung des Verwaltungsraums ist mehrheitlich katholisch, nämlich 74,5 Prozent, während 20,8 Prozent der Bevölkerung evangelisch ist.
Von der Gesamtbevölkerung sind 3194 Personen oder 49,0 Prozent erwerbstätig, davon 534 oder 16,7 Prozent in der Land- und Forstwirtschaft. Weitere 1185 Erwerbspersonen sind Berufsauspendler und somit außerhalb ihrer Wohngemeinde beschäftigt. Zugleich zählt der Verwaltungsraum 700 Berufseinpendler. Innerhalb des Verwaltungsraums Schelklingen sind somit 2709 Personen tätig, davon 532 oder 19,7 Prozent in der Land- und Forstwirtschaft. In den 224 nichtlandwirtschaftlichen Arbeitsstätten sind 2176 Personen beschäftigt; von diesen 1546 in der Stadt Schelklingen, die zusammen mit Schmiechen den gewerblichen Schwerpunkt bildet.

Der Verwaltungsraum Schelklingen ist aber zugleich landwirtschaftlich geprägt. Seine 298 land- und forstwirtschaftlichen Betriebe bewirtschaften eine 31,42 qkm große landwirtschaftliche Nutzfläche. Davon sind 18,96 qkm Ackerland und 12,34 qkm Dauergrünland. Viehzucht und Milchwirtschaft ergänzen die meisten Betriebe.
Fast die Hälfte der Markung ist von Wäldern bedeckt. In keinem anderen Verwaltungsraum außer dem Verwaltungsraum Kirchberg-Weihungstal ist der Waldanteil so groß wie hier.

Stadt Schelklingen

Schelklingen liegt in einer waldreichen Landschaft im Achtal. Mit den Teilorten Oberschelklingen, Sotzenhausen und Ursprung ist die Markung 13,54 qkm groß, wovon allein 8,78 qkm bewaldet sind.
Die Stadt liegt an der Bahnlinie Ulm–Freiburg, deren Teilstücke Ulm–Blaubeuren und Blaubeuren–Ehingen in den Jahren 1868 und 1869 eröffnet wurden. Nahe Schelklingen liegen die Sirgensteinhöhle am Fuß eines 45 m hohen Weißjurafelsen und der Hohlefels, ebenfalls mit einer Höhle. Beide waren Wohnhöhlen von Altsteinzeitjägern. Zahlreiche wichtige Funde wurden in beiden Höhlen gemacht, darunter Feuerstein, Knochengeräte, Knochen kleinerer Nagetiere, darunter von eiszeitlichen Lemmingen, die einst die Beute von Greifvögeln geworden waren. Auch Knochen von Mammut, Rentieren und Wildpferden, Höhlenbären, Steinbock und Schneehase wurden dort entdeckt.
Schelklingen ist 1184 erstmals urkundlich genannt. Es gehörte zum Besitz der Grafen von Schelklingen, einem Zweig der bedeutenden Grafen von Berg bei Ehingen. Die Herrschaft der Grafen von Schelklingen bestand aus der Stadt Schelklingen, dem Kloster Ursprung mit den dazugehörigen Dörfern Hausen und Schmiechen, dem Weiler Sotzenhausen und den Höfen Oberschelklingen und Muschenwang. Das Stadtrecht soll Schelklingen 1234 erhalten haben. Mit der Herrschaft Berg fiel Schelklingen 1343 an Österreich und wurde von ca. 1360 an mit den übrigen Herrschaften laufend verpfändet. Das kleine Städtchen diente manchen Adeligen, Pfandherren und anderen als Wohnsitz. So war Konrad von Bemmelberg, kaiserlicher Söldnerführer, 1530–1567 Pfandherr und ließ sich außerhalb der Stadt ein Schlößchen errichten. Das Spital bei der Kirche war zuvor Stadthaus der Herren von Wernau, das „Rößle" ein solches der Herren von Reußenstein. Die über der Stadt gelegene Burg, deren Bergfried noch erhalten ist, zerfiel nach dem 30jährigen Krieg, als die Stadt 1647 geplündert worden war. 1568 war auch die Stadt Ehingen Pfandherr, danach die Grafen Schenk von Castell. Im 18. Jh. bemühte sich das Kloster Ursprung vergeblich um die Pfandschaft. Als 1732 die Schenk von Castell die Herrschaft als Mannlehen erhielten, behielt die Stadt ihre Privilegien, auch den Blutbann, blieb aber eingezwängt zwischen die Landesherrschaft und das benachbarte Ur-

spring, bis sie 1806 an Württemberg überging. Sie wurde dem Oberamt Blaubeuren, ab 1938 dem Landkreis Ehingen zugeordnet. Durch Eingemeindungen kamen am 1. März 1972 Hausen ob Urspring und Justingen, am 1. April 1972 Hütten und Ingstetten, am 1. Januar 1975 Gundershofen und Sondernach zu Schelklingen. Schmiechen wurde am 1. Juli 1974 mit Schelklingen vereinigt.

1127 schenkten die Herren Rüdiger, Adalbert und Walter von Schelklingen den Ort Urspring samt Kirche dem Kloster St. Georgen, das hier schon vor 1179 ein Benediktinerinnenpriorat errichtete. 1250 wurde dieses von staufischen Parteigängern aus Justingen zerstört, lebte aber bald wieder auf, durch ein päpstliches Dekret von 1258 gefördert. Im 13. Jh. erwarb das Kloster zahlreichen Besitz in der Umgebung, darunter die Dörfer Hausen und Schmiechen, Pflegehöfe in Ehingen und Ulm. Seitdem die Vogtei 1343 mit Schelklingen an Österreich übergegangen war, teilte Urspring auch das wechselvolle Schicksal der Herrschaft Schelklingen, mit der es viel Streit wegen Abgrenzung von Rechten gab. 1475 wurde im Kloster eine Reform durchgeführt. Danach folgte eine Zeit lebhafter Bautätigkeit. Es bestand nun bis 1770 im Kloster eine Mädchenschule. Im 16. Jahrhundert wird die Musikpflege gerühmt. 1622 zerstörte ein großer Brand einen Teil der Gebäude und die Kirche. Der 1627 eingeweihte Neubau war eine einschiffige Barockkirche mit einer großen Nonnenempore. 1806 nahm Württemberg vom Kloster Besitz und löste es auf. Ein Industriebetrieb richtete sich ein. 1930 fand das Gebäude als Sitz der Urspringschule mit Internat eine neue Verwendung.

Schelklingen zählte im Jahr 1830 schon 1006 Einwohner. Landwirtschaft, Hafnerei und Strohflechten waren damals die Haupterwerbsquellen. Spinnen und Musselinsticken wurden als Nebengewerbe betrieben. Im Jahr 1902 entstand das dortige Zementwerk. Weitere Industrieansiedlungen folgten nach. So wuchs auch die Bevölkerung auf 1633 Bewohner im Jahr 1905 und auf 2195 im Jahr 1939.

Nach 1945 kam es zu weiteren Industrieansiedlungen in Schelklingen. Doch das bedeutendste aller Unternehmen blieb das modernisierte und erweiterte Zementwerk Schelklingen der Portlandzementwerke Heidelberg. Andere Betriebe stellen Lederwaren, Elektroartikel, Metallwaren, Strickwaren und Fenster her. Im Jahr 1975 zählte die Schelklinger Industrie 1112 Beschäftigte.

Inzwischen ist Schelklingen auf 3533 Einwohner herangewachsen, darunter 202 Ausländer (5,7 Prozent). Davon sind 2438 katholisch und 860 evangelisch. Von den 1662 erwerbstätigen Bewohnern der Gemeinde arbeiten nur noch 45 in der Land- und Forstwirtschaft. 531 Erwerbstätige gehen als Auspendler in andere Orte zur Arbeit. Als Einpendler kommen 532 Berufstätige nach Schelklingen. In der Stadt Schelklingen sind somit 1663 Personen beschäftigt. Bei der Arbeitsstättenzählung 1970 waren hier 120 nichtlandwirtschaftliche Arbeitsstätten mit 1546 Beschäftigten vorhanden, davon 948 im verarbeitenden Gewerbe einschließlich Industrie, 83 im Baugewerbe, 189 in Handel und Verkehr und 144 in den übrigen Dienstleistungen und freien Berufen. Die noch vorhandenen 19 landwirtschaftlichen Betriebe bewirtschaften 2,32 qkm landwirtschaftliche Nutzflächen.

Die mittelalterliche kleine Stadt mit Rathaus in Fachwerkbauweise mit Dachreitertürmchen, dem schönen Fachwerkgebäude des Spitals, dem Pfarrhaus von 1599, dem Ursprunger Hof von 1717 war früher auch Sitz von Adelsgeschlechtern, an welche noch heute Gebäude erinnern. Das Gasthaus zum „Rößle", erbaut im 16. Jh., war das Wohnhaus der Herren Reuß von Reußenstein, ein mächtiger Giebelbau in Fachwerkbauweise auf massivem Untergeschoß mit Rundbogenportal und Wappen der Herren von Reußenstein, sowie Figurennische über dem Portal.

Die Burg Hohenschelklingen, zuerst 1127 erwähnt, war eine mächtige Anlage, die 1534 noch intakt gewesen ist, dann als Steinbruch benutzt und als Baumaterial bis nach Ehingen verbracht wurde. Die heutige Ruine mit quadratischem romanischen Bergfried ist fünfgeschossig aus Buckelquadern und steht auf schmalem, nach drei Seiten steil abfallenden Bergrücken. Sie hat eine dominierende Stellung zwischen Urspring und Achtal.

Die bereits 1275 erwähnte kath. Pfarrkirche St. Kosmas und Damian hat einen romanischen Turmsockel und Bauteile aus der Gotik und Renaissance.

Eine Sehenswürdigkeit ist die kath. Kapelle St. Afra südlich vor der Stadt auf dem ummauerten Friedhof gelegen. Sie wurde um 1300 oder kurz danach erbaut. Ihr Äußeres ist schmucklos; der Innenraum überrascht, denn er ist völlig ausgemalt: es ist der größte überlieferte hochgotische Wandmalereizyklus Schwabens aus dem Anfang des 14. Jh., aufgedeckt 1881, und seitdem mehrmals restauriert. Die Bilder füllen in zwei Streifen übereinander Nord-, Ost- und Südwand bis in eine Höhe von ca. 2 m, mit den Darstellungen: Zug der Hl. Dreikönige und Anbetung. Darstellung aus der Passion Christi mit Heiligenmartyrien. Apostelfiguren, Paradies und Hölle, Schmerzensmann und die Hl. Afra auf dem Scheiterhaufen. In einem Schiff auf stürmischem Meer, das der Satan lenkt, sitzt die Christenheit, und unter dem Schmerzensmann Maria mit dem Kind inmitten der Apostel.

Im Zentrum von Schelklingen wurde im Frühjahr 1980 das Heimatmuseum mit drei Museums- und zwei Räumen für das Stadtarchiv eingerichtet. Die ältesten Gegenstände sind Bodenfunde aus der Zeit der Neandertaler am Kogelstein. Bandkeramik von 3000 v. Chr., sowie Waffen, Gefäße, eine silberne Gürtelschnalle sind von einem alemannischen Friedhof; aus dem Mittelalter Beinarbeiten und Keramik. Sie werden ergänzt durch Häfnerware aus Schelklingen des 17. Jh., Bodenfliesen aus dem Kloster Urspring u. a. Die Sammlung wird laufend ergänzt. In Planung ist eine komplette Schmiedewerkstatt aus Hütten, die originalgetreu aufgebaut wird.

Lützelberg bei Schelklingen

Zu der Herz-Jesu-Kapelle führt anstelle der barocken Kreuzwegstationen eine aus heutiger Zeit. Die Kapelle wurde von der Äbtissin Maria Franziska Giel von Gielsberg gestiftet und 1707 erbaut. Über deren hochbarockem Portal befindet sich das Wappen der Stifterin mit Jahreszahl 1709, darüber der Hl. Joseph mit Christkind, das nach dem Herzen greift. Der geschnitzte Hochaltar hat als Mittelstück das Herz Jesu, zu dessen beiden Seiten Maria und Johannes von P. Anselm Storr, Zwiefalten, stehen. Darüber thront Gottvater mit Weltkugel und ein Engel mit Kreuz.

Urspring

Das ehemalige Benediktinerinnenkloster ist vermutlich als Doppelkloster 1127 gegründet und seit dem 14. Jh. ausschließlich adeliges Benediktinerinnenpriorat, das zum Kloster St. Georgen gehörte. Die Klosteranlage liegt am Ende eines Tales, das von steilen Berghängen umgeben ist, über dem Urspringtopf. Vom Klosterbezirk, jetzt Urspringschule, evang. Landeserziehungsheim, bestehen noch Teile der früheren Anlage, sowie die Klausur mit der Kirche auf der Nordseite, vorgelagerten Gastgebäuden sowie Wirtschaftstrakt. Die ehem. Klosterkirche St. Ulrich, jetzt evang. Kirche, wurde 1622–27 anstelle einer spätgotischen Anlage, die wohl einen romanischen Vorläufer hatte, erbaut. Im Innern befinden sich nur noch Reste der ehemals wohl reichen Ausmalung und Stukkierung, doch keine Ausstattung. Am Schlußstein der offenen Vorhalle ist das Baudatum 1540. Das Äußere der Kirche ist schlicht, ein hohes steiles Satteldach mit dreigeschossigem Chorgiebel und hohen Rundbogenfenstern; der Turm hat ein viereckiges Untergeschoß mit achteckigem Aufsatz und niederem Zeltdach. Von den Klostergebäuden hat sich nur noch der Ostflügel der Klausur erhalten, erbaut im 15. Jh., ausgestattet und umgebaut im 17. Jh.

Ortsteil Gundershofen

Gundershofen liegt am Beginn des Schmiechtals, das sich noch als enges Waldtal zeigt. Der Weiler Springen, wo die Schmiech als Karstquelle entspringt, gehört zu Gundershofen. Die Markung ist 8,34 qkm groß, davon sind 2,85 qkm bewaldet.
Das im Jahr 1268 als „Gundershoven" bezeichnete Örtlein gehörte jahrhundertelang zur Herrschaft Justingen. Doch besaß auch das Kloster Salem hier Grund und Boden. 1751 kam Gundershofen zu Württemberg und war Teil des Stabsamts Justingen. Bei der Neugliederung des Landes kam Gundershofen zum Oberamt Münsingen. Am 1. Januar 1975 wurde es nach Schelklingen eingemeindet.
Die Bevölkerungszahl von Gundershofen hat sich in den letzten hundertfünfzig Jahren nur wenig verändert. Im Jahr 1834 zählte es 287 Einwohner, im Jahr 1900 269 und heute nur noch 195 Einwohner, davon 148 katholisch und 47 evangelisch. Land- und Forstwirtschaft gaben den meisten Bewohnern schon in früheren Zeiten Brot und Einkommen. Um die Jahrhundertwende gab es hier aber auch drei Mühlen und eine Bierbrauerei. Von den 132 erwerbstätigen Bewohnern von Gundershofen arbeiten 55 in der Land- und Forstwirtschaft. Ebenso viele Erwerbspersonen arbeiten als Auspendler andernorts. In der Gemeinde sind 78 Personen beschäftigt, davon 53 in der Land- und Forstwirtschaft. Die 28 landwirtschaftlichen Betriebe bewirtschaften eine 3,55 qkm große landwirtschaftliche Nutzfläche.

Die kath. Pfarrkirche St. Michael wird schon im 13. Jh. erwähnt, 1846 erfolgte ein Neubau.

Ortsteil Hausen ob Urspring

Hausen liegt hoch über dem Kessel von Urspring, dem Teilort der Stadt Schelklingen, 720 m NN. Seine Markung ist 11,91 qkm groß, wovon 4,37 qkm bewaldet sind.
Hausen ob Urspring war ursprünglich Bestandteil der Herrschaft Schelklingen und kam durch Kauf, Tausch und Stiftungen allmählich zum Kloster Urspring. Das dortige Benediktiner-Frauenpriorat gehörte zum österreichischen Gebiet. Bei der Neugliederung des Landes 1803 kam Hausen ob Urspring zu Württemberg und zum Oberamt Blaubeuren, 1938 zum Landkreis Ehingen. Am 1. März 1972 wurde es nach Schelklingen eingemeindet.
Die Einwohnerzahl von Hausen ob Urspring blieb in den letzten hundertfünfzig Jahren fast unverändert. Im Jahr 1830 zählte der Ort 301 Einwohner. Heute sind es 408 Bewohner, davon sind 396 katholisch. Von den 197 erwerbstätigen Bewohnern arbeiten 99 in der Land- und Forstwirtschaft. 76 Erwerbstätige gehen als Auspendler zur Arbeit in andere Gemeinden. In Hausen ob Urspring selbst arbeiten 122 Personen, davon 97 in der Land- und Forstwirtschaft. 46 Landwirtschaftsbetriebe bewirtschaften 6,00 qkm landwirtschaftliche Nutzflächen.

Die kath. Kirche St. Georg ist im Kern spätgotisch und hat auf ihrer Südseite Reste des romanischen Turms, der, wie Chor und Schiff, 1904 verändert wurde. Ihre Innenausstattung ist von vorzüglicher Qualität: Maria mit Kind, eine Holzskulptur von Gregor Erhart, oder aus dessen Werkstatt, entstanden um 1495–1500. Das in der Form einer Turm-Monstranz gestaltete Kreuzreliquiar gehört zu den besten spätgotischen Goldschmiedearbeiten des Kreises.
Südlich vom Ort an der Straße nach Schelklingen befindet sich ein Steinkreuz von 1573 als Sühnekreuz „von wegen des Totschlags von Hausen".

Muschenwang

Über dem Sindeltal auf vorspringendem Fels gelegen, steht ca. 400 m nördlich der Burgruine das sog. Forstwächterhaus, das 1586 von der Äbtissin Margaretha von Stain erbaut worden ist, wohl zunächst als Sommerhaus. Das Wohnhaus ist in die Außenmauer eingebunden, zweigeschossig mit Giebel unter einem Satteldach. Über dem Sturz der Eingangstüre befindet sich das Wappen des Klosters Ursprung und Margaretha von Stain mit Bildhauerzeichen und Monogramm des Hans Schaller von Ulm samt Inschrift.

Ortsteil Hütten

Hütten liegt im schönen Schmiechtal, 7 km westlich von Schelklingen, 593 m NN. „Die Lage des Dörfchens ist höchst malerisch und noch schöner muß das Bild gewesen sein, als die Burg Justingen noch ragte, unter deren gewaltigen Burgfelsen es sich an den Steilhang schmiegt", schreibt die Oberamtsbeschreibung Münsingen vom Jahr 1912. Die Markung von Hütten ist nur 3,66 qkm groß, wovon allein 1,88 qkm bewaldet sind.

Hütten gehörte einst zur Herrschaft Justingen und dürfte im Anschluß an die Burg Justingen entstanden sein. Die dortige Mühle führte 1216 den Namen „Studach". Diesen Namen hatte damals auch die Schmiech, „eine mittelalterliche Bezeichnung für den von Stauden umsäumten Bach".

Die Einwohnerzahl von Hütten hat sich in den letzten hundertfünfzig Jahren kaum verändert. Im Jahr 1834 zählte der Ort 294 Einwohner. Heute sind es 396 Bewohner, davon 237 katholisch und 138 evangelisch. Von den 170 erwerbstätigen Bewohnern arbeiten nur 26 in der Land- und Forstwirtschaft. 113 Erwerbspersonen arbeiten andernorts und sind Auspendler. 21 Einpendler kommen in den Ort zur Arbeit. Er zählt insgesamt 87 Beschäftigte im Ort, davon 22 in der Land- und Forstwirtschaft. 15 nichtlandwirtschaftliche Arbeitsstätten sind in der Gemeinde. Sie weisen 69 Beschäftigte auf, allein 43 im Baugewerbe. 17 Landwirtschaftsbetriebe bewirtschaften eine 1,59 qkm große landwirtschaftliche Nutzfläche.

Hütten gehörte ab 1751 zu Württemberg und zum Stabsamt Justingen. Ab 1803 kam es zum Oberamt Münsingen und am 1. April 1972 wurde die Gemeinde nach Schelklingen eingemeindet.

Über dem Dorf erhebt sich auf einer Felsplatte des romantischen Schmiechtales das kath. Kirchlein zur schmerzhaften Muttergottes, das 1717 erbaut wurde. Es hat seinen geschwungenen Barockgiebel dem Tal zugekehrt. Auf dem Dach sitzt ein achteckiges Glockentürmchen mit Zwiebelhaube.

Vor der Kirche steht die überlebensgroße segnende Christusfigur aus Steinguß, um 1900 entstanden und blickt weit hinaus ins Land.

Ortsteil Ingstetten

Auf der Hochebene über dem Schmiechtal, 9 km westlich von Schelklingen und 752 m NN liegt Ingstetten. Ein Viertel der 8,76 qkm großen Markung ist bewaldet.

Der Ort gehörte einst zur Herrschaft Justingen und teilte deren Schicksal. Um 1751 wurde er württembergisch und war Teil des Stabsamtes Justingen. Bei der Neugliederung des Landes um 1803 wurde Ingstetten dem Oberamt Münsingen zugeordnet. Am 1. April 1972 folgte die Eingemeindung nach Schelklingen.

Auch Ingstetten veränderte in den letzten hundertfünfzig Jahren seine Einwohnerzahl kaum. Es zählte im Jahr 1834 346 Einwohner. Heute sind es 397 Einwohner, 383 katholisch und 14 evangelisch. Von den 200 erwerbstätigen Bewohnern arbeiten 105 in der Land- und Forstwirtschaft. 31 Erwerbspersonen sind Berufsauspendler. Andererseits kommen 15 Einpendler zur Arbeit in den Ort. In Ingstetten selbst sind somit 184 Personen beschäftigt, davon 104 in der Land- und Forstwirtschaft. 42 Landwirtschaftsbetriebe bewirtschaften eine 5,68 qkm große Fläche. In nichtlandwirtschaftlichen Arbeitsstätten sind 86 Personen beschäftigt.

Die kath. Filialkirche St. Sebastian wurde im 18. Jh. erbaut, 1886 erneuert und vergrößert. Auf einem Seitenaltar befindet sich die Holzplastik Maria mit Kind, eine schwäbische Arbeit um 1490. Aus dieser Zeit stammt wohl auch die Holzfigur des Kirchenpatrons.

Ortsteil Justingen

Justingen liegt auf der Hochfläche der Alb über dem Schmiechtal und 7 km westlich von Schelklingen. Die Markung ist 11,76 qkm groß mit einem Waldanteil von 3,22 qkm.

Die einstige Burg Justingen lag außerhalb dieser Markung auf dem Gebiet von Hütten.

Justingen ist bereits 1181 als „Justingin" genannt. Das freie Adelsgeschlecht von Justingen, stammverwandt mit denen von Steußlingen und von Gundelfingen, tauchte Ende des 11. Jh. hier auf. Aus der Familie ragt Anselm von Justingen durch seine reichspolitische Tätigkeit hervor. Mit Heinrich von Neuffen wurde er 1211 nach Italien gesandt, um den gewählten König Friedrich II. nach Deutschland zu geleiten. Ab 1212 war Anselm Reichshofmarschall. Später war er in die Empörung König Heinrichs VII. verwickelt. Dabei wurde 1235 seine Stammburg zerstört. 1243 starb die Familie der von Justingen aus. Der Besitz kam an die Stöffeln und über andere Besitzer 1530 an die Familie von Freyberg. 1751 kam Justingen zu Württemberg und gehörte dem Stabsamt Justingen. Ab 1803 kam es zum Oberamt Münsingen. Am 1. März 1972 erfolgte die Eingemeindung nach Schelklingen.

Im Jahr 1834 zählte Justingen 576 und im Jahr 1910 noch 528 Einwohner. Der Ort galt als übervölkert. So berichtet die Münsinger Oberamtsbeschreibung von 1912: „Der ökonomische Zustand der Herrschaft von Justingen war im 18. Jh. sehr wenig befriedigend. Unter 235 Familien waren nur 51 Bauern und 2 Seldner mit eigenem Zeug; daneben lebten 65 vom Handwerk und 56 vom Bettel". Daher wurde in Justingen eine Seidenfabrik eingerichtet, die im Jahr 1783 schon 100

Personen beschäftigte. Doch im Jahr 1792 mußte sie liquidieren. Im Jahr 1907 lebten dann 83 Prozent der Bewohner von der Landwirtschaft. Dazu gab es eine Brauerei und eine Ziegelei im Ort. Mehrere Bewohner betrieben den Hausierhandel mit Wachswaren, selbstgefertigten Körben, Rechen und Gabeln. Andere hausierten mit Lebensmitteln.

Heute zählt Justingen 479 Einwohner, von denen 453 katholisch und 23 evangelisch sind. Von den 270 erwerbstätigen Bewohnern arbeiten 128 in der Land- und Forstwirtschaft. Weitere 98 Erwerbspersonen sind Berufsauspendler, die überwiegend in Schelklingen und Blaubeuren arbeiten. 18 Einpendler kommen nach Justingen zur Arbeit, wo insgesamt 190 Personen beschäftigt sind, davon 135 in der Land- und Forstwirtschaft. 61 Landwirtschaftsbetriebe bewirtschaften eine 7,06 qkm große Fläche. In 21 nichtlandwirtschaftlichen Arbeitsstätten sind 104 Personen tätig, doch sind keine größeren Betriebe im Ort.

Die kath. Pfarrkirche St. Oswald wurde 1697 anstelle einer älteren Kirche, von welcher der Chor und Turmuntergeschoß erhaltengeblieben sind, erbaut. Der Innenraum ist klar gegliedert und hat im Westen eine zweigeschossige Empore. Der Hochaltar ist neu, die Seitenaltäre vom Ende des 17. Jh.

Ortsteil Schmiechen

Am Eingang zum mittleren und oberen Schmiechtal, umgeben von bewaldeten Höhenzügen liegt die Gemeinde Schmiechen, 545 m NN, an der Bahnlinie Ulm—Freiburg. Die Markung ist 10,35 qkm groß, wovon 6,22 qkm bewaldet sind.

Nicht nur Naturfreunde und Erholungssuchende bewundern im Jahresablauf den Schmiecher See, ein Vogel- und Tierparadies inmitten eines 50 ha großen Naturschutzgebietes.

Schmiechen ist im Jahr 1108 erstmals urkundlich genannt. Es gehörte den Grafen von Berg und kam im Jahr 1468 voll in den Besitz des Klosters Urspring. Im Jahr 1806 kam der Ort zu Württemberg und wurde dem Oberamt Blaubeuren zugeteilt. Im Jahr 1938 kam er bei der Neugliederung der Kreise zum Landkreis Ehingen. Am 1. Juli 1974 wurde Schmiechen mit Schelklingen vereinigt.

Schmiechen zählte im Jahr 1830 erst 310 Einwohner. Es hat sich durch gewerbliche Ansiedlungen vor allem nach dem Jahr 1945 stark vergrößert. Anfang 1977 zählte Schmiechen bereits 969 Einwohner, 794 katholisch und 128 evangelisch. Von den 486 erwerbstätigen Bewohnern arbeiten nur 52 in der Land- und Forstwirtschaft (10,7 Prozent).

248 Erwerbspersonen sind Berufsauspendler, die andernorts tätig sind. Andererseits kommen 109 auswärtige Kräfte als Einpendler in den Ort. In Schmiechen selbst sind somit 347 Personen beschäftigt, davon 49 in der Land- und Forstwirtschaft. 31 nichtlandwirtschaftliche Arbeitsstätten mit 334 Beschäftigten zählt der Ort, darunter 282 Personen im verarbeitenden Gewerbe. Unter ihnen sind drei Industriebetriebe mit zusammen 223 Beschäftigten. Ein Sägewerk, eine Brauerei, eine Baumwollzwirnerei und Strickgarnfabrik sind hier angesiedelt. Die 32 landwirtschaftlichen Betriebe bewirtschaften eine 3,48 qkm große Fläche.

Die kath. Pfarrkirche St. Vitus weist das Baudatum 1480 an der Sakristei aus. Von der vermutlich aus dem 13. Jh. stammenden Kirche ist noch unter dem Chor eine Krypta mit Tonnengewölbe erhalten, sowie der Turmunterbau aus Buckelquadern und das Langhaus bis zu einer gewissen Höhe, wie Wandmalereireste aus dem 14. Jh. beweisen. Die heutige Kirche hat ein einschiffiges, flachgedecktes Langhaus, das vermutlich 1492 erhöht und dabei einheitlich ausgemalt worden ist.

Der mit einem Netzgewölbe versehene dreiseitig geschlossene Chor hat an dessen vier Schlußsteinen die Hl. Maria, Vitus, Urban und Martin, 1492 erbaut.

Der Turm südlich des Chores hat auf romanischem Untergeschoß ein Glockengeschoß mit hohem Turmhelm und neugotischen Fenstern von 1889. Außen an der Ostwand des Chores befindet sich in einer Figurennische eine Madonna aus Stein um 1490, die aus dem Kloster Urspring stammen soll.

Der Schmiechener See

Ich lade Sie ein zu einem Ausflug mit der Familie oder einer ganz kleinen Gruppe, um auch dem Laien die Augen zu öffnen für die Schönheit unserer heimatlichen Natur, die so verhalten und verborgen ist. Wir wollen auf dem Weg bleiben, keinen Lärm machen, denn diese Landschaft des Flachmoors mahnt zur Einkehr und besinnlicher Beobachtung in wechselnden Jahreszeiten.

Der Tag ist blau geöffnet und am Horizont ankern Wolkenschiffe. Wer die Vogelwelt erleben will, die nach Sonnenaufgang schon ihrem Höhepunkt zustrebt, steht zeitig auf. Nach Überqueren der Bahnlinie führt 50 m vom Bahnhof Schmiechen ein landwirtschaftlicher Fahrweg zum See, „der Sai" dort geheißen. Und dann folgt, wenn Ihnen ein Einheimischer begegnet, bereitwillig die weitere Erklärung, „der Sai" habe Wasser, habe im Frühling viel Wasser gehabt, oder er habe grad keines. Im letzteren Fall gibt es für den, der ein schönes blaues Seenauge, über dem nächtlich die Nixen schweben, erwartet hatte, eine Enttäuschung. Er erblickt vorläufig nur Schilf, Seggen, Weidenbüsche, verwachsene Bäume, und im Frühsommer einen breiten Gürtel voller gelber Wasserschwertlilien, oder im Herbst die Kanonenwischer, wie hier die Rohrkolben genannt werden. Diese Vegetation bedeckt die tiefliegende Mulde der flachen, von sanftgewellten Höhen begrenzte Landschaft.

Plötzlich schwankt der Wiesenrasen, wenn einer vom schmalen Weg abweicht, Feuchtigkeit quietscht und quillt, Wasserlöcher glotzen urgründig. In normalen Jahren ist der See an seiner tiefsten Stelle etwa 1,80 m tief. Die Hauptflächen schwanken zwischen einem halben und einem Meter. Zur Zeit der Schneeschmelze oder bei großen Niederschlägen entsteht ein See, der auch die angrenzenden Wiesen überschwemmt. In extrem nassen Jahren bildet sich östlich davon ein zweiter See, der dann von den Bauern der „Schelklinger Sai" genannt wird. Doch ist dieser jeweils nur von kurzer Dauer und kommt im Grunde selten zustande. In manchen Jahren trocknet er fast aus. Die Pflanzengesellschaften dieses verlandenden Sees mit wechselndem Wasserstand haben sich diesen Schwankungen angepaßt, auch das Weiherveilchen, das sonst nirgendwo in Baden-Württemberg vorkommt, fehlt in manchem Jahr ganz, und dann plötzlich ist es im nächsten Jahr wieder da. 50 ha dieses Flachmoors wurden 1973 zum Naturschutzgebiet erklärt.

Es ist hier nicht möglich, dieses einmalige Reservat für viele seltene Pflanzen und Tiere erschöpfend darzustellen. Deshalb wollen wir Auge und Ohr offenhalten für den schönen Klang dieser urtümlichen Gegend, die umso eindringlicher erlebt wird, wenn ein gewohntes Geräusch, etwa die Eisenbahn oder ein Flugzeug, daran erinnert, daß es Lärm gibt, der von der Technik rührt.

Das Schilf ist als Vogelraststätte während der Zugzeit voller Leben. Als Frühlingsbote erscheint Anfang März der Kiebitz, buntschillernd, mit kurzem Schnabel und schneidiger Federtolle auf dem Kopf. Er vollführt seine gaukelnden Balzflüge und ruft dabei lebhaft seinen eigenen Namen: kie-witt-wäh. Und sieh da! Anfang Mai führt Madame Kiebitzin ihre jungen Regenpfeifer vor. Zur Osterzeit brüten die Stockenten im versteckten Nest unter hängenden Grasboschen, und der grünschillernde Kopf der Erpel hält wachsame Ausschau. Zierliche Krick-Enten, die Knäk-Ente, bei gutem Wasserstand auch Pfeif-Spieß- und seltener die prächtige Löffel-Ente sind im Mai zu beobachten.

Die Rolle des Umweltschützers hat die kleinste Schnepfenart, die Bekassine, übernommen, denn ihr Vorhandensein zeigt an, wie gesund oder krank eine Landschaft ist, und wo Wasser abgesenkt wurde. Als bedrohte Vogelart ist sie nun dort standfest geworden und hat im Volksmund gleich mehrere Übernamen erhalten: Himmelsziege, Märzenfüllen, Riedmeckeler. Sie rühren daher, daß das Männchen beim Balzflug in die Höhe schnellt und beim Herabschießen aus hoher Luft mit den Schwanzfedern ein meckerndes Rauschen verursacht, worauf das Weibchen mit einem freundlich fröhlichen ticketacke antwortet. Derweil singt und palavert der winzige Teichrohrsänger geschwätzig sein karakitt-kieck-kieck den ganzen Tag über und lockt hie und da den Kuckuck herbei, der dann in dessen bereitetes Nest sein bekanntes Kukkucksei legt. Zum Bestand gehört den Sommer über auch die kleine Rohrammer. Sie zirpt und lärmt und „schimpft wie ein Rohrspatz" ihr zieh-zieh-tschüüü. Auf dem Durchzug ist im Frühling, zwar seltener, der Große Brachvogel, der gravitätisch auf hohen Beinen stelzend, mit seinem Sichelschnabel in dem feuchten Grund nach Nahrung stochert. Seine Melodie, weich und näselnd wie ein Fagott, ist sehnsüchtig und voller Melancholie.

Verschwunden ist, da besonders anfällig gegen die Zerstörung des Lebensraumes und Umweltgifte, die Große Rohrdommel. Sie wird wegen ihres dumpfen nächtlichen Rufens mit Y-pump-Y-pump auch als Moorochs oder Moorkuh bezeichnet.

Aus dem Schlammgrund war Anfang März der Grasfrosch aufgetaucht, und er schreitet als erster zur Hochzeit. Nach ihm ziehen Tausende von Lurchen zum Laichen an den See; die Erdkröte wandert zur Laichablage, der Berg- und Teichmolch lebt zur Paarungszeit im See und kehrt dann in Amphibienzügen zurück in seinen angestammten Lebensraum.

„Unk unk unk unk
Köpfchen in das Wasser tunk!"

Der Sommer glüht. Das Moor erträumt
Urzeiten, die verrauscht, verschäumt,
Und was die düstere Schwermut schuf
Das brodelt uns auf im Unkenruf:

„Unk unk unk unk
Ich bin der Moorgeist am Weidenstrunk."

Die Stimmen der Vögel nehmen ab, je höher die Sonne steigt. Im Seichtwasser der Schmiech stehen Fischreiher lauernd auf Beute, als wir den Rundgang beenden. Abends fliegen sie krächzend zu ihren Schlafbäumen in den nahen Wäldern.

Ortsteil Sondernach

Abgeschieden in dem tiefen Taleinschnitt der „besonderen Ach", die bei Hütten in die Schmiech einmündet, liegt Sondernach, 604 m NN und mit einer 4,49 qkm großen Markung, wovon 1,98 qkm bewaldet sind.

Sondernach gehörte einst zur Herrschaft Steußlingen, mit der es von Württemberg erworben wurde. Im Jahr 1542 wurde die Reformation eingeführt. Der altwürttembergische Ort kam 1806 zum Oberamt Steußlingen, 1810 zum Oberamt Ehingen und bei der neuen Kreiseinteilung zum Landkreis Ehingen. Am 1. Januar 1975 wurde Sondernach nach Schelklingen eingemeindet.

Im Jahr 1871 zählte Sondernach 129 und im Jahr 1890 154 Einwohner, davon 151 evangelisch. Anfang 1977 hatte der Ort 147 Bewohner, davon 132 evangelisch und 11 katholisch. Von den 68 erwerbstätigen Bewohnern arbeiten nur 24 in der Land- und Forstwirtschaft. 33 Erwerbspersonen sind Auspendler und arbeiten andernorts, meist in Schelklingen. In Sondernach selbst sind lediglich 38 Personen beschäftigt, davon 24 in der Land- und Forstwirtschaft. Die 15 vorhandenen Landwirtschaftsbetriebe bewirtschaften 1,62 qkm landwirtschaftliche Nutzflächen.

Die evang. Filialkirche wurde 1599 errichtet und in der zweiten Hälfte des 18. Jh. umgestaltet.

208 Schelklingen. Rathaus in Fachwerkbauweise.

Schelklingen. Timber-framed town-hall.

209 Burgruine Hohenschelklingen oberhalb Schelklingens, mit romanischen Buckelquadern.

Castle-ruins Hohenschelklingen above Schelklingen with romanesque quadrangular freestones.

210 Schelklingen. Heimatmuseum. Steinerne Skulptur des St. Nepomuk, 18. Jh., die früher auf der Achbrücke stand.

Schelklingen. Local museum. Stone sculpture of St. Nepomuk, 18th century, formerly standing on the Ach bridge.

211 Schelklingen. Heimatmuseum. Waffen aus Grabungen in einem alemannischen Friedhof.

Schelklingen. Local museum. Weapons from excavations in an Alemannian cemetery.

212 Schelklingen. Heimatmuseum. Gesichtsurne aus dem 17. oder 18. Jh.

Schelklingen. Local museum. Face urn from the 17th or 18th century.

213 Wasserrad
der alten Riedmühle bei
Sondernach.

Water-wheel of
the old Ried mill near
Sondernach.

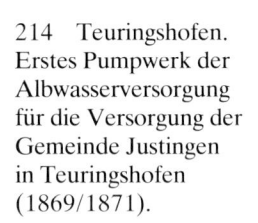

214 Teuringshofen.
Erstes Pumpwerk der
Albwasserversorgung
für die Versorgung der
Gemeinde Justingen
in Teuringshofen
(1869/1871).

Teuringshofen.
First water pumps of the
Alb water-supply
for the community of
Justingen in
Teuringshofen
(1869/1871).

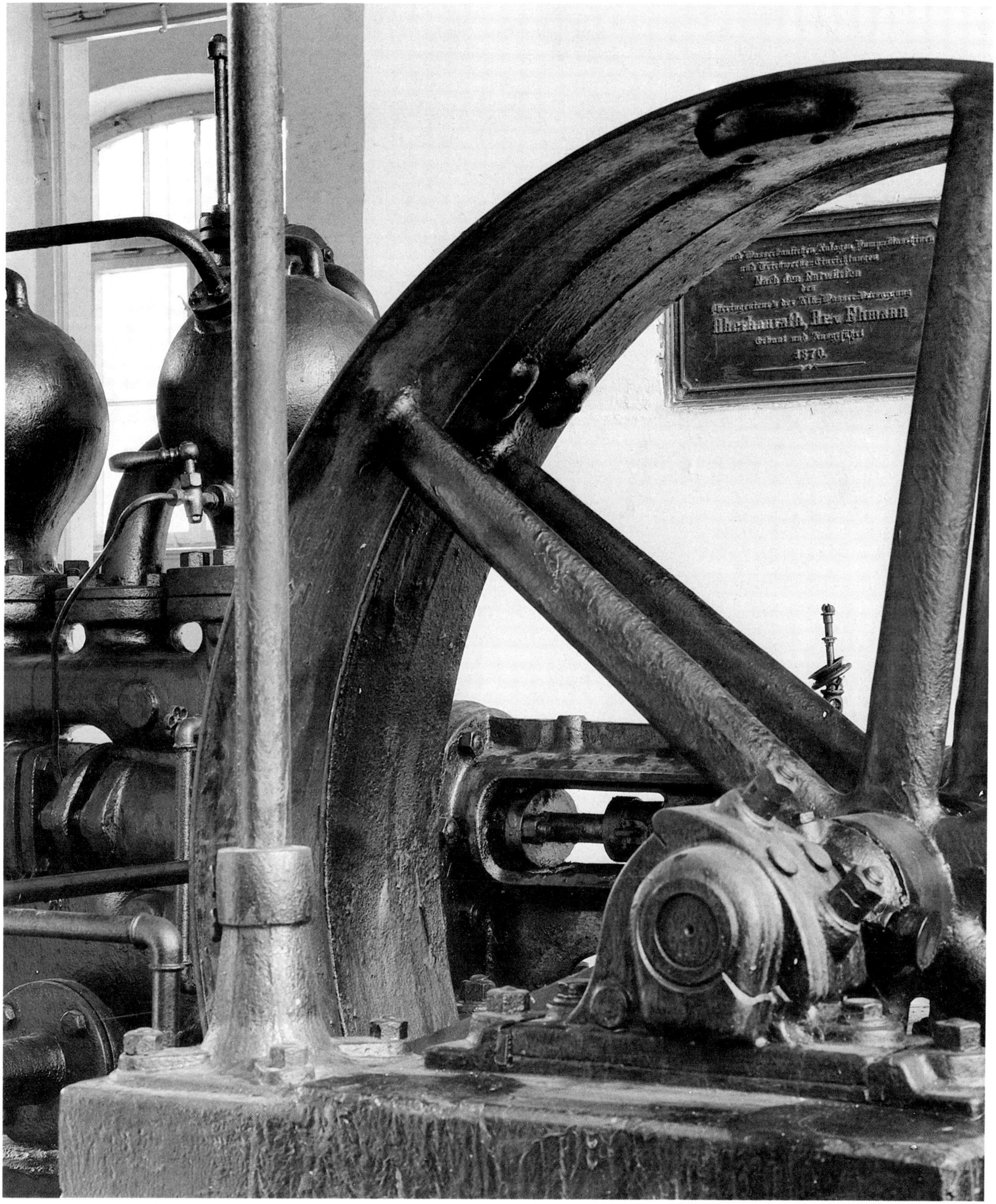
1870

215 Hütten.
Kath. Kirchlein zur schmerzhaften Muttergottes, 1717 erbaut, mit der segnenden Christusfigur aus Steinguß, um 1900.

Hütten.
Small catholic church of Our Lady of Sorrows, built in 1717, with stone figure of the blessing Christ, about 1900.

216 Blick ins Schmiechtal.

View of the Schmiech valley.

217 Flußlauf der Schmiech.

Course of the river Schmiech.

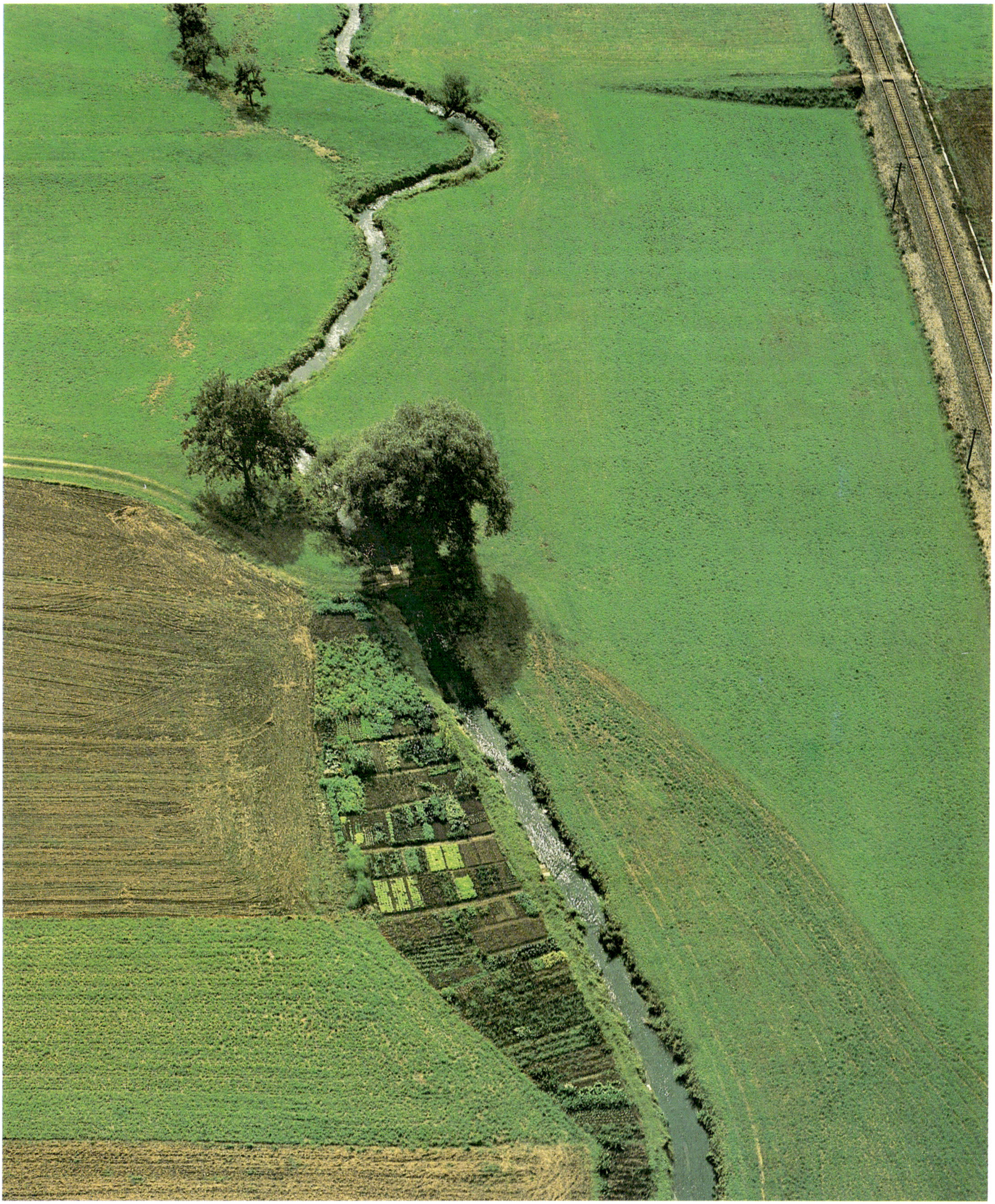

218 Hütten.
Ortsansicht.

Hütten.
View of the village.

219 Gundershofen.
Ortsansicht mit der 1846
neu erbauten Kath.
Pfarrkirche St. Michael.

Gundershofen.
View of the village and
the catholic parish church
of St. Michael, rebuilt in
1846.

220 Der Hohle Fels bei Schelklingen. Früher Wohnhöhle von Altsteinzeitjägern.

The Hollow Rock near Schelklingen. Cave where formerly paleolithic hunters used to live.

221 Landschaft mit dem ehemaligen Kloster Urspring im Hintergrund.

Landscape with former Urspring monastery in the background.

222 Urspring. Ehemaliges Benediktinerinnenkloster, vermutlich 1127 gegründet, mit der ehemaligen Klosterkirche St. Ulrich.

Urspring. Former Benedictine Convent, probably founded in 1127, and the former convent church of St. Ulrich.

223   Ursprung.
Kirchenportal mit
Verkündigungsrelief und
Baudatum 1622.

Ursprung.
Church portal with
Annunciation relief and
construction date of
1622.

224 Tiefental, zwischen Schelklingen und Blaubeuren.

Tiefen valley between Schelklingen and Blaubeuren.

225 Abendstimmung am Schmiechener See.

Twilight at lake Schmiechen.

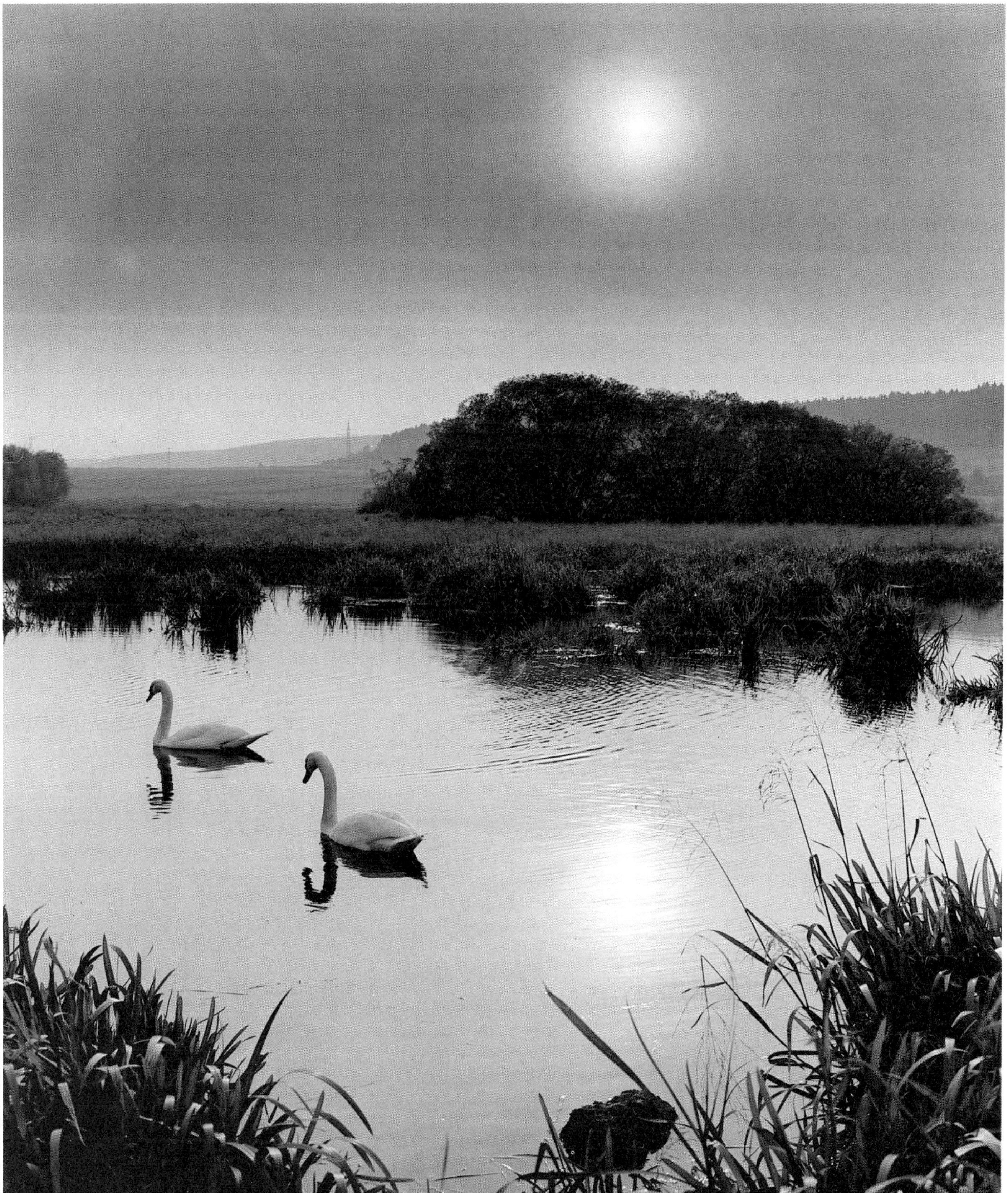

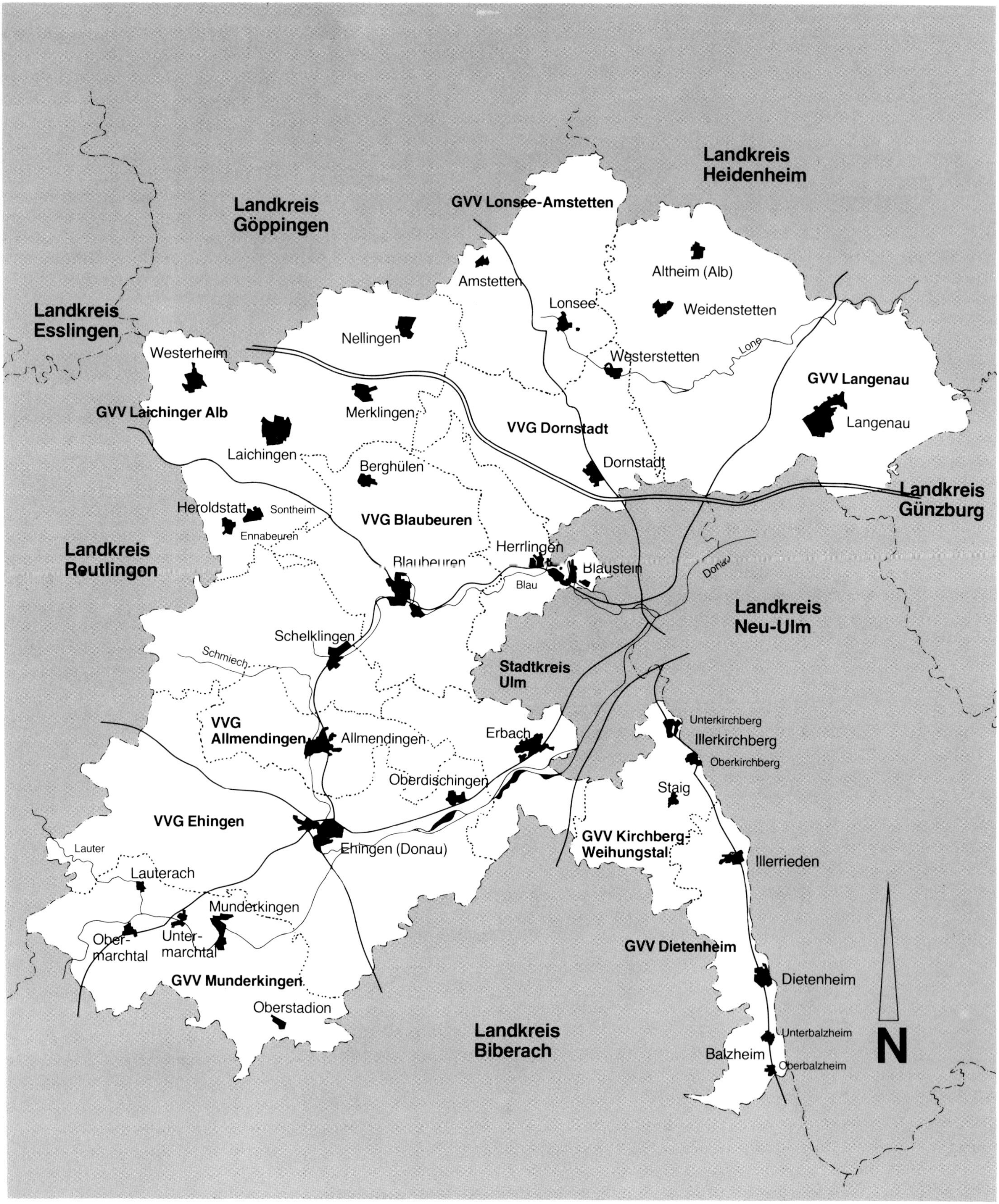
Landkreis Heidenheim
GVV Lonsee-Amstetten
Landkreis Göppingen
Amstetten
Altheim (Alb)
Lonsee
Weidenstetten
Landkreis Esslingen
Nellingen
Westerheim
Westerstetten
Lone
GVV Langenau
Merklingen
GVV Laichinger Alb
VVG Dornstadt
Langenau
Laichingen
Berghülen
Dornstadt
Landkreis Günzburg
Heroldstatt
Sontheim
Ennabeuren
VVG Blaubeuren
Landkreis Reutlingon
Herrlingen
Blaubeuren
Blaustein
Blau
Donau
Landkreis Neu-Ulm
Schelklingen
Schmiech
Stadtkreis Ulm
VVG Allmendingen
Allmendingen
Erbach
Unterkirchberg
Illerkirchberg
Oberkirchberg
Oberdischingen
Staig
VVG Ehingen
GVV Kirchberg-Weihungstal
Lauter
Ehingen (Donau)
Illerrieden
Lauterach
Munderkingen
Ober-marchtal
Unter-marchtal
GVV Dietenheim
Dietenheim
GVV Munderkingen
Oberstadion
Landkreis Biberach
Unterbalzheim
Balzheim
Oberbalzheim
N

Ortsregister

Ach 33
Achstetten 51
Aigendorf 250
Aitrach 150
Albeck 96, 98, 222, 223
Allmendingen 87, 98, 120, 121
Altbierlingen 88, 91
Altental 14
Altheim/Alb 199, 215, 216
Altheim 87, 101
Altheim/Weihung 151
Altshausen 35, 53
Altsteußlingen 88, 92
Amstetten 225, 226, 239
Anhausen 204
Arnegg 33, 35, 40
Asch 13, 15, 29
Asselfingen 200, 214
Au 52
Augsburg 37, 249
Aulendorf 255

Bach 131, 132, 133
Ballendorf 196, 201
Balzheim 49, 52
Beimerstetten 74
Beiningen 13, 15, 16
Berg 88, 92
Berghülen 19, 31, 36, 44
Berkach 87
Bermaringen 33, 35, 36, 38, 44
Bernstadt 196, 201, 221
Bettighofen 252
Beutelreusch 148
Biberach 92, 98
Biberach Markt 248
Blaubeuren 13, 20, 21, 22–27, 38, 93, 98
Blaustein 13, 33, 34
Blienshofen 95
Bockighofen 98
Börslingen 202
Böttingen 72
Bollingen 70, 72, 78
Bräunisheim 225, 226, 237
Brandenburg 51, 52
Breitingen 202

Bremelau 72
Briel 91
Bronnen 51
Brühlhof 250
Bühlenhausen 19
Burgau 88
Bussen 254

Dächingen 35, 88, 92
Datthausen 248
Deggingen 169
Dellmensingen 131, 132, 133, 144
Deppenhausen 96, 252
Dettingen 87
Dietenheim 48, 49, 55, 56, 57, 59, 61
Dieterskirch 253
Dillingen 75
Dintenhofen 94
Donaurieden 131, 132, 134, 175
Dorndorf 54, 68
Dornstadt 70, 71, 72
Dürkheim/Memmingen 148
Dunstelkingen 75

Ehingen 13, 18, 51, 87–91, 106–113
Ehrenstein 33, 34, 43
Eiselau 74
Elchingen 35, 37, 38, 72, 73
Ellwangen 75, 174
Emeringen 241, 265, 266
Emerkingen 242, 267, 271
Ennabeuren 172, 184
Ennahofen 87, 100
Erbach 51, 131, 132, 138–144
Erbstetten 88, 93, 116
Ermelau 99
Ermingen 35
Ersingen 131, 134
Erstetten 16
Essendorf 151
Ettlenschieß 196, 225, 228, 234–238

Feldstetten 166, 168, 185
Fohlenhaus 201
Frankenhofen 88, 93

311

St. Gallen 49, 91, 97, 248
Gamerschwang 88
Geislingen 226
St. Georgen 94, 290, 291
Gerhausen 13, 14, 30
Gleissenburg 14
Gmünd, Schwäb. 251
Göttingen 199
Granheim 88, 94, 116, 117
Griesingen 101
Grötzingen 87, 99, 100
Grundsheim 242, 269
Günzburg 88
Gütelhofen 248
Gundershofen 290, 291
Gutenzell 152

Hagen 74
Halzhausen 225, 228
Harthausen 151, 152
Hausen ob Allm. 100
Hausen/Bussen 243, 268, 270, 271
Hausen ob Rusenbg. 250
Hausen ob Urspr. 290, 291
Heggbach 134
Heidehof 269
Herbertshofen 88, 94
Heroldstatt 172
Herrlingen 33, 36
Heufelden 88
Heumacherfelsen 92
Hinterdenkental 74, 75
Hirsau 13
Hochberg 93
Hochsträß 33, 35
Hofstett-Emerbuch 225, 226
Hohenschelklingen 270
Hohenstaufen 72
Hohenstein 36
Hohentengen 255
Hohlefels 289
Hohlestein 201
Holzkirch 202, 219
Hörvelsingen 199, 220
Holzstöcke 49, 147
Hütten 290, 292
Hüttisheim 147, 158, 159
Humlangen 147
Hundersingen 249
Hungerbrunnental 195

Illerkirchberg 147, 148
Illerrieden 49, 51, 53, 57, 58, 59
Immenstaad 50
Ingstetten 290, 292
Justingen 290, 292

Kaisheim 204
Kempten 101, 246
Kettershausen 248

Kiesental 33, 70, 72, 78
Kirchbierlingen 88, 95
Kirchen 88, 95, 244
Kirchenwöhrd 30
Klingenstein 33, 34, 36, 42
Königseggwald 255
Konstanz 52
Kuppenalb 168

Laichingen 76, 165, 166, 176–180
Laiz 102
Landgericht 95
Landsberg 50
Langenau 194, 195, 208, 209, 210, 212, 213
Laupheim 50, 51
Lauter 33, 38, 44, 45
Lauterach 95, 243
Lautern 32, 36, 37, 38, 47
Lauterstein 38
Lautertal 127
Legau 50
Lehr 36
Lepanto 133
Lindenau 205
Lonetal 75, 195
Lonsee 224, 227, 232, 233
Lorch 72
Lützelberg 291
Luizhausen 225, 229
Lutherische Berge 99

Machtolsheim 44, 166, 168, 181, 182
Mähringen 36
Marchtal 90, 91, 94, 95, 98
Markbronn 33, 35, 36, 46
Meersburg 50, 52
Memmingen 50, 53
Mengen 88
Merklingen 173, 189, 190, 191
Mochental 86, 95, 96
Moosbeuren 250
Mühlen 96
Mühlhausen 250
Munderkingen 75, 88, 241, 244, 254, 257 ff
Mundeldingen 250
Mundingen 87, 88, 95, 97
Mussingen 148
Muschenwang 291

Nanca 72
Nasgenstadt 51, 88, 97, 118, 119
Neenstetten 203, 218
Nellingen 173, 188, 193
Nerenstetten 204
Neuburg 243, 244, 272
Neusteußlingen 91
Neu-Ulm 34
Niederhofen 99, 100
Nikolaushof 199

Oberbalzheim 52, 65, 66
Oberdischingen 15, 51, 87, 97, 102, 122 125
Oberelchingen 34
Oberherrlingen 34, 36, 37, 40, 41
Oberkirchberg 146, 148, 154
Obermarchtal 240, 244, 245, 272–279
Oberstadion 244, 249, 282, 283
Ochsenhausen 50, 51
Öllingen 204, 214
Öpfingen 87, 103, 126
Oggelsbeuren 244
Oppingen 174
Osterstetten 198
Ottobeuren 50

Pappelau 13, 15, 16, 30
Pfaffenhofen 148
Pfraunstetten 101

Rabensteig 18
Radelstetten 36, 225, 229
Rammingen 204, 211
Rechberg 72
Rechtenstein 250, 284
Regglisweiler 50, 52, 58
Reichenau 93
Reichenstein 129, 243, 244
Reutlingendorf 246, 248, 253, 281
Reutti 225, 227
Riedlingen 88, 91, 96
Ringingen 131, 135, 145
Rißtissen 88, 98
Rottenacker 251, 285
Rottenburg 36, 248
Rottweil 90

Salem 93, 94
Saulgau 88
Schaiblishausen 88, 98
Schalkstetten 225, 227
Schammental 33
Scharenstetten 36, 71, 72, 79, 80, 81, 82
Schechstetten 205
Schelklingen 88, 92, 288, 295–299
Schlechtenfeld 95, 96
Schmiechen 290, 293
Schnürpflingen 147, 150, 158
Schwendi 51
Schwörzkirch 101
Seckau 50
Seißen 13, 15, 16, 28
Setzingen 205
Sinabronn 228
Sirgensteinhöhle 289
Söflingen 34, 35, 37, 79, 94, 100
Sondernach 99, 290, 294, 300
Sontheim 94, 172, 184
Sotzenhausen 16, 289

Sonderbuch 13, 15, 17
Staig 147, 151, 160, 161, 163
Steinberg 151, 162
Stetten 95, 96
Stubersheim 225, 227
Stuppelau 198
Stuttgart 19, 37, 135
Suppingen 166, 169, 183

Talheim 243
Talsteußlingen 99
Temmenhausen 36, 71, 73
Teuringshofen 99
Tiefenhöhle 166
Tomerdingen 71, 73, 84, 85
Treffensbuch 19
Tübingen 13, 14

Ulm 13, 14, 33, 35, 36, 37, 73
Unterbalzheim 53, 62, 63
Unterkirchberg 148, 153, 155
Untermarchtal 244, 251
Unterstadion 244, 252, 280
Untersulmetingen 51, 52
Unterwachingen 252, 286, 287
Unterwilzingen 92
Urach 14
Ursprung 36
Ursprung (Kloster) 90, 94, 98, 291
Ursprung (Lonsee) 225, 229, 232

Volkersheim 88, 98
Vorderdenkental 74, 75

Wangen 49, 52, 54, 66
Wartstein 92, 93
Weidach 36, 39
Weidenstetten 196, 205, 217
Weiler 13, 15, 18
Weilersteußlingen 87, 101
Weinstetten 151, 163
Weisel 94
Weißenhorn 148
Welden 18
Wernau 132, 247
Westerheim 165, 175, 186, 187, 188, 192
Westerstetten 71, 75, 83
Wiblingen 13, 50, 51, 101, 147, 152
Widderstall 173
Wien 72, 253
Wiesensteig 175
Winnenden 16
Wippingen 33, 36, 37
Witthau 199
Wolfstal 92
Wullenstetten 148

Zigeunerhochsträß 173
Zwiefalten 95, 96, 141, 244

Register der Familien- und Herrschaftsnamen

Familien- und Herrschaftsnamen, sowie die meistgenannten Heiligen (ohne Christus und Maria).

Aaron 197
Abraham 170
Acker Jakob 38, 98, 135, 249
Adalbert Abt 243
Ägidius Hl. 227
Afra Hl. 290
Agathe 53, 68, 229, 230, 247
Agnes Hl. 98, 135, 249
Alban Hl. 166
Albeck Graf 198
Albrecht Herzog IV. 88, 195
Albrecht von Österreich 88
Alexandra Hl. 247
Alexius Hl. 132
Andreas Hl. 36, 37, 174, 252
Anna 74, 96, 100, 134, 147, 249
Antonius Hl. 52, 141, 243, 247
Apoll 97
Appiani Josef Ign. 246
Arand Gertrud von 75
Archus Hl. 251
Augustinus Hl. 94, 98, 133, 247

Bachmann Sixtus 246, 248, 254
Bachmeier oder Bachmayer 200
Bachus 97
Bader Augustin 37
Bagnato Giov. Gasp. 54, 68, 148
Bagnato Frances. Ant. 91, 101, 102, 109
Barbara Hl. 37, 38, 98, 102, 134, 135, 203, 243, 244, 249, 250, 252
Bartholomäus Hl. 205, 226
Bayer Joh. Michael 200
Beer Franz 90, 247
Beer Joh. Michael 90
Bemmelberg Konrad 289
Benedikt Hl. 52, 74
Benz Christoph 202
Berg Grafen 87, 88, 92, 97, 132, 251, 289
Berg Ulrich Graf 93
Bergmayer Joh. 243
Bergmüller Joh. Georg 90, 133
Bernhard Hl. 96, 228
Bernhausen von 34, 36, 38, 41

Berthold I 87
Besserer von 151, 202
Binder Melchior 91, 99, 247
Binder Ulrich 16
Binder Zacharias 252
Bischoff-Luithlen A. 168
Bissingen von 242
Blasius Hl. 51, 89, 90, 98, 109
Böblinger Mathäus 197
Bonz 19
Braig Michael 156, 157
Braun Bernhard 170
Braun Joh. Chr. 200, 204
Brenner Caspar 51
Brenner Martin 51
Brigitta Hl. 169
Buchmiller L. u. A. 196
Buck Michael 253, 255
Bühler Frhr. von 52
Bührle Oberlehrer 20
Butz Fritz 38

Cadaloh Graf 49
Cades Josef 205
Carl Borromäus Hl. 97
Chur Bischof von 87
Christophorus Hl. 36, 37, 249
Christian Joseph 91, 244, 248, 253
Clara Hl. 91, 111
Claudius Kaiser 148
Cleß 95
Cyrus Hl. 100

Deroy von 50
Dillingen Grafen 35, 195, 198
Dionys Hl. 245
Dirr F. 204, 228
Dominikus Hl. 51, 52
Dorothea Hl. 98, 135
Dreifaltigkeit Hl. 35, 53, 54, 91, 103
Drei Könige Hl. 173
Dreyer Johann 148
Dürer Albrecht 75

Edmund Abt 95
Edmund II Sartor, Abt 243, 253
Eggenfeld von 254
Egloffstein von 98

Ehinger von 36, 49, 52, 53, 63
Ehmann Karl von 231
Elisabeth Hl. 23, 90, 91, 147
Ellerbach oder Erlbach 49, 89, 132
Ellerbach Burkhard 88
Emerkingen von 242
Enderle Joh. Bapt. 35
Ensslin Joh. Gottfr. 201
Erasmus Hl. 135
Erbach Ferd. Carl von 132
Erbach Frhrn. 132, 138, 139–141
Erhart Gregor 15, 22, 134, 204, 291
Erhart Michel 15, 35, 38, 43, 200, 251
Erzengel Hl. 243
Esperlin Joseph 133
Etschmann Andreas 133, 247, 279

Fabri 13, 15
Faulhaber Math. 198
Ferdinand I 88
Finsterwalder Ign. 133
Fischer Fritz 75
Frank Mathilde 18
Franziskus Hl. 134
Freiberg oder Freyberg von 34, 36, 52, 93, 94, 99, 103, 242, 243, 251, 252, 292
Freyberg Joh. Chr. 101
Friedrich II von Walter, Abt 95, 249
Friedrich I Herlin, Abt 147, 275
Friedrich I, König 254, 255
Frueholz Jakob 228
Fugger 49, 50, 56, 134, 243, 253
Fugger Chr. 51
Fugger Franz A. 50, 52
Fugger Jakob 148
Fyner 14

Gallus Hl. 168, 185
Gangolf Hl. 95
Georg Abt 95
Georg Hl. 52, 73, 91, 93, 94, 95, 204, 248, 250, 291
Gerber Frz. Josef 245
Giel M. Franziska 291
Gradmann Robert 75
Gräter 18, 36
Graf Fam. 150
Greck Dam. 133
Gregor Abt 96
Gregor Hl. 34
Grieshaber HAP 76
Groß Dr. O. 231
Grünwald J. 200
Guggenberger Frz. 50
Guepiere de la 102
Gundelfingen von 93

Habsburger 88 und ff
Hacker Gregor, Abt 149
Hacker Heinr. 198, 200
Hafner Tobias 197

Halberingen Rud. 37
Harscher 99
Haßler Conrad D. 200
Hauntinger Joh. Nep. 246
Heberle Hans 203
Heckel August 197
Heinrich Herzog 254
Heiß Joh. 53, 62
Helfenstein Grafen 19, 34, 36, 73, 135, 169, 174
Helena Hl. 38, 151
Henselmann Josef 102
Herberger Dom. Herm. 50, 51, 52, 59, 61, 91, 97, 103, 111, 118, 125, 133, 143
Herenäus Hl. 251
Herman von Wain 50
Hirrlingen von 36
Hobs oder Hops Joh. Bapt. 103, 134, 147, 149, 155, 242, 243
Hörningen Ritter von 36, 38
Holder August 19, 255
Holzhay Joh. Nep. 247, 273
Huber Konrad 52, 54, 93, 148, 149, 151, 152, 205
Hurdter Joh. U. 197

d'Ixnard 102
Jakobus Hl. 37, 198, 242
Joachim Hl. 74
Johann (Heß) Abt 243, 247
Johannes IV. Abt 96
Joh. Evang. Hl. 73, 197, 250
Joh. Nepomuk Hl. 51, 52, 58, 91, 97, 133, 147, 150, 175, 297
Johannes d. Täuf. 51, 52, 96, 134, 173, 227, 243, 245, 247
Joseph von Arimathäa 173
Joseph Hl. 35, 74, 96, 112, 133, 241, 243, 291
Judas Thaddäus Hl. 50, 51
Jung Michael Ritter 150
Justina Hl. 199
Justingen von 99, 292

Karl IV. Kaiser 36, 174, 195
Katharina Hl. 38, 51, 52, 98, 102, 134, 135, 227, 244, 249, 250, 252
Kayser Isfried 246
Kienlin Adam 167
Kirchberg Grafen 52, 54, 133, 134, 148
Kirchberg Konrad 148
Kleemann Nikolaus 202, 204, 206, 228, 229
Klingenstein Graf 54
Koblenz Peter von 15
Köpf Jonas 170
Konrad Hl. 135
Konrad Bischof 96
Konrad III. König 195
Kosmas und Damian Hl. 133, 172, 252, 290
Krafft von 36, 49, 52, 133
Krafft Heinrich von 169
Kuen Franz Martin 133
Kummer Sixtus 27

Kundig 13
Kurz Isolde 77

Lambert Hl. 202
Landau Graf 250
Lauterstein Ritter 36
Laurentius Hl. 34, 73, 100, 226
Leibing Christian 229
Leitner Joh. 148
Leo IX. Papst 96
Leodegar Hl. 101
Leonhard Hl. 96, 98, 197, 205
Lesle Joh. 202
Linder Frz. Josef 251
Löhle Christoph 203, 204
Loscher Sebastian 132
Ludwig Kaiser 38
Ludwig XVI. 247
Luzifer 52

Machein G. A. 247
Magdalena Hl. 73, 173
Magnus Hl. 99, 204
Mangold Daniel 76, 167, 168
Maria Theresia 50, 132, 133, 246, 253
Marie Antoinette 246, 247, 248, 253
Margaretha Hl. 51, 98
Maria Hilf 37, 40, 41
Martin Hl. 34, 35, 36, 43, 50, 56, 73, 74, 75, 91, 92, 94, 95, 98, 103, 133, 149, 196, 199, 201, 204, 229, 242, 243
Mathias Hl. 37
Mater dolorosa 73
Maurus Hl. 52
Mauritius Hl. 53, 62, 95, 101, 113, 114, 115
Mauch Daniel 37, 245
Maximilian I, Kaiser 88, 132
Meeroth Johann 74, 200
Mesmer Franz Anton 247
Michael Hl. 52, 100, 134, 147, 178, 229, 244, 249, 291
Michael Abt 95, 96
Mörike Eduard 14
Moosbrugger Josef 95
Morlock Georg von 72, 151
Moses 197, 200, 202
Mozart Wolfg. Amad. 248
Müller, Karl 75
Muckaspritzer 91

Napoleon Kaiser 199
Narcis Andreas 204
Natter Martin 50
Neher Katharina 254
Nellingen von 174
Neubronner von 15
Neuffen Heinr. von 292
Neuhausen von 92
Niederer Georg 104
Nikodemus Hl. 101, 173

Nikolaus Abt 246, 253
Nikolaus Hl. 73, 93, 94, 97, 101, 133, 135
Norbert Hl. 96, 245, 246, 247

Oswald Hl. 293
Otmar Hl. 52
Ott Adam 198
Ottilie Hl. 151
Otto I Kaiser 87

Pankratius Hl. 98, 101, 152
Pantaleon 201
Parler 15
Paumgarten Hans G. 132
Peratold Graf 49
Petrus 74, 90, 197
Petrus und Paulus Hl. 35, 519, 52, 95, 97, 135, 148, 173, 205, 245, 247, 252
Pfantzelt Georg Fr. 198, 201, 206
Pflug Joh. Baptist 254
Pischek 39
Pius Hl. 247
Pius V. Papst 133
Placidus Hl. 52
Pozzi Francesco 246
Pozzi Guiseppe 252, 253, 246
Prell Augustin 246

Quartanus Hl. 251

Raspe Heinr. König 36, 133, 134
Raßler von Gamerschwang 94
Rau Amtmann 73
Ravenstein v. Alb. 35, 73
Rechberg Graf 49, 52
Reischach Baron 88
Renlin Philipp 53
Renner von 99, 100
Renz Friedrich 197
Resch Christoph 73
Resch Christian 206
Reußenstein von 289, 290
Rieckh Sigmund 50
Riedheim von 98
Rieger Hans 247
Riemerschmid Rich. 37
Ritter Karl 76, 77, 136, 137
Rösch 13
Rommel Erwin 36
Ruck von 14, 175
Rudolf König 34
Ruthwen Patrik 148
Ruoff Dionys 244, 258, 263

Sadler Maler 226
Sailer Sebastian 247, 248, 253
Sam Konrad 251
Sander Ludwig 150
Savoyen Prinz Eugen 37

316

Sebastian Hl. 37, 52, 96, 147, 148, 243, 247, 249, 292
Seutter Joh. Georg von 200
Sigismund Kaiser 88
Sing Joh. Kaspar 205
Sixtus Hl. 248
Speisegger Paul 247, 278
Speth Dietrich von 251, 252
Stadion Graf 35, 94, 242, 249, 252
Stammler von 36
Starhemberg Eleonore 132
Stauder K. 247
Stein von 35, 36, 98, 132, 242, 243, 250, 251, 252
Steinberg von 152
Stephanus Hl. 34, 51, 72, 93, 101, 175
Steußlingen Eglof 92
Steußlingen von 98, 99, 100, 251, 292, 294
Stocker Jörg 15, 249
Stooß Heinrich 229
Storr Anselm 291
Stoß Konrad 50
Stotzingen von 98, 101, 133
Strigel Bernhard 15
Strigel Hans 249
Strigel Ivo 34
Strüw Peter 15
Sturm Anton 97, 119
Schaffner Martin 173
Schaller Hans 50, 134, 291
Schaupp Josef 150
Schelklingen Graf 92, 290
Schenk von Castell 91, 92, 95, 98, 102, 269
Schenk von Stauffenberg 98, 250
Schenk von Witterstetten 34
Schickhard Heinr. 167
Schleicher von 36
Schmid Christoph von 249
Schmid Peter 73
Schmöger Frz. Josef 248
Schmuzer Franz 247
Schmuzer Frz. Xaver 247
Schmuzer Johannes 247, 273
Scholastika Hl. 52
Schongauer Martin 228
Schubert Friedr. D. 14
Schutzengel Hl. 96
Schwechler G. 18
Schweizer Joh. Ulrich 169
Schwendi von 34
Süßkind Frhr. 50
Syrlin Jörg 15, 90, 148, 249

Thannhausen-Stadion 249
Theodora Hl. 247
Thrän Ferdinand 206, 228, 230
Thumb Chr. und Michael 247
Thurn und Taxis 95, 242, 250, 252

Tiberius Hl. 247
Toggenburg Ida 148
Troll Valentina Euph. 50
Tübingen Pfalzgraf 94, 227, 251

Überzwerch Wendelin 104
Uhland Ludwig 206
Ulrich Hl. 14, 72, 92, 101, 204, 291
Urban Hl. 241, 293
Ursacius Hl. 247
Ursula Hl. 38, 98

Varnbüler von 14
Verhelst Ägid 97
Veronika Hl. 199, 242
Vespasian Kaiser 98
Villenach von 132
Vinzenz von Paul 252
Vitus Hl. 50, 147, 199, 227, 249, 293
Vogt Maria Viktoria 50
Vollmer Franz 102

Wagner Joh. Ludw. 169, 182
Walter Friedr. Abt 249
Wannenmacher Joseph 73, 74, 82, 170, 183
Warthausen Truchsess 250
Wartstein Heinr. Graf 95
Weckmann Nikolaus 72, 90, 135, 173, 190, 191
Wegscheider Josef Ignaz 97, 253
Weiler Adelheid von 18
Weitzmann Carl B. 89, 244, 245, 253, 254
Welf Herzog 251
Weller J. M. 275
Wendelin Hl. 54, 92, 94, 133, 134, 151, 152, 163
Wenzel König 88
Werdenberg-Albeck 74
Werdenstein-Freyberg 134
Werdenberg Graf 38, 195, 228
Werkmann Baum. 151
Wernau von 36, 289
Werrer David 97
Westernach von 132
Westerstetten von 38, 74, 75, 229
Wiedemann Christian 34, 75, 102, 134, 147
Wieland Max 37
Winkelhofer Hieronym. 91
Wolfgang Hl. 96, 242, 251
Württ. Eberhard II. 75
Württ. Eberhard Ludw. 37
Württ. Friedr. I. König 88, 95
Württ. Grafen 34, 35, 36, 37, 72, 88, 92, 169, 229
Württ. Karl König 231
Württ. Wilh. II., König 89

Zeitblom Bartholomäus 15, 37
Zehender Mathäus 245, 247, 264
Zimmermann, Fortunatus 147

Quellen- und Literaturverzeichnis

Amtliche Beschreibung nach Kreisen und Gemeinden, Bd. VII, Regierungsbezirk Tübingen, 1978.
Adreßbuch 1960 für Stadt- und Landkreis Ehingen.
Adreßbuch des Landkreises Ulm, 1967.
Albverein Schwäb. In Ulm und um Ulm herum.
Allmendingen, ein Heimatbuch zur Tausendjahr-Feier.
Albführer des Schwäbischen Albvereins, Bd. I, 1962.
Älleweil fidel, Schnitzfolgen aus dem Suppinger Liederbuch, Umschlag der Schallplatte.

Bärtle Josef, die Illerflößerei.
Beck Otto, zwischen Südostalb und Mittelschwaben, 1979.
Beschreibung des Oberamts Geislingen, 1842.
Beschreibung des Oberamts Ehingen, 1893.
Beschreibung des Oberamts Münsingen, 1825.
Beschreibung des Oberamts Münsingen, 1912.
Beschreibung des Oberamts Ulm, 1897.
Beschreibung des Oberamts Laupheim, 1856.
Beschreibung des Oberamts Blaubeuren, 1830.
Beschreibung des Oberamts Biberach, 1857.
Beschreibung des Oberamts Riedlingen, 1827.
Bischoff-Luithlen, Von Land und Leuten der Alb, 1958.
Bischoff-Luithlen, Weniges blieb im Netz, Gedichte, 1975.
Bürgerfest um eine Bürgerkirche, das Ulmer Münsterjubiläum, 1977.
Buck Michel, Medicinischer Volksglauben und Volksaberglauben aus Schwaben, 1865.
Buck Michel, Bagenga, 1892.
Butz Fritz, Ich trag ein grünes Reis am Hut, 1958.

Datenbestandsauswertung des Alb-Donau-Kreises vom 31. 12. 1976.
Dehio Georg, Handbuch der deutschen Kunstdenkmäler Baden-Württemberg.

Ehingen, Geschichte einer oberschwäbischen Donaustadt, 1955.
Eberl Immo, die Geschichte der Stadt Ehingen bis zu ihrem Übergang an Österreich, 1978.
Evangelischer Dekanatsbezirk Blaubeuren.

Frank Mathilde, Schwäbisch Gmüet, 1894.

Handbuch der historischen Stätten Deutschlands, Bd. VI, Baden-Württemberg.
Haßler Konrad Dietrich, Sebastian Sailers sämtliche Schriften, 1842.
Hafner Tobias, Mein Liederbuch. 1878.
Heckel August, Führer durch das Heimatmuseum Langenau.
Holder August, Geschichte der schwäbischen Dialektdichtung, 1896.

Imhof Eugen, Blaubeurer Heimatbuch, 1950.
Industrie- und Handelskammer-Atlas.
Industrie- und Handelskammer Ulm, im Handelsregister eingetragene Industrieunternehmen, 1978.
Industrie- und Handelskammer Ulm, im Handelsregister eingetragene Dienstleistungsunternehmen, 1978.

Kasper Alfons, Kunstwanderungen kreuz und quer der Donau, Bd. IV.
Kiefer Wilhelm, Schwäbisches und alemannisches Land.
Klaiber Hans, die Kunst- und Altertums-Denkmale im Donaukreis, Oberamt Ehingen, 1912.
Klaiber Hans Andreas und Reinhard Wortmann, die Kunstdenkmäler des ehemaligen Oberamts Ulm, 1978.
Keller Hiltgart, Reclams Lexikon der Heiligen und der biblischen Gestalten.
Katzenschwanz Karl, das Christusbild und Marienbild im Wandel der Kunst und Frömmigkeit.
Kirchbierlingen 776—1976, Festschrift der Gemeinde.
Kneer Kurt, Steinkreuze im Altkreis Ehingen, 1977 und Alte Steinkreuze im Raum Ulm, 1981.

Laub Joseph, Geschichte der vormaligen fünf Donaustädte.
Lang Martin, Kirbekucha, 1913, Gedichte.

Metz Friedrich, Vorderösterreich, eine geschichtliche Landeskunde.
Machtolsheim früher und heute, 1979.
Mall Siegfried, Heimatbuch Kirchen, 1980.
Mall Siegfried, Kleiner Stadtführer durch das alte Ehingen, 1979.
Mitteilungen des Vereins für Kunst und Altertum in Ulm und Oberschwaben, Bd. 31, Ulm 1941.

Müller Max, Marchtaler Lehrer-Akademie, Festschrift 1978.

Neher A. Karl Weitzmann zum 120. Todestag.

Ott Stefan, Oberdischingen, 1977.

Pörnbacher Hans, Christoph von Schmid und seine Zeit, 1968.
Paulus Eduard, die Kunst- und Altertumsdenkmale im Königreich Württemberg, Donaukreis 1897.

Reiners-Ernst Elisabeth, Wirken und Tod des Bildhauers Dominikus Hermenegild Herberger, am Bodensee in „das Münster" 1963.
Ritter Karl Friedrich, Licht im Untergang, Gedichte.
Ritter Karl Friedrich, Gang im Dunkel, Gedichte 1967–1969.
Roeder Gustav, Württemberg, vom Neckar zur Donau.

Stadt und Landkreis Ulm, Amtliche Kreisbeschreibung, Allgemeiner Teil, 1972.
Statistik von Ulm, Bd. 3, die Pendelwanderung, 1970.
Statistik von Baden-Württemberg, Bd. 185, Heft 3.
Statistik von Baden-Württemberg, Bd. 239.
Statistik von Baden-Württemberg, Bd. 230, Heft 3.
Statistik von Baden-Württemberg, Bd. 161, Heft 3.
Schöttl Julius, der Meister der allegorischen Figuren im Bibliothekssaal zu Wiblingen bei Ulm, in „das Münster" 1953.
Schahl Adolf, die plastische Ausstattung der Kath. Pfarrkirche Nasgenstadt, in „das Münster", 1963.
Schahl Adolf, Kunstbrevier Oberschwaben, 1961.
Spahr Gebhard, Oberschwäbische Barockstraße, Bd. I, 1977.
Spahr Gebhard, Oberschwäbische Barockstraße, Bd. II, 1978.
Schmid Fritz, ein schwäbisches Mozartbuch, 1948.
Seuffer Gustav, Hellauf Schwobaland.
Schmitt Elmar, St. Josef in Blaustein, Festschrift 1975.

Treu Erwin, Alb-Donau-Kreis, Kunst und Landschaft 1979.

Ulmer Forum, Heft 43, Herbst 1977.

Wagner Georg, Erwanderte Heimat, 1942.
Weitbrecht R. und G. Seuffer „s'Schwobaland in Lied und Wort", 1885.
Weitzmann Carl, eine Auswahl seiner hochdeutschen Dichtung, Lorenz Locher, Munderkingen.

Zillhard Gerd, Forschungen zur Geschichte der Stadt Ulm, Bd. 13, 1975.